西方公共行政学平议

夏志强 田 桑 著

商務印書館
The Commercial Press

图书在版编目（CIP）数据

西方公共行政学平议 / 夏志强，田桑著. — 北京：商务印书馆，2021
ISBN 978-7-100-20365-4

Ⅰ.①西… Ⅱ.①夏… ②田… Ⅲ.①行政学－研究－西方国家 Ⅳ.①D035

中国版本图书馆CIP数据核字（2021）第184870号

权利保留，侵权必究。

西方公共行政学平议
夏志强　田桑　著

商 务 印 书 馆 出 版
（北京王府井大街36号　邮政编码100710）
商 务 印 书 馆 发 行
三河市尚艺印装有限公司印刷
ISBN 978-7-100-20365-4

2021年12月第1版　　　开本 710×1000　1/16
2021年12月第1次印刷　　印张 22
定价：118.00元

目 录

序言：公共行政研究的批判与想象 1
 （一）概念的批判与想象：公共行政、公共管理还是公共治理 5
  1. 行政和管理：被隐匿的政治 6
  2. 公共概念的意涵变迁：从自我确证到承认他者，从主体性
   到主体间性 16
  3. 公共治理的谋划：在新自由主义阴影下重新考虑政治 30
 （二）公共行政研究：学科构建还是理论构建 35
  1. 公共行政学科构建：现代性的注脚 37
  2. 公共行政研究的解放：实践导向的理论构建 38
  3. 研究的总体视角与内容安排 39

一、公共行政研究的主线：公共行政研究管理主义路径的证成 42
 （一）"范式"还是"研究路径" 43
  1. 以"研究路径"替代"范式" 43
  2. 研究问题 47
 （二）经典公共行政理论 49
  1. 经典公共行政理论主要观点 49
  2. 经典公共行政理论辩护的政治目标与价值导向 50
  3. 经典公共行政理论的哲学基础 58
 （三）行为主义公共行政理论 65
  1. 行为主义公共行政理论主要理论观点及其哲学基础 65
  2. 行为主义公共行政理论与经典公共行政理论的承袭关系 69
  3. 行为主义公共行政理论辩护的政治目标与价值导向 75

- （四）新公共管理理论 80
  - 1. 新公共管理理论体系的主要内容 80
  - 2. 新公共管理理论的价值导向与辩护的政治目标 89
  - 3. 新公共管理理论与传统公共行政理论的承袭关系 92
- （五）公共行政研究管理主义路径的证成 97

二、公共行政实践合法性的重构：公共行政研究宪制主义路径的努力 102
- （一）公共行政研究宪制主义路径的开端："西沃之争" 104
  - 1. 沃尔多与行政国家 104
  - 2. "西沃之争" 109
- （二）公共行政研究宪制主义路径的核心命题：公共行政实践的合法性重构 113
  - 1. 公共行政研究宪制主义路径的总体内容 113
  - 2. 新公共行政学派 116
  - 3. 新公共服务学派 124
  - 4. 公共行政宪法学派 128
- （三）公共行政实践合法性重构要素：宪法与历史 134
  - 1. 管理主义路径公共行政实践合法性建构困境 134
  - 2. 宪制主义路径公共行政实践合法性建构 136

三、治理：在现代自由主义、福利国家与新自由主义、全球化之间 141
- （一）治理概念与治理理论谱系 142
  - 1. 治理概念的经验性与规范性 142
  - 2. 治理理论的谱系 150
- （二）治理的历史语境 158
  - 1. 现代自由主义与福利国家 158
  - 2. 新自由主义意识形态与新公共管理运动 172
  - 3. "第三条道路"与治理浪潮 178

（三）治理的全球化与治理的本质 182
    1. 治理的全球化 182
    2. 治理的本质 189

四、政治—行政二分原则的变迁 194
（一）行政的概念演变：从"执行"到"政治"再到"行政" 194
    1. 混合政体理论与行政概念的雏形 197
    2. 执行概念的产生 200
    3. 三权分立中的执行概念与政治概念 204
    4. 政治—行政二分中的行政概念 206
（二）政治—行政二分原则的两个面向：现代国家的关键组织要素
    与经典公共行政理论基本观点 214
    1. 政治—行政二分原则的制度面向：现代国家的关键组织
       要素 214
    2. 政治—行政二分原则的理论面向：经典公共行政理论的
       基本观点 219
（三）现代社会本质与制度性政治—行政二分原则 225
    1. 制度性政治—行政二分原则的逻辑根源：资本主义体系的
       形而上学化改造 226
    2. 制度性政治—行政二分原则的历史考察：阶级冲突与精英
       统治 239

五、人性假设的哲学基础与公共行政理论的发展 255
（一）人性假设与公共行政理论的演进 256
    1. 前公共行政学时期性恶论假设对政治与行政思想演变的
       影响 257
    2. 公共行政学诞生以后人性假设的变化对公共行政思想
       演变的影响 258

（二）人性恶假设的哲学基础及其理论后果 263
    1. 人性恶假设的机械唯物主义基础和还原论理据 265
    2. 机械唯物主义本体论和还原论思维模式的困境 273

（三）人性善假设的哲学基础 284
    1. 人性善假设的复归 284
    2. 人性善假设的诠释学理据 294

（四）公共行政理论的未来：迈向实践智慧 309
    1. 治理思想的贫困：公共行政的四种叙事模式 313
    2. 公共行政的实践智慧：是什么，不是什么 320

主要参考文献 328
后　记 339

图表目录

（一）图目录

- 图 1-1　经典公共行政理论结构 64
- 图 1-2　行为主义公共行政理论层次与结构 78
- 图 1-3　新公共管理理论层次与结构 96
- 图 1-4　公共行政研究管理主义路径的层次与结构 98
- 图 2-1　美国进步时代以前公共行政合法性结构 137
- 图 2-2　管理主义路径的公共行政实践合法性结构 138
- 图 2-3　宪法学派的公共行政实践合法性重构 139
- 图 3-1　治理理论谱系图 156

（二）表目录

- 表 1-1　经典公共行政理论主要内容 63
- 表 1-2　行为主义公共行政理论主要内容 78
- 表 1-3　新公共管理理论主要内容 96
- 表 1-4　公共行政研究管理主义路径的主要内容 97
- 表 2-1　公共行政研究宪制主义路径的主要内容 114
- 表 2-2　新公共行政学派的主要内容 119
- 表 3-1　治理概念的兼容性 149
- 表 3-2　福利国家、行政国家与新自由主义改革方案制度安排、政策主张延续性、差异性 177
- 表 3-3　新自由主义、新公共管理与"第三条道路"、治理理论与实践的延续性和差异性 180
- 表 5-1　公共管理的四种叙事模式 315

序言：公共行政研究的批判与想象

作为现代学科建制的公共行政学，植根于美国进步主义时代国家政治现代化的改革历史中，威尔逊发表的《行政学研究》和在之后成立的纽约市政研究所，被视为公共行政学诞生的两个源头。[①] 诞生于美国的现代公共行政学科，也是欧陆行政学同美国宪制精神、政治文化传统、社会治理基本方式结合的结果。现代公共行政学关注的问题、提出的理论解释、使用的研究方法和作为基础的哲学体系，有着双重性质：一方面，现代公共行政学具有浓厚的美国特色，美国分散治理的"都铎政体"传统同欧陆集中统一的现代化政治的内在张力，是美国公共行政学理论变迁的基本动力，公共行政学讨论的问题，有相当一部分是植根于美国政治和文化传统中的；另一方面，公共行政学不仅仅是对现实公共生活和治理实践的"客观"反映，也是一种政治和治理实践。现代公共行政学固然具有美国政治传统和文化传统底色，但也具有一般现代化的内涵。随着美国成为现代化的主导国家，美国的社会科学理论，包括公共行政学，成为世界各国具有支配性意义的"元理论"，世界各国公共行政理论发展和公共行政实践也有美国公共行政理论和实践的影子。

了解现代公共行政学具有的双重性质是开展公共行政学批判、想象公共行政研究的未来的前提。发展至今的现代公共行政学，更多地展现出了普遍性的一面，而公共行政学面临的困境也是现代社会科学所面对的。总体来看，作为社会科学建制的公共行政学以自然科学化作为发展方向，产生了两个后果：一是公共行政理论与公共行政实践的脱节，公共行政研究愈发沉溺

[①] 参见张康之、张乾友：《公共行政的概念》，中国社会科学出版社 2013 年版，第 145—146 页。

于理论和方法的世界中，对真实的行政和治理实践缺乏关心，甚至将其视为佐证理论正确性的经验材料，拒斥否定理论正确性的"反例"；二是公共行政理论的异化，社会科学理论有两副面孔，一副面孔是建制性、辩护性的面孔，而另一副则是创新的、辩证的和批判的面孔。对于社会科学理论而言，反映所谓的"客观现实"是重要的，但更为重要的是对"客观现实"的批判和对未来美好公共生活的想象。当公共行政理论更多地关注理论正确性的辩护，就意味着公共行政理论放弃了批判和反思，使得公共行政理论醉心于将行动者物化，从真实的行政和治理实践中抽离出来，成为纯粹的研究对象，加以预测和操控，意图通过形式化的程序和手段，来实现对研究对象的改造和控制。

公共行政理论脱离实践和自身的异化正是现代社会科学发展困境的写照。现代社会科学悬浮在日常生活之上，单向度地界定和言说日常生活，日常生活丧失了话语权，甚至被现代社会科学逐步边缘化。社会科学异化为现代性体制的积极维护者而不是现代性体制自我革命的指路人。现代公共行政学亦然，它以不断的裁剪或边缘化不符合理论假设的现实行政和治理实践为代价，不断追求理论体系的精致化、合理化，使得公共行政理论逐步成为一个不断验证现代性体制合法性的形而上学。公共行政理论以及现代社会科学的形而上学化，体现着现代社会不平等的意识形态，即日常生活和行动者言说资格的被剥夺和言说能力的被忽视、被限制。

公共行政学和公共行政理论自身的形而上学化，是自身异化的体现。公共行政理论在异化的同时，也面对着来自日常生活、行政和治理实践的持续反抗。这一持续反抗在当下的社会转型时代更为激烈。当下社会转型时代有着多种指称：风险社会、信息社会、后工业社会或者晚期资本主义社会等。四个主要指称虽然侧重不同，但都表明了社会转型的动力来自于被边缘化乃至不被承认的日常生活和行动者的觉醒。他们借助"去中心化"的现代信息技术和传播方式冲破理论对日常生活界定和言说的垄断，诉说着自己的经验，表达着自己的不满，通过对自身体验的符号化和广场化，意图改变言说权利被限制、言说渠道被阻碍、言说能力不被承认的现状，这就带来了同异化的社会科学理论和意识形态的激烈冲突。对公共行政理论发展和变迁来说，这一激烈冲突展现为公共行政学的合法性（身份）危机："公共行政学是否应当是一门科学？公共行政学能否成为一门学科？公共行政学能否解决公共实践问题？公共行政学的核心价值是什么？"①公共行政学围绕这四个问题的争论使得公共行政学难以成为，也无须成为具有自然科学"范式"意义上的理论体系。公共行政学内部的理论丛林状态是社会转型的时代冲突在学科内部的表现，被边缘化的哲学体系、视角、理论和方法不断向占据支配性地位的理论"范式"发动进攻，从自然科学和人文社会科学本质不同还是基本一致到公共行政学是否应当满足于现代性学科建制要求，再到公共行政学是否真的能够对公共实践有所裨益，并深入到了对公共行政学价值皈依的展现和批判。公共行政学的理论多元、观点的相互激荡不是公共行政学行将就木的表现，而是公共行政学试图摆脱异化困境而不断努力的生命状态。在这一转型时代下，公共行政学如何去除自身的特权，更为平等而非自我地承认并倾听来自行政和治理实践的混杂的声音、欣赏和反思斑驳的日常生活图画、共同表达对美好公共生活的想象，正是公共行政学、公共行政理论的时代使命。

因此，重新回顾公共行政学的理论发展史，目标不是从中寻章摘句、为作为现代社会学科建制的公共行政学修补漏洞、为现代性社会建制摇旗呐喊，而是深刻挖掘并分析公共行政学科理论发展的起点、逻辑，分析不同研究路径的哲学体系、辩护的政治目标、价值导向和伦理规则。在现代化进程和现代社会面临危机的历史脉络和时空背景下，展现公共行政理论的发展历程；对公共行政理论发展历程进行现代性的批判；挖掘在旧的公共行政理论里具有蓬勃生命力的观念和思想，将这些观念和思想系统化，成为引领转型时代方向的新的公共行政理论的支撑点，促使公共行政学自我启蒙、自我批判、自我反思。

公共行政学的产生和发展受到两个方面的影响：其一是实践的影响。美国社会的需要是现代公共行政学科得以产生的助产士，而公共行政学的真正母体是传统社会向工业社会的转型。这一社会转型在公共行政学中以"政治—行政"二分原则来体现。因此，公共行政学理论的变迁始终是围绕着政治—行政二分展开的，对政治—行政二分原则的看法差异牵引着不同公

---

① 参见何艳玲：《公共行政学史》，中国人民大学出版社2018年版，第83—88页。

共行政研究路径辩护的政治目标，是其价值导向和伦理规则的基础。

其二是理论方面的影响。公共行政学与现代社会科学形成于同一历史时期。如果仅仅就现代社会科学意义上来看，公共行政学与其他社会科学相比，并不年轻。但是，公共行政学在观点上植根于当时的政治学、经济学和社会学，而在理论体系形成的基础，公共行政学和当时的政治学、经济学和社会学一样，都植根于特定的哲学体系中。公共行政学理论上的争议不仅仅单纯从政治实践出发，也受到哲学体系的影响，这一影响突出地表现在公共行政学理论体系的逻辑起点——人性假设上。人性假设是对人的存在的哲学规定，对人动机—行为或者价值—行动的道德表达、伦理规则，以此为基础，社会科学构建出了一整套的理论体系和相应的制度安排、政策设计。公共行政理论从人性假设分类来看，总体上分为了人性恶假设的公共行政研究管理主义路径和人性善假设的公共行政研究宪制主义路径。这两种研究路径的差异不仅仅是在对人性的看法不同，更植根于其所持的哲学观的根本差异。

公共行政实践导向和理论基础共同形塑着公共行政理论的基本样貌，公共行政的变迁也由这两个方向来引导。围绕着实践层面上的"政治—行政"二分原则变迁的回应和理论层面的人性假设激烈交锋，整个公共行政理论经历了从公共行政研究管理主义路径和公共行政研究宪制主义路径对勘，到治理实践和治理理论艰难地为两者搭建起一座脆弱的桥梁的历程。公共行政的理论发展正如19世纪末到21世纪的人类社会的剧烈变迁一般，传统社会到工业社会转型使得"去政治"的公共行政管理主义研究路径得以形成；工业社会到后工业社会转型则使得"将政治带回来"的公共行政研究宪制主义路径和后现代主义公共行政理论获得了正面的形象；治理理论和实践则意味着公共行政理论进入到一个重新界定政治的阶段，公共行政研究管理主义路径不再逃避于政治，而试图在其理论基础之上重新界定政治，公共行政研究宪制主义路径则坚持既往的政治观点。后现代主义公共行政理论力图突破前两者对政治的垄断，形成对政治的新看法。

因此，公共行政理论的回顾就是批判和展开想象的过程。作为批判的过程，公共行政理论的批判以公共行政实践指向——"政治—行政"二分原则作为政治批判的对象，指出"政治—行政"变迁的理论面向和制度面向，讨论"政治—行政"二分原则与现代社会的制度性联系；公共行政理论的批判需要哲学的反思，这一反思以公共行政人性假设为要，指出人性善恶假设各自哲学基础与理论后果，展现出实践智慧作为公共行政理论新内核的重要性和可行性。公共行政的政治批判和哲学反思构成了重讲公共行政理论故事的"论"部分，而"史"则由对公共行政研究管理主义路径、公共行政宪制主义研究路径、治理理论与实践的批判性分析构成。公共行政理论批判性考察通过史论结合，力图在公共行政理论发展的历史细节中，展现出公共行政理论变迁的总体叙事和未来发展指向。这一总体叙事具体表述为"公共行政"概念的"去政治"和公共行政理论的学科构建焦虑。这一总体叙事可以总结为公共行政理论对现代社会不平等本质和异化现象的形而上学改造；而未来发展指向具体表述为"公共治理"对政治的重新谋划和超越学科建制、迈向建构理论的开放性公共行政研究路径。这一未来发展指向可以概括为公共行政理论对现代社会不平等本质的批判，对异化现象的回应和关切，以实践智慧拒斥形而上学，实现公共行政理论的新发展。

（一）概念的批判与想象：公共行政、公共管理还是公共治理

任何科学研究都建立在概念之上，概念组成命题，命题间逻辑关联构成理论，概念是理论之网的网结。因此，对行政现象研究成果的回顾、分析和批判，首先就需要从概念开始。关键性、基础性概念高度浓缩了相应的理论体系、哲学基础、辩护的政治目标和价值规则。对概念的语义、内涵、语用的分析和批判，往往能够在理论分析中达到四两拨千斤的作用。社会科学概念隶属于认识论的讨论范畴，概念是一种能动的反映，说明了概念有两种功能：一种功能是对现象界的反映；而另一种功能则是对现象界的规定。概念的两种功能往往是在同一个过程中发挥的，这也就意味着当人们在言说某一概念的时候，不仅仅是在反映现象，更是在规定现象应然状态。换言之，概念不是纯粹地"反映"现象，而是在批判或者肯定地"反映"现象，概念所指称的"现象"是主观的客观存在。

公共行政学诞生以来，对公共行政实践就有三种不同的概念描述，分别

为:"公共行政"(public administration)、"公共管理"(public management)、"公共治理"(public governance)。三种概念对应着三种不同公共行政实践现象,也建构着不同的应然性的公共行政实践。那么,这三种概念之间的关系是什么?到底哪一种概念更能够反映现实的公共行政实践,并且具有批判和反思的可能性,这是公共行政研究路径的批判与现象的主要问题。对于这一问题的回答,需要从两个方面入手:其一,是对"行政""管理""治理"三种概念在公共行政理论中的发生史进行回顾,以展现三种概念存在的连续性或者断裂性;其二,则是对"公共"概念进行讨论,展现理论意义上的"公共"同现代性建制意义上的"公共"的联系和不同。

1. 行政和管理:被隐匿的政治

现代意义上的行政概念的出现,植根于现代国家建设历史进程。现代国家建设进程是一个复杂的过程,它的本质是资本主义体系的起源、发展、扩散和强化,成为现代社会本质、现代国家的根基。现代国家建设这一进程,在同一时空条件下,囿于不同国家历史脉络、政治与社会结构、文化环境差异,有着不同的表现形式。而在不同时空条件下,先发国家的现代国家建设路径、特定的国际关系背景对后发国家的现代国家建设进程也有着基础性的影响。因此,现代国家建设虽然大体上趋向一致,但并不意味着形式和路径上的一致性,而是具有差异性。行政概念的产生正是现代国家建设进程的逻辑一致性和历史表现多样性的体现。从总体上来看,现代意义上的行政概念的产生经历了"去政治化"到"政治的回归"再到"去政治化"的观念演化过程,这一观念演化的过程伴随着现代国家建设而展开。

(1) 主权概念的产生与行政概念的"去政治化"

主权概念的产生是现代意义上的行政概念生成的萌芽。从政治概念上来看,主权意味着至上权力,是对中世纪基督教神权和"只能发现,不能制定"的高级法理念的突破。主权意味着至上权力的不可侵犯,但不意味着主权是为把国家视为可自由支配的私人家产的君主专制制度辩护的。确切地说，主权是指一个抽象的国家，这一抽象的国家建立在具体的人的高度抽象化而构成的政治共同体之上。换言之，主权概念的逻辑基础是原子化个体的形式权利的保障，是原子化个体形式权利的至高无上性，这种原子化个体形式权利的集体保障形式在政治概念上的表述就是主权。那么，主权者就意味着原子化个体形式权利形成的抽象政治共同体——国家，作为公共信托被托付给主权者管理。主权者被视为无限理性的、无私利的"利维坦"，主权者的任何命令不来自于个人利益，而来自于以保障主权的理性要求。主权概念在马基雅维利、布丹、霍布斯和黑格尔的政治哲学里都有着丰富的解释。从本质上来看，主权概念是资本主义体系生成和扩散的逻辑结果，资本主义体系的逻辑起点是理性自利的原子化个体，其运行逻辑是原子化个体间的"自由契约"和"自由交换"。为了保障资本主义体系顺利运行，就需要一个保障资本主义运行逻辑能够顺利实现的制度体系，这一制度体系在政治观念上的基石就是主权概念。

主权概念可以被视为对上帝的取代，体现着西方文化传统中对"非人格化"的形式逻辑追求。主权概念形成之后，一切政治权力和治理权力的配置都围绕着能够保障主权出发，效率就成为权力配置的主要追求。因此，这一时期的分权理论，是对主权之下的治权的效率原则的配置，是追求效率、价值无涉、服从的管理，而不是追求支配权力、价值导向的政治。在这一时期，行政概念的萌芽被包含在执行主权理性命令的"执行权"（executive）概念中，是管理的，而非政治的。

主权概念与行政概念的"去政治化"是同一个过程的不同侧面，这一过程可以被概括为"权威的合理化和结构的分离化"[1]。"权威的合理化"意味着政治共同体内只存在一个至上的权力，意味着对至上权力争夺的政治活动的结束，也意味着基本政治价值、伦理规则的确定。"结构的分离化"是在"权威的合理化"的基础之上的，"结构的分离化"意味着以确保至上权力而实现的治权分工，效率是"结构的分离化"的主要原则，服从是"结构的分离化"的必然要求。因此，主权概念的产生，也意味着作为主权手足的"行

---

[1] 〔美〕塞缪尔·P. 亨廷顿著，王冠华等译：《变化社会中的政治秩序》，上海人民出版社2008年版，第27页。

政概念"的去政治化。

主权概念的产生和行政概念的"去政治化"有着深远的影响。主权概念意味着一个非人格化的、服从形式理性要求的公共利益守护者的国家形象的生成，这种主权概念蕴含的对绝对理性的利维坦的潜在价值追求一直影响着西方政治理论的发展，行政概念的"去政治化"正是这一主权概念理论演绎合乎逻辑的结果。因此，在19世纪末20世纪初普遍推行的文官制度改革，乃至威尔逊和古德诺提出并详细论述的"政治—行政"二分原则，都是对主权概念蕴含的非人格化的、绝对理性的利维坦追求的思想接力的体现，而行政概念的效率导向的"去政治化"正是利维坦建立的逻辑结果。主权概念和行政概念的"去政治化"也体现出了西方政治传统追求超越性的特点，这一特点突出地展现在对无限理性、非人格化的完美社会系统的追求上，这种追求的对象会表现为基督教体系和上帝，会表现为公共利益守护者的国家。对无限理性和非人格化的完美社会系统追求是不变的，而具体对象的变化则展现出了历史的偶然性，这一历史的偶然性也使得之后的行政概念重新展现出了"政治化"。

（2）宪制政体的产生与行政概念的"重新政治化"

资本主义体系的生成、发展、强化意味着建基在理性自利原子化个体"商品交换"为主要内容的社会交往关系的扩散，这一社会交往关系以形式理性为主要原则。主权概念在政治观念上的形成正是以形式理性的社会交往关系为基础的。从逻辑上来看，主权概念终结了关于政治的争论，而行政概念服从于主权概念对效率的要求，是现代国家建设进程的本质，但是在具体的历史发展中，这一过程不是一蹴而就的，而是呈现出螺旋式发展的趋势，也展现出了不同的样貌。立宪制政体的产生与行政概念的"重新政治化"正是抽象的现代国家建设逻辑在历史细节中的表现。

从理论上来看，主权概念虽然强调了国家是作为公共信托而托付给主权者的，然而主权者的一切命令得到服从的合法性在于，主权者的命令必须是理性的，而非随意和人格化的，主权者命令的出发点是保障国家利益，而非将国家视为私人家产。但是，在历史发展过程中，主权概念曾被用作为绝对主义政体和专制君主辩护的武器，在主权概念之下，是君权神授的倒退性质的言说、国家财产肆意地被私有化、国家面临着再度被封建化的危险。[1] 专制君主以扩展国家基础性权力为理据，而不断强化专断性权力，这种政治行动已经充分威胁到了获得部分合法政治权利、拥有着制度性政治权力的具有资产阶级性的商人、新贵族和留恋于中世纪封建政治传统的旧贵族。因此，为了在观念上同以主权概念为幌子、持君权神授理论的专制君主和绝对主义政体对抗，商人、新贵族和部分旧贵族将被主权理论传统排斥的自然法理念作为自己的理论武器，试图用自然法理念和中世纪强调权力平衡的混合政体理论来保障自己已经获得的政治参与平台和政治权力。

在宪制政体建立和巩固的历史时期里，强调主权权威至上的权力分工理论被自然法理论和阶级平衡的权力分立、制衡理论取代。因此，行政概念内含的执行概念被重新政治化，这一政治化指的不是宪制政体成熟之后的合法性确认，而是在建立宪制政体过程中的合法性需要。换言之，行政概念内含的执行概念的重新政治化，有利于商人、新贵族和部分旧贵族形成政治联盟对专制君主和绝对主义政体的挑战。

宪制政体得以建立、巩固并发展成熟后，行政概念的"重新政治化"便停止了，回到了"去政治化"的逻辑上。但是，从概念的实际历史发展来看，这一进程在宪制政体和绝对主义政体激烈角逐时期就已经出现，洛克"两权论"对"执行权"概念的界定、孟德斯鸠对"行政权"（实为执行权）概念的讨论就已经将"执行权"视为对国家意志（立法权）的执行了，内含于执行权的行政概念回到了"去政治化"的逻辑上。换言之，宪制政体的建立更关注的是主权者的轮替，而非"执行权"。然而，执行权的"政治化"却在美国的三权分立制衡体制[2]中得以留存，直到19世纪末20世纪初才被改变。

宪制政体建立是现代国家建设的重要历史时期。通过宪制政体的建立，

---

[1] 即政府公职的私人占有，例如卖官鬻爵和将官位作为私人财产处置；国家功能的私人化，例如采用包税制来汲取财政收入或者通过私人武装来实现国家军事功能。国家再度封建化意味着国家可能被再度家产化和碎片化，个体的原子化进程存在打断的可能，个体被国家直接统治并被组合起来进行政治动员可能被碎片化的私人纽带形成的政治结构的吸附取代。

[2] 美国的三权分立制衡强调的是立法权、行政权（实为执行权）、司法权地位的平等和相互制约，与英国和法国强调立法权优先都不同。美国的三权分立制衡体现出了美国宪制对至上权力的警惕和美国"反国家"的政治文化传统。

各类社会精英及其组织性资源才具有了一个制度性的吸纳渠道。这一制度性吸纳渠道也给了各类社会精英"自由契约""自由交换"和"自由竞争"的合法平台。这一合法平台的建立是行政概念能够实现"去政治化"的前提，换言之，宪制政体是以竞争性的、集体性的主权承担者来取代君主个体作为主权承担者的。宪制政体的建立至少在主权意义上结束了政治的争论，宪制政体的建立和有限政府的政制原则使得私人部门成为经济社会发展的主要领域，而国家就作为"守夜人"角色的政治和治理观念得以形成。那么在具体的主权意见执行过程中，就重新回到了形式理性和效率导向的"去政治化"的行政概念上，这一行政概念是内含在"执行"概念中的。

（3）政治—行政二分原则与行政概念的"去政治化"

从政治与行政关系来看，现代国家建设进程可以划分为两个阶段：第一个阶段是政治关系的确立和巩固；第二个阶段则是政治关系得以确立和巩固后，为了回应社会转型产生的政治、经济和社会治理问题。立宪制政体专注于经济社会发展，以效率作为原则，通过文官制度为代表的一系列改革，实现了专事事务管理的行政从政务统治和管理的政治中分离出来的目标，行政被彻底地"去政治化"。

现代国家建设进程第一阶段是政治关系的确立和巩固，以立宪制政体建立和成熟作为标志，强调既往的多元社会精英利用其组织资源为竞取国家政权的暴力斗争被转变为立宪制政体内部的合法博弈，即通过竞争性的代议制制度来实现国家政权的有序更替。立宪制政体的建立是政治的，它意图实现对社会精英及其组织资源的制度性吸纳。立宪制政体的建立正是国家与资本主义在现代国家建设进程中，国家在扩展基础性权力的同时也会不由自主地强化专断性权力，而以市场经济为基础发展起来的资本主义便与国家围绕专断性权力不断展开博弈，意图对专断性权力实现制度性制约的结果。这一结果在意识形态上以自由主义为辩护，在国家和政治理论上则以社会契约论和权力分立与制衡理论为说明。

社会契约论和权力分立、制衡理论为核心组成的自由主义政治和国家理论，以理性自利的原子化个体存在作为政治共同体得以建立的逻辑起点和价值归宿，强调权力分立和制衡能够保障个人的基本权利，国家本身构成了个人用以提高自己福利的工具。社会普遍进步是在私人领域实现的，也就是以私有财产权利保障作为基础，通过市场竞争和个人成就来实现社会普遍进步。但是，在自由主义政治和国家理论的浪漫主义描述背后，广大普通民众更多是被卷入资产阶级、新贵族同专制王权的阶级斗争中，而非自觉自为的参与。立宪制政体的建立，自由主义意识形态的发展，为私有财产的权利的确立和等级性政治权利安排（即广大普通民众并没有享受到平等的形式权利，更毋宁说权利的实质性实现）产生的广泛性的经济社会不平等提供了制度的保障和理论上的辩护。[①] 自此，应该通过政治上解决的经济社会不平等问题被转移到了经济社会领域上。换言之，对经济社会不平等问题的批判应当深入到以政治权力非对称性安排为支撑的广泛存在的社会等级结构，但是关于这一问题的讨论和批判被视为私人领域和个人化的，意即个人处于的任何境况都是个人自致的。

因此，所谓的政治应当被视为改变实质性政治权力非对称性配置和广泛存在的社会等级制度的行动、过程和理论。立宪制政体实现了资产阶级对专制君主和贵族的取代，讲求血缘等先赋性因素为理据的社会等级制度被财产和个人成就的自致性因素的社会等级制度取代。然而，立宪制政体更多实现的是以平等的法律地位和形式权利，以机会平等为核心的个人成就价值观对起点不平等和既往资产阶级巧取豪夺的不正义历史的抹消，对起点不平等和实质性政治权力的非对称性安排的正当化。那么，立宪制政体的建立就意味着对资本主义体系的肯定，对这一体系产生和加剧的一系列社会不平等的确认，政治的实质不平等被形式上的平等所掩盖，不平等的社会关系被视为正当的。因此，立宪制政体确立之后，更多的问题就转移到了效率之上，换言之，从"分蛋糕"转移到了"做蛋糕"上。但是，立宪制政体的确立同资本主义体系的发展一样，都具有不可忽视的历史意义和贡献。立宪制政体和资本主义体系的发展使得个人能够从传统的碎片化社会和政治结构中脱离出来，卷入资本主义体系的经济社会关系中，被国家组合起来参与政治，使得

---

① 正如奥菲所言："现在，资本主义社会是根据如下事实进行界定的——在前资本主义'原始积累'所导致的财产不平等分配基础上——交换原则（平等的）成为普遍的组织原则。这种交换原则——劳动力商品化也置身其中——处于支配性地位。"引自〔德〕克劳斯·奥菲著，郭忠华译：《福利国家的矛盾》，吉林人民出版社2011年版，第42页。

个人具有了改变自己经济和社会境遇的可能性，而立宪制政体主张的法律地位平等和形式权利平等，也使得广大平民具有了合法的政治权利表达渠道和集体行动的权利，使得平民能够通过政治行动在一定程度上改变自己的弱势经济社会地位和处于不利地位的政治权力配置。

现代国家进程的第二阶段是文官制度的建立，也就是制度性政治—行政二分原则的确立。立宪制政体的确立说明了在社会结构层面和历史的逻辑深处，资本主义体系已经得到了确认。而制度性政治—行政二分原则的实现则说明了在现代国家制度范畴、政治与治理实践层面上，资本主义体系和其意识形态的畅通无阻。工业革命后，人类社会进入了一个真正意义上的社会转型时代，这一转型标志着人类生活的全面转变，城市化和工业化使得陌生人社会逐步替代了熟人社会、普遍性知识的要求取代了地方性知识的合法性地位，对削弱行为的不确定性、提高可预测性的制度体系有着更为强烈的需要。随着城市化和工业化的开展，政党政治成为这一时期典型的政治景观。在缺乏市场经济为基础的普遍性社会动员的情况下，政党政治和政务事务不分的政府制度和管理体系，产生了制度性的依附主义现象。依附主义政治甚至出现了政府的重新封建化（公共职位私人支配）；同时也提高了整个资本主义体系运行的制度成本，个体的原子化进程面临被打断的可能，个体得以从原子化进程中脱离出来，进入到政治强人提供的个别庇护政治中，整体的依附主义政治体系削弱了人们进入市场的动力。

随着市场经济和工业化的深入发展，社会动员普遍进行，依附主义政治体系运行成本高昂，政党领袖发现通过提高部分选民的经济社会利益，以吸引选民依附政党领袖的政治活动方式收效甚微。社会动员的深入进行使得中产阶级逐步壮大，选民发现普遍性的政治纲领相较于个别性的经济社会利益更加符合自己的利益，依附主义政治在市场经济和工业化的进程中逐步丧失了制度性的生存土壤。从制度上来看，以理性官僚制组织模式建设为核心的文官制度建设，得到了中产阶级的普遍性支持，这一制度建设内含着中产阶级的社会理想：精英统治与专家治国，强调技术治理。文官制度建设和行政人才的大量供给，使得西方国家政治景观发生了重大的改变：政治（government）与行政（administration）从执行权（executive）中分离了出来[1]，政治被视为利益和观念竞争的场域，体现出了立宪制政体政治的全部含义；行政则是政治中立的、技术治理导向的，是以效率为原则的管理问题，是非政治的。自由主义意识形态（社会契约论和分权制衡理论）的基本政制设计在理论上宣告了治理从政治走向了管理，而制度性政治—行政二分原则和其理论上的表达，相当彻底地排斥了对政治的反思和批判，换言之，是以政治上的形式权利的平等和保障来掩盖社会经济领域和日常生活领域存在的不平等，将经济社会领域视为去政治化的，经济社会领域广泛存在的结构性不平等被转移到个人上来解释和解决了，即个人的任何境遇都与社会结构没有关系，而是自身决定的结果。那么，作为资本主义体系主要活动的经济社会领域就免除了政治的检视，被视为一个纯粹的技术治理和管理范畴。因此，在制度性政治—行政二分原则得以确立，并成为现代国家基本政制原则后，行政本身的政治性被隐去了，行政这一概念与私人领域中立性的、追求组织利益的管理概念本质上不存在任何区别。

在20世纪70—80年代，面对凯恩斯主义失灵、经济滞胀的困境，既往的福利国家模式受到了极大的冲击，在各个领域掀起了一股旨在复活古典自由主义政治和经济思潮的新自由主义（Neoliberalism）浪潮，并席卷了全球各个主要国家。在公共行政领域，则突出地以"新公共管理运动"作为政府行政与治理改革的主要范本。由于新公共管理运动强调私人部门管理方法的普遍有效，私有化和竞争成为解决政府扩张、官僚自利和社会需求难以满足的灵丹妙药，以至于在新公共管理运动开展时期，不少学者甚至将此认为是具有"范式更迭"意义的重要理论和实践，公共管理概念开始取代公共行政概念。但是，公共行政概念的"行政"（administration）与公共管理概念的"管理"（management），本质上是一致的，区别仅仅在于：行政认为，通过负向激励为内核的自上而下的官僚制程序控制能够提高效率，提高社会效益，也是当时工业社会普遍赞同的组织乃至治理模式，即官僚制组织模式和科学管理的管理理论；管理则认为程序能够产生效益本身是可疑的，是不能够被称为科学的。新公共管理直接将竞争机制和市场逻辑引入到了政府管理

---

[1] 美国的情况则是行政（administration）从政治（government）中分离出来，本书第四章第一节对此有详细说明。

和社会治理领域中，试图通过多元竞争落实民主，实现社会效益增长。行政与管理根本上的一致，要分为两个方面来看：

一个方面是其哲学基础和理论脉络，公共行政与公共管理从理论脉络和哲学体系上来看，本质上都是公共行政研究管理主义路径。公共行政研究管理主义路径以实证主义哲学体系作为基础，而这一哲学体系的本体论是个体主义本体论和整体主义本体论的结合。无论是个体主义本体论还是整体主义本体论，都是将人和社会视为割裂、对立、抽象的存在。现实的人是社会关系中的人，而现实的社会则是由现实的人及人与人之间的互动构成，但是在实证主义哲学体系中，由于人被视为原子化的存在，被视为客观现象的被动反映，这就使得研究者和理论拥有了超然性的地位，使得人与人本身的平等关系、人与社会的互相依存和互动关系被异化为拥有排他性的阐释和治理权力的主体对客体的支配关系。个体主义本体论将人视为理性自利的原子化个体存在，而整体主义本体论本质上是为了解决个体主义本体论出发的社会秩序何以产生的理论问题而出现的。换言之，个体主义本体论提供了社会发展的动力，而整体主义本体论则提供了秩序。无论是个体主义本体论对个人本位的自由竞争支持，还是整体主义本体论对制度、文化等规范体系的强调，都不是从主体间平等交往的角度来考虑人际关系和人与社会的关系，而是从主体—客体的角度来考虑人际关系和人与社会的关系，即个体主义及其主张的竞争将他人视为必须打败的敌人，视为提升自己利益的手段；而整体主义及其主张的秩序，则将抽象的共同体视为目标，具体的个人视为必须服从共同体的工具。从本质上来看，个体主义和整体主义正是资本主义体系的起点和制度形式，个体主义是资本主义的动力，而整体主义则是确保资本主义体系能够顺利运行的制度支撑。因此，在具体的经济、政治和社会理论中，社会等级制度的保守主义和个人竞争的自由主义共存，都是服务于资本主义体系的，前者是威严的家长统治，而后者则是充满着企业家精神的传奇。

另一个方面就是现实的制度安排、政策设计和组织架构。公共行政和公共管理都主张人性恶假设，都是以苦—乐动机论的心理学解释进路来讨论个体行为的社会后果，通过施加相应的刺激手段，就能够实现对人的行为控制。公共行政主张官僚制的自上而下的控制模式，以负激励来实现对官僚的行为控制；而公共管理则主张市场竞争的控制模式，以正激励来实现对官僚的行为控制。因此，从现实的制度安排、政策设计和组织架构上来说，"行政"和"管理"是一致的，它们只关注于如何控制人的行为，继而实现社会利益增长，区别只在于是以负激励为主还是以正激励为主。"行政"和"管理"的具体过程已经充分展现出了其政治的一面，管理者和被管理者是不平等的关系，但是其理论阐释——公共行政管理主义研究路径、实证主义哲学和自由主义意识形态，都将这一不平等的关系视为正当的，都以形式上的权利和法律地位的平等来模糊对过程中的、实质上的不平等的讨论和批判。因此，行政和管理的制度表达、理论阐释隐匿了其本质的政治属性。

　　社会经济领域和日常生活领域普遍存在不平等是现代社会本质的体现，也是现代化的必然结果。这一不平等是通过政治得以确保的，因此，就需要重新考虑政治来加以解决。但是，社会经济领域和日常生活领域的不平等不仅没有在政治上得到关注，反而在自由主义意识形态的支持下，使这一不平等及其形成的社会等级制度得到了辩护。对社会经济领域和日常生活领域的不平等的辩护通常是以形式上的法律地位和形式权利的平等作为主要的支柱性观点，将个人境遇的结构性不平等因素转化为个人自决是这一辩护通常运用的逻辑。那么，对这一不平等和社会等级制度的辩护就以社会规范的功利主义伦理规则和个体规范的个人成就价值观作为主要思想和观点依托。

　　因此，在具体的政府管理和社会治理上，无论是公共行政概念还是公共管理概念，都没有触及这一不平等的关系，反而是隐去这一不平等的关系，将其视为中立性的技术治理领域和纯粹的管理问题。无论是公共行政概念还是公共管理概念，本质上都没有差异，唯一的区别是：行政概念从历史上来看，更多地与具有政治统治与社会管理组织和机构相关，更多地是用在了政府以及以政府为核心开展的治理活动上；管理概念则更多地与私人部门和市场经济领域相关。公共管理取代公共行政概念，前提是凯恩斯主义和福利国家丧失了实践和治理观念上的主导性地位，新自由主义意识形态构筑的公共管理概念才能够取代公共行政概念。政府仍然保持了对经济社会的干预，只不过这种干预由国有化、对市场和金融系统的监督管制、社会保障和对劳动者权利的支持转化为推动全球化、私有化、金融化、去管制、去监督、削弱社会保障和减少对劳动者权利的支持，限制劳动者的集体行动权利上，市场逻辑和竞争机制进一步入侵社会和日常生活领域。无论是公共行政概念还是公共管理概念，本质上是一种关于如何隐匿形式平等而实际存在的社会等级制度，并且将其中立化，纳入非人格化和排他性的技术治理过程，是一种去政治化的修辞。

2. 公共概念的意涵变迁：从自我确证到承认他者，从主体性到主体间性

"行政"和"管理"概念本质上是一致的，它们在理论上都可被归结为公共行政路径研究管理主义路径，实证主义哲学体系是其哲学基础，功利主义是其伦理规则；而在政治实践、制度安排、政策设计和治理模式上，都主张精英治国和技术治理。两者的区别仅仅在于何种政府组织模式才是促进经济发展为核心的社会经济福利提升的有效路径。但是，无论是"行政"还是"管理"，都无法脱离"公共"这一概念的限定。在通常的语境中，"公共"与"行政"或者"管理"都是连用的，被视为一个概念，很少去思考"公共"这一概念的意义。而在学界的讨论中，"公共"或者"公共性"至少有五种理论内涵，即"多元主义的观点：作为集团利益的公共；公共选择的观点：作为消费者的公共；法律的观点：作为被代表者的公共；服务提供的观点：作为顾客的公共；以及作为政治参与的公共"[①]。这五种理论内涵分类标准并不明晰，存在相互交叉的情况。如果从公民在政治和治理生活中的角色、作用来看，五种公共理论内涵其实就可以分为两类：一类是将公民视为消极性角色，更加重视公民的形式权利和法律地位的公共观点，多元主义、公共选择、法律、服务供给这四类都可以被视为一类公共的理论阐释，只是它们关注的层面和维度不同；另一类则是作为政治参与的公共，这一类重视公民形式权利的实现程度和实质上的政治地位、参与资格等，公民被视为积极的治理者角色。政治实践中对"公共"概念不假思索的使用和"公共"理论言说的不同，指向了作为实践的"公共"和作为应然性规定的"公共"的联系和张力。理论上对"公共"的界定和讨论正是对实践上乃至社会制度上

---

① 夏志强、谭毅：《公共性：中国公共行政学的建构基础》，《中国社会科学》2018 年第 8 期。

的"公共"的能动反映和规定，那么，实践乃至社会制度上的"公共"到底是什么？当我们在日常语境中使用"公共"的时候，我们到底在谈论什么，以至于这一"符号"不自觉地就指向了"政府""法律""共同体"等抽象的整体主义样貌的概念上。

（1）传统社会向现代社会转型：从"共同"到"公共"

对传统社会向现代社会转型的描述，离不开两个维度：一个是文化的世俗化，另一个则是结构的分离化。文化的世俗化和结构的分离化都建基在个体的原子化进程之上，换言之，人被视为理性自利的原子化个体的存在，不仅仅是一种哲学的规定，更是对资本主义体系生发、发展、扩散和巩固为主要动力的现代化进程的描述。人被视为理性自利的原子化个体，意味着规范性的道德传统和社会价值等超验性要素被视为毫无意义的形而上学而祛魅，意味着先在于人的家族、宗族等家元共同体[①]纽带的解体，意味着个人利益被视为行动的唯一价值和意义，意味着一个以确保个人利益实现的高度稳定、清晰、可预测的制度框架的建立。因此，文化的世俗化就是对人的个体利益和快乐的重视，乃至视为唯一有意义的价值，对他人行为乃至价值的评价、对政府和社会的评价本质上都是出自是否满足个体自利而做出的。结构的分离化一方面促使个体从传统的、全能的碎片化社会结构中解放出来，而进入到新的依据效益—效率原则产生的经济、政治和社会结构中。当现实的、社会关系的人在哲学上被规定的理性自利的原子化个体，在实践中，这一哲学规定不断地成为现实，理性自利的原子化个体利益应当在什么样的制度框架下才能有效扩展，就成为现代社会制度的根本出发点。对现代社会建制和结构意义上的"公共"概念的分析和探讨应当放置在现代化进程和社会转型的历史背景中考察。

现代英语中的"public"（公共）和"common"（共同）术语在词源上与希腊语中的"pubes""koinon"和古罗马的"res publica"有着直接的联

[①] 所谓家元共同体，是描述传统社会结构的基本组织单元，强调先在的血缘、地缘因素作为联结共同体成员的天然纽带，家元共同体特征是高度同质性和等级化。参见张康之、张乾友：《在共同体的视角中看民主》，《学习与探索》2011年第2期。

系，[1]这就带来了困惑：古希腊人所说的"pubes""koinon"和古罗马人所说的"res publica"是否就是现代人所说的"public"和"common"？而在当下的语境中，"公共"（public）和"共同"（common）又经常混淆在一起使用，那么"公共"和"共同"之间是否存在着区别？对这两个问题的讨论需要从哲学、政治理论和社会结构两个层面进行：

从哲学和政治理论上来看，古希腊和古罗马的"pubes""koinon"和"res publica"是建立在整体主义之上的。古希腊的整体主义和近代谓之的整体主义也有不同，近代谓之的整体主义是立足在人性恶的基础之上的，认为人的行为具有机会主义的特征，会损害社会秩序，需要一个能够压制人的机会主义行为特征的社会秩序，这一社会秩序正是近代整体主义本体论的目的所在。但是，古希腊谓之的整体主义不是建基在人性恶的基础上，而是建基在人性善的基础之上（仍然是一种抽象意义上的人性善，将人性善形而上学化）。古希腊城邦政治思想和政治理论中，并没有为作为个体的人留下位置，而只有作为城邦的产物——公民概念。是否是公民就意味着是否具有完整的权利，是否能够被作为人而平等地对待。如果没有公民的资格，就意味着权利的限制——外邦人和妇女，或者被视为"会说话的工具"——作为私有财产的奴隶，而决定一个人是否具有公民资格的是城邦，这就意味着城邦本身是公民的归宿和目标，为了城邦做出牺牲是每个公民的至善的实现方式之一。因此，古希腊的城邦政治思想和政治理论是"大公无私"的，即承认作为城邦的至善地位和价值皈依，贬低和边缘化了公民的个人生活。对于古希腊城邦公民而言，近现代原子化个体的存在的人是难以理解的。盛行于古希腊和古罗马的政治思想和政治理论将政治共同体视为根本，而个体的私人生活被边缘化，公民概念先于人的概念就是这种政治思想和政治理论的最好呈现。

古希腊城邦政治文化将城邦视为根本的存在，但是这一原则到了苏格拉底时期就受到了怀疑，尤其是在之后的斯多葛派和犬儒学派那里，原子化的个体在其学派思想体系上取代了城邦的整体，成为基本的本体论理据。原子化个体的登堂入室和对自身利益、快乐的重视，意味着人的抽象化进程在政

---

[1] Mathews, David, "The Public in Practice and Theory", *Public Administration Review*, 1984, 44(S1): 120-125.

治理论上的开启。换言之，作为具体的、现实的和社会关系的人所具有的多重丰富意蕴开始被窄化为对快乐的追求。古希腊城邦政治文化将城邦视为人的根本，将公民资格视为优先于人的存在，那么苏格拉底到斯多葛派和犬儒学派的思想接力，则力图让人作为人本身而得到平等的对待，人是先于公民资格的。要完成这一理论任务，最为方便的做法，就是寻找不同历史脉络和文化情境的人的共性，这一共性被认为是对自身利益的追求。因此，为了人能够脱离公民身份和城邦价值的束缚，需要强调人对自身利益的追求，是能够建立一个超越城邦的普遍共同体的。城邦政治文化对个人的贬低和日后斯多葛派、犬儒学派对个体的抬高[1]，都体现出了西方哲学传统的一个特点：二元对立和形而上冲动。斯多葛派和犬儒学派对个人权利先于城邦的强调是对城邦至上倾向的解毒剂，但是对个人权利的形而上追求和无限度拔高，同样也是偏颇的，更带来了一系列的理论和实践问题，这些理论和实践问题发展到今天，成为现代性批判的焦点。

从斯多葛派和犬儒学派之后，西方哲学和政治理论发生了重大的断裂，进入到一个强调人的抽象原子化个体存在的理论体系中：在中世纪时期展现为基督教原罪论；而在文艺复兴和启蒙主义时代，则将人的理性自利视为具有天然正当性，以此抗衡君权神授观念，宗教改革运动则通过基督教个人主义实现了对整个西欧社会的个体主义启蒙，以此来构建一整套能够为资产阶级替代封建贵族和教会统治的辩护和阐释的意识形态体系。

个体主义本体论影响深远，时至今日，以此为基础构筑的自由主义意识形态和实证主义哲学、社会科学理论仍然在当今世界具有支配性的地位，并构成现代性的支柱——形而上学的核心内容[2]，其意识形态体系和相应的哲学、社会科学理论依然在当下世界具有支配性的地位。因此，萨拜因在写就《政治学说史》的时候，将古希腊政治理论分析的部分称为"The theory of the City-state"（关于城邦的理论），而讨论古罗马自然法理论和中世纪宗教政治理论的部分则称为"The theory of the Universal Community"（关于普

---

[1] 〔美〕乔治·萨拜因著，〔美〕托马斯·索尔森修订，邓正来译：《政治学说史：城邦与世界社会》，上海人民出版社2015年版，第220—232页。
[2] 杨耕等：《马克思主义哲学基础理论研究》，北京师范大学出版社2017年版，第534页。

遍共同体的理论），"关于城邦的理论"到"关于普遍共同体的理论"[1] 正是对传统社会向现代社会转型在哲学和政治社会理论上起源的隐喻：古希腊城邦作为传统社会的典型，体现出了传统社会结构的本质——基于地缘和血缘纽带而形成的具有封闭性、全能性的政治、经济和社会的小共同体，这一小共同体可以体现为村社、城邦、庄园等形式。这种小共同体将自身视为根本性的存在，而作为个体的人则被湮没在小共同体中。小共同体提供了安全和保障，但是又给个体的自由成长套上了一系列传统规范的限制，可以被称为"温暖的枷锁"。而"普遍共同体"则是基督教指向的所有碎片化的小共同体中教徒共同组成的"上帝之城"，这一"上帝之城"意味着基督教统治对世俗政治权威统治的优先性，意味着人作为教徒优先于其他社会身份。基督教这种具有强烈普世性特征的宗教文化共同体正是现代社会的萌芽——理性自利的原子化个体，这一原子化个体组成的共同体与基督教文化共同体有着形式上对应而内容不同的关系。基督教文化共同体中的信徒，除了信仰上帝之外，不存在任何其他的价值和意义，而现代社会本质上也认为作为理性自利的原子化个体的人，除了信仰自身的利益之外，不存在其他的价值和意义。韦伯认为的资本主义体系扩散来自于基督教新教精神的驱动更是佐证了这一点——现代社会在文化上起源于以基督教文化共同体为代表的原子化个体为逻辑起点的"普遍共同体"的文化理想。

　　从社会结构转型来看，传统社会向现代社会的转型使得潜藏在传统社会精英文化中的"普遍共同体"文化理想成为现实。现代化源起于西方，以市场经济扩展和民族国家建设为主要内容，二者都植根于人的原子化进程。市场经济扩展需要人从时间和逻辑先在的共同体中脱离出来，从对小共同体的人身依附中"解放"出来，由此，才能够实现市场经济扩展。民族国家建设本身就需要建立直接统治，实现国家基础性权力扩展，个人从各种各样的先天的共同体（既往政治结构）中脱离出来，以"公民"[2]身份重新组成各种各

---

[1] George H. Sabine, T. L. Thorson, *A History of Political Theory*, Thomson Learning: United States, 1980, pp. viii-ix.
[2] 现代国家的公民与古希腊和古罗马时期的公民本质上是不同的。古希腊和古罗马的公民本质上是共同体的依附性成员而非理性自利的原子化个体，而现代国家的公民则建基在形式权利平等的理性自利原子化个体之上。

样的政治结构，参与政治，国家以此来实现资源汲取和政治动员、整合。①在民族国家建设过程中，立宪制政体取代绝对主义政体是现代社会建制和实践意义上的"公共"形成的重要历史阶段。"公共"形成的直接的历史背景是立宪制政体对绝对主义政体的取代和中世纪的结束，从词源上来看，对现代社会建制和实践意义上的"公共"的讨论应当从中世纪开始，而不是从遥远的古希腊开始。②

现代社会建制和实践意义上的"公共"从词源上来看起源于"共同"③。"共同"这一概念的使用则通常是与"good"一词连用的。也就是说"公共"从"共同"的演变其实是"public interest"（公共利益）取代"common good"（共同体利益）的过程。共同体利益（common good）在前现代社会中普遍运用，它与古希腊人所语的城邦福祉在内涵和逻辑上是一致的。换言之，共同体利益强调共同体相对个体的先在性，个体利益要为共同体利益让步，也要遵循共同体规范，共同体则给个体提供保护和照拂。这种共同体本质上也是等级制的，只不过呈现的形式和样貌并不时时刻刻都是严酷的统治，也有可能充满着温情，但是个体是不存在主体性和独立性的，是依附于共同体而存在的。共同体利益最后被公共利益取代还是与现代化进程相关，它是现代化进程中的作为统一国内市场、提供秩序和产权保护，但又展现出本质上的专断性和扩张性的绝对主义政体同资本主义体系两大力量纠缠斗争的结果。共同体利益在绝对主义政体时期，逐渐被视为绝对主义政体利益的同义词，也表明了马基雅维利、布丹和霍布斯所想象的作为公共信托守护者的全能理性的国家形象的坍塌。绝对主义政体的权力扩张严重侵害到了资产阶级和其他社会集团利益，为了在舆论和理论上同绝对主义政体斗争，他们不仅仅将中世纪的混合政体理论和效率导向的权力分工理论融合在一起，提出权力分立制衡理论作为立宪制政体的理论准备，更是提出了取代"共同体利益"的"公共利益"概念。共同体利益将政治共同体的利益替换为绝对主

---

① 汪仕凯：《政治社会：一个中层理论》，《学术月刊》2017年第7期。
② 当我们考察的是作为理论上的、政治理想的、规范上的"公共"的时候，就应当从古希腊开始。古希腊关于"公共"的政治理想几经波折，仍然在现代社会焕发出光芒，而现代社会在理论和观念上也对古希腊那种贬低个人的私人生活而无限度拔高参与共同体的"公共"生活进行了改造。
③ 张康之、张乾友：《公共行政的概念》，中国社会科学出版社2013年版，第5页。

义政体的利益，至少在逻辑上表明了，建基在抽象的整体主义本体论基础之上的共同体理论具有重大的缺陷，这一缺陷就是整体主义本体论本身的抽象，使得其需要一个人格化的载体，而这一载体就可能被当时的绝对主义政体所利用。新提出的"公共利益"概念不是建立在整体主义本体论之上的，而是建立在个体主义本体论之上的。鉴于绝对主义政体和资产阶级冲突往往是由财政税收问题引发，所谓的"公共利益"更多是建立在个体经济利益之上的。换言之，"公共利益"就是个体的"财产和财产权"的保护。[1] 在英国资产阶级革命为代表的绝对主义政体向立宪制政体转向的历史时期，"公共"对"共同"的取代就逐渐明晰化了，但是这一过程的实现还需要市场经济发展和工业化、城市化深入进行，才能在社会建制和实践的层面上实现对碎片化、互相隔绝的传统小共同体的"扫荡"，将人从这种人身依附的不自由、不自主的小共同体中解放出来，以原子化个体的身份进入到市场经济和现代国家的政治、经济和社会结构中。

传统社会向现代社会转型早在14世纪时期便已开始，但是直到工业革命引发的城市化和工业化，才使得这一进程能够加速进行。市场经济扩展和民族国家建设的深入推进，使得个体的原子化成为现代化进程的根本，个体的理性自利动机和由此产生的工具理性行为逻辑是现代社会的本质，产生了旨在制约理性自利动机和工具理性行为逻辑可能导致的机会主义行为，保证资本主义体系的顺利运行的制度体系和社会秩序。这一制度体系和社会秩序以形式理性为特征，而形式理性是建立在个体的工具理性基础之上的。换言之，形式理性是个体运用工具理性能够参考且必须遵守的普遍规则，这一规则本身就是出自对形式平等的原子化个体权利的保障。因此，形式理性的制度体系、政策设计和治理模式成为西方社会普遍的政治景观。当理性自利的原子化个体的存在论观点成为整个经济社会和政治体系建制的基础、成为意识形态的根基，那么个体的形式权利的保障就成为这一社会制度和治理体系的根本性目标，而原子化的个体最大的特点就是纯粹性和抽象性，原子化个体的权利保障就成为具有普遍性和正当性的目标。在现代化总体性进程下，"公共"这一实践的内涵已经非常清晰了，即对作为原子化个体的公民形

---

[1] Mathews, David, "The Public in Practice and Theory", *Public Administration Review*, 1984, 44(S1): 120-125.

式权利的保障。"公共"实践通过对形式权利的保障，建立保障个体间竞争能够有序进行的制度安排，就能够实现资源的高效配置，进而实现社会福利的普遍增长。也就是说，"公共"这一实践本身体现了古典自由主义的文化理想。

因此，在现代社会的当下，日常语境中使用的"公共"和"共同"是有着本质不同的。"公共"作为一种实践和社会建制，强调的是作为个体的公民形式权利，而"公共性"则是这一形式权利的制度保障体系。所谓的"公共利益"其实指的就是原子化个体利益中具有普遍性的一面，这一面可以体现为形形色色的公共产品和制度体系。相对的"共同"则不同，"共同"更多地用在传统社会，指的是以血缘、地缘等先赋性因素为纽带形成的小共同体结构，强调个体对小共同体的人身依附和人格依附，以及小共同体的人存在的依据和价值皈依。换言之，从社会结构层面上来说，古希腊城邦的"公民"不能与现代社会意义上的"公民"进行类比，古希腊城邦的"公民"至多只是小共同体的成员，而现代社会意义上的"公民"在法律地位上是平等的，在形式上是自由的，现代社会也不存在传统社会中小共同体赖以生存的以先赋性因素为分层依据的社会等级制度。那么，古希腊人和古罗马人所说的"pubes""koinon"和"res publica"与现代英语中的"public"本质上不同，它们更多与"common"具有逻辑和内容上的关联。

（2）现代社会建制的"公共"批判

作为体现原子化个体形式权利的"公共"实践取代体现抽象共同体利益的"共同"具有重要的历史进步意义。这一历史进步意义集中体现在对人的抽象主体地位的确认上，这一主体地位的确认应当放置在资本主义体系作为动力的传统社会向现代社会转型上来考察。从人的角色和作用上来看，在整个传统社会，除了普罗塔格拉高呼的"人是万物的尺度"之外，传统社会对人的角色和作用都是以比较消极的态度来考察的。韦伯所语的作为具有合法性统治的"传统型权威"就盛行于传统社会，"传统型权威"强调的正是传统、血缘、地缘等先赋因素对人的支配地位的正当性，这一正当性不来自于理性反思，不来自于个人同意，仅仅来自于它是"自古以来"的。换言之，在传统社会，人是没有主体性的，无论是统治者还是被统治者，都遵从于传统社会既有的社会结构和交往模式，都没有能动地反思这一社会结构和交往模式的合理性。因此，从哲学的层面上来说，传统社会是没有历史的，历史只可能产生在传统社会向现代社会转型的过程中，历史是人自由创造的产物，但在传统社会，人们只是依照习惯而被动地遵循传统，并将传统视为遵循必然因果性的自然而非有待理性检视的约定。

人的抽象主体性地位主要是通过资本主义体系和现代民族国家建设两大历史进程的互动实现的。资本主义体系商品交换关系和现代民族国家直接统治的需要，都力图将人从小共同体中解放出来，将人原子化，实现把人重新组合进现代经济、政治和社会结构中，以便资本主义体系商品交换关系的形成和现代民族国家的直接统治的实现。当人从小共同体中解放出来，就意味着传统的道德、价值、宗教等社会规范的解体和祛魅，建基在个体理性自利基础之上的世俗文化的社会规范成为现代社会的基本原则，这一世俗文化的社会规范支持个体的人通过市场竞争来实现个人生活境遇的改变，颂扬作为整体的人类对自然和传统的征服。当人成为原子化的个体之后，通过激发人的理性自利，整个社会创造力和生产力相较于传统社会而言有着质的飞跃。只有在进入现代化后，哲学意义上的历史才得以开启，人可以通过认识来实现对必然因果性的驾驭，同时解除了时间先在与逻辑先在的共同体和等级制度的束缚后，人具有了创造自由因果性的可能性，也就是按照自己的想法和良知自主行事的可能性。人的抽象主体地位的实现是展现在作为个体的人的"自由"之上的，这一"自由"的获得是以资本主义体系扩展和现代民族国家建设为基础的。但是，这一主体地位的抽象性和打上双引号的"自由"都表明了人并没有实现作为具体的人的主体地位，也没有实现完整的自由，人从小共同体"温暖的枷锁"中解放出来，但又陷入到了形式自由、形式平等但实质不自由、不平等的困境中。这一困境被"公共"实践和制度合法化、形而上学化，使得人们更加难以表达对这一困境感受到的痛苦，更加难以言说对这一困境的不满。

作为社会建制和实践意义上的"公共"及其制度形式的表达——公共性，是现代社会根深蒂固的基本原则，这一原则不仅仅是社会结构意义上的，也是占据支配性地位的自由主义意识形态的核心内容。虽然"公共"实践和意识形态的规定成为现代社会的基本原则，但并不意味着这一实践和意识形态的规定就是令人满意和信服的，远至社会转型早期的卢梭、康德和马克思、韦伯，近到20世纪现代哲学对现代性的持续批判，乃至形形色色的社会运动，都表达出了对现代社会的不满，对占据支配地位的"公共"阐释和作为实践的"公共"的批判。意识形态的斗争和社会运动的此起彼伏，都将"公共"和"公共性"作为焦点展开，试图在保持术语符号不变的情况下，赋予这一术语以新的概念内涵，进而取代旧的概念。

人们对实践意义上的"公共"的不满和批判，有三点原因：

一是"公共"关照的是形式权利，主张通过竞争来实现社会福利增长，赞同功利主义伦理观，然而通过竞争这一程序实现的公共选择可能会产生同人们朴素的关于"公共"具体内涵的道德直觉相违背的结果。

二是作为形式权利保障的"公共"本身是不完全平等的，也就是"公共"保障了形式权利的平等，但是保留了非政治和公共领域的大量经济社会领域和日常生活中的不平等。这些经济社会领域和日常生活中的不平等要么被视为固有的财产权利，要么被视为国家不能进行过多干预的传统习俗而得到保留。[①]"公共"实践是对形式权利的保障，而人们之所以能够接受形式权利平等和实质的不平等的合法性理据在于，形式权利的平等能够保障程序的公正，而在程序公正前提下，就有机会实现个人生活境遇的改善。但是，大量的已经被形式权利所保障的经济社会领域和日常生活中的不平等实际上已经造成了起点的不平等，而这一不平等本身与形式权利所承诺的个人竞争的"敏于才能、钝于天赋"的原则是矛盾的。

三是"公共"实践及其制度体系是高度抽象和形式化的。"公共"实践追求的是普遍性的原则，但是，普遍性原则本身就是通过对特殊的情境抽象构建出来的。普遍性原则在跨时空的应用上，会面临诸多的困难，普遍性原则嵌入到个别情境中的时候总会产生各种各样的谬误，如果这一普遍性原则具有很强的约束力，那么这种谬误的实际危害就越大。普遍性原则面临特殊情境产生的一系列问题，其根源在于两点：

一是这些原则并未经过理性的检视。大量的普遍性原则本质上是与特殊情境适应的理论，是为了解决特定时空产生的特定问题而提出的，但是这些理论被抽象化为普遍性原则后，就具有了意识形态上的霸权地位，使得人

---

① 张康之：《行政伦理的观念与视野》，江苏人民出版社2018年版，第186页。

们在运用这一普遍性原则的时候总是不假思索地将其作为绝对正确的真理来看待。

二是公共实践以个体主义本体论为逻辑起点和价值皈依，理性自利的原子化个体的存在及其制度体现——财产权利保障，才是公共实践的目标，也是其形式特征——公共性的主要内容。一个能够有利于理性自利的原子化个体对自身财产收益进行计算的具有稳定性和可预期性的形式理性制度体系，以及围绕这一制度体系生发出来的治理模式，是现代社会"公共实践"的完整表达。在"公共实践"构想的理想化世界中，人是理性自利的原子化个体，追求利益才是唯一具有意义的行为，高度形式理性的制度体系与个体的理性自利是相得益彰的，整个理想化世界以追求经济的永续增长作为唯一的目标。但是，现实的治理世界和生活世界显然是斑驳复杂的，人们的行动并不完全出自于利益考量，会有更多的价值追求。因此，当一个悬浮于日常生活世界和治理世界的"公共"制度体系自上而下地嵌入到日常生活世界和治理世界的时候，其实践方式必然是入侵式的和殖民式的，它意图将日常生活世界和治理世界改造为"公共"制度体系构想的理想化世界，也必然会遭到日常生活世界和治理世界普遍的反对和抵抗。"公共"的实践和制度体系被现代社会确认，但是并不意味着它就是绝对正确的、免于检视的真理。因此，人们才在道德和伦理观上对现代社会建制和实践意义上的"公共"进行批判。

（3）"公共"实践的新想象

作为现代社会建制和实践意义上的"公共"同人们在日常生活中对"公共"的理解有着很大的不同。在日常生活中，对"公共"的理解主要从两个方面展开：

一是将"公共"视为共同利益及其维护。从人们的日常生活和开展集体行动的微观实践来看，"公共"与"共同"对于普通人而言是一致的。这种一致更多体现在人与人的相互关联的社会关系和利益关系上。人们对"共同"和"公共"的日常生活理解，并没有将"共同体"视为必须要牺牲自己的个人利益的抽象建构物，也没有将其视为个人毫无自由可言的森严等级制度，而将"共同体"和"共同利益"的维护视为一个自然而然的过程，视为自觉履行的义务。因此,普通人在日常生活中理解的"公共",其实就是对自己生活的共同体利益的自觉维护和服从。朴素的"公共"理解里蕴含的是关于人到底是怎样一种存在的深刻的哲学观念——人只要生活在社会中,就生活在某个共同体中,就会介入到解决共同体面对问题和增进福利的过程中,人是现实的、社会关系中的人,而非理性自利的原子化个体。

二是将"公共"视为一种对他人的义务和责任,意识到作为人的选择及其后果,都来自与他人的合作和社会的帮助,其个人选择的后果也可能对他人和社会产生影响。因此,"公共"被视为义务和责任,这一义务和责任是积极意义上的,即作为人,会将帮助他人、奉献社会视为行动的价值源泉。在日常生活和集体行动的微观实践领域中,人们对"公共"的理解承袭了传统社会对共同体的责任感和义务感,这种责任感和义务感并没有随着社会转型消失,而是不断地适应社会制度的变迁,展现出与当下社会相适应的样貌。对"公共"的日常生活理解也是古希腊城邦公共生活传统的当代体现:"在古希腊人看来,公共领域是自由王国和永恒世界,因而和必然王国、瞬间世界形成鲜明对比。只有公共领域中出现的一切,才能让所有人看得真真切切。公民相互之间进行对谈,从而把事务表达出来,并使之形象化;彼此差不多的人通过争论,才能把最好的衬托出来,使之个性鲜明——这就是名誉的永恒性。因此,如果说生的欲望和生活必需品的获得发生在私人领域(okikos)范围内,那么,公共领域(polis)则为个体提供了广阔的表现空间;如果说前者还使人有些羞涩,那么后者则让人引以为豪。公民(homoioi)之间平等交往,但每个人都力图突出自己……从文艺复兴开始,这种公共领域就和所谓的古典的一切具有了真正的规范力量,至今依然如此。不是决定它的社会结构,而是意识形态本身就有着能够跨越数个世纪而保持稳定的延续性——这是从精神史的层面来讲的。"[①]当代人对"公共"的规范性构想并不是现代社会建制和实践意义上的"公共",而是古希腊城邦公共生活的当下复现,这种城邦公共生活的想象祛除了城邦政治中关于公民资格优先于人和奴隶制的不平等制度和意识形态内容,唯独留下了平等的个人共同参与公共生活达至善的愿景。这种善的愿景建立在对现代社会和传统

[①] 〔德〕哈贝马斯著,曹卫东等译:《公共领域的结构转型》,学林出版社1999年版,第3—4页。

社会的双重扬弃之上：人们参与公共生活是出自自觉而非习惯，参与公共生活与享受个体自由是相容的，人们也意识到只有参与公共生活才能确保个体自由的实现，公共生活本身也是建立在个体生活的平等、多元之上，这就形成了对传统社会个体的沉睡和理性的蒙昧的扬弃；人们意识到自己是生活在社会中的，是与他人发生社会交往的，自己的任何决策和行动都有赖于他人和社会的支持，也会对社会和他人造成影响，参与公共生活就不仅仅是为自我利益的实现，更是为了社会利益和社会福祉的增进，合作而非竞争就成了公共生活的主旋律，这就实现了对现代社会理性自利的原子化个体和竞争行动逻辑的扬弃。

公共生活与日常生活本身是融通的，共同构成了完整的生活世界。人的主体性也在公共生活和日常生活的融通中得到了实现，这一主体性既是抽象意义上的作为整体的人类的主体性，也是具象意义上的作为现实的、个体的人的主体性。主体性的实现意味着自由的实现，这一自由是自律和积极的探索和实现自身的不断进步，是对善的不断追求，是对他人权利、行动价值和意义的承认，是合作而非竞争。因此，在完整的生活世界中，"公共"就不再会被视为对理性自利原子化个体的财产权利的保障，而会被视为现实的人、社会关系的人的自主权利的保障和合作行动的基础。完整的生活世界意味着公共生活和日常生活的融通，意味着人的完整主体性的实现，也意味着人的自由的达成。公共生活和日常生活的融通意味着二者的平等地位，也就意味着现代性社会建制意义上的"公共"的内容——理性自利的原子化个体、财产权利的保障、竞争关系和日常生活意义上的"公共"的内容——现实的社会关系中的人、积极参与公共生活、合作关系的相互承认，就是在社会交往上，由现代性社会建制的孤立自我的确证走向日常生活的相互依存的承认他人，是从总体和抽象意义上的人的主体性的实现向具体和情境意义上的人的主体间性的实现迈进。换言之，对他人人生意义和行动价值的承认就意味着平等的实现，意味着对人的评价是建立在经济价值上的现代性的超越，意味着公共就不再仅仅只是对促进经济增长和个体自利为目标的保障，而是对个体自由的实现人生价值的支撑。因此，公共生活的新的想象有赖于全面平等的实现，在达成全面的平等过程中，悬浮在生活世界之上的现代性制度也逐步向生活世界融合，现代性的制度的"公共"也逐步向日常生活靠近，实现日常生活和公共生活的融通，实现人真实的自由自主。

现代性的"公共"是消极的，强调原子化个体形式权利的保障。现代性的"公共"以保障个体财产权利为核心的形式权利体系为主要内容，认同通过竞争逻辑为核心的市场机制来实现社会福利增长的正当性。但是，竞争实现社会福利的增长的路径本质上是不可持续的，因为竞争同自由和平等是存在巨大张力的。竞争意味着一个人对另外一个人的物化，通过物化他人实现自身利益的增长。在这一过程中，人要么是消极和被迫的；要么是积极主动的，但却是以客体化他人和限制他人为代价的。无论是哪一方面，都与人们在日常生活中理解和运用的自由、自主是相悖的。正因如此，社会普遍掀起了对现代性意识形态和社会建制的批判，无论是强势民主观念、积极自由观念，还是社群主义思潮，都力图强调作为治理对象的、丧失主体性的公民进行全面、多层次的政治参与，甚至是主导政治和公共生活，以实现悬浮的现代性政治和公共生活同真实的日常生活的融通。

在公共行政和治理领域，弗雷德里克森和登哈特夫妇主张公共的公民权和公共服务的公民权理论，试图在理论上讨论现代性政治和公共生活同日常生活融通的可能方式。弗雷德里克森和登哈特夫妇建构的理论，强调公务员本身的去官僚化，而去官僚化并不是去文官制度对公务员的保障，而是指公务员恢复到早先社会自治和乡镇自治中"职业公民"的角色和功能上，强调公务员与公民的高度合作，也就是说我国政治语境中常言的"鱼水关系"和"血肉联系"。公务员拥有着自由，公民也拥有着自由，双方的自由建基在理解的一致上，进而实现悬浮的公共和政治生活向日常生活领域的融合——公务员实现抽象的公共和政治生活角色同自己日常生活的角色融通，而公民也实现自己具体的日常生活和普遍、抽象的公共生活的融通。

因此，公共实践的新想象，至少是建立在对人的主体性的真正尊重和恢复之上。这一主体性建基在人的现实的社会关系之上，换言之，人的完整的主体性就是主体间性。因此，主体性的实现有赖于对他人的承认和尊重，有赖于人对社会和他人的义务感和责任感，而这一义务感和责任感来源的规范、原则需要理性的反思，通过人与人之间的真正的沟通和交往，实现理解的一致，使得义务感和责任感建立在"真理的共识论"而非"真理的独断论"上。

公共的新想象是人的主体性的实现，是人的自由，而自由是人运用自己的良知做出选择和行动。良知发源于社会关系中的人的自觉的理性运用和反思，强调"我"赞同的良知，也能够为他人所接受，不是建立在压迫和限制他人的权利和主体性之上的。因此，"公共"不是分裂和悬浮的，而是融合在日常生活中以现实的、社会关系的人的平等交往和理性运用产生的共识为基础的。"公共"本身是演进的，它是在无数个别、具体的实践中发生变化，同时经过人的实践理性的重新筹划而成为的新的规范，是一种不断实现人的主体性的追求而非形而上的状态。实现公共的新想象，需要人的主体性的实现，而人的全部的主体性的实现则建立在抽象的现代性公共生活和日常生活的融通上，这就意味着区隔的打破和全方位的平等的实现，意味着从孤立的自我确证和客体化他人走向相互关联的自我实现和承认他者。对公共行政而言，就意味着以政府为核心的命令治理、以市场为核心的竞争治理，向社会和日常生活为核心的平等的合作治理融合。这一转变的必要条件在于平等，正如德沃金所言："我们所追求的平等是人格和非人格资源本身的平等，而不是人们用这些资源实现福利的能力的平等。"[1]

3. 公共治理的谋划：在新自由主义阴影下重新考虑政治

公共实践的新的想象是人的完整的主体性不断实现的过程，这与主体间性的实现属于同一个过程。人的主体性的实现过程在三个方面得以展开：

第一个方面是现代性的"公共"制度的解体。现代性"公共"制度的解体需要翻转这一制度的两个根基：第一个根基是这一制度的逻辑起点和价值规范，即理性自利原子化个体；第二个根基则要翻转由第一个根基所延伸出的行动逻辑和社会交往方式，即竞争的、以物化他人为手段、以满足自己为目标的行动逻辑和交往方式。人的主体性的实现就建基在构建承认自我存在合理性、反思自我并就实现相互朝向他人的理解一致为目标的社会交往方式上，以合作而非竞争作为行为逻辑，建构一个融通他人和自我、融通政治和

---

[1] 〔美〕德沃金著，冯克利译：《至上的美德——平等的理论与实践》，江苏人民出版社2003年版，第349—350页。

生活世界的共同体。政治和公共生活向日常生活的融合实现了政治的公共化和公共的政治化，重新将政治带回到人们的生活中，也实现了作为整体人类的主体性向具体的现实的人主体性的演进。

第二个方面是平等的不断实现。这里的平等指的不是均等，也不是形式权利的平等，而是人的去商品化。人的去商品化体现为两点：一是作为被异化的劳动者的人，能够拥有追求不同人生价值和实现人生理想的可能性，而这些是无法在市场上实现的。二是作为劳动者的人可以不通过进入市场、被商品化，也能获得基本、体面的生活保障。人的去商品化是平等的不断实现的基础，人不再会因为经济表现（创造经济价值）这一单向度的目标被评价，并以此分配相应的资源。对一个人的评价将会是更为多元的。通过去商品化来实现人的平等，意味着人将摆脱对物的依附，而走向人与人之间的平等、理性和友善的交往、合作。

第三个方面是公共实践的道德和伦理规范建构的"真理共识论"[1]。在现代性的公共实践和制度所支撑的道德和伦理规范中，无不以理性自利的原子化个体作为逻辑出发点和价值皈依，以人的理性自利原子化个体及其竞争为主要特征的社会交往方式为主要内容，建构一整套的"霸权独白"的道德和伦理规范。这一道德和伦理规范典型地体现为自由主义意识形态，可以被称为公共实践的道德和伦理规范建构的"真理独断论"。在公共实践的道德和伦理规范建构的"真理共识论"中，作为逻辑起点和价值归因的是历史脉络和社会关系中的现实的人，对个体的尊重和对社会的奉献是融通的，是依靠主体间平等和理性的交往来实现个人和社会关系的动态调整。

人的主体性的实现过程是公共实践的谋划过程，也是公共行政的新发展阶段。在这一过程中，人这一概念得以从抽象恢复到具象，人与人之间的关系从客体化彼此到将对方视为主体，这是人的主体性实现的过程，也是公共实践的谋划过程，更是公共行政的新阶段。公共行政的新阶段的发展仍然充

---

[1] 真理共识论是理查德·罗蒂在《哲学和自然之境》提出的"真理观"。"罗蒂拒斥所有知识要求都可以建立在某种超验理性领域或经验领域基础之上的传统哲学观。他要求我们把哲学或任何其他类型的需求真理的研究看作是在共享共同语言、共同社会实践和共同社会规范的探究者共同体内部永不终结的交谈。它要让交谈继续下去，让它自我终结。真理从这种不断的交谈中涌现出来，它可能随着交谈的继续并由于更好的论辩而改变"。引自〔美〕杰·D. 怀特著，胡辉华译：《公共行政研究的叙事基础》，中央编译出版社 2011 年版，第 86 页。

满着挑战,而这一挑战则来自于公共行政的新的发展阶段的社会结构变迁背景和制度约束——新自由主义(Neoliberalism)浪潮引导的系统性政治、经济和社会改革。新自由主义意识形态引发的系统性政治、经济和社会改革给公共行政的发展和创新带来了些许的机遇和更为严峻的挑战。

机遇在于,新自由主义严重打击了凯恩斯主义经济发展模式、福利国家社会保障和政治整合模式、行政国家的政府主导治理模式的声誉,使得自上而下的科层制政府组织模式面对着极大挑战,祛魅了官僚制政府和以政府为核心开展的治理,为公民参与、协商民主的公共行政和公共治理实践方式提供了空间。

挑战在于,新自由主义的改革重点是重新恢复资本主义体系的完整自主性,将市场经济从监管的政治和社会结构中脱嵌出来,实现市场经济的自律性。这一改革目标被分解为去监管、自由化、私有化、金融化与全球化。这一系列的改革目标的实现涉及对诸多利益和政治权力的调整和重新配置。因此,一个强有力的自上而下的行政国家又显得尤为必要,它可以排除社会干预,强力推行服从于改革目标的政策,并压制反对意见。在新自由主义改革时代里,我们得以看到新自由主义展现出了一切为了消费的消费主义面孔和为了秩序的保守主义面孔,也得以发现资本主义与真切的民主政治存在的巨大张力,以及资本主义和威权主义的天然联系。[①] 正如大卫·哈维所言:"反讽的是,在一个被认为由新自由主义规则统治的世界中,美国的行为方式好似于凯恩斯主义国家,恢复了军事主义和消费主义的大规模赤字投资。"[②] 新自由主义本质上反民主和去政治化的改革目标,使得公共行政的发展面临着更大的挑战。这一挑战来自于行政国家的精英治国路径依赖,更来自于民主的市场经济改造、政治的资本主义改造带来的政治关系庸俗化对公共行政的侵蚀,这一侵蚀在新公共管理运动中展现得淋漓尽致。在新自由主义改革高潮渐去,新公共管理运动逐步被治理浪潮取代的历史和当下,公共行政向公

---

① 在20世纪末期,智利、韩国、新加坡、中国台湾地区是资本主义和权威主义兼容并存的范本,这些地区的政治、经济、社会发展实践被合法化为"发展主义政府"。所谓的"发展主义政府"或者"发展型国家"无非是贯彻凯恩斯主义,实现了有远见的产业政策,有着高自主性的政府和垄断型企业的联合,而这一联合以限制公民的政治权利和根本的社会经济权利为代价。
② 〔美〕大卫·哈维著,王钦译:《新自由主义简史》,上海译文出版社2010年版,第175页。

共治理的发展有着两个基本理论目标,也是实践任务:一是对行政国家和精英治国的持续批判,对市场逻辑和竞争机制对公共领域的侵蚀的抵制;二是在现代性的新形式——新自由主义浪潮阴影下,继续探索实现人完整主体性的公共治理的实践方式和理论阐释。

新自由主义的兴起代表着古典自由主义的复兴,简单来说,新自由主义强调以占有性个人主义为基础,通过近乎完全的市场竞争,能够实现社会福利普遍增长的设想。新自由主义本身强调形式权利的至高无上性,在具体政策安排和制度设计上,强调尽可能地减少政府干预、削减社会福利、增加竞争。新自由主义的兴起意味着凯恩斯主义和福利国家的退潮,这导致了两个后果:一方面昭示着对人的评价将会更加重视其创造的经济利益,对人的权利保障则会退回到对基本政治权利和产权的保障,更多的经济社会权利将被削弱;但另一方面,也打破了政府为核心的排他性治理,使得公民参与、强势民主等理论上同新的公共实践想象面向一致的思潮具有了更多的生存空间。

新自由主义在政府管理与治理改革上,以新公共管理运动为蓝本,但新公共管理运动在政府管理和治理改革上并没有取得想象中的成果。新自由主义的整体改革的目标在于恢复资产阶级在整个治理体系中的核心地位,并扩展利益;重点不在于增长,而在于重新分配,即使得福利国家利益自上而下的流动扭转为新自由主义国家自下而上的流动。[①] 新公共管理运动在新自由主义改革浪潮中的重点不是政府组织模式的变更,而是私有化和社会福利措施的削减,意图通过财政压力来塑造一个激烈的府际竞争格局,实现城市从生活空间到增长机器的转型,由此产生了经营城市的经济发展模式。新公共管理运动在政府管理和治理改革上并未实现它关于政府效率提高、政府回应强化的承诺,却制造了一系列的问题:贫富差距扩大、社会排斥的强化、政府公共服务和管理碎片化。在新左翼思想家以及强调积极自由、强势民主理论的学者呼吁下,新公共管理改革被治理浪潮所取代,这一浪潮由各国政府新上台的去福利国家化的左翼政府实现。但是,治理同既往的现代自由主义

[①] 〔美〕大卫·哈维著,王钦译:《新自由主义简史》,上海译文出版社2010年版,第22页、第175页。

（New Liberalism）意识形态下的福利国家不能同日而语，治理突出地展现为社会民主主义的"第三条道路"政策安排和制度设计。然而"第三条道路"的着眼点并不是遏制人的商品化，而是通过国家力量干预，促使人更快地商品化。因此，治理所呈现出的政府管理和社会治理改革更多的是针对新自由主义政府改革导致的政府和公共服务碎片化问题，而开出的药方则是整体性治理和元治理。

尽管主流上的治理改革是建立在新自由主义改革遗产之上的，这一遗产表现为两个方面：一是重建资本积累的条件并恢复经济精英的权力[1]；二是限制民主政治对资本主义体系可能的干预，限制劳动者的集体行动权利、削弱劳动者的集体行动能力。但是治理仍然带来了社会的回归或者更为确切地说，是自组织和合作治理开展的空间和可能性。从理论和观念上来说，治理意味着公共行政研究的政治社会学转向[2]，这一转向使得广义上的非政府为核心的治理得以在理论上被看见、被重视，而理论上的重视往往意味着能够得到现有支配性意识形态的承认。由此，"公共"实践的想象开始从政府为轴心的管理活动向广义上的各个部门合作治理的可能趋势上转变，"公共"实践开始贴近人们日常生活的经验和直觉，即平等的合作治理。公共治理可以期待的谋划就呼之欲出了，公共治理是一种可能性，这种可能性给自组织和合作行动提供了制度和理论的空间，而这种空间将会使得人们具有拥抱自身的主体性、拥有自由的可能性。当行动者能够将分割的不同领域重新融合在一起看待时，人就完成了碎片化、部门化向人的一体化的转向。通过抽象的单数的人的复数化，也就是将人重新在理论和制度设计上回归现实和关系本位，而将人从总体上的、抽象的、不注重个体的人重新还原到情境中的、具体的、重视个体的全部体验的真正意义上的人上来。

治理并不意味着一定会走向平等和领域融合的合作行动，也有可能成为市场逻辑和竞争机制的不断强化和扩散的合法性的辩护。从历史和实践来看，治理实践本身承认了以法律地位和权利平等的形式理性制度对经济社会

---

[1] 〔美〕大卫·哈维著，王钦译：《新自由主义简史》，上海译文出版社2010年版，第22页。
[2] 曾维和：《当代西方政府治理的理论化谱系——整体政府改革时代政府治理模式创新解析及启示》，《湖北经济学院学报》2010年第1期。包国宪、郎玫：《治理、政府治理概念的演变与发展》，《兰州大学学报》（社会科学版）2009年第2期。

领域大量的不平等现实的正当化。换言之，治理实践是在承认日常生活和现代性的公共生活割裂、对立的前提下，在承认日常生活免于干预的基础上，在承认实质不平等为代价而承认形式上的法律地位和权利的平等的政治和哲学理论窠臼里，来构想通过社会自治、公民参与弥补新自由主义改革造成的缺陷。

当下的治理实践虽然主张多中心，但是多中心仍然是不平等的，存在着中心—边缘的治理结构。这一治理结构反映了政治权力的非对称分配、公共哲学和意识形态的"霸权独白"、社会等级制度根深蒂固。治理无论如何宣扬多中心治理、社会自组织，但是治理依旧呈现出科层制和市场机制为中心、社会和自组织治理为边缘的不平等的理论和实践关系。因此，公共治理要实现公共实践的新的意涵、实现人的主体性，就不能不思考政治，因为政治本身处理的是不平等如何合法化的问题。批判地思考政治意味着对不平等合法化外衣的剥离，意味着对不平等本身的尖锐批判。唯有如此，才可能实现真正意义上的公共治理，即每个人平等地参与其中，每个人的声音和诉求都能够被平等地看待和尊重，每个人的价值本身就是值得尊重的。这一尊重不来自于其先赋身份，不来自于其创造的经济价值，也不来自于抽象共同体的资格规定。

（二）公共行政研究：学科构建还是理论构建

行政和治理实践的研究早已有之，只不过这一研究更多是在政治学、经济学和社会学的研究中展开。在19世纪末到20世纪初的历史时期里，美国的现代国家建设运动促成了作为现代社会科学学科建制意义上的公共行政学科的诞生。然而，在"西沃之争"后，公共行政学科经常面临着学科合法性的诘问，而公共行政实践本身同样面临着合法性的考量。公共行政学科的合法性危机长期以来困扰着公共行政研究的推进和理论的构建，这一学科合法性危机总体上由三个部分构成：第一个部分是公共行政实践合法性危机与公共行政学科的合法性危机是否具有逻辑上的关联；第二个部分是公共行政学科是否有相较于其他学科特有的问题域；第三个部分是公共行政学科是否具有自己独有的支配性的理论体系，这一理论体系由哲学基础（本体论、认识论、方法论）、价值导向和辩护政治目标组成，并且能够对公共行政实践形成强有力的解释和做出令人信服的规定。公共行政学科构建必要条件有两个：一是形成学科边界；二是这一学科边界是建立在具有范式意义的支配性理论体系之上的。

公共行政学科构建成功的标志在于"范式"的成熟。在经典公共行政理论时期，公共行政学科构建的努力也接近这一目标的实现。但是，随着"西沃之争"的爆发，公共行政学科内部产生了宪制主义和管理主义两条研究路径，前者倡导现象学—诠释学的哲学脉络，意图将美国早先的乡村和社会自治模式在当代美国复活，为直接民主和公民政治辩护；而后者则倡导实证主义的哲学脉络，倡导精英统治和技术治理，排斥直接民主和公民政治传统。两条对立的研究路径尽管在治理理论和实践上实现了一定程度的弥合，但是这种弥合也仅仅是现象层面的，公共行政学科的合法性危机仍然存在。然而，公共行政学科所追求的"范式"的理想在人文社会科学理论中本身可能就是一个不切实际的想法。人文社会科学研究的对象本身是高度不确定的和复杂的，同时人文社会科学研究存在着逻辑先在的意识形态的影响，人文社会科学的研究进程本身对研究对象构成了影响，而研究对象同样能够对研究者施加影响，这就使得人文社会科学无法像自然科学一样采用"假设—验证"为代表的"真理符合论"。换言之，人文社会科学无法适应"真理符合论"充分说明了追求绝对正确、超越语境的形而上的理论和知识生产程序的徒劳无功。因此，人文社会科学的真理观必然不同于自然科学的真理观，人文社会科学的真理观是"去蔽"和"开显"，这就说明了人文社会科学的真理是一种互动的共识，而非客观的绝对。人文社会科学的独特性都在于它的研究对象上，人文社会科学研究的对象不是无目的的必然，而是人类创造的产物，是人类自由意志的体现。

人文社会科学无法像自然科学（即便当下自然科学也很难再将"范式"作为理论发展和学科构建的目标）一样追求"范式"，这是人文社会科学研究领域本身的特点所决定的。人文社会科学研究是高度互动的、实践性的，而非静思性的、旁观的。正因为人文社会科学研究的互动性和实践性，就使其更多是特殊性的而非普遍性的。那么人文社会科学研究追求排他性的、支配性的理论体系，对于现实的解释而言并不是好事，这会使得研究者对现实的解释陷入形而上的困境中。更为重要的是，理论的竞争是实现理论的批判反思，进而实现意识形态和公共哲学变迁的重要途径，对支配性的理论体系的追求客观上阻碍了理论的发展。

1. 公共行政学科构建：现代性的注脚

在公共行政学科发展过程中，仍然对学科合法性危机和学科自主性构建有着强烈的冲动。那么为什么会有如此强的冲动？对这一问题的考察仍然需要立足现代化历史进程中，学科的分化、专业化、理性化并形成一整套的专业建制，本身就服膺于以效率（对于学术来言，就是专业性、实用性的知识生产和累积）为主要评价目标的现代化世俗化和结构分化的逻辑。学科分化和建制化的转型高潮是在工业革命时期，随之而来的，就是百科全书式的思想家愈来愈少，而专业化的学者和专家愈来愈多，学科分野和建制化是现代化进程在知识生产上的重要呈现。

在现代社会向后现代社会转型之前，现代性的制度表达以形式理性作为主要的特征，形式理性主张人的行为和制度安排的确定性、可预期性，这一主张在工业社会时代得到了完整的体现。在这一时期，学科的分化和专业化达到了一个新的高度，人文社会科学在这一时期也纷纷以自然科学化为主要的目标。现代社会的知识生产的假设建立在知识是可分割的、累积性的基础上，是渐进性发展的。因此，学科分化和学者的分工，能够产生一系列符合形式逻辑的知识和命题，能够形成具有支配性的理论体系，这一支配性理论体系成为学科范式的核心。学科范式的形成则能够提供知识学习和生产的制度化的路径，这就使得知识存在着可复制的可能性，知识的可复制和专业化生产产生了现代社会的专家权威系统。专家权威系统提供普遍和抽象的知识，而这些普遍和抽象的知识同形式理性的法律和制度安排，共同构成了不同情境的行为者能够进行交往、达成集体行动的信任的基础。

人文社会科学追求学科分化和学科自主性，一方面是现代社会的制度功能要求；另一方面则是基于对知识的认知假设。在工业社会，人文社会科学强调的是主体和客体分离的本体论，"真理符合论"的认识论，客体被认为是独立于主体的确定性存在。因此，人文社会科学对知识的认知是可分割的、累积性发展的。由于对象是可以分割的，这就使得学科的分工成为可能。学科的分工则能满足现代社会需要提供权威性符号的专家系统运行的要求，学科分化和学科自主性就出现了。也就是说，公共行政学科追求学科自主性看重如何化解学科合法性危机，更多的是出自于现代社会制度性功能正常发挥的要求。

公共行政学科从"西沃之争"后，就面临着合法性危机，这种合法性危机可以分为两个部分来看：从内部来看，公共行政研究宪制主义路径的产生本身就是对公共行政学科作为现代社会制度功能定位的反动，只不过这一反动是通过对公共行政研究管理主义路径展开批判而体现的。从外部来看，公共行政实践在 20 世纪 70 年代和 80 年代面临着哈贝马斯所言的合法化危机，而这一合法化危机突出地体现为公共行政实践所依赖的环式民主的合法性论证方式的失效。环式民主的合法性论证将公民视为被动的、消极性的投票角色，而非积极主动的参与性角色，政治领域去公共化和专业化、公共领域政治化，形成一整套强调专家治理的排他性技术治理模式。随着现代化的扩展，公民的权利某种程度上是缩小了，退回到了形式权利上，结果是公民交出自己治理自己的权利，其合法性理据在于——代议制能够实现民主，同时代议制能够控制不经授权和不对公民负责的中立性的行政专家和技术治理系统，这一排他性的技术治理系统也做出了能够提高治理绩效的承诺。20 世纪 80 年代以来，种种政治事件（水门事件与政府财政危机）和部分重大安全事故（切尔诺贝利核电站事故和挑战者号航天飞机事故）等充分暴露出了行政专家和技术治理系统的失效，同时也体现出了民主的失落。因此，在这种情境下，公共行政学科本身就遭遇了合法性危机，这种合法性危机是从属于现代社会的制度性合法性危机的。

2. 公共行政研究的解放：实践导向的理论构建

公共行政研究本身应该如何脱离这一合法性危机呢？公共行政研究在追求学科构建的时候，已经不自觉地将自身定位于维系现代社会的辩护性功能之上了，而现代社会本身是没有彻底实现人的自主性的，还是一个以物的联系来遮蔽人的联系的异化社会。公共行政研究要摆脱这一合法性危机，需要将自己定位于现代社会建制的反思者和批判者，更多地从实践出发，也就是说以对实践解释和规定理论构建为愿景而非学科构建为目标来开展研究，以更好的、更为全面的解释多样案例作为研究目标。由此，理论本身的多样性和差异化就不再是一个问题，研究领域缺少专门的话语和门槛反而是一种能够持续推动理论发展的优势而不是劣势。因此，公共行政研究脱离学科构建的束缚后，将会更加自由和全面地吸取各类理论成果，并将这些成果和现实周旋、互动，以此构建出更加具有解释力和批判力的反思性理论，促进人的自主性的实现，这也符合人们对公共行政研究的价值期许。公共行政研究本身也就不存在合法性危机这一说，也不需要千方百计证明作为一个学科存在的必要性和合理性，只需要将目光投注到现实的公共行政世界和治理世界中，投注到处于多个领域的现实的人的行动、意义及其处境中，这无疑是对公共行政研究本身的解放。

3. 研究的总体视角与内容安排

公共行政研究需要批判既往的研究路径，批判现代性的社会建制，更需要展望和想象新的公共行政研究路径和公共行政实践。总体上来看，本研究以解释性研究和批判性研究作为主要的研究视角，对公共行政理论发展脉络进行解释和批判性的考察，探讨公共行政理论发展与其历史脉络和具体语境间的互动关系。公共行政研究总的来看，可以分为说明性研究、解释性研究和批判性研究三种研究模式[①]，它们的哲学基础、价值论、辩护政治目标都不同。说明性研究以主客体对立和"真理符合论"的实证主义哲学作为基础，功利主义和理性自利构成价值论，为现代性进行辩护是其政治目标。解释性研究则以主体和客体融通和"真理共识论"的现象学—解释学路径哲学作为基础，尊重差异则构成价值论，多元主义是其辩护的政治目标。批判性研究则以解释性研究为基础，但更强调对现实的规定和对未来的期望，强

---

① 〔美〕杰·D.怀特著，胡辉华译：《公共行政研究的叙事基础》，中央编译出版社2011年版，第37页。

调实践的关键性作用。批判性研究的价值论是对平等、自由的不懈追求，批判性研究辩护的政治目标是批判本身。批判性研究力图帮助人们摆脱自由与发展的束缚，这一研究模式认为"束缚以对现实的误解和虚假信念的形式出现，并使人们采取与他们的利益相矛盾的行动。束缚由歪曲的沟通和社会秩序的结构性冲突引起。它们阻碍人们认识并满足其真实的需要、欲望和意图。因此，批判性研究假定人们会误解他们自己及其处境，对于什么符合自己的利益会受到蒙骗。在批判性研究中，理论的作用是揭示信念和行动受到的束缚，并促使行动者改变其虚假信念和处境以追求自己的自由和发展。这需要根据行动者的观点来理解行动者的处境，需要与相关的行动者交流这种理解。因此，批判性研究依赖良好的解释性理论"[1]。

解释性研究和批判性研究都建立在主体和客体融通的本体论之上，"真理共识论"和"真理开显论"是其认识论，而其方法论则是多元的。如果被研究者能够认同研究者的解释，认为是一个能够表达出自身全部想法和行动意义的好的故事，研究者以此为基础，进行批判性的检视，识别出被研究者的真实利益和构建消除阻碍这一利益实现的结构的理论，并付诸实践，且能够有效改善被研究者的处境，这就是检验解释性研究和批判性研究有效性的标准。[2] 因此，公共行政理论脉络的解释性研究和批判性分析将重点关注公共行政理论演进和其历史语境的互动关系，将公共行政理论作为对公共行政实践的能动反映来看待，考察公共行政理论如何回应时代问题——社会实践和意识形态阐释和规定间的巨大张力为主要的研究问题，对公共行政理论发展进行历史的分析、政治的考察、哲学的反思，回应现代社会向后现代社会转型对公共行政理论提出的时代问题——公共行政理论的立足点应当是什么？公共行政实践应当有何种新的想象？公共行政理论与实践的角色是什么？

本研究总体上分为六个部分，采用"总—分—总"的叙事结构。序言对本研究的研究内容进行了总体的概括。第一章以证成经典公共行政理论、

---

[1] 〔美〕杰·D.怀特著，胡辉华译：《公共行政研究的叙事基础》，中央编译出版社2011年版，第47—48页。
[2] 〔美〕杰·D.怀特著，胡辉华译：《公共行政研究的叙事基础》，中央编译出版社2011年版，第47页，第49页。

行为主义公共行政理论、新公共管理理论同属公共行政研究管理主义路径为主要目标，分析这一研究路径的哲学基础、价值导向、辩护政治目标。第二章讨论公共行政研究管理主义路径的对立面——公共行政研究宪制主义路径，对这一研究路径的探讨将放置在"西沃之争"引发的公共行政理论合法性危机和20世纪60年代末以来一系列政治经济危机背景下的公共行政实践合法性危机的双重危机背景下，阐释公共行政研究宪制主义路径是如何回应作为公共行政研究根基的公共行政实践合法性危机的。第三章关注治理实践和治理理论，将治理实践和治理理论放置在现代自由主义意识形态和政治实践衰落、新自由主义和政治实践兴起的时代背景中，讨论治理概念和实践与新自由主义意识形态、新自由主义改革的密切联系，展现治理理论和实践的新自由主义底色。第四章以政治—行政二分原则在理论和实践上的变迁为核心，通过对政治—行政二分原则理论和实践的双重批判，将公共行政理论和实践的考察纳入现代性的批判分析中，这构成了对公共行政理论的政治考察。第五章则以人性假设的变迁为核心，讨论人性恶假设的哲学基础和理论后果、人性善假设的艰难复归等重要的公共行政哲学问题，从哲学反思的角度，提出了公共行政理论的实践导向改造，以回应现代社会向后现代社会转型对公共行政理论和实践提出的时代问题。

一、公共行政研究的主线：公共行政研究管理主义路径的证成

作为现代社会科学的公共行政学科，自诞生至今，发展不过百余年。在这期间，公共行政学科直面了两次具有划时代意义的社会结构转型和治理革命：一次是公共行政学科诞生的传统社会向工业社会转型；而另一次则是20世纪80年代绵延至今，但尚未结束的工业社会向后工业社会转型。时代变迁和社会转型一方面使得公共行政学科在回应治理问题时产生的公共行政理论和方法具有了普遍性特点；从另一个方面来看，公共行政学科诞生在美国，公共行政学是在美国的历史脉络、社会情境、理论语境中来回应时代变迁和社会结构转型提出的治理问题的。这就意味着公共行政学科的理论和方法具有双重性质：一方面，它具有普遍性特点；但另一方面，这种普遍性是隐藏在美国特定的治理需要和治理问题之下的。对现代公共行政学科的美国形式和现代性本质的充分认识，是对公共行政理论进行研究的前提。

公共行政学科是人文社会科学的重要组成部分。人文社会科学不同于自然科学，它研究的对象是人类自由的创造物，而不是服膺于必然规律的自然对象。人文社会科学无法像自然科学一般去追求绝对的主观认识符合客观对象，也无法用客观对象去检验主观认识的绝对正确性。因此，人文社会科学在研究人类社会和人类行动的时候，并不是在研究一个完全外在于自身的对象，而是研究者在一个先在的理论透镜里塑造的主观的客观存在。这一主观的客观存在是能动的反映，它一方面展现出了这一对象具有一些先在于研究者的性质或者表征；但另一方面，它也规定了这一对象的应然状态。研究者在研究人类社会和人类行动的时候，就已经在改造这一对象了。人文社会科学理论和观点的有效性检验不是建立在主观和客观相符合的"真理符合论"

上，而是建立在思想和观点相互竞争、相互说服的旨在实现研究者与行动者的理解一致的"真理共识论"上。那么，人文社会科学理论缺乏科学的统一本身就是人类实践与认识互动关系的体现，人文社会科学自然展现出多种理论相互竞争的理论丛林状态，一些理论可能居于支配性地位，而一些理论可能居于边缘性地位。公共行政学科同样如此，一方面它面临着两次间隔较短的重大社会转型和治理革命，使得公共行政学科知识积累和理论发展难以与重大社会转型和治理革命形成同步；而另一方面作为人文社会科学的一部分，公共行政学科本身就无法实现建立在绝对真理之上的学科内部理论和方法的统一的梦想。

公共行政学科理论纷繁复杂，观点的相互冲突虽然是公共行政学科作为人文社会科学的本质体现，然而也受到剧烈时代变迁和社会转型的影响，但并不意味着公共行政学科理论脉络的梳理和分析就是不可能的。对公共行政学科理论脉络的梳理和分析，一方面能够更为全面和清晰地分析公共行政理论与生发这一理论的历史脉络、社会环境、治理问题和观念语境间的互动过程，展现公共行政理论的普遍性和特殊性的辩证关系；另一方面，也是对人类公共生活和治理实践做出批判性的解释和应然性的构想的必由之路。

（一）"范式"还是"研究路径"

在对公共行政理论脉络进行梳理和分析之前，首先需要解决两个问题：一个问题是公共行政学科一直存在着追求"范式"的行动，这一行动是否合理？如果不合理，是否有更好的能够替代"范式"的来规定公共行政学科应然状态的路径？第二个问题是，公共行政理论脉络应当在总体上分成什么样的类型来进行分门别类的梳理和分析？

1. 以"研究路径"替代"范式"

"范式"是科学哲学的概念，用以描述自然科学发展过程中的具有主导性功能和支配性地位的理论和研究方法为核心的学术话语体系，以及围绕这一体系构建出来的学术共同体建制。"范式"是科学哲学研究中历史主义学派的重要理论成果,这一概念展现出了理论变迁的多元路径,使得理论脉络的梳理和分析能够从对经典字斟句酌的"解经"中解放出来,科学哲学与科学社会学[1]通过"范式"概念得以联系起来。历史与社会的眼界、权力与斗争的视角、合法性与意识形态概念都得以进入到自然科学"纯净"而"神圣"的殿堂中,对自然科学和学术共同体形成了祛魅。因此,这一概念一出现,就受到了人们极大的欢迎,但鲜有人去反思"范式"概念本身。换言之,"范式"概念虽然能够在一个侧面展现出科学革命的历程,但是"范式"概念无疑也暗含了科学需要理论和观念的大一统的价值预设。在人文社会学科自然科学化的趋势下,"范式"在人文社会科学中的使用,愈来愈脱离其经验描述本意,而是成为对学科建设和理论发展的应然规定,即不同理论流派整合统一。当"范式"概念成为"多元观点、理论流派的统一"的时髦表述的时候,"范式"概念就回退到了其反对的"解经学"中,即知识的生产和检验有着超越历史语境的理论、程序和方法,只需要对这一理论、程序和方法进行解释并熟练掌握,就能够产生绝对正确的知识。因此,在公共行政理论脉络的梳理过程中,需要超越"范式"概念"使用大于理解"的现状。

库恩在科学史研究中提出了"范式"概念。库恩提出"范式"概念主要是为了回应逻辑实证主义的理论发展观:逻辑实证主义试图一劳永逸地提出关于生产和检验知识有效性,发展理论的规范的、统一的解释模型,提出标准化解释路径,最典型的莫过于亨普尔提出的"覆盖率"准则,这一准则被视为科学的正统解释模型。[2]通过对科学理论发展史的研究,库恩发现,科学理论发展并没有呈现出如亨普尔所提出的科学的正统解释模型,未来也不会有这样一种模型存在。库恩为了更好地解释科学理论发展,并不仅仅是从科学哲学角度出发探讨科学逻辑本身的变化,而是将其研究触角延伸到了科学社会学领域。库恩提出的"范式"指的是:"某些实际科学实践的公认范

---

[1] 知识社会学与科学社会学在研究领域上是一个包含与被包含的关系。知识社会学的重点是研究知识产生和发展的社会语境,讨论知识与社会语境互动关系。而科学社会学则主要讨论的是科学与社会语境互动。因此,知识社会学研究通常包括了科学社会学范畴,而科学社会学是知识社会学一个子集,更多的关注的是现代性意义上的科学,即系统的、可经验检验的知识体系。

[2] 〔美〕杰·D.怀特著,胡辉华译:《公共行政研究的叙事基础》,中央编译出版社2011年版,第38页。

例——它们包括定律、理论、应用和仪器在一起——为特定的连贯的科学研究的传统提供模型。"①"范式"及其变迁可以描述为,一门学科内一种支配性的理论体系(以本体论、方法论、认识论为核心,并以此为基础而衍生出来的一系列的理论、方法和研究路径,以及研究准则)被另一种支配性的理论体系所取代的过程,这种支配性理论体系的变化过程即可被称为"范式"变迁。

但是,即便是库恩的"范式"概念生长的自然科学领域,也没有完全符合库恩"范式"更迭的理论发展进路。在人文社会科学领域和公共行政学科领域,也没有哪个理论流派能够完成构建支配性理论体系的目标。②从经验上来说,库恩"范式"概念对于公共行政领域而言是不成立的;从规范层面来说,它也表达了这样一种企图——科学理论发展的目标是建立理论支配权。但是公共行政理论本身以发展并实现民主理念和社会公平正义价值为目标,那么强调建立一种统一的、具有支配性的理论体系并不是一个可欲的目标,这本身会抑制公共行政研究领域内不同理论体系的争鸣,对公共行政研究领域健康发展不利。更为重要的是,具有支配性地位的理论体系以及建构这一理论体系的过程,就有可能在侵蚀学术研究的平等、民主和自由。

在公共行政研究领域中,追求"范式"的目标不是可欲的,而"范式"这一概念无论是在经验研究还是在应然状态构想上都与公共行政研究相距甚远。那么,应当用什么样的概念来梳理和分析公共行政研究领域内纷繁庞杂的理论丛林呢?有学者借鉴劳丹的"研究传统"概念,提出了"研究路径"用来描述公共行政领域内的理论演进过程。所谓的"研究路径"被用以描述公共行政领域内共享的本体论、认识论、方法论和价值导向的一系列理论所构成的逻辑上关联、价值上承接的完整的、发展的理论体系。③它更关注某一理论流派产生、发展、危机、变迁的过程,以及不同理论流派的争鸣和对话。因此,也采用"研究路径"概念对公共行政理论脉络进行描述和分析。

---

① 〔美〕托马斯·库恩著,金吾伦、胡新和译:《科学革命的结构》(第四版),北京大学出版社2012年版,第8页。
② 〔美〕艾尔·巴比著,邱泽奇译:《社会研究方法》,华夏出版社2000年版,第57页。颜良恭:《公共行政中的典范问题》,台北五南图书出版公司1994年版,第130页。
③ 颜昌武:《公共行政学简明史:以西蒙—沃尔多争论为主线》,社会科学文献出版社2019年版,第20—22页。

"研究路径"是替代"范式"描述公共行政研究理路和理论演进的更好的概念，它的优点在于开放和包容，同时又能够从哲学基础、价值导向乃至辩护政治目标等方面对纷繁复杂的理论丛林进行类型学的建构。那么，公共行政研究路径分类的依据是什么？在公共行政理论史研究里，公共行政研究路径类型建构比较多样，怀特按照哲学基础的差异，将公共行政研究路径划分为实证研究、诠释性研究和批判性研究。[1] 而斯蒂尔曼则认为公共行政学出现了六个学派，分别为重塑学派、社区学派、弗吉尼亚理工学院重建学派、阐释学派、方法构建学派、新官僚分析学派。[2] 这两种划分方式都有各自的问题，斯蒂尔曼的六个学派划分过于细化，学派之间界限不够清晰；而怀特在哲学基础上的划分，没有有效地指涉学派之间本质上的区别，而是在哲学基础上纠缠过深，忽视了公共行政研究的实践性、社会性和历史性。

公共行政研究是一门高度问题导向、实践性、社会性、历史性的研究领域，张扬价值和特定政治目标辩护是其本质特征，是其与公共行政实践互动的结果。因此，公共行政研究辩护政治目标和价值导向构成了区分不同研究路径的依据。在我国公共行政理论研究中，通常将公共行政研究区分为管理主义路径和宪制主义路径[3]，也有学者将其称为西蒙路径和沃尔多路径[4]。管理主义路径和宪制主义路径超越了具体理论和观点上的差异，而关注辩护政治目标、伦理规则、哲学基础的根本不同，将整个公共行政理论发展区分成为对立的管理主义路径和宪制主义路径。管理主义路径强调精英统治、专家治国、排他性治理，以功利主义、实证主义哲学体系为基础，相对地，宪制主义路径则强调民主行政、大众参与、社会自治和公平正义，以现象学—解释学和批判理论作为哲学基础。因此，用公共行政研究管理主义路径和宪制主义路径对整个公共行政理论进行类型学的研究是恰当的。

---

[1] 〔美〕杰·D. 怀特著，胡辉华译：《公共行政研究的叙事基础》，中央编译出版社2011年版，第43—60页。

[2] Richard Joseph Stillman II, *Public Administration: Concepts and Cases*, Houghton Mifflin Company Press, 2000, p.18.

[3] 何艳玲：《公共行政学史》，中国人民大学出版社2018年版，第107页，第132页。

[4] 颜昌武：《公共行政学简明史：以西蒙—沃尔多争论为主线》，社会科学文献出版社2019年版，第23页。

2. 研究问题

公共行政研究管理主义路径由经典公共行政理论、行为主义公共行政理论和新公共管理理论群构成。但是，公共行政研究管理主义路径并不是不言自明的，而是需要证成的。在学界讨论中，经常可以看到这样的说法："曾经推动'正统论'公共行政学兴起、成长与繁荣的行政原则在一群年轻学者的批评下，被认为是'可有可无、成对出现的格言'。"[1] "书中有些段落也许会使人感到我们在攻讦官僚主义者，但我们的用心乃在于攻击官僚制度和作风，对事不对人。"[2] 前者是西蒙的行为主义公共行政理论对经典公共行政理论的批判，而后者则是新公共管理理论对传统公共行政理论（包括经典公共行政理论和行为主义公共行政理论）[3]的批判。这不禁让人有这样的疑问：如果说这三个理论都属于公共行政研究管理主义路径，那么它们为什么会对属于自己上一个阶段的理论有着如此强烈的批判？它们之间到底是否共享相似的价值导向、辩护的政治目标和哲学基础？

回答这个问题对于廓清公共行政研究史上一些似是而非的提法具有关键性的作用。这些似是而非的提法主要有两种：

第一种提法认为，西蒙对经典公共行政理论体系造成了巨大的破坏，进而终结了经典公共行政理论近乎学科范式的地位。之所以有如此的提法，原因在于，当西蒙为代表的行为主义公共行政理论开始批判以行政原则为主要理论观点的经典公共行政理论时，"西沃之争"也在同一时期爆发。"西沃之争"的缘起是西蒙对经典公共行政原则的批判，并指出自然科学化是公共行政研究能够起死回生的不二法门。随后，无论是西蒙和达尔，还是西蒙和沃尔多的争论都没有围绕经典公共行政理论进行，而是围绕西蒙建立行为主义公共理论体系的企图开展。重大学术争论爆发关系到了公共行政理论的发展和走向，但是这也对研究公共行政理论和研究路径的演变带来了困难：西蒙

---

[1] 何艳玲：《公共行政学史》，中国人民大学出版社2018年版，第63页。
[2] 〔美〕戴维·奥斯本、特德·盖布勒著，周敦仁等译：《改革政府——企业精神如何改革着公共部门》，上海译文出版社1996年版，前言第4页。
[3] 传统公共行政理论体系包括经典公共行政理论和行为主义公共行政理论，下文若无特别指出，传统公共行政理论体系即经典公共行政理论和行为主义公共行政理论。

对经典公共行政理论的批判带来的是对公共行政管理主义研究路径基础根深蒂固的改变还是一时的影响？这一疑问暗含了一种有待逻辑上论证的假设，即西蒙可能没有在根本上破坏经典公共行政理论，反而继承并发展了经典公共行政理论。

第二种提法则来自于文森特·奥斯特罗姆为代表的当代政治经济学家对传统公共行政理论体系的批判，这一批判为新公共管理运动的出现奠定了学理上的基础。新公共管理理论整体上以自由市场和有限政府结合推动社会进步作为根本立足点，强调建立企业家政府，将市场逻辑和竞争机制引入政治行政和治理体系中，将企业化管理策略与方法引入政府组织管理与绩效考核，促进府际竞争，以市场来实现民主。[①] 新公共管理运动的政府改革措施、社会经济领域政策主张与美国进步时代之前的有限政府传统非常接近，无怪乎文森特·奥斯特罗姆将新政治经济学和新公共管理理论视为美国民主制公共行政传统[②]的继承者和发扬者。公共选择理论和新公共管理理论对传统公共行政理论体系进行了强有力的批判，批判的矛头直接指向传统公共行政理论体系的象征——官僚制政府。因此，这就产生了一种需要求证的判断：新公共管理理论以及作为其理论基础的新政治经济学，与传统公共行政理论体系及相应的政治哲学、伦理学、哲学基础，例如马基雅维利和霍布斯的国家理论、边沁和密尔的功利主义理论、孔德的实证主义哲学体系是不是不同的东西。对这种断言的求证隐藏着这样一种设想：与传统公共行政理论体系相比，新政治经济学和新公共管理运动是"离经"但不"叛道"的，新公共管理理论仍然与经典公共行政理论、行为主义公共行政理论共享相似的价值导向、辩护的政治目标和哲学基础。

从公共行政研究理论发展史来看，证成公共行政研究的管理主义路径非

[①] 颜昌武：《公共行政学简明史：以西蒙—沃尔多争论为主线》，社会科学文献出版社2019年版，第234页。
[②] 民主制公共行政传统由文森特·奥斯特罗姆提出，他在《美国公共行政的思想危机》一书中认为，民主制公共行政传统是美国本土所生发出来的公共行政实践传统与研究路径，这一实践传统突出地表现为政治上的分权和有限政府、治理上的乡镇社会自治和公民参与，政治与行政在这一传统中是紧密结合起来的，以选举授权作为行使公共权力的合法性依据。

常重要。作为现代社会科学的公共行政学科的产生，是公共行政研究管理主义路径的贡献，而宪制主义路径的产生也概因对管理主义路径的批判；管理主义路径蕴含着公共行政研究全部的理论问题，管理主义路径是公共行政研究的基础。因此，通过分析和解释西蒙对经典公共行政理论的抨击，新政治经济学、新公共管理运动对传统公共行政理论体系的批判两个重要学术史节点，为经典公共行政、行为主义公共行政、新公共管理寻找共同的基础，即相似的价值导向、辩护的政治目标和哲学体系；廓清公共行政研究中似是而非的提法，证成公共行政研究的管理主义路径。

（二）经典公共行政理论

1. 经典公共行政理论主要观点

经典公共行政理论由威尔逊奠基、古德诺阐释，经古立克发展（古立克提出了所谓的管理、行政七项活动，也就是"POSDCORB"，即计划、组织、认识、指挥、协调、报告及预算）；怀特和威洛比分别所著的教科书《公共行政学导论》《公共行政学原理》的出版，标志着经典公共行政研究如日中天。从整体上来看，经典公共行政理论以为政治—行政二分原则进行合法性论证为主要任务；以效率至上作为价值目标，确保政治中立的、永续性的行政官僚组织为内核文官制度替代政党分肥制；以官僚制作为政府组织原则，科学管理作为具体的管理策略。经典公共行政理论体系的基本假设有两点：一是行政权力的集中统一远远优于行政权力的限制和分散；二是政体形式不同，意识形态不同，但良好的行政原则是一致的。

以威尔逊为代表的经典公共行政理论学者对权力集中统一原则的偏爱来自于马基雅维利和霍布斯的理论传统，二者皆认为一个超然的、独立的掌握至高权力的政治权威能够提供秩序；也来自于欧洲官房学传统和欧洲现代国家建设取得的巨大成就。威尔逊将权力的集中统一视为良好行政原则的根基，并提出了基本行政原则，这一原则同韦伯的官僚制理想类型有逻辑上的契合性[1]，八大基本原则如下：

1. 在任何政府中总是存在一个占有支配地位的权力中心；一个社会的政府为单一的权力中心所控制。
2. 权力越分散，它就越不负责任；或者换言之，权力越一元化，它就越受到来自更为负责的单一权力中心的指导。
3. 宪法结构界定和决定该中心构成，并确立与立法和行政控制有关的政治结构。每个民主政府的体制都把人民代表提高到绝对主权的位置。
4. 政治领域设定行政的任务，但行政的领域在政治的适当范围之外。
5. 就行政的功能来说，所有现代政府具有极相似的结构。
6. 经职业化训练的公务员等级序列的完善为"良好"行政提供了结构条件。
7. 等级制组织的完善会使效率最大化，在此效率尺度上花费最少的钱和做最少的努力。
8. 上文界定的"良好"行政是人类文明的现代化和人类福利提高之必要条件。[2]

2. 经典公共行政理论辩护的政治目标与价值导向

经典公共行政理论诞生于行政国家勃兴的历史时刻。从经典公共行政理论体系来看，经典公共行政研究是一个外来的学术研究传统而非本土生发出来的学术研究传统。[3] 经典公共行政理论体系的诞生本身是为了应对美国进步时代的治理问题，为美国行政国家作合法性辩护而产生的，正如沃尔多的判断："传统公共行政理论是一场政治运动的结果，而非对科学的奠基。"[4]

---

[1] 〔美〕文森特·奥斯特罗姆著，毛寿龙译：《美国公共行政的思想危机》，上海三联书店1999年版，第37页。
[2] 〔美〕文森特·奥斯特罗姆著，毛寿龙译：《美国公共行政的思想危机》，上海三联书店1999年版，第36页。
[3] 乔耀章：《行政学美国化：理论支点及其引发的批评与启示——为纪念伍德罗·威尔逊〈行政学研究〉发表120周年而作》，《湘潭大学学报》（哲学社会科学版）2007年第5期。
[4] Waldo D., Adams R.N., Preiss J.J., et al, "Organization Theory: An Elephantine Problem", *Public Administration Review*, 1961, 21(4):210-225.

19 世纪中期以降，行政国家是一个普遍性的趋势，行政国家不仅仅是国家与社会、政府与市场关系的转型，也代表着一种权力高度集中、支持代议民主和精英政治、崇尚技术治理的国家形态的形成。在工业化和城市化所引发的社会转型、阶级冲突中，英国逐步放弃了有限政府和自由放任传统，对经济领域和社会领域进行有限的干预，而德国建立了最初的社会保障体系。同时，在政治哲学或者说意识形态上，也由古典自由主义（Classical Liberalism）向现代自由主义（New Liberalism）[1] 转变，为国家以公共善为理由干预经济和社会领域提供了合法性的论证。但是，在美国强烈的反国家主

---

[1] 所谓的古典自由主义（Classical Liberalism），崇尚市场机制和小政府，认为个人财富扩展和社会福利的普遍提高是通过市场逻辑和竞争机制实现的。因此，古典自由主义以抽象的、原子化的个体主义作为本体论，也作为规范意义上的价值，主张以感官愉悦为基本单位的效用概念的功利主义作为社会经济利益分配的正义标准。那么在实践上，古典自由主义主张个体是完全自治的，个体合法所得不应当被政府以任何理由剥夺。政策应当以大多数人的最大利益为衡量标准，个体自利动机和理性行为假设应当构成学术研究基本逻辑，也应当构成政策设计的基本逻辑。进入 19 世纪中期之后，古典自由主义为基础的意识形态和治理理念面临着严峻的阶级冲突的挑战，有限政府无法应对工人阶级日益激烈的反抗，同时工业资产阶级在议会斗争和社会运动中也难以招架传统地主阶级联合工人阶级的政治攻势。在这种情况下，产生了所谓的现代自由主义（New Liberalism），它以格林所提出的"道德学说"为基础的积极自由权利理论为主干，提倡国家干预。现代自由主义相较于古典自由主义而言，最大的不同在于对个人主义的观点上，古典自由主义的个人主义是完全抽象、去背景、去历史的，并且完全以人的生物本能为基础，即趋利避害，也就是自利假设；现代自由主义吸收了社群理论、共和主义以及康德的理论，修正了个人主义，认为个人是社会之中的，也就是人的本性乃是一种社会存在，强调"人格乃是通过在社会生活中找到其发挥重要作用的方式而得以实现的"。那么，现代自由主义的政策主张便与古典自由主义的有限政府不同，强调"集体本位"的立法而不是"个体本位"的立法，强调社会和公共领域亦是个体和社会进步的主要领域，以及政府对社会和经济的积极干预。受此影响，功利主义的重要代表人物密尔也对功利主义顽固的个体自利和感官愉悦为单位的效用概念进行了修正，强调公民高尚情操的培养，而这一理论在美国则是由杜威发展的，是经典公共行政理论和行政国家的理论源起之一。需要注意的是，现代自由主义又有新自由主义称呼，而在汉语中所谓的新自由主义对应两个不同的英文概念，同时也具有相当差异的自由主义哲学体系，一个是 20 世纪初产生的新自由主义（New Liberalism），即现代自由主义；另一个是 20 世纪 70 年代当下语境中的新自由主义（Neoliberalism）。当下语境中的新自由主义可以说是古典自由主义在当今世界的回潮，其支柱是新古典政治经济学，以市场原则和个人主义为主要内容，总结起来，可以如此概括：私就是好，公就是坏。为了同汉语语境中约定俗成表述一致，20 世纪早期产生的新自由主义在本书中被称为现代自由主义或镶嵌自由主义，对应英文单词"New Liberalism"，20 世纪 70 年代后的古典自由主义回潮，则称为新自由主义，对应英文单词"Neoliberalism"。参见徐大同：《现代西方政治思潮》，高等教育出版社 2006 年版，第 10—11 页；〔美〕乔治·萨拜因著，〔美〕托马斯·索尔森修订，邓正来译：《政治学说史：民族国家》（下），上海人民出版社 2015 年版，第 554—555 页、第 557 页；〔美〕安德鲁·海伍德著，张立鹏译：《政治学》（第三版），中国人民大学出版社 2013 年版，第 54 页。

义①和有限政府政治传统下，行政国家的合法性依然有待论证，也就是说，在工业化和城市化时代的美国，杰斐逊式的民主主义和政府分权主张、民主制行政传统即便是存在诸多问题，甚至威胁到了美国宪制本身，也不是行政国家自动获得合法性的理由。

从美国的政治传统来看，除了司法机构之外，任何拥有公权力的国家机构，必须具有选举授权作为合法性的依据。美国人难以想象一个不经选举便可以进行政治统治和公共管理的机构存在，也难以想象政府能够从国会中侵夺立法权，从法院侵夺司法权，在实践中将立法权、司法权、行政权掌握在自己的手里。可以看到，是否是选举授权的、是否符合宪制精神和规则、是否是国会立法通过的，是行政国家能否具有合法性的程序依据。从实践上来看，美国工业城市需要的是与乡镇自治不同的治理模式，城市是复杂的、多元的、异质的，而乡镇则是简单的、一元的、同质的；城市需要政府更为广泛和深刻的介入、渗透，以及直接提供服务，而乡镇只需要政府维持基本治安和基本的公共服务，大量的公共服务靠的是公民广泛、直接的志愿参与为主要路径的社会治理。当美国工业化和城市化迅猛进行的时候，也意味着建基在乡村治理的美国民主行政和政府分权的政治传统已经无法满足工业城市治理和全国性治理的需求了。美国对清廉高效的政府、公平的市场竞争、良好的公共服务、顺畅的市政管理在内的有效治理有着强烈的渴望。因此，行政国家的合法性又需要治理绩效的支撑。

从合法性的类型学来看，一般分为三种类型，一种是意识形态合法性；一种是程序合法性；一种是绩效合法性。②对于为美国行政国家和官僚制政府提供合法性言说的经典公共行政理论而言，程序合法性需要阐明行政国家和官僚制政府源出于宪法和国会；绩效合法性需要阐明行政国家和官僚制政

---

① 所谓的"反国家主义"传统是美国政治文化的重要组成部分。美国建国前北美殖民地便已经进行了广泛而又深刻的社会自治实践，脱离英国独立很大程度上也是宗主国试图完全控制殖民地引发的冲突。在建国后，美国延续了殖民地的治理传统，生发出了民主制行政传统，强调公民直接参与、强调政府需要通过选举授权而获得合法性。而在政治制度上，美国又设计了去主权的三权分立制衡和联邦制度。因此，美国政治文化逐步形成了质疑高度集中的政治权力的传统。参见颜昌武：《公共行政学简明史：以西蒙—沃尔多争论为主线》，社会科学文献出版社2019年版，第41页。
② 赵鼎新：《国家合法性和国家社会关系》，《学术月刊》2016年第8期。

府可以带来较高的治理绩效；而最为困难的便是意识形态合法性。从意识形态合法性来看，美国根深蒂固的反国家主义传统使得美国很难接受在欧洲司空见惯的政治思想、政治制度和治理模式。在相当一段时间，美国甚至认为欧洲权力高度集中于某一单一政治权威本身就是欧洲诸多问题的根源。

美国的行政国家发展主要体现在两个方面：一方面是有限政府传统被打破，美国政府空前扩张权力，甚至从国会中取得了立法权[①]；另一方面是政治中立的、永续性的以官僚制为内核的文官政府的出现。文官政府的出现无疑让美国的三权分立制衡结构失衡，行政权被政治当局和行政官僚分别掌握，行政权一分为二后，执行公法、决策的狭义行政权的文官政府有可能在实践上脱离政治当局的控制，而政治当局也会利用文官政府扩展整体意义上的行政分支的权力。与此相比，掌握立法权的国会和司法权的法院则可能面临着实际权力的日益下降。在最直接的层面上，中立的、永续性的文官政府与美国的民主制行政传统和选举授权获得合法性的政治传统发生了直接的冲突。由此可见，让美国强调有限政府、公民参与、平等主义的政治与治理传统、宪制原则和宪法精神同欧洲强调权力集中统一、单一政治权威与技术官僚统治、等级制的官僚制行政在政治理论上融合、逻辑上协调，甚至成为美国根深蒂固的政治意识形态的一部分，是非常困难的。

可见，政府规模扩张和职能扩展一直以来是各方争议的重点，但是政治中立的、永续性的文官政府更多地在公共行政理论中成为争论的焦点。从美国宪制精神、政治文化和治理传统来看，政治中立的、永续性的行政官僚组织与美国原本的宪制精神和政治传统存在着更突出的结构性冲突。政府规模和职能扩张或者收缩与经济社会发展需要、选民意愿和政府回应相关，时效性更强，但是中立性的、永续性的文官政府一旦在宪制上得到确认、制度上得到建立，便非常轻松地进入到了制度的正反馈过程中，对改变美国政治结构与治理传统有着更为深远和根本性的影响。说服美国各界，让美国的文官

---

① 美国政府从国会手中取得的部分立法权，最为明显的体现便是独立规制机构。例如《州际商务法》产生了州际商务委员会，在长期发展中，该机构逐步拥有了准司法权、准立法权、准行政权。拥有准司法权、准行政权、准立法权的独立规制机构有两个方面直接与美国的政治观念和治理传统相左：一是高级法的法治传统下国会的立法权不能够再次授予；二是三权合一直接违背了美国分权的政治规则和宪制精神。

政府获得认同是经典公共行政理论的主要政治目标。

政治—行政二分原则力图确立文官政府的永续性和相对于政治当局、选民的独立性。而从美国宪制精神、政治和行政传统来看，美国的国家机构除了司法机构外，无论是国会还是政府（行政分支），其权力都经过选举授权，也就是说选举授权是美国国家机构能够行使权力的根本性的合法性来源，这种合法性来源可以归类为程序合法性。那么，政治—行政二分原则论证文官政府是否符合美国宪制精神和政治行政传统，就需要阐明这样一个问题：即永续性的文官政府是否符合选举授权规则，进而具备行使公共权力的资格。

政治—行政二分原则提供了文官政府合法性的论证：美国的文官制度所产生的政治中立性的、永续性的行政官僚组织，首先是由国会所通过的法律所产生的，符合美国的宪制规则；其次是美国文官制度规定，行政官僚组织以政治中立性为条件，进而以此获得了组织的永续性。那么从整体层面上来看，文官政府是对法律和宪制原则、宪法精神负责；再次是美国文官制度规定，行政官僚组织接受民选政治当局的领导，执行政治当局决策、执行公法。通过这样的合法性论证，政治—行政二分原则认为文官政府是符合选举授权规则的，具有程序上的合法性。除了程序上的合法性之外，政治—行政二分原则同样论证了以官僚制组织原则为内核的文官政府的绩效合法性。作为一种组织类型与组织理论，官僚制以法理权威为基础，具备规则清晰、行为可预见和稳定的优点；从具体方面来看，官僚制强调分工和专业化是提高效率、促进知识生产和积累的保障，官僚制强调以功绩作为晋升依据、以考试作为进入方式、以支配与服从关系的法理化为主要原则，保障组织的公平性和中立性。在实践中，取得较高治理绩效的国家无不采取了官僚制作为政府的主要组织模式。官僚制以价值中立、结果至上的效率导向为组织目标，将自己视为中立性的执行工具角色，契合现代化以来的理性化导向，被认为符合进步主义的观念。威尔逊等经典公共行政理论学者将官僚制同美国的宪制规则结合，认为官僚制政府能够为美国治理带来行政的理性、有序、高效。文官政府被嵌入到行政国家能够带来的社会进步的未来图景中，以乐观主义心态和历史进步主义哲学思潮，将文官政府和行政国家视为美国未来发展的根本道路，进而同进步时代以前美国有限政府、政治分权和民主行政传统的低效、腐败作比较，得出文官政府和行政国家是历史进步的产物，是科学和理性的结晶的结论。因此，文官政府的绩效合法性得以证成。

政治—行政二分原则为文官政府和行政国家的确立提供了基于程序合法性和绩效合法性的环式民主[①]的合法性论证。为了论证文官政府是符合选举授权依据的，环式民主合法性论证将美国早先的以公民政治为主要内容的民主制行政内容进行了缩减，即将公民直接参与的直接民主去掉[②]，而留下选举授权。接下来，再将选举授权的授权链条延长。

首先将国会通过的《彭德尔顿法》视为文官政府得以产生的主要法律依据，而国会是通过选举授权的，出台的法律自然也是选举授权的。文官政府对法律和宪法负责，无疑是具有选举授权合法性的。从这里来看，原有的公民直接参与治理和直接进行选举授权的逻辑链条变成了两环，第一环是国会，第二环是国会出台的法律。其次是政治中立的、永续性的文官政府接受政治当局的政治领导，这里的逻辑链条也变成了两环，第一环是民选政治当局，第二环是接受政治当局政治领导的政府（狭义上）。

环式民主合法性论证仅仅是从程序意义上勉强能够与美国宪制和选举授权规则相结合，而且选举授权逻辑链条的延长也造成环节过多，不具有足够的说服力，还需要绩效合法性的依据来说服公民。环式民主是政治—行政二分原则的另一种说法，环式民主赋予了政府（狭义的行政官僚组织）排他性的掌握行政裁量权的资格，原因在于官僚制组织原则、科学管理的管理策略和管理方法是符合当时所赞同的科学原则和理性精神的，政府以此为基本组织架构和管理策略，能够有效行政、落实民主。因此，在治理愈发专业化

---

① 所谓的环式民主模式，是查尔斯·J.福克斯和休·T.米勒在《后现代公共行政——话语指向》一书中所提出的描述美国选民主责任循环模式的概念，环式民主通过代议制民主发挥功能，功能良好运行的假设是：公民了解并真实地表达自己的偏好，政治家提供一揽子的政治方案相互竞争，公民通过投票，以多数议决方式来选择符合他们偏好的政治方案的政治家。获得选举胜利的政治家提出符合选民偏好的政策或者法律，如果公民对结果满意，他们会继续选择政治家，如果不满意，他们则在下次投票时换掉政治当局。参见〔美〕查尔斯·J.福克斯、休·T.米勒著，楚艳红等译：《后现代公共行政——话语指向》，中国人民大学出版社2002年版，第15—18页。
② 经典公共行政的重要理论家古利克就非常警惕美国既往的公民政治传统，也就是公民直接参与治理的直接民主。古利克认为，公民政治正是行政不确定性的重要原因，公民缺乏能力便会使得政府决策被转移到强势利益集团手中。参见何艳玲：《公共行政学史》，中国人民大学出版社2018年版，第51页。

和复杂化的情境下，公民放弃自己在公共领域的直接参与和治理行动，将这一任务交给技术官僚组成的行政官僚组织，在公共领域外实现更多的价值，才是理性的和在美国这样一个如此强调政治分权、有限政府、民主行政政治与治理传统、反国家主义政治文化传统的国家，环式民主以行政官僚组织的科学、理性、高效和行政国家能够推进人类社会进步、解决一系列社会转型问题为绩效合法性依据，以间接性的选举授权，即对国会通过的法律负责、对宪法负责、接受政治当局的领导为程序合法性依据，为行政国家和官僚制度进行合法性论证和辩护。

在意识形态合法性上，政治—行政二分原则与20世纪美国盛行的多元民主理论相辅相成，将美国民主政治传统中的直接民主弱化，强调间接民主。官僚制理论与行政官僚组织以绩效合法性削弱了美国政治传统中的公民直接参与治理的民主行政传统，并将直接民主和间接民主相结合的完整的民主价值进行修正，强调其中的间接民主因素。也就是说，政治—行政二分原则通过将国会视为美国政治中心的策略[①]，强调民主已经在国会、政治当局的自由选举上实现了，而在具体的治理领域则是专业性的技术治理，不需要公民的直接参与。这样的论证是将作为一种政治价值、一种治理方式和治理机制，同时也作为一种政治美德的意蕴的民主概念缩小为抽象的政治价值和间接民主的偏好表达机制。在政治—行政二分原则确立后，行政国家不断扩张，多元民主理论在规范性的层面更为详细地表达了政治—行政二分原则所具有的反直接民主的精英政治理念，并加以正当化。权力资源在集团间的平均分配、存在利益偏好表达不被扭曲的机制是多元民主能够有效运行的前提。多元民主理论界定的民主是权力的制衡，认为在美国的政治领域，呈现出多元政治集团相互竞争的格局，以权力制衡来保障民主，制约专制和独裁。政治—行政二分原则和环式民主理论在意识形态合法性上以间接民主代替直接民主，将公民参与管理政治从日常的公共生活中驱逐出去，并且将公民参与政治的权利事实上缩减为投票和表达偏好的权利，公民转而依赖官僚政府和代议制代表、国会，而不是直接进入治理过程中

---

① 〔美〕文森特·奥斯特罗姆著，毛寿龙译：《美国公共行政的思想危机》，上海三联书店1999年版，第32页。

来改变自己的境况。

　　经典公共行政理论在为行政国家和文官政府做合法性论证的同时，通过政治—行政二分原则的系统性的论述，逐步形成了经典公共行政理论的价值导向、辩护的政治目标、哲学基础。经典公共行政理论认为，民主已经在政治领域中通过一系列的制度和机制得以实现，因在行政领域，则需要不折不扣地高效执行决策。高效执行政治当局的决策、执行公法是行政系统的主要工作，那么效率便是经典公共行政理论根本的价值目标。经典公共行政理论以官僚制作为基本的组织形式、以科学管理为具体的管理策略，在官僚制组织理论中，效率并不是以实际的结果进行衡量的，而是以各个层级是否不折不扣地执行上一层级的命令作为判断的依据。[①] 效率虽然是经典公共行政理论追求的根本价值目标，但是经典公共行政研究对效率的理解是以遵循上级命令作为判断依据，其背后的假设是：官僚制以法理型权威为基础，整个社会运作是通过确定的、可预见性的规则和专业化分工的等级组织进行的。在官僚组织理想运行的情况下，各级官僚都以工具理性指导行动，拥有熟练专业技能；没有信息损耗的前提下，上级命令自然是理性的，不折不扣地执行上级命令便是高效的。而官僚制理论这一假设也在逻辑上同政治—行政二分原则的假设契合，政治领域实现了民主，政治当局的决策便是民主的体现，那么不折不扣地执行政治当局的决策、执行公法即是落实民主、高效行政的体现。经典公共行政理论的价值目标是对效率至上的追求，而在实践情况中，公务员可能会面临多种价值观和责任期望的冲突，行政官僚组织将效率至上作为整体的价值目标，但并未指出，在实践中，公务员面临多种价值观和责任期望冲突应当遵循什么样的规则，也就是价值观排序。经典公共行政理论认为，既然民主已经在政治领域实现，那么对于行政领域而言，官僚组织不存在任何价值判断，应当以上级命令和组织规则作为规则。也就是说，当面对伦理困境的时候，公务员不应当表现出自己的价值判断，应当保

[①] 威尔逊提出的行政科学范式基本定理中关于效率的理解有两条："经职业化训练的公务员等级序列的完善为'良好'行政提供了结构条件；等级制组织的完善会使效率最大化，在此效率尺度为花费最少的钱和做最少的努力。"引自〔美〕文森特·奥斯特罗姆著，毛寿龙译：《美国公共行政的思想危机》，上海三联书店1999年版，第36页。

持政治中立乃至价值中立①，以上级命令和组织规则作为应当选择何种价值的判断依据。

3. 经典公共行政理论的哲学基础

经典公共行政理论是社会科学研究路径演进中的旧制度主义的重要组成部分，所谓的旧制度主义，指的是政治科学和公共行政学早期的一种以静态的法律制度结构为主要研究对象、粗糙的比较历史分析、形式法律分析、描述归纳分析为主要研究方法的一种研究路径。旧制度主义研究路径脱胎于既往的强调推理、演绎和规范的政治哲学研究，强调研究应当面向实践、应具有强烈的问题意识。经典公共行政研究理论的代表性学者威尔逊，正是运用了结构分析方法对美国国会进行研究，并提出建立一个清廉、高效的国会的主张。经典公共行政理论时期的公共行政研究主要学者及其代表性理论的产生，无不体现了旧制度主义研究路径的特点，他们提倡经验分析，但是方法却是形式导向的、结构导向的而不是行为导向、个体导向和互动导向的；他们同时也主张规范建构的重要性，他们意图将美国从混乱的政治行政系统中解放出来，建立一个具有普遍性意义的、有效的政治行政系统，进而维护和巩固美国宪制民主。

从更为普遍和宏大的知识论发展和演进的历程来看，旧制度主义实际上属于实证主义哲学体系。"实证的哲学"一词由奥古斯特·孔德创造，并以

---

① 价值中立与价值无涉是不同的，价值中立是一种伦理规则，是研究者不应当在研究中主动地对材料和研究的结果进行裁减；在行政实践中，价值中立指的是官僚不应当主动地表达出某种特定的价值偏好。韦伯提出价值中立的伦理规则，其背后是这样一种洞见：任何研究本质上都是理论先行、价值预设的，价值是理论乃至方法的有机组成，它可能隐藏在理论或者方法的客观的、不带任何情感色彩的语言之下，但是任何研究者的研究都是在某种理论或者方法的轨道之上的，价值都展现在了研究的过程中。这一洞见实际上也得到了号召"价值中立"的实证主义哲学体系的逻辑上的赞同，尽管实证主义哲学体系认为它们的前置性的理论本质上是"价值中立"的。在这里，便可以对价值中立这一充满歧义、带来误解的概念进行正本清源。价值中立指的是一种伦理规则，是基于对人文社会科学研究中价值存在并发挥着潜在性的影响的事实的承认基础上，而不主动地将自己的好恶投射到研究之上的伦理规则；而实证主义哲学体系和说明性研究的价值中立并不是研究者的态度中立，应当是价值无涉，也就是说实证主义哲学体系和说明性研究或明或暗，并不承认价值的存在或者说认为价值可以被作为一个有边界的、独立的部分驱逐出去。

更简短的形式——"实证主义"一直沿用到现在。[①] 莱泽克·科拉科夫斯基认为实证主义哲学体系的最重要特征应当包括："1. 现象学的规则；2. 唯名论的规则；3. 否定价值判断和规范性陈述的认知价值；4. 对科学方法的根本统一性信仰的规则。"[②] 所谓的现象主义原则，强调有效的知识只能来自于现象、来自于经验知觉；复杂的和相对抽象概念的合法性来自于其能够被还原到现象、还原到经验知觉层面。与现象主义具有逻辑联结的，便是实证主义的还原论。还原论的合理推断便是，知识的有效性取决于是否可测量，能够被测量的知识才是有效和合法的。而这里的合理推断便可延伸为是否是科学的，即能言说是否是有意义的，科学与意义是合二为一的、对称的。那么，这里也可以看到实证主义所谓的价值无涉和价值中立并不是如韦伯意义上的对价值敬畏和隔离，而是本身取消了价值和意义的自主性地位。

唯名论规则就是还原论原则，概念应当是可以还原到所谓的观察语句上。观察语句建构的要点有两个：第一个要点，观察语句是建立在经验知觉上的，这种经验知觉很大程度上是视觉，人们的视觉看到的对象是可描述的，并且是方便记录的。在此基础上，研究才具有公共性和可观察性，具有确定性。第二个要点，观察语句是可以精确和客观描述的，而这点又建立在不存在理论预设的基础上，也就是说，观察经验和感知知觉完全以人的生理体验为基础，所谓的精神体验是生理体验功能的结果，不具有自主性，这也来自于笛卡尔的身心对立所引发的讨论，而经验主义的观点则是身决定心，而非相反，比较明确的体现便是洛克的"心灵白板论"。

科学的一致性原则在逻辑上与现象论、唯名论相连接。既然人的精神活动是生理活动的功能体现，不具有自主性，那么所谓的研究人的行为和社会政治结构、制度的学科与自然科学是保持内在一致的。对此，实证主义保持的大致的共识，同时也保持着学科发展的进化论观点，即认为人文社科领域是学科的较高阶段，这种较高阶段覆盖了前面的自然学科。对于学科的一致性的基础是什么，英国实证主义倾向于支持自霍布斯以来的心理学进路；而

[①] 〔波兰〕莱泽克·科拉科夫斯基著，张彤译：《理性的异化：实证主义思想史》，黑龙江大学出版社 2011 年版，第 1 页。

[②] 〔波兰〕莱泽克·科拉科夫斯基著，张彤译：《理性的异化：实证主义思想史》，黑龙江大学出版社 2011 年版，第 3—8 页。

法国实证主义则倾向于支持有机体的生物学进路，以进化和生物内部均衡为主要观点。因此，从这个层面上来言，英国实证主义是个体性的，而法国实证主义则是整体性的。

最后一个原则是所谓的价值中立原则，价值中立原则有两种不同的观点，较早提出该观点的是孔德和韦伯。但是孔德表面上是认为需要价值中立，但这种价值中立并不是建立在承认价值的自主性之上的，而是认为价值同样服从于经验，服从于科学逻辑。

实证主义哲学体系内部存在着一定的差异，这些存在些许差异的理论流派则在美国汇流，最终发展成为实证社会科学的认识论和方法论基础的实证主义。从霍布斯开始，英国经验主义突出地表现为社会研究的心理学进路，而这一进路在功利主义和古典经济学时期达至巅峰。社会研究的心理学进路以联想心理学和日常心理学①为主要内核，将方法论上的个体主义上升为规范意义上的，同时将人的自利动机视为主要的动机，也就是任何关于人的行为和社会进程的解释，应当建立在人的自利动机之上。在这一心理学进路上，产生了国家和社会本质上是人自利的工具的观点。在法国，实证主义则突出地体现在孔德和斯宾塞对生物学的引入或者说简单类比上，生物学的引入的核心在于确立功能主义的分析机制，功能主义的分析机制在科学逻辑上联结了微观上的心理学进路和宏观上的社会有机体均衡研究进路；②而进

---

① 所谓的日常心理学，即自利动机；而联想心理学，则指的是对因果关系的看法。英国经验主义所认同的因果关系也就是因果相关，乃是一种经过归纳总结后的成果，通过大样本的观察、统计，认为变量 A 发生的时候，变量 B 总会发生，因此倾向于认为变量 A 发生导致变量 B 发生是确定性的因果相关。然而，变量 A 发生导致变量 B 发生仅仅是基于经验和归纳的，并不能够说明其是逻辑上必然的，也就是说这一关系是一种恒常联结，但不是必然联结，是人内心当中认识的产物。

② 英国心理学进路的实证主义理论及其社会经济理论以个人为逻辑起点，认为个人自利动机和理性行为假设是解释社会宏观结果的基本路径。因此，英国心理学进路的实证主义及其社会经济理论认为，个体的理性自利往往会通过一系列互动构成复杂过程来实现社会整体福利的提高，而斯密的所谓"看不见的手"正是这一观念的体现。法国实证主义及其社会理论则鲜明地将社会视为唯一存在的实体，以整体主义作为基本分析单位，社会整体福利是逻辑起点，也是规范性的，社会整体均衡被视为既定的、存在的目标。个体的行动是纳入到社会整体结构和互动层面上理解的。那么，微观心理学进路与宏观有机体均衡分析进路结合在一起，以此产生了实证主义体系下的社会理论的整合的可能性，这一整合最终由美国社会学家帕森斯和默顿的结构—功能主义的社会系统理论完成，个体自利是基本逻辑起点，而社会均衡则是既定的目标，社会通过一系列的规范、制度、激励为内核的社会化过程，使得个体形成相应的角色期望，规制个体自利动机理性行为的破坏性结果，并向个体承诺，个体扮演社会所赋予的角色，满足社会期望，将会获得相应的激励。

化论则确立了现在比过去好的判断,使得西方现存的社会制度体系和伦理规则、价值判断获得了正当的地位。法国实证主义和英国实证主义的融合在自由主义理论的公共哲学化上也有所体现。密尔、斯宾塞、格林等人的共同努力使得自由主义逐步摆脱了联想心理学的狭隘进路,并逐步替换了对自利动机的过度崇拜,削弱了将方法论上的个体主义视为规范的趋势,使得人的个体主义能够温和化并扩大自由主义宽容度,将人视为社会性的存在。人是社会性的存在使得法国和英国实证主义的融合在价值上成为可能。

实证主义理论为经典公共行政理论提供了如下的基本哲学观点:研究应当以经验为导向,政策应当实现个体和社会福利的最大化;价值是形而上学的,从属于人的生理功能;社会是有机体的、均衡的,因此社会要生存下去,必然需要发挥相应的功能,进而拥有相似的结构,也就是说结构—功能很大程度上是一致的,不同国家结构—功能也是具有一致性的;个体是自利和理性的,因此需要发挥结构和制度的作用,予以相应制约和激励;社会是进步的,今天的比昨天的要好。这些哲学观点构成了经典公共行政理论坚持政治—行政二分原则、效率至上、官僚制政府组织模式、科学管理理论的哲学基础。政治—行政二分原则受到了价值无涉的影响,威尔逊将此与美国的政治现状结合在了一起,意图说明政治—行政二分原则在知识论上是正确的、科学的。而结构—功能的一致性和无地域性同样也为政治—行政二分原则、官僚制理论、科学管理理论提供了哲学上的合法性基础,因为科学是统一的,人类建构物也是社会有机体的一部分,而社会有机体面临的总体问题和情况是相似的,进而美国政治行政系统的改革也应当采用一致性的政治行政结构和原则。历史进步主义则为经典公共行政理论树立必然性理念提供了支持,经典公共行政理论由历史进步主义而认为本土生发出来的有限政府和民主制行政本身是落后的,本身就是没有合法性的。[1]

经典公共行政理论在本体论上坚持基础主义,是唯物导向的,但是这种唯物导向是以人的经验知觉为核心的,是机械唯物主义;而在认识论上,则

---

[1] 进步主义观点源自于进化论在人类社会领域的机械应用,斯宾塞是这一观点的重要代表人物,他将进化与分解作为解释人类社会的两个支点,并认为进化和分解本身就是进步的。参见〔波兰〕莱泽克·科拉科夫斯基著,张彤译:《理性的异化:实证主义思想史》,黑龙江大学出版社2011年版,第86页。

坚持经验研究，并试图以符合生物有机体、进化论和人的自利动机来建构规范意义上的制度和组织。而在方法论上，则非常的简单甚至粗糙，不系统化的比较历史分析、静态的文本法律分析、粗浅的描述归纳分析构成其主要的分析方法，这种分析方法所产生的理论观点，并不符合后来的精致化的逻辑实证主义的知识论要求，仅仅是经验总结。经典公共行政理论的成就并不是其引以为豪的行政原则的理论观点，而是推动美国文官制度的产生，为美国的中立性的、永续的行政官僚组织进行辩护，为行政国家提供合法性论证，也就是说经典公共行政理论的成就更多的不是学术上的，而是政治意义上的。

经典公共行政理论自诩为科学的，但是其分析方法的粗糙性使得其理论与观点并不能够经受住经验检验，也无法经受住逻辑上的批判。经典公共行政理论之所以存在这样的情况，同理论与研究方法的发展有着密切的关系，也与政治经济社会发展有着潜在的联系。经典公共行政理论脱胎于第一代实证主义理论体系，第一代实证主义理论体系并不系统，也不精致，原因在于："第一代实证主义哲学家普遍关心社会问题。在他们那里哲学和社会学还没有分家，一般兼具哲学家和社会学家的身份。"[①] 换言之，第一代实证主义哲学是高度问题导向和实践导向的，捍卫社会的主流价值观和政治体制的。

第一代实证主义理论体系为后续的实证主义理论奠定了全部的基本原则，但是实证主义同社会理论的重叠，使得实证主义虽然号称价值无涉，但却高扬价值的大旗。而到第二代实证主义，也就是逻辑实证主义之后，实证主义才成为一个精致的哲学体系，对社会现象和问题的讨论被转换为词、句、语法规则等语言游戏上。这也就是经典公共行政理论观点和研究方法普遍粗糙在哲学上的原因。从社会发展来看，经典公共行政理论体系基本上回应的是激烈的社会转型和阶级冲突带来的治理危机，明确的态度和价值导向在实践中非常重要。但是到第二代逻辑实证主义体系发展成熟后，社会转型逐步完成，整个理论便可以向更为精致和抽象的方向发展。从一般观点来看，这时的理论已经不需要担负号召革命、解决时代问题的重任了，这种现

---

① 张庆熊：《社会科学的哲学：实证主义、诠释学和维特根斯坦的转型》，复旦大学出版社 2010 年版，第 13 页。

象在古典自由主义取代革命和启蒙的自由主义上也能够非常明显地观察到。

总体上来看，经典公共行政理论将行政国家和政治中立性的、永续性的文官政府建基在环式民主的程序合法性；官僚制组织模式的科学、理性，能够取得良好的治理绩效的绩效合法性；以间接民主取代公民参与治理的直接民主，并发展出与政治—行政二分原则相适应的多元民主理论，在现象上表述为民主在政治领域实现、行政领域执行决策而落实民主的意识形态合法性上。为行政国家和文官政府进行辩护是经典公共行政最为重要的理论目标，也是其潜在的政治目标。

经典公共行政研究路径留下的遗产也突出地以政治—行政二分原则为主，政治—行政二分原则最为核心的部分是削弱美国民主制行政传统蕴含的直接民主的崇高地位，将间接民主视为民主本身；将美国本土生发的强调选举授权的程序性政治权利和政治管理、社会治理的实质性参与权利皆有的政治传统和治理传统缩小为选举授权的程序性权利，将公民直接参与治理替换为公民间接参与，官僚政府具体进行治理。政治—行政二分原则的另一个重要的遗产便是对政府效率的突出强调，而其背后则是更为牢固的功利主义哲学。经典公共行政理论对之后的公共行政研究来言，政治—行政二分原则所蕴含的间接民主、精英政治优于直接民主、大众参与；权力集中优于权力分散与制衡成为重要的理论遗产；而另外一个遗产，便是经典公共行政理论所体现的功利主义伦理观和工具理性观念的扩展。两个遗产共同构成了经典公共行政理论最为内核的部分，支撑经典公共行政理论对行政国家、官僚制文官政府的辩护。

表 1-1　经典公共行政理论主要内容

理论观点	政治—行政二分原则、官僚制理论模式、科学管理理论
知识论体系	本体论：机械唯物主义、感官经验； 认识论：模仿自然科学、经验研究； 方法论：粗糙的分析方法
价值导向	以等级制度的完善、上级命令来理解效率；效率至上的功利主义哲学
辩护政治目标	美国行政国家；政治中立的、永续的行政官僚组织；代议民主和技术官僚治理政治理念

64 | 西方公共行政学平议

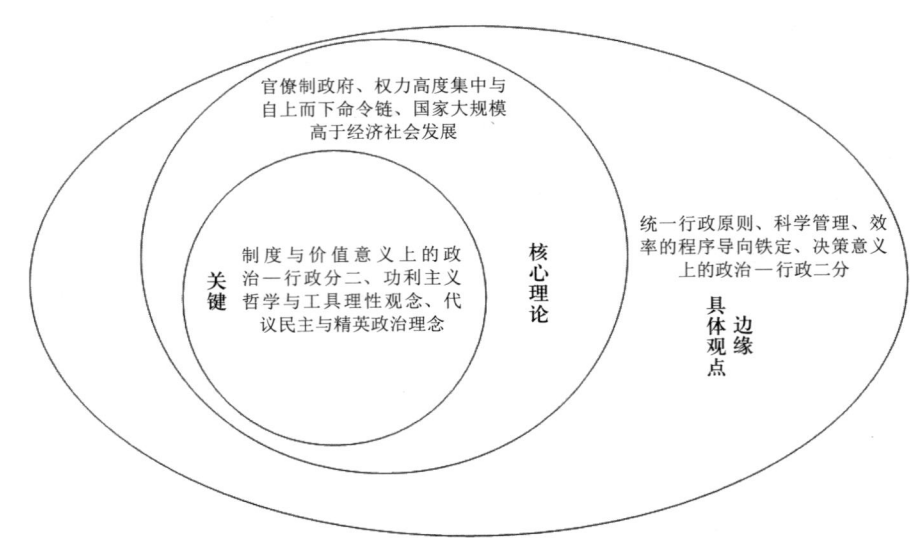

```
                    官僚制政府、权力高度集中与
                    自上而下命令链、国家大规模
                    高于经济社会发展

                                              统一行政原则、科学管理、效
          制度与价值意义上的政    核                率的程序导向铁定、决策意义
     关    治—行政分二、功利主义    心                上的政治—行政二分
     键    哲学与工具理性观念、代    理          具    边
          议民主与精英政治理念    论          体    缘
                                              观    观
                                              点    点
```

图 1-1　经典公共行政理论结构

根据经典公共行政理论的内容，可以对经典公共行政理论进行层次和结构的划分。经典公共行政的边缘，也就是其保护带，是经典公共行政理论的具体观点，这些观点由内圈层的经典公共行政的理论支点所生发出来，但并不意味着经典公共行政的理论支点无法生发出其他的具体理论观点，而具体理论观点被批判并不能够动摇经典公共行政理论体系。经典公共行政的内圈层，即其理论观点则是经典公共行政的主要特征，应当说对这一部分的批判和冲击将会严重削弱经典公共行政的理论和学术地位。这一内圈层由官僚制政府、命令自上而下传递的高度集权结构、国家大规模干预经济社会构成。经典公共行政理论的核心部分，同时也可以假设为公共行政管理主义研究路径的核心部分，这一部分是经典公共行政理论辩护的政治目标，也就是制度与价值维度上的政治—行政二分，即文官政府的制度设计，强调行政责任而不是政治责任[1]，价值观上的功利主义和工具理性思维，政治理论上的精英

---

[1] 政治责任和行政责任属于价值维度上的政治—行政二分原则，政治—行政二分原则的核心部分在制度与价值维度上，也就是说中立性的、行政官僚组织及其制度保障，文官制度，是政治—行政二分原则在政府制度上的根本。强调政治责任，即强调政务官或者政治当局的回应民意的责任；而行政责任则强调公务员、官僚或者事务官向上级、向政治当局、向司法机构乃至国会回应

政治和排他性的技术官僚统治等。

（三）行为主义公共行政理论

1. 行为主义公共行政理论主要理论观点及其哲学基础

经典公共行政理论或许是公共行政研究中最接近"范式"概念的理论体系了，但是经典公共行政理论在公共行政研究领域的支配性地位并没有持续太长时间，便被西蒙提出的行为主义公共行政理论和决策导向研究挑战，行为主义公共行政研究建立在更为精致和系统的实证主义哲学和行为主义社会科学的基础上；也被沃尔多等继承了美国本土生发的强调公民政治的宪制主义行政研究路径挑战。对于经典公共行政理论的衰落，学界已有公论，西蒙对经典公共行政理论的批判极大地动摇了它的根基。[1] 随着经典公共行政理论在学界地位的削弱，西蒙和沃尔多围绕着公共行政是否应当以自然科学化为发展方向进行了激烈的争论。公共行政学正式演变成两个分支，即公共行政研究管理主义路径和宪制主义路径。因此，达布利克在西蒙的立场上指出沃尔多等人对公共行政研究的批判导致公共行政学的合法性危机。[2] 学界对此的公论则是从西蒙批判经典公共行政理论冲击了其支配性地位，而后"西沃之争"对公共行政研究发展路径的影响来叙述的。换言之，经典公共行政理论体系衰落和公共行政研究合法性式微的起点就是西蒙的对经典行政理论

（接上页）的责任，但并不回应民意。从学理和实践上来讲，政治责任与行政责任并没有特意区分的必要，但从政制原则上来讲，官僚组织政治责任和行政责任一肩挑将有可能对政制原则和制度逻辑上造成宪法危机。也就是说，没有直接选举授权的行政官僚组织如果要求自己担负政治责任，无异于直接绕过政治当局、绕过国会、绕过司法机构，宣称自己对公民和社会有着直接的责任，这种责任往往不仅仅是惩戒性责任，更是作为美德的一种担当的、领导的责任。直接来说，行政官僚组织承担政治责任与行政责任在西方宪制体制国家中，尤其是美国，无异于产生了一个不经选举授权，但却声称自己有领导社会和民众的责任（另一面是权利）的利维坦。这也就是芬纳和弗雷德里克（Carl J. Friedrich）关于责任问题争论的根本性分歧，也是芬纳忧惧弗雷德里克鼓吹官僚应当政治责任、行政责任一肩挑的原因所在。

[1] 丁煌：《西方行政学说史》（第三版），武汉大学出版社2017年版，第139页。
[2] 〔美〕麦尔文·达布利克、颜昌武：《魔鬼、精神与大象——对公共行政学理论失败的反思》，《甘肃行政学院学报》2014年第4期。

批评和"西沃之争"。

但是，公共行政研究发展路径的分异以及经典行政理论体系在学术影响力上的衰落，不能说明西蒙的行为主义公共行政理论就与经典公共行政理论有着天壤之别。公共行政研究自从威尔逊以后，正式成为现代社会科学的一个组成部分，它发源于西方世界源远流长的政治哲学和伦理学传统中，并深刻地受到实证主义哲学思潮演进的影响。西蒙对经典公共行政理论的批判是否就意味着行为主义公共行政与经典公共行政理论不存在任何观点上，乃至逻辑上的联系？更进一步来说，行为主义公共行政理论是否与经典公共行政理论共享相似的价值导向、政治辩护目标和哲学基础？这个疑问需要得到清楚的解答，才能够更为准确地把握公共行政理论发展的脉络。

西蒙对公共行政研究路径的革新体现在两个方面：第一个方面是明确地将逻辑实证主义哲学为核心实证主义体系作为公共行政理论的哲学基础。同时，西蒙也将行为主义政治学的研究方法、研究技术、研究对象与关切议题引入公共行政研究中。第二个方面是相较于经典公共行政理论的旧制度主义倾向，即关注正式的规则、法条、结构，转向关注实践中的政府运行，将政府过程引入公共行政研究中，并将决策作为新的公共行政理论的枢纽性概念。西蒙对公共行政研究革新的目标是，将公共行政理论自然科学化，有效地提供公共行政知识。

公共行政研究具有强烈的现实关怀和问题意识导向，一般被认为是建制性学科[1]，如果难以解释现实问题或者给出好的政策建议，那么就有可能遭到怀疑乃至批判，经典公共行政研究正是遭遇了这样的问题。经典公共行政研究的贡献与其说是学理上的，不如说是政治上的，它使得政治—行政二分原则在美国反国家政治和治理传统中得以登堂入室。经典公共行政理论提出了基于绩效合法性和程序合法性的环式民主理论，也就是所谓的政治—行政二分原则，给行政国家和文官政府进行合法性论证；同时将美国的民主从价值、授权机制、偏好表达机制与参与公共管理机制四个维度的丰富意涵的

---

[1] 建制性学科本质上是价值判断、政治立场先行的，其主要任务之一便是为现有的政治行政体制乃至整体的社会秩序提供合法性论证、说明。在维护现有体制的前提下，提出问题、解决问题。参见杨光斌：《作为建制性学科的中国政治学——兼论如何让治理理论起到治理的作用》，《政治学研究》2018 年第 1 期。

概念缩减为抽象价值、间接的授权机制和偏好表达机制的消极性的概念，从意识形态合法性上削弱美国民主行政和公民参与传统的价值，进而从反面来巩固行政国家、文官政府，以及封闭性、排他性的技术治理在绩效和程序上的合法性。

从另一个方面来说，经典公共行政理论虽然自诩为科学，却在具体的理论、观点和方法上相当薄弱，难以经得起逻辑演绎的批判，也难以经得起经验的检验。经典公共行政研究以官僚制理论和科学管理理论为两大主干，但是官僚制理论更多的是从组织理论的维度解释现代化的理性化倾向，是解释性的社会理论，而非经验性的社会科学。科学管理理论则更是一个经验的总结而不是经过系统性的、可重复和可检验的研究过程提出的科学理论。随着美国行政国家的发展，尤其是经济大萧条和第二次世界大战后，美国政府规模空前扩大、职能扩张，经典公共行政的理论在实践层面上却难以提供给政府有效的指导和政策咨询。无论是在学术社群还是相关实践里，经典公共行政理论都难以满足解决实际问题的需求，这是经典公共行政理论遭遇批判的现实缘由。在理论和逻辑上，经典公共行政理论遭遇批判实际上是整个社会科学研究，尤其是社会科学研究从旧制度主义走向行为主义的一个缩影。

总体上来看，西蒙的行为主义公共行政理论在理论和知识上有着三个直接的来源：第一个是作为其哲学基础的逻辑实证主义；第二个是供给其研究议题、研究逻辑、研究技术与方法的行为主义政治学；第三个是构成其组织与决策理论来源的巴纳德管理理论。[①]

逻辑实证主义促使西蒙将行为主义政治学的议题、路径、方法引入到公共行政研究中来，改造公共行政研究，使得公共行政研究科学化。具体来言：一是确认研究的对象应当是微观的政治行动者，例如公民、政府官僚、政治家或者利益集团等。二是关心政策过程和政府过程，关心公共政策是如何形成的，较少关心政府宪制结构。三是高举价值无涉的大旗，认为公共行政研究不应当关注政治价值、伦理价值等。高举价值无涉的大旗有着深刻的理论根源，逻辑实证主义发源自欧洲经验主义，而经验主义坚持"身决定

---

① 颜昌武：《公共行政学简明史：以西蒙—沃尔多争论为主线》，社会科学文献出版社 2019 年版，第 92—105 页。

心"的孤立的身心关系观,进而否决人的心灵和精神世界的自主性,认为人的心灵和精神世界是生理功能的自然延伸。[1]这就意味着价值便不具有自主性了,那么价值同样可以被科学地控制和预测。四是大量运用实证主义的具体研究方法和研究技术,例如实验、量化技术等。

西蒙在逻辑实证主义本体论、认识论和行为主义政治学的方法论基础上,完成了他对公共行政研究理论体系的合理重建。行为主义公共行政理论在日后的演进过程中,接受了亨普尔的科学的正统解释模型,即覆盖率准则(演绎—法则模式和归纳—概率模式)[2],也就是实证导向的科学研究的正统解释路径。这一解释路径构建了一个通用的研究模式,即一个普遍性的定律及其成立的边界条件+一个现实的观察陈述(在普遍性定律成立边界内)+逻辑演绎→待检验的研究假说,将待检验的研究假说与实验或者统计上的观察语句进行比较,来决定接受还是反对这个假说的权威研究模式。在以实证主义为哲学基础的研究路径中,所谓的普遍性的定律通常是以学界所公认的接近支配性地位的宏大理论为主,抑或是某个归纳总结出的现象。这种路径被视为可靠的知识来源的唯一渠道,也是实证主义认识世界的根本途径。[3]

西蒙给公共行政研究提供的新的逻辑起点是有限理性的行政人,而研究的核心概念是决策。西蒙给公共行政研究划定的领域和提供的逻辑起点充分地展现出了行为主义政治科学的巨大影响。将公共行政研究的重点转向到决策上,使得公共行政研究摆脱了结构、制度、文本等静态分析的钳制,能够更为全面地观察真实的公共行政世界和具体的政府过程。有限理性人也正是这一过程的逻辑起点,有限理性人的假设更为中性,也更具有弹性,容纳了可能相互冲突的动机假设,但是又以有限的工具理性作为行为假设进行整合。由此,西蒙试图以有限理性为基石,来提出一个能够促进科学决策、实现合适目标的公共决策理论模型,这一模型也以效率至上为价值目标。但是,西蒙的效率至上开始关注政府的具体产出,而这与经典公共行政理论认为组织、结构完善便能够带来效率的观点是不一样的。

---

[1] 陈修斋:《欧洲哲学史上的经验主义和理性主义》,人民出版社2007年版,第163页。
[2] 〔美〕杰·D.怀特著,胡辉华译:《公共行政研究的叙事基础》,中央编译出版社2011年版,第38页。
[3] 何艳玲:《公共行政学史》,中国人民大学出版社2018年版,第198页。

2. 行为主义公共行政理论与经典公共行政理论的承袭关系

在逻辑实证主义哲学和行为主义政治学的基础上,西蒙将经典公共行政研究产生的理论成果称为"行政谚语"。经典行政理论中奉为圭臬的原则,例如"专业分工""统一指挥"原则,西蒙都进行了批驳。"专业分工"显然是与"统一指挥"矛盾的,"专业分工"强调的是技术权威与技术治理,通过将工作切分为存在边界的封闭性单元,提高工作效率的同时,也能够促进技术知识的有效积累。按照官僚制的理论设想,"专业分工"本身就可以产生较高的治理绩效,"统一指挥"原则不仅不是需要的,而且是有害的。"统一指挥"原则割断了技术权威的等级制命令与指挥、信息的传导渠道,存在非专业权威指挥专业权威的问题。但是,"专业分工"却与"统一指挥"共存于经典公共行政研究的理论、观点中,西蒙认为这显然是非科学的,因为不存在任何可检验的、可复制的、逻辑上自洽的程序来判断何时遵循何种原则才能带来效率的最大化。①

西蒙对经典公共行政研究的一系列批判的行为本身,而不是对经典公共行政研究批判的具体内容产生了巨大的影响:在旧制度主义政治学向行为主义政治科学转向的宏观学术理论变迁背景下,西蒙对经典公共行政研究批判

---

① 官僚制理论的准确说法是官僚制的理想类型,这一理想类型是韦伯对欧洲国家、公司、学校等机构的组织类型、组织原则、组织运行机制整理总结而提出的。理想类型的目标是建构一个边界清晰的类型概念,但是其缺憾在于,可能会遗漏一些在实践当中的重要特征,但这一特征与其他类型产生了交集,而在严格的类型学概念中,这一交集并不被承认存在,而是将其整体地划分到某一类型中。威尔逊所提出的统一指挥和专业分工原则便是韦伯官僚制理想类型的缺憾所在。韦伯的官僚制理想类型严格来说只包括专业分工,而不包括统一指挥,因为作为理想类型的官僚制,无论是指挥者、行动者的理性能力还是知识、信息都是充足且完备的,整个组织结构设计合理,运行平滑、顺畅,自然而然专业分工就成为其重要特征,统一指挥在其中并不拥有重要地位。但是,威尔逊虽然引入了欧洲官僚制,更为确切地说,威尔逊的官僚制的观点与韦伯的官僚制理想类型有着逻辑上的契合性,而不是历史上的事实的关联性(官僚制理论直到20世纪中期才被引入美国),但是威尔逊却从实践中的官僚制运行出发,而提出了统一指挥和专业分工原则相结合的行政原则。在任何组织中,官僚制都不可能是以完全专业分工,而不需要任何协调和统一指挥为原则构建的,因为信息不完备、人员的非理性等现实因素,同样也存在权力集中统一等因素。正因为如此,在后续的官僚制理论中,实际上包含了统一指挥与专业分工原则相结合的组织设计原则。如果我们熟悉的话语来说,便是专业分工的"条"和统一指挥的"块",现代组织理论的一个重要目标便是处理"条块关系",也就是协调"统一指挥"和"专业分工"原则。而在根据民主、法治和公共服务受益范围分配相应财政资源、权力资源的规范性的制度化的现代政府中,"条块关系"不存在不可协调的结构性矛盾,行政首长负责制便是这一协调的体现。

在逻辑上和学理上的重要性被放大了。西蒙对经典公共行政研究批判的缺误也没有得到正确的看待，在学界就产生了这样一种有待检验的根深蒂固的看法：西蒙摧毁了经典公共行政理论及其传统。但是，如果从西蒙行为主义公共行政的元理论，也就是逻辑实证主义哲学和行为主义政治学来看，可以清晰地看到这样一种逻辑上的理论发展的脉络：经典公共行政研究所依仗的元理论，无论是官僚制理论，还是历史进步观念，基本上是早先的实证主义哲学及其社会理论所认同的观点。西蒙的行为主义公共行政研究则以第二代的实证主义哲学，即逻辑实证主义哲学为哲学基础。行为主义政治学给行为主义公共行政研究提供了关切议题、基本解释逻辑，而行为主义政治学本身与实证主义哲学指导下的社会理论的发展息息相关，涂尔干的社会理论以及帕森斯的社会理论是行为主义政治学的重要的前置性理论。宏大社会理论和逻辑实证主义共同构成了行为主义政治学的观察现实世界和解释现实世界，乃至预测现实世界的"透镜"。

那么，要廓清西蒙的行为主义公共行政理论在公共行政理论发展中的作用是什么，影响是什么，与经典公共行政理论的关系又是什么，便需要将行为主义公共行政理论纳入实证主义哲学发展历程中才能得到清晰和全面的理解。

实证主义哲学的理论植根于欧洲经验主义哲学和自然科学，欧洲和美国现实政治需要则是实证主义得以迅速发展的动力。欧洲经验主义哲学为实证主义确立了基本原则、价值导向，而自然科学的巨大成就则为实证主义发展提供了合法性言说的材料以及具体研究方法和技术供给。欧洲现实政治需要给英国心理学进路实证主义和法国生物学进路实证主义两种传统的融合，实证主义的总体的哲学思潮——自由主义的公共哲学化和现代自由主义的产生提供了现实条件。美国现实政治需要则接纳了实证主义和欧洲社会科学传统，最为典型的便是法国实证主义社会学研究传统和价值依托、英国实证主义和欧洲逻辑经验主义作为科学研究进程的建构、德国实践的行政学传统，共同促进美国旧制度主义研究路径的发展，在进步时代美国现代国家建设和社会转型治理需要下，一系列植根于旧制度主义研究路径的理论和研究路径迅速学科化，现代公共行政学科的诞生就是典型的例子。

逻辑实证主义是实证主义的第二个发展阶段。逻辑实证主义并不关注现实的社会问题，而是回到社会科学和科学本身的逻辑上，试图实现科学内部的统一性，建构一个超越语境的统一的科学解释模型，完成科学的合理重建。逻辑实证主义的主要策略是，首先，否定了导致实证主义可能陷入虚无主义和相对论的知识的绝对无误论，而将实证主义建立在知识可误论上，同时将科学证实逻辑替换为辩护的逻辑。其次，是通过对感知经验的重视和坚持客观中立反映感知经验，使得观察语句这一基本概念在逻辑上成为可能，被视为构筑科学解释模型的基础性概念，典型的如马赫的要素论。再次，彭加勒通过约定主义，联结了理性主义和经验主义的鸿沟。逻辑经验主义与古典经验主义的主要不同体现在："1.它最终用或然性的经验基础代替确实无误的经验基础；2.它用具有一定概率的假说来代替证明的知识；3.最重要的是，逻辑经验主义在分析科学概念与命题时，引进了'意义'的分析；4.它用是否有'意义'作为区别科学与非科学的标准。"[①]

逻辑实证主义、英国心理学进路实证主义与功利主义、法国生物学进路的实证主义、进化论和功能主义分析模式等理论、观点，在美国现实问题牵引的实用主义哲学调和下，形成了一个完整的实证主义哲学范式及其研究进路。实用主义将知识的意义与价值视为是否产生实际功效，即"有效知识的主要检验标准是实际的应用性"[②]。这就使得美国社会科学表现出实用和功利态度，呈现出开放的特点。逻辑实证主义的复杂语言哲学和逻辑分析没有进入现实的社会科学研究，但是亨普尔的正统解释模型却成为美国一段时间主流社会科学范式的研究进路的哲学基础。英国心理学进路实证主义产生的功利主义和古典经济学被美国接受，发展成微观层面的社会学和边际分析的经济学。而功利主义和实用主义结合在现代化的自由主义的引导下，确立了社会福利最大化的价值目标。法国实证社会学的引入，则使得英国之前的功利主义和古典经济学所认为的自利导向社会整体福利有了一个逻辑上说得过去的解释机制，即功能主义的分析，共同价值观的存在制约了自利动机的破坏性后果。这些发展形成了帕森斯的结构—功能主义理论，同时也助长了人们的历史乐观主义和自信心，认为通过对人的行为控制和预测，使得科学最终能够取代模棱两可的意识形态和道德价值，而让人类能够迈向自由和进步，

---

① 江天骥：《逻辑经验主义的认识论 当代西方科学哲学》，武汉大学出版社2009年版，第109页。
② 〔波兰〕莱泽克·科拉科夫斯基著，张彤译：《理性的异化：实证主义思想史》，黑龙江大学出版社2011年版，第50页。

获得解放。这一观点本质上是进步主义价值观、实用主义价值观、密尔改造的功利主义的价值观的呈现。有论者认为，行为主义的科学主义取向是为了规避旧制度主义的对意识形态的维护，这一判断并不是恰当的[①]，行为主义的科学取向和去价值取向仅仅是现象意义的，而其逻辑是试图通过将科学价值化和意识形态化以遮掩统治性的意识形态，并为不平等社会制度辩护。进步主义价值观使得西方社会政治体系实现了价值上的正当性和优越性，而为此辩护的实证主义科学逻辑则为西方社会政治体系取得了话语上的正当性，实用主义和功利主义价值观则融入到了整个社会科学研究进程中，共同确立的是西方哲学社会科学意识形态和研究进程的普遍性，尽管这种逻辑隐秘在科学的价值中立面纱之下，但是这种研究进程无时无刻不体现着对现存社会政治制度、价值导向、政治目标进行理论说明、合法性辩护和确认。

西蒙的行为主义公共行政研究理论完整地继承并发扬了实证主义哲学理论的哲学基础和价值导向，西蒙自然认为经典公共行政研究的理论和观点是经不起推敲的，因为经典公共行政研究的理论和观点并不是通过逻辑实证主义所规定的研究路径产生的，而是一些行政经验的简单总结。但是，行为主义公共行政理论在大力地批判经典公共行政理论，并自认为与经典公共行政理论完全不存在继承关系的时候，却遗忘了经典公共行政理论正是基于实证主义哲学及其社会理论的基础上产生的。行为主义公共行政理论奠基在逻辑实证主义哲学之上，而逻辑实证主义哲学是实证主义哲学的进一步发展。

19世纪产生的实证主义哲学提出了实证主义的基础性理论和原则，但是实证主义哲学家强烈的问题意识和社会关怀，使得实证主义哲学更多的是被作为实证主义哲学社会理论的一部分，也就是发挥在逻辑上和知识上证明其主张的社会理论的合法性功能，而不是作为一个抽象和纯粹的哲学理论存在。因此，初期的实证主义哲学并不精致，同时也非常明确地将科学视为政治的、道德的。[②] 自然，经典公共行政理论突出的以旧制度主义研究为特点，结构导向的、体制导向的整体为单位的社会科学研究进路也是与当时的法国

---

① 何俊志：《结构、历史与行为——历史制度主义对政治科学的重构》，复旦大学出版社2004年版，第73页。
② [英]安东尼·吉登斯著，何雪松等译：《政治学、社会学与社会理论：经典理论与当代思潮的碰撞》，格致出版社2015年版，第115页。

社会理论相一致的。

　　逻辑实证主义对实证主义哲学的重大改造便体现在，将演绎分析和归纳分析结合到了一起，并经由观察语句这一枢纽性的概念和约定主义这一桥梁性的分析路径，[①]使得实证主义从一个经验社会理论和知识论结合的理论变成一个纯粹的知识论的哲学理论体系。逻辑实证主义不关心实践问题，关心的是词、句的语法规则和演绎形式等方面的问题，因为逻辑实证主义预设，理论或者命题的概念是由观察语句构成的，或者说可以还原到观察语句上。既然命题、理论的概念，也就是词或者某些短语已经是不带任何价值判断的观察语句了，现实问题的讨论便是语法规则问题。如果是无法还原到观察语句的概念，逻辑实证主义将其视为无效的、无意义的形而上学，逻辑实证主义便成为一个中立的、纯粹的分析工具。逻辑实证主义哲学为基础的行为主义公共行政理论将自己视为一个纯粹的分析工具，不关心价值，只关心效率，

[①] 所谓的观察语句来自于逻辑实证主义哲学家马赫的重要贡献，马赫强调"科学的统一"，但是自然科学和人文学科、社会科学的概念、话语体系存在着诸多的不同，尽管有着共通的话语、概念，然而更多的是类似巴别塔一般的存在。马赫始终认为，任何活动或者现象都可以还原到最为基本的物理分析上，要实现"科学的统一"，就需要为各个学科提供一个最基本的语言符号体系，也就是概念体系。马赫将这种概念命名为"要素"，也就是所有现象、活动能够还原到的最为基本的、不可分的单位，而描述这一单位或者它们之间的组合、排列的句子、短语，通常仅仅含有感觉名词，被称为观察语句，它被认为是能够客观、中立描述所有现象。如果，某一命题，也就是对现象、活动的描述无法还原到观察语句上，那么该现象就被视为毫无意义的形而上学。在观察语句的基础上，彭加勒提出了约定主义和真理符合论，一定程度上回应了休谟的不可知论难题。
休谟走向虚无主义，摧毁了科学知识，在逻辑经验主义的观点看来，是因为他虽然正确区分了综合的知识（根据经验归纳总结）和分析的知识（必然的知识、逻辑意义上的、没有提供任何新的东西），但是休谟狂热地追求绝对无误的知识，这就带来了这样一种误解："认为只有命题才能证明命题，因为命题属于分析的知识、必然的知识。而偶然的事实不能证明必然的命题，也就是说没有任何逻辑能够确实可靠地使结论的内容超过前提的内容。"引自江天骥：《逻辑经验主义的认识论 当代西方科学哲学》，武汉大学出版社 2009 年版，第 108 页。那么，古典的归纳逻辑是不可能的，这就使得科学知识面临了"怎样都可以"的虚无主义困境，因为因果关系都不能够来证明研究者提出的某种基于逻辑的命题，任何因果关系都是人心理的作用，也就是人认为某个变量应当在时空上毗邻某个变量。逻辑实证主义为了解决休谟的问题，也为了解决马赫的观察语句会导致的无视逻辑分析的作用带来的不可知论难题。逻辑实证主义又一代表学者彭加勒提出了约定主义或者真理符合论，这一理论认为在科学理论形成过程中，归纳和演绎缺一不可，而演绎体现了科学家的能动性。那么，演绎如何与归纳联系起来？彭加勒认为，所谓的科学命题只不过是一些约定俗成的定义，而这些命题的联结如果能够被还原到观察语句或者被证实，那么这些逻辑上的命题就可以被经验或者事实所接受。由此，逻辑实证主义认为，它们通过观察语句和约定主义，实现了科学知识的理性重建。参见江天骥：《逻辑经验主义的认识论 当代西方科学哲学》，武汉大学出版社 2009 年版，第 10—14 页、第 108 页。

这种效率并不是经典公共行政理论所认为的上级命令，而是实际的政府行政的结果，因为这种结果是可以测量的，在逻辑实证主义哲学的逻辑中，是否有意义与是否科学是可以画上等号的，与是否可测量也是可以画上等号的。①

西蒙猛烈地批判经典公共行政理论的不科学性，但西蒙的行为主义公共行政理论无非只是更为精致和科学化的经典公共行政理论。从价值目标上来看，经典公共行政理论强调效率，而行为主义公共行政研究同样如此强调；在辩护的政治目标上，经典公共行政理论旗帜鲜明地指出，经典公共行政理论是为了保障美国的民主，而研究政治中立的行政官僚组织是为了探索如何更好地执行政治当局的决策、执行公法。但是，行为主义公共行政理论以价值无涉来保持对价值问题、政治问题的缄默，实质上也是遵循了政治—行政二分原则要求的政治中立。

在哲学基础上，经典公共行政理论借鉴了早期的实证主义哲学及其社会理论，显得比较粗糙和简单，但是西蒙的行为主义公共行政理论则建基在实证主义哲学的去社会理论、去现实关照的精致的、纯粹的实证主义哲学上。相较于早期实证主义而言，其价值主张更为隐秘了，是通过规范的、受认同的、看似中立性的研究路径体现的。典型的体现是，亨普尔的科学解释模型被视为能够产生有效知识的正当路径，其逻辑是被视为普遍律则的前置性的理论（也有可能是某种归纳分析的统计结果）作为产生假设的基础和演绎规则，一个能够被测量到的现象作为某个假说能够出现的条件，一个有待检验的假说。通过或然性的统计检验，来比较条件出现的情况下，假说出现的频率是否符合公认的统计标准。如果符合，可以视为成立；如果不符合，那么出现问题的便可能是假说，也有可能是预设条件。逻辑实证主义是建立在辩护和证明分开的前提之上的，也就是"科学命题虽然不能够证明，许多哲学家仍然认为它是可以辩护的。辩护的途径不是寻求它与前提的关系，而是寻

---

① 在逻辑实证主义为基础的实证研究和量化技术中，呈现出这样一种研究的逻辑：对现实和经验的研究在哲学上被转换为对词句的语法规则研究。逻辑实证主义将确定的语法规则视为变动不居的研究原理和路径，因此，亨普尔的正统科学解释模型及其变体成为确定的产生知识的有效方式，量化正是这一方式的重要组成部分。测量一词代表着对命题的操作化、将现象转换为所谓的观察语句，如果现象本身无法转化为观察语句，也就是无法测量，那么结果可能有两种：一种是置之不理，等待新的量化技术的发展；一种是认为这种现象或者说某种命题是没有意义的。

求它与推断的关系"①。那么,按照逻辑实证主义严格的规则来看,如果推断出现了问题,也就是与实际情况不是一致的,或者无法证实,那么出现问题的并不会是充当前置性的普遍性律则理论,而只会是条件是否满足普遍性律则发生的范围,或者是推断有可能出现了问题等。逻辑实证主义哲学要求假说应当满足一致性条件的要求,即"要求新假说符合于公认的理论"②,这对于理论创新和反思而言是一种极大的阻碍,如果任何假说都需要符合公认理论,任何异常情况都不会怀疑到公认的理论上,任何证实情况都不断地在确认公认理论,就意味着理论和知识已经是恒定的了。逻辑实证主义哲学为基础的行为主义公共行政理论更难以进行理论的反思和价值的批判。

3. 行为主义公共行政理论辩护的政治目标与价值导向

西蒙以逻辑实证主义哲学和行为主义政治科学为基础,开创了行为主义公共行政理论,继承并发扬了经典公共行政理论的价值导向、辩护政治目标、知识论体系,使得公共行政研究向更为科学化、精致化和表面上的价值中立方向发展,本质上是更为精致的经典公共行政理论。学界所认为的,西蒙严重动摇了经典公共行政理论传统的观点仅仅看到现象而没有触及本质,从根本上来看,西蒙依然继承并发展了经典公共行政理论。在讨论西蒙继承并发展经典公共行政理论,将其转变为自然科学化的行为主义公共行政理论的时候,也可以观察到学术研究演变同现实政治变化的密切关系。

在行政国家勃兴和文官政府初创的时候,经典公共行政理论研究打出为美国民主而研究的旗帜。在这一旗帜之下,经典公共行政理论发展出了环式民主的公共行政合法性论证方式。它正是经典公共行政理论的政治理论面向,不仅仅为不受社会参与的独立性文官政府掌握公共权力和文官政府的永续性进行了辩护,更为排他性、封闭性的技术治理的登堂入室提供了合法性的论证,驱逐了公民参与治理的直接民主在美国政治和政府管理中的正当地位。西蒙的行为主义公共行政理论受益于经典公共行政理论的政治贡献,更

---

① 江天骥:《逻辑经验主义的认识论 当代西方科学哲学》,武汉大学出版社2009年版,第109页。
② 〔美〕保罗·法伊尔阿本德著,周昌忠译:《反对方法:无政府知识论纲要》,上海译文出版社2007年版,第12页。

为明确地将公共行政理论定位为"不为政治所动的""科学的"解决问题的理论，但是在逻辑上却以公共行政研究的中立性和工具性隐藏了公共行政理论辩护的政治目标和价值导向。正如逻辑实证主义将复杂的现实问题、实践问题乃至价值问题、权利问题转换为语言游戏一般，行为主义公共行政研究则将政治的问题、权利的问题、价值的问题转换为利益分配的问题、偏好表达问题，放弃了学术研究的批判反思能力，否定了学术研究蕴含的政治性、价值性。

西蒙将逻辑实证主义哲学作为公共行政研究的哲学基础，试图在不改变经典公共行政理论核心的价值导向、辩护的政治目标基础上，为公共行政研究寻找一个学术上牢固的合法性基石。西蒙的时代是一个行为主义向旧制度主义挑战并获得历史性胜利的时代，科学化是这个时代社会科学的共同追求。对科学化的颂扬与行政国家的扩展是异曲同工的，科学化意味着理性化、高效、消除不确定性、追求规则性和可预见性，只要能够实现科学化，便意味着社会的进步，就意味着有意义。在这种趋势下，科学本身成为一种意识形态，科学本身就是政治的和道德的。马茨·阿尔维森和休·维尔莫特在客观知识和权力关系上谈道："任何被（不管是专家还是外行）认为是客观知识的东西，都取决于权力关系。在权力关系中，相互竞争的观念、方法和发现都可作为权威的知识形式得到发展和支持。"[1]

西蒙所主张的行为主义公共行政理论以"科学化"来隐藏其对美国的行政国家背景下的多元民主、技术治理、排斥直接民主的精英政治和专家治理的辩护。西蒙将公共行政研究奠基在逻辑实证主义哲学之上，主张"价值中立"，主张公共行政研究的科学化。从此之后，公共行政研究社群内部的大量重要性争论围绕的基本上是公共行政研究是不是应当价值中立、可不可能价值中立，或者量化技术、实证研究对公共行政研究是福是祸，抑或是公共行政研究科学化到底是不是解决公共行政研究合法化危机的唯一道路等议题开展的，这样的议题在学术研究上虽说重要，但不是根本性的。社会科学与人文学科研究本质上是对人的精神世界和社会秩序的研究、讨论、解释、辩护和批判，这种学术讨论的过程本身就存在争夺话语权的一面，社会科学和人文学科研究就是在政治权力规制下、历史脉络塑造下、社会结构和文化背

---

[1] 〔美〕马茨·阿尔维森、休·维尔莫特著，戴黍译：《理解管理：一种批判性的导论》，中央编译出版社2012年版，第71页。

景约束下展开的,本身就是价值的、文化的、政治的。"西沃之争"后,除开公共行政研究中的批判理论外,大量学术讨论将讨论领域和范畴局限在学术上,而有意无意忽视学术研究中的价值倾向、政治立场,这样的讨论很难生发出新的、有思想深度的内容,因为基于去价值、去历史、去背景的中立性学术概念之上的争论,最终都会演变为一个学术审美的不可通约的困局。

西蒙的行为主义公共行政理论体系与经典公共行政理论体系比起来,主要的进步在于将逻辑实证主义哲学作为公共行政理论的知识论基础。但是,无论在价值导向还是辩护的政治目标上,西蒙的行为主义公共行政理论承袭了经典公共行政理论的价值导向,即效率至上的导向。在辩护的政治目标上,行为主义公共行政理论以科学化为路径,建构了一个更为精致的经典公共行政理论体系,同时将学科的合法性建基在科学化上。但是从将知识的产生、变迁视为社会结构塑造和政治过程的结果的知识社会学观点来看[1],行为主义公共行政理论具有双层合法性:第一层是科学化;第二层则是对美国精英民主和技术官僚统治的确认和辩护。行为主义公共行政理论尽管对经典公共行政理论进行了激烈的批评,为结束经典公共行政理论近乎支配性学术地位产生了相当作用,并为公共行政研究路径的分化提供了机会之窗,但是从学理和逻辑上来看,西蒙的行为主义公共行政理论在原则上并没有冲击经典公共行政理论体系,反而继承和发展了经典公共行政理论。

对经典公共行政理论体系的支配性地位造成学理和逻辑上的冲击,是"西沃之争",尤其是沃尔多所继承的美国民主制行政思想并开创的公共行政研究宪制主义路径。这一路径在根本上,也就是在知识论体系、辩护政治目标、价值导向都与经典公共行政理论体系有着相当大的差异,有些差异甚至是根本性质的。例如,公共行政研究宪制主义路径尽管没有在形式上冲击制度维度上的政治—行政二分原则,但是在价值维度上却主张公务员应当承担政治责任和行政责任。这一诉求无疑体现了从公务员个体到官僚组织直到整个政治—行政二分的制度原则上的体制边际改革的主张,这一主张的根本目标是,将美国带回民主制行政传统,将直接民主和公民参与从边缘位置带回到中心位置上。

---

[1] 黄晓慧、黄甫全:《从决定论到建构论——知识社会学理论发展轨迹考略》,《学术研究》2008年第1期。

表 1-2　行为主义公共行政理论主要内容

理论观点	组织理论、有限理性的行政人假设、满意的决策而不是最优的决策
哲学基础	本体论：机械唯物主义、感官经验； 认识论：逻辑实证主义下的科学正统解释模型； 方法论：实验的、定量的行为主义政治学研究方法与技术
价值导向	倾向于将政府实际产出作为效率衡量标准；效率至上的功利主义哲学
辩护政治目标	美国行政国家；政治中立的、永续的行政官僚组织；代议民主和技术官僚治理政治理念

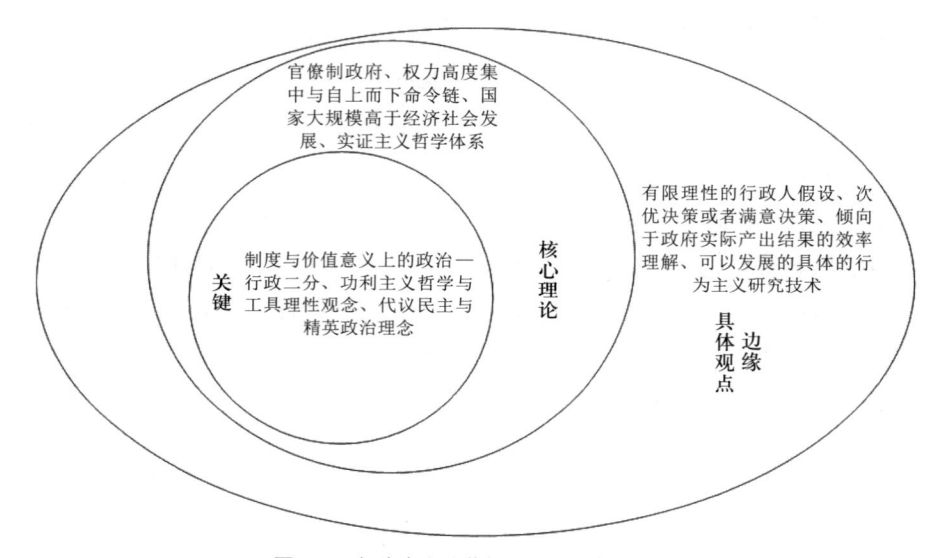

图 1-2　行为主义公共行政理论层次与结构

关键：制度与价值意义上的政治—行政二分、功利主义哲学与工具理性观念、代议民主与精英政治理念

核心理论：官僚制政府、权力高度集中与自上而下命令链、国家大规模高于经济社会发展、实证主义哲学体系

具体边缘观点：有限理性的行政人假设、次优决策或者满意决策、倾向于政府实际产出结果的效率理解、可以发展的具体的行为主义研究技术

　　行为主义公共行政理论并没有从根本上改变经典公共行政理论，仅仅是在具体观点上有一定的变化，并且发展了经典公共行政理论，以哲学基础的逻辑实证主义更新为主要表现。行为主义公共行政理论对经典公共行政理论的发展和贡献仍然是政治性的，它给政治—行政二分原则所承载的精英政治提供了更为精巧的理论辩护，这一精巧的理论辩护是通过经典公共行政理论的科学化实现的。逻辑实证主义和行为主义社会科学使得行为主义公共行政理论辩护的政治目标、价值导向更加隐秘和不容易受到冲击。美国社会科学的发展，尤其是政治科学和公共行政理论的发展，很大程度上具有强烈的政治导向和价值目标，给美国的意识形态提供了强烈的、深层次的学理上的支持。

"冷战"爆发后，美国面临苏联阵营的挑战。在 20 世纪 50 年代，美国爆发了关于意识形态是否终结的论战，大量学者主张美国乃至西方已经不存在意识形态了，甚至也不存在政治哲学了，因为自由主义意识形态已经是历史上唯一的、正当的、有前途的意识形态，福山所谓的"历史终结"在美国的 20 世纪 50 年代就已经在事实上提出了。美国许多学者提出意识形态终结论的观点，除了基于实证主义哲学的巨大影响之外，也是为了规避苏联阵营的意识形态挑战，试图将美国乃至西方世界内部仍然存在的结构性的冲突和体制上的不平等转变为经济社会利益的分配差异，以阶层冲突替代阶级冲突。[1] 意识形态终结和政治哲学使命完成的定调使得美国的政治科学和公共行政理论迅速转向行为主义路径，也就是在承认自由主义意识形态优先性前提下，甚至在更为直接地承认美国行政国家勃兴以来的政治制度和国家—社会关系的优越性下，来解决治理问题。这一转变在比较政治学和比较公共行政研究上也有所体现，阿尔蒙德建构的世界上第一个普遍性的政体比较理论的分析框架——"结构—功能主义"分析框架，即以美国和西方国家的

---

[1] 社会分层理论有批判性和建制性两个方面的功能，而社会分层理论的建制性功能本质上是社会制度的整合功能在意识形态和哲学上的体现。李普塞特就认为"任何分层制度在意识形态方面都需要有一套解释和宣传不平等制度的理由，以诱使人们接受自己的不平等事实的合法性"。引自〔美〕李普塞特著，张华青译：《共识与冲突》（增订版），上海人民出版社 2011 年版，第 23 页。持有建制性功能的社会分层理论以涂尔干为代表的社会学功能主义分析为代表。在功能主义者的视阈里，社会等级制度也就是阶层制度，而"职位不同，其所得报酬也应不同，以便鼓励人们谋求一个复杂社会必不可少的各种不同的职位"。〔美〕李普塞特著，张华青译：《共识与冲突》（增订版），上海人民出版社 2011 年版，第 23 页。换言之，阶层是社会制度激励功能的体现，阶层的正常流动意味着个人的努力，内含着个人成就的价值观。因此，阶层强调的是社会等级制度的正当性和合理性，正当性体现在社会阶层制度是符合自由主义意识形态、符合个人成就观的。而合理性则体现在阶层流动是社会制度激励功能正常发挥的体现。但是，在马克思为代表的批判理论视阈里，社会等级制度本质上是不正义的，因此他们主张的社会分层理论是批判性的。对于社会等级制度，他们采用的是建基在生产资料（财产权）所有制之上的阶级概念来进行描述的。阶级概念强调的是对抗性和冲突性，阶级将整个社会划分成为对立的两大集团，一个是占有生产资料的统治阶级，而另一个则是自由到只能出卖自己劳动力的无产阶级。在此之上，构筑了国家和社会等级制度，用以保障这样不平等和扭曲的社会生产和分配系统的运行。为了使无产阶级能够安心被剥削和支配，资产阶级和统治机器的国家发明了各种各样的统治机器和意识形态、社会道德和习俗，这些意识形态中功能主义的社会阶层制度就是突出的体现。不同于阶级冲突，阶层的妥协和整合强调的就是共同利益，而阶级理论不承认跨阶级会存在本质上的共同利益和社会共识。因此，在美国 20 世纪 50 年代以后的社会科学发展过程中，阶层取代阶级也是整个西方社会阶级冲突缓解、趋向阶级调和的社会趋势的体现。阶层代替阶级也就意味着放弃对社会等级制度的批判，意味着社会问题的个人化处理和个人社会责任和公共义务的推脱，也意味着趋向秩序和保守的文化价值观和道德观对多元和进步的文化观念的取代。

国家—社会关系和国家制度运作机制为基础，来衡量世界各国的政治现代化，这种理论体系往往以生物有机体的理论形式来言明其科学性和正当性。当今世界各国的治理发展和制度改革不自觉地将西方作为模板，不如说是将美国作为模板来看待，根本上是美国的社会科学和人文学科理论的支配性地位体现。

（四）新公共管理理论

1. 新公共管理理论体系的主要内容

20世纪70年代，美国公共行政实践与公共行政理论普遍遭遇困境，甚至面临合法性危机。在这一时期，经济危机通过滞胀表现出来；以专家治国为特点的行政国家遭遇普遍的抗议，政治精英也遇到了支持危机，整个政治行政系统甚至面临指涉到政治体制和政治结构上的合法性危机；在社会文化领域，不同社会群体呈现出高度分裂和相互斗争的趋势，阶级冲突重启，社会难以团结、整合、凝聚，既往的作为规制个人行动和达成集体行动的社会价值、道德、伦理规则普遍失效，最为典型的体现便是美国民权运动和"嬉皮士"文化运动、法国"五月风暴"乃至日本"赤军"在内的一系列从温和到激进的社会运动。西方国家的经济、政治—行政、社会文化系统面临的全面危机被哈贝马斯称为晚期资本主义社会的合法化危机。值得注意的是，从时间上来看，美国公共行政理论在学术发展史的第一个重大危机——"西沃之争"，是在20世纪50年代发生的，而美国公共行政实践乃至美国政治体系普遍性的危机是在20世纪70年代前后发生的，"西沃之争"已经提前在学理上预演了十多年。尽管"西沃之争"很大程度上是学术上的讨论，是围绕着公共行政学科的科学化以及是否应当价值中立、公共行政的身份问题开展的，并没有直接指涉美国公共行政研究对行政国家、对现有政治行政实践模式的辩护。但是，沃尔多就警告道："不管是私人行政还是公共行政，在一个重要且影响深远的意义上，都失去了对民主理念的忠诚……在我们今天的关键时刻，造成西方民主传统中道德热忱相对缺乏的原因是多方面的。但是，可以肯定的是，我们国家的某些缺乏活力、怀疑、思想混乱等状态，不可避免地是因为我们长期持有这样一个观点，即我们所宣称的理念是与人们一半的生活时间无关的。"[1]在政治价值和治理实践话语体系中，多元民主和行政国家取代美国悠远的乡镇自治、公民参与的直接民主传统地位，沃尔多对此抱有深切的忧虑，认为这是造成美国面临问题的主要根源。沃尔多的这一忧虑成为美国宪制主义公共行政研究路径的核心价值诉求，尽管美国乡镇自治和公民参与的直接民主传统需要相应的社会基础进行支撑，而美国在进步时代之后，这些社会基础便已不存在。直接将美国"都铎国家"[2]的政治行政和社会治理传统复制到进步时代之后的美国是不可能的。但是，美国"都铎国家"强调公民选举授权并广泛参与的直接民主传统不仅仅是一种可能在美国非城市之外的中小城镇和同质性相对较强的社区仍然能够发挥良好效果的治理机制，也是一种培育公民美德并进行持续社会化的重要社会整合制度，更是一种政治价值和宪制精神。仅仅因为进步时代之后，缺乏条件来落实美国"都铎国家"时期的直接民主，便否定美国的民主行政传统的价值、地位和意义是没有道理的。

在20世纪70年代，美国和西方国家面临着一系列的系统性的结构危机，1972年水门事件的爆发则招致了公众对美国政治—行政系统普遍的不信任和反感，甚至引发了宪制危机。尼克松总统为了隐瞒自己在水门事件中的罪责而滥用行政权力，迫使司法部长在水门事件调查的关键时刻罢免特别检察官，并且涉嫌作伪证。美国民众忽然发现，政治—行政二分原则之

---

[1] 颜昌武、马骏编译：《公共行政学百年争论》，中国人民大学出版社2010年版，第64页。参见 Dwight Waldo,"Development of Theory of Democratic Administration", *The American Political Science Review*, 1952, 46(1): 81-103。

[2] 所谓的"都铎国家"或者说"都铎体制"是亨廷顿用以描述美国在进步时代之前的国家治理形态。"都铎国家"在政治上强调有限政府，以三权分立和联邦制为主要内容的复合共和制为国家制度形式。而在治理上则以广泛、深刻的乡镇自治和社会自治为主要特点，强调公民广泛、直接、志愿参与公共事务。在亨廷顿的政治现代化理论中，进步时代之前的美国权威没有合理化，美国政制设计和宪制精神是去主权、去最高权威的，主张权力的多元和相互制衡；结构也未实现分离，一个机构、一个组织或者一个制度通常是多种职能的混合；但是在政治参与的扩大化方面，美国则较早地实现这一现代化的政治目标。美国进步时代之前的国家宪制、政治结构、治理模式和政治文化总体上与英国都铎时期的政治体制和政治文化非常相似，因此，亨廷顿将美国在进步时代之前的国家治理形态称为"都铎体制"。参见〔美〕塞缪尔·P.亨廷顿著，王冠华等译，沈宗美校：《变化社会中的政治秩序》，上海人民出版社2008年版，第80页。

下的行政国家会带来更美好、更民主、更公正的社会的许诺没有实现，而尼克松总统在水门事件中滥用行政权力，迫使忠于职守的公务员辞职、作伪证，无疑与镀金时代的政党分肥制中一些滥用职权的腐败政治家没有任何区别。水门事件之后尼克松展现出的一系列的蔑视美国宪制规则和精神的行动，不仅仅体现的是行政国家扩展后，行政官僚乃至政治家所普遍存在的傲慢，公共精神、政治责任的政治美德的丧失和政治伦理、行政伦理规制作用的失效，以及美国政治—行政系统有如此强大的权力来保障并扩展自己的利益，更让人产生了对行政国家扩张的担忧。美国公共行政实践在这场宪制危机中也爆发了合法性危机，"都铎国家"的有限政府和民主行政传统复活，人们普遍怀疑行政国家和文官政府的合法性，怀疑行政国会和文官政府与美国宪制和政治传统的恰适性。

在这种情况下，美国的公共行政理论也面临诟病，尤其是为美国行政国家、文官政府、技术治理进行合法性论证的传统公共行政理论面临着巨大的危机。经典公共行政理论和行为主义公共行政理论仅仅是在哲学基础上有所区别，而在价值导向、辩护的政治目标上都是高度一致的。经典公共行政理论为了让外来的行政国家与文官政府同美国的三权分立和联邦制的宪制结构适应，为了符合美国政治合法性的根基，即选举授权，提出了政治—行政二分原则为基础的环式民主理论来论证行政国家和官僚制度的合法性。美国各界之所以会接受并认同行政国家、文官政府、技术治理，有两个方面的原因：首先，工业化和城市化使得美国既往的治理模式失效了、不可能了，但又无法找到一种新的治理机制能够落实既往治理模式所蕴含的政治价值、治理精神，行政国家、文官政府和技术治理在当时欧洲的运行尚可，给美国提供了一种现成的解决问题的治理方案。在如此紧急的情况下，美国选择欧洲道路是自然而然的。其次，威尔逊提出的政治—行政二分原则给美国做出了一个说明和一项承诺，使得美国各界能够将行政国家、文官政府、技术治理视为美国政治传统的新的发展。一个说明是美国三权分立和联邦制的复合制宪制本身能够确保民主，民主在美国已经实现了；一项承诺是行政国家、文官政府由美国国会产生，对宪法和法律负责，以政治中立而接受民选的政治当局的领导，符合美国选举授权的合法性原则。行政国家、文官政府、技术治理宣称自己是科学和理性的，因此能够取得良好的治理绩效，推动民主的落实，实现更为美好的社会。

在工业化和城市化的复杂时代里，美国既往的治理模式难以维持，而在作为替代模式的行政国家、文官政府和技术治理以其自身符合宪制规则、接受民选政治当局领导，并且能够创造良好治理绩效的政治承诺诱惑下，美国公民放弃了参与行政管理和社会治理的权利。但是，在美国滞胀背景下，尤其是水门事件的恶劣影响后，美国公民和社会各界已经无法接受传统公共行政理论为行政国家、文官政府、技术治理合法性论证的说辞了，美国总统权力大规模扩张是美国宪制危机产生的重要原因，而美国滞胀经济问题则与政府治理失败密切相关。美国政治—行政系统既没有落实民主，也没有实现高治理绩效。自然，公共行政实践与传统公共行政理论就遭遇了合法性危机。

面对这种困境，美国产生了新公共行政学、新政治经济学为基础的新公共管理运动否认两种替代性公共行政理论及其实践来解决美国传统公共行政理论和美国政府的合法性危机。这两种理论和实践从本质上来说是截然不同的，但有趣的现象是，这两种理论及其实践都共同诉诸自己来源于美国本土生发的有限政府和民主制行政的政治传统，将美国"都铎国家"时期的田园牧歌式的政治生活作为自己的合法性的来源。但是，两种理论和实践却呈现出截然不同的理论观点和政策主张，那么如何去理解这种差异，便关涉到准确和全面地理解公共行政理论和实践的美国根基。

水门事件后，面临公共行政理论及其实践提供的民主政治保证、高治理绩效的政治承诺的落空，将新古典经济学引入制度分析领域的美国政治经济学家们发展出了公共选择理论、集体行动理论、委托—代理理论、交易费用理论为主要内容的新政治经济学（新制度主义经济学）等，来探究公共部门普遍失败的制度性原因。政治经济学家对公共部门普遍失败的制度性原因分析的突破性贡献，成为指导美国政府改革的新公共管理运动的基础性理论。

同西蒙行为主义公共行政理论一样，公共选择理论为代表的新政治经济学和新公共管理运动同样猛烈地批判经典公共行政理论，并且将批判的重点集中到了官僚制组织模式，以及政府广泛介入和干预社会经济发展上。西蒙行为主义公共行政理论虽然猛烈地批判经典公共行政理论的具体观点，但是并没有动摇经典公共行政理论的内核，反而是通过学科的科学化来实现了对经典公共行政理论的发展，建构了更为严密和精致的科学方法论和具体理论观点作为经典公共行政理论核心观点、价值导向和辩护政治目标的保护带。然而，新政治经济学对传统公共行政研究理论的批判更为剧烈，不仅仅是具体的理论、观点，并且上升到了对传统公共行政研究的主要理论根基——官僚制和行政国家进行批判。新政治经济学为基础的新公共管理运动对传统公共行政理论的批判不仅仅穿越了传统公共行政研究理论精致的保护带，更指涉到了传统公共行政研究路径的某些更为深层次的结构上。因而，不外乎有学者认为，新公共管理运动与传统公共行政理论是根本不同的。[①] 作为新政治经济学和新公共管理代表学者，文森特·奥斯特罗姆将新公共管理盛赞为美国民主行政传统的复兴。与之相对的，弗雷德里克森以及之后的登哈特夫妇等自称为公共行政研究宪制主义路径的学者则对新公共管理运动及其理论基础进行了猛烈的批判，并提出了新公共行政、新公共服务理论；而在国内，也有学者将新公共管理运动与之前的经典公共行政理论、行为主义公共行政理论划归为公共行政研究管理主义路径，并将这个研究传统总结为"公共行政即生意"[②]。那么，新政治经济学基础之上的新公共管理运动与既往的传统公共行政研究理论是否呈现出一定的延续性，新政治经济学基础之上的新公共管理运动又与美国本土所生发的民主行政传统是否存在继承性，这些问题对理解美国公共行政理论的发展具有重要的意义。

所谓的新政治经济学，即将新古典经济学的整个分析框架和研究路径完整地移植到政治、行政与社会领域研究中。新政治经济学以新制度经济学为代表，提出了委托—代理理论、交易费用理论，新政治经济学也发展出了为解决公共产品供给和公共资源治理的集体行动理论，解决偏好表达的公共选择理论。总体上来看，新政治经济学共享如下的假设和研究议题："（1）把个人当作基本的分析单位；（2）运用外部效应、共同财产和公益物品理论来界定与公共行政有关的事务结构；（3）分析不同组织或者不同决策安排在公益物品和服务产出方面的结果；（4）根据其产出是否符合效率标准或者其他绩效尺度来评估这些结果。"[③] 简单来说，新政治经济学以人的自利为基本的

[①] 陈振明：《评西方的"新公共管理"范式》，《中国社会科学》2000 年第 6 期。
[②] 何艳玲、张雪帆：《公共行政学思想危机的回应与超越》，《实证社会科学》2017 年第 1 期。
[③] 〔美〕文森特·奥斯特罗姆著，毛寿龙译：《美国公共行政的思想危机》，上海三联书店 1999 年版，第 57 页。

动机假设，以理性为基本的行为假设，并以此为逻辑起点分析人的微观行动是如何导致宏观社会结果的。新政治经济学视阈下的行政国家和文官制度、官僚组织充满着低效、腐败和混乱，并将政治家和官僚视为理性自利的经济人。政治家为谋求政治利益而进行选举，迎合选民，有着充分的动力置长远利益于不顾而滥用国家资源。官僚则将行政管理和社会治理视为自己的专业化的领域而不容他人置喙，同时借助复杂的现代社会治理和政府制度，来谋求更多的部门利益、个人政治经济利益。在公共选择领域，识别真实偏好非常困难，选民以自利为动机，甚至是非理性地进行投票、表达偏好。而分利集团则利用自己的优势的政治经济地位及其相应的资源来俘获政府，使得自己的私利能够被普遍化为公共利益等。在新政治经济学理论视阈中，政治家与作为技术治理权威的行政官僚都是自利的，行政国家本身也是低效的，甚至是威胁民主的。

新政治经济学对公共部门与政治家、官僚的分析可谓入木三分，提出了一个几乎难以反驳的对美国乃至西方国家普遍遭遇的系统性的合法性危机的解释。也正因为如此，新政治经济学迅速成为指导美国应对危机的主流理论。新政治经济学或者说新制度经济学主要研究三个议题：第一个议题是达成集体行动和解决公共产品供给或者公共资源治理问题，这一议题突出地呈现出了新政治经济学力图从制度入手，制约行动者"搭便车"机会主义行动的目标。第二个议题则涉及偏好表达和社会选择问题，这一议题以研究美国国会中的投票问题为代表，发现了国会在长期实践中形成了一系列的制度来避免投票悖论。第三个议题涉及委托—代理问题，这一议题主要以研究公共部门、政府的普遍失败为主，对政府改革而言最为直接和相关。该议题认为在官僚理性自利前提下，现有委托—代理链条过长出现的漏洞和交易成本被官僚充分利用，进而扩展自己的利益。三个议题共同批判了政治上的行政国家、经济社会领域上的福利国家。新政治经济学的主要贡献是指出市场失灵并不是政府干预和介入市场的充分条件[1]，新政治经济学应对美国乃至整个西方国家面临的普遍性的合法化危机，选择的是重回有限政府传统，排斥政府调节经济、干预市场、介入社会公共服务，试图复兴原教旨市场经济自

---

[1] 〔美〕詹姆斯·M.布坎南著，吴良健译：《自由、市场和国家：20世纪80年代的政治经济学》，北京经济学院出版社1988年版，第282页。

由主义意识形态。

新政治经济学考虑的问题，是从制度设计如何才能够尽可能地完善委托—代理链条，降低交易费用，为政治家和官僚提供有效的正激励、负激励，使得他们能够不违法乱纪、扩张权力；在集体行动和提供公共服务上，新政治经济学则考虑如何用有效的组织和制度手段来避免机会主义搭便车。简而言之，新政治经济学主张将市场逻辑和竞争机制进行扩展，从经济领域向政治和社会领域扩展。在这种主张之下，美国、英国等国家开展了新自由主义导向的改革，对相当多发展中国家也有深刻的影响，经济领域上不断削减政府干预和管理、进行国有企业和部分公共部门私有化改革；社会领域上则不断削弱福利国家、社会保障；政治行政领域上则通过政府再造，促使政府内部解制、向下授权，使得政治市场在科层制的政府系统内也能够形成，直截了当地提出经济效益和顾客需求作为政府的使命和愿景。

新政治经济学将自己视为美国本土生发的民主政治、行政传统的继承者。美国本土生发的民主政治和治理传统可以精简而突出地概括为有限政府和民主制行政。所谓的民主制行政恰好与官僚制行政相对，官僚制行政强调等级、秩序、权威与排他性治理，而民主制行政突出地强调平等至上，也就是每个公民都有平等资格参与公共治理，民主制行政也强调合作、协商而非等级命令。美国本土生发的民主制行政与美国本身强调无主权、反国家主义的宪制设计相适应，三权分立和联邦制构成了交叠管辖的复合共和制，全国性的治理需要则由联邦完成，而地方需要则由地方自己主导，不同层级政府在法律上是平等的，联邦政府的权力是由地方政府让渡的。美国的政治与治理便是在保障基本秩序和公共利益的前提下，通过制度化的分权和职能的混合，造就的一个虽然低效但不集权的政治结构和政府制度，给各个地方解决自己的问题提供了试验的空间。因此，时至今日，美国的地方政府模式多样，尤其是城市政府或者乡镇政府，突出地表现出了治理体制的多元化，可以说是"八仙过海，各显神通"。美国的有限政府和民主制行政的政治和治理传统，集中体现在乡镇自治上。但是，新政治经济学及新公共管理运动是否可以自称完整地代表了以乡镇自治为核心的美国民主行政传统却是争议的中心。

新政治经济学认为，美国遭遇的宪制危机以及公共行政研究面临的合法性危机，本质上来言，是马基雅维利和霍布斯以降的主张单一政治权威和权力自上而下运动的高度集中的政治制度和组织设计，同美国本土有限政府、分权制衡和民主行政治理传统的不适应造成的。美国在进步时代前的长期实践中，有限政府的分权带来的低效并没有让整个国家发展陷入困境，反而使得各个地方能够根据自己的需要充分进行自由探索与发展，形成了生机勃勃的乡镇自治，并且发展了美国社会本位、强调社群和公共利益、强调公民参与的公共美德的政治文化。但是，进步时代开启的国家建设，使得美国向欧洲政治发展，行政国家勃兴造成了一系列的政治后果：总统权力扩张、中立性的行政官僚组织以公共利益为名而扩展部门和组织利益、三权分立和联邦制的宪制结构逐步失衡，并且在水门事件上彻底地暴露了美国政治与行政系统既不民主也不高效的尴尬事实。新政治经济学主张将美国高度集中的政治—行政系统和相应的机构进行解制和私有化，主张用市场逻辑和竞争机制彻底实现美国政治—行政系统的民主化。

新政治经济学尽管寻找一系列的制度和方法来降低交易费用、强化委托者对代理者监督能力、制约"搭便车"行为，以实现对公共利益的保障，但如果站在更为抽象和宏观的层面来看，新政治经济学的根本逻辑是同斯密一致的，即市场作为"看不见的手"会使得私人利益聚合为公共利益。新政治经济学主张利用官僚、政治家、行动者不可改变的人性自利动机和理性的行为假设，通过建立政治市场和公共服务多元供给市场，以竞争的手段充分地实现民主。新政治经济学对于民主的定义是：自由选择、政府高效回应。由此来看，新政治经济学提出的一揽子的政治经济社会改革方案确实体现了新政治经济学对民主的看法，也就是说，作为一种享受公共服务、表达偏好机制的民主，本质上如同市场一样，充分、自由的竞争能够实现优胜劣汰，也能够实现市场均衡。那么政治领域民主的实现机制是将政治视为市场，在政治领域中引入竞争机制，正如公共选择理论所言："民主社会多元化的利益诉求需要不同的公共服务主体来实现，只有这样，才能防止政府变成利维坦，使人们真正享有民主与选择的权利。"[①] 从市场自由主义的思想观点来看，市场确乎是完全平等和毫无限制可言的，每个人都平等地拥有进入市场的权利，并进行激烈竞争，实现自己财富增长的目标，而在个人与个人之间的大量的复杂、重复性的互动中，社会福利也得以实现。

---

① 何艳玲：《公共行政学史》，中国人民大学出版社2018年版，第97页。

在新政治经济学指导下，新公共管理运动主张的政府再造和政府改革，将官僚制政府和行政国家作为批判的目标，将其视为低效、腐败的根源，同时主张将作为人的官僚和作为制度的官僚进行区分，力图通过设计以人的自利动机和理性行为逻辑一致的制度促使政府的转型。新公共管理运动改革的政策主张认为，应当引入企业管理制度和手段，强调建设企业家政府，以选民为导向和经济效率增长、政府财政收入持续提升为政府绩效目标。

新政治经济学和新公共管理运动强调自己属于本土所生发出的民主制行政传统的理由在于，市场作为一种资源配置的手段或者机制，从规范上来言，同宪制民主具有形式上的相似性，市场坚信个体理性和个体选择，主张个体间权利平等；而宪制民主同样在个体权利上有着相似的规定。理想意义上的市场不存在垄断，如同理想意义上的宪制民主不存在专制政府一样；新公共管理运动对集权导向的官僚制政府解制、私有化、引入市场竞争机制，在形式和现象上也颇有都铎时代的民主制行政传统的古风。新公共管理运动在理论观点与政策主张上突出地承认私人部门的管理策略与手段的普遍性和优先性，认同市场逻辑和竞争机制的正当性和有效性。因此，其具体的主张主要有六个方面：

第一，包括了诸如计划、组织、控制和评估的一般管理职能，以此替代了对社会价值观以及科层制同民主冲突的讨论；

第二，工具取向使其更偏好经济和效率的标准，以此替代了公平、回应性或政治性；

第三，实用主义的态度使其关注焦点从政治或政策精英转向了中层管理者；

第四，更强调管理的一般性，或者至少降低了对公共部门和私人部门之间的差异的重视，而不是相反；

第五，对处理组织外部关系与寻找理性的内部业务处理方式给予同样重视，以此代替对法律、制度和政治官僚机构流程的重视；

第六，与强大的科学管理的哲学传统联系在一起。①

---

① 何艳玲：《公共行政学史》，中国人民大学出版社2018年版，第111页。参见 Overman E.S., "Public Management: What's New and Different", *Public Administration Review*, 1984, 44(3): 277-278。

2. 新公共管理理论的价值导向与辩护的政治目标

新政治经济学和新公共管理运动以市场逻辑、竞争机制作为民主制度的内涵，以得到选民选票或者选民的"以脚投票"作为政府回应的替换概念，以经济增长和政府财政收入持续提高替代对公共利益的看守，以顾客取代公民，以坐享其成、交换选票取代公民参与。这一系列的对既往熟知的宪制民主精神的新解释，不免让人生疑，市场和货币与政治和选票是一回事吗？顾客和购买与公民和参与可以相互替换吗？这种疑虑关涉到了新政治经济学的市场逻辑、竞争机制引入到公共领域、政府治理改革中的合法性，也关涉到了新公共管理理论是否有权利声称自己是民主行政的继承者。

新政治经济学和新公共管理运动认为，市场逻辑和竞争机制能够实现美国在复杂性社会背景下的整体性的民主，能够与美国的宪制适应，并带来良好的政府治理绩效，有牢靠的绩效合法性；同时认为市场逻辑和竞争机制建基在人人权利平等的原则之上，有牢固的意识形态合法性；而选民通过用脚投票来选择竞争中更为优秀的地区和政府，无疑实现了民主授权的程序合法性的需要。然而，新政治经济学和新公共管理运动与传统公共行政理论提出的政治—行政二分原则对完整的民主概念、公民概念的修剪上是一致的：民主概念是全面性的和结构性的，权利的平等只是民主的一个方面，而是否能够落实这种权利，也就是参与到政治管理与社会治理中，是民主的根本。同时，民主并不仅仅是一种提供公共服务的机制，更是一种公民由此将自己的利益嵌入到社区共同利益中，并视为道德上正当的行为，也就是说，在其中存在强烈的政治义务感；民主不是坐享其成，而是参与其中；顾客与公民是根本上不一致的，顾客基于自己的私利而行动和提出诉求，而公民在规范上则认为应当以公共利益而行动。顾客导向是出价者优的逻辑，也就是说顾客出价愈高，愈能够反映出顾客对此的偏好，顾客由此获得服务，效用得到满足，正是资源高效配置的表现。而在公共服务领域，顾客取代公民，直接有悖于平等原则，大量缺乏资源表达自己偏好的普通民众将有可能在事实上被褫夺公民权，而公民权本质是平等的接受公共服务。由此来看，新政治经济学和新公共管理运动的逻辑从根本上便有违政治平等原则、有违民主。

如果我们接受新政治经济学和新公共管理运动将政治等同于经济、将公共利益等同于个体利益聚合、将顾客等同于公民的假设，新政治经济学和新公共管理运动确乎在逻辑上实现了在复杂社会移植形式上相似的美国都铎国家政治传统和治理传统的目标。但是，新政治经济学和新公共管理运动却存在一个在逻辑上自相矛盾的问题，经济领域中个体自利得以实现公共利益，这一逻辑且不论其正确性如何，但并不会形成自相矛盾，或者说形成某种悖论。但是，新政治经济学和新公共管理运动一方面将官僚的自利视为造成公共部门普遍失败的根源；另外一方面却又认为应当以合理制度设计提供正激励和负激励，利用官僚和政治家的理性自利来制约其机会主义行为，保障公共利益。这种逻辑无异于言说，自利是问题的原因也是解决问题的依托。

新政治经济学和新公共管理运动的迷惑性在于，他们提出了一整套对官僚控制上、国家干预经济社会上同传统公共行政理论差异巨大的政策主张。但是，仔细地考察其政策主张的基本预设、论证逻辑，可以发现新政治经济学和新公共管理运动同它们所反对的传统公共行政理论具有逻辑上的一致性和延续性。特里引用了波利特关于管理主义的五种核心理念：

1. 社会进步的主要路径在于获得经济学意义上的生产率的持续增长。
2. 这种生产率的增长主要来自于对高度发达的技术的应用。这些技术包括信息技术、组织技术以及生产物质财富的技术"硬件"。就组织而言，大型的、多功能的公司或国家机构已经迅速地发展成为一种主导的形式。
3. 对这些技术的应用，只有在劳动力受到生产率理念的约束后才能得以实现。
4. 管理是一种分离的、不同的组织功能。它在计划、实施和测量生产率中的必要的提高中扮演重要角色。商业上的成功越来越依赖于管理者的素质与职业主义。
5. 要扮演好这一角色，管理者必须被赋予合理的"活动空间"，例如"有管理的权限"。[①]

[①] 颜昌武、马骏编译：《公共行政学百年争论》，中国人民大学出版社 2010 年版，第 135 页。参见 Larry D. Terry, "Administrative Leadership, Neo-Managerialism and the Public Management Movement", *Public Administration Review*, 1998, 58(3): 194-200。

新公共管理运动提出的政府改革核心假设集中体现在这五种核心理念上，这五种核心理念简而言之便是经济发展、财政收入增长、科技发展、物质财富增长是政府的根本使命所在。达成这一使命需要作为技术权威的管理者拥有充分的权力，并以此进行考核。新公共管理运动的核心理论假设与威尔逊引入的官僚制和泰勒所主张的科学管理在价值导向、对专家治理颂扬上别无二致。西蒙的行为主义公共行政理论隐去了经典公共行政理论过于直白的价值诉求，使得经典公共行政理论将合法性奠基在科学逻辑上，避免经典公共行政理论受到基于政治和意识形态的批判和反思，使得经典公共行政理论更为精致。但是，行为主义公共行政理论在制度设计和政策主张上仍然在经典公共行政理论的框架内。新政治经济学和新公共管理运动激烈地批判传统公共行政的理论、观点，乃至其政策基础的官僚制和行政国家也被攻击，然而传统公共行政理论根基性的价值理念：效率至上和排他性的专家治理，仍然得到了继承。

新政治经济学和新公共管理运动突破了文森特·奥斯特罗姆所言的经典公共行政理论和行为主义公共行政理论构思效率的方式，即"将效率看作是通过等级制组织原则表达的。专业化、职业化程度越高，在单一命令链里，线性组织越完备，效率就越高"[1]。效率从科层制组织原则变换成了政府实际的治理绩效，这种治理绩效一方面通过选民的选票体现；另一方面则通过政府财政报表来体现。新政治经济学和新公共管理运动直接将政府治理绩效作为依据，同时为了实现这一目标，采用企业管理和竞争机制，以治理绩效为要求，放松政府内部管制，大力倡导功利主义伦理观和工具理性思维；而在政府—市场关系上，则重新确立了市场是社会进步根源的观点，政府限制和干预大幅度的削弱。新政治经济学和新公共管理为政策和制度设计指导思想、市场自由主义为改革意识形态，造就了一个形式上与既往的大政府非常不同的新的治理体系，有学者将此视为政府治理和相应的公共行政研究中的具有"哥白尼革命"意义的范式变革。[2]

---

[1] 〔美〕文森特·奥斯特罗姆著，毛寿龙译：《美国公共行政的思想危机》，上海三联书店1999年版，第57页。
[2] 〔美〕文森特·奥斯特罗姆著，毛寿龙译：《美国公共行政的思想危机》，上海三联书店1999年版，第169—177页。

3. 新公共管理理论与传统公共行政理论的承袭关系

经典公共行政理论、行为主义公共行政理论、新公共管理理论同属于公共行政研究管理主义路径，尽管它们在形式上仿佛存在着天壤之别，但每一次变革都将公共行政研究向更为精致方向推进。功利主义伦理、工具理性观念、物质的富裕和经济增长、技术权威的排他性治理、实证主义哲学体系是不变的价值导向、辩护的政治目标、哲学基础。

进步时代以来，行政国家勃兴意味着美国进入了国家建设运动之中，在这场国家建设运动的恢宏成就之下，是美国原初的乡镇自治和完整的民主政治的失落。这种失落体现在政治话语上，直接参与治理的民主概念被剪切。这种失落体现在制度设计上，参与政治门槛愈来愈高。这种失落也体现在学术研究之上，占据主流地位的公共行政研究管理主义路径站在主客二分的、对立的研究立场，崇尚去情境、去语境的标准化研究路径，公民是被研究的客体，而不是参与知识生产的主体，公共行政研究管理主义路径生产的知识与公民实际生活情境并没有关系。这种失落更体现在公民的角色和处境上，无论是传统公共行政理论还是新公共管理理论，公民是被视为政治管理与社会治理的门外汉，只需点头或者反对，"无权置喙"，或者是被视为提供选票的"好逸恶劳"的顾客。公民参与政治、参与公共生活来实现人性的完整的机会从实践到话语上都被限制，公民生活情境中微小但又正当的需求无法得到公仆的回应，仅仅因为这种需求没有任何意义上的"普遍性"。新公共管理运动和其理论表达仅仅是在形式上与美国的宪制形式、美国的分散的多元治理相似，但是与美国乡镇自治和民主行政的政治传统的内核和精神却相差万里，将新公共管理实践和理论视为美国民主制行政传统的继承者，无疑是说函数 $Y=X^2$ 自变量 X 取 2 的时候同函数 $Y=2^x$ 相交，也就是因变量值一致，便说这两个函数是相等的一样可笑。

经典公共行政理论、行为主义公共行政理论、新公共管理理论体现出的学术演进和逻辑上的契合，以及它们所共享的价值导向、辩护政治目标和哲学基础是高度一致的。经典公共行政理论、行为主义公共行政理论、新公共管理理论本质上都属于公共行政研究管理主义路径。公共行政研究管理主义路径总体上来看以追求物质方面的经济增长和政府财政收入持续扩大、政府支出下降为主要的政策目标，也就是说效率构成了公共行政研究管理主义路径的第一个核心特征。

公共行政研究管理主义路径对效率有着两种不同的认知：经典公共行政理论将效率视为等级制度的完善，行为主义公共行政理论初步意识到将效率视为等级制度完善的片面性，认为效率是投入产出之比，新公共管理理论将效率从组织内部之间资源和收益计算推广到政府和市场、国家和社会维度上，认为所谓的效率是经济层面上的物质财富增长、政府收入提高、满足选民也就是顾客的偏好。因此，新公共管理理论自然主张将市场逻辑和竞争机制引入公共部门内；以产权界定清晰有利于经济效率提高为理由，进行大规模的私有化；以政府财政支出过高、福利养懒人、社会保障与福利部门形成巨大的分利集团为理由，削减社会福利支出；主张企业家政府文化，并在政治领域逐步限制工会等社会左翼组织的罢工权和集体谈判权，以此来降低企业的成本，削减企业的义务，给企业社会责任松绑。

当效率作为公共行政研究管理主义路径的核心价值目标，在这个价值目标的指引下，价值优先程序会根据对效率的不同理解而发生改变；在经典公共行政和行为主义公共行政理论中，当公务员面临不同价值选择的时候，经典公共行政理论将对上级命令的服从视为根本的伦理规则。在新公共管理理论中，对上级命令的服从、遵守法律仅仅是其中的一个方面，新公共管理理论通过解制和授权，使得公务员将如何减少政府支出和扩大政府收入、满足顾客意愿作为最高的价值目标。经典公共行政、行为主义公共行政和新公共管理理论在伦理规则上虽然各有不同，但是将效率视为根本性目标，而更少考虑其他价值。

在效率第一的伦理规则排序下，传统公共行政理论将服从命令视为根本性的、第一位的价值，符合官僚制的基本原则，符合官僚制命令自上而下的运行程序和权力传递机制。但是，官僚组织集权的组织原则本质上同民主制度中的政府存在着结构性的冲突。从历史上来看，民主化也就是政治参与的扩大化（主动政治参与而非被动的政治动员），通常发生在这个国家已经形成了官僚制的政府组织制度和组织原则之后。官僚制的专业化、分工、等级制、功绩制、职位中立等原则，相当程度上避免了中世纪含混、复杂的政治制度和组织模式所存在的低效、不利集权、容易被其他政治权威所渗透、组织容易私有化等问题，强化了国家资源汲取能力和动员组织能力，进而有效强化了作为唯一政治权威的专制国王的权力。官僚制作为一种政府组织模式，在历史上相当的高效，但是官僚制从本质上来说是一个高度集权和对上负责的组织模式，这种组织模式建基在职位高低决定上下服从关系的非人格化原则之上，自然服从上级命令便成为官僚制的组织中最为首要的价值。而民主制度下，对法律的遵守、对民众需求在原则上的无差别回应、自主判断并承担对公共利益的看护是公职人员的根本责任，也就是说民主制度下，权力是自下而上的，责任是针对自己内心责任感、公众和法律的。那么，官僚制作为民主政府组织原则，在逻辑上便会产生中性的官僚制度的权力命令传递机制、责任分配模式侵蚀民主、法治、政治责任的问题。在新公共管理实践和理论中，首要的价值是如何增收节支和满足顾客的期望。在制度设计上，增收节支对公职人员形成了强大的激励，这就使得公职人员是以个体私利为逻辑起点而进行公共服务。同时，顾客导向则潜在有这样一种结果：政府应当优先满足那些能够提供税收的、有能力表达自己偏好的强势的社会集团，社会公平在新公共管理中是不存在的。

　　从辩护的政治目标上来看，呈现出继承关系的三个理论共同植根于对政治—行政二分原则的坚持。政治—行政二分原则从本质上来看有两层结构：第一层结构是社会经济维度上的行政国家，也就是国家干预经济社会；决策维度上的政治—行政二分，以及其他的一些治理策略。第二层结构是制度与价值维度上的政治—行政二分、精英政治、专家治理、反直接民主。相较于第一层结构而言，第二层结构则更为根深蒂固。新公共管理攻击到了行政国家、行政官僚组织，想要从根本上阻遏行政国家的扩展，可以说新公共管理的批判是公共行政研究管理主义路径同既有的研究主流偏离最大的一次，这种偏离并不反映在价值理念上，而是反映在制度设计和政策主张层面上，对彻底的管理主义的宣扬，并试图将市场逻辑、竞争机制、私营部门管理方式完全扩展，抹消政治与公共领域的独立性，以经济体系（市场机制和竞争逻辑）来统一整个社会。但是新公共管理仍然在根基上坚持政治—行政二分原则的精英政治、专家治国和反直接民主、反公民政治理念，可以说新公共管理虽然"离经"但不"叛道"，同样拥护公共行政研究管理主义路径辩护的基本的政治目标。

从哲学基础来看，功利主义哲学和工具理性思维模式是经典公共行政理论、行为主义公共行政理论和新公共管理理论共同坚持的视阈。在此基础上，实证主义构成了公共行政研究管理主义路径的基本哲学体系：独立于人的感官和精神的客观的研究对象构成了知识的有效来源基础；研究者对研究对象的感觉和描述是不存在价值预设和完全客观中立的，这构成了知识的有效来源渠道；概念或者理论能够还原到最基础的观察语句上，研究对象能否测量是至关重要的，也就是说研究路径本身决定了研究问题和研究对象是否有意义；主张社会科学的自然科学化，认为存在着超越语境的、完全中立和外在于人类社会发展的认识和检验知识有效性的理论与方法。公共行政研究管理主义路径尽管有分叉，但还是表现出继承发展和根本特征的一致性，它不仅仅是学术性的，更是政治性的、价值性的。

严格来说，新公共管理理论很难构成一个理论体系，它更多的是实践性的一系列的政策主张，这种政策主张从意识形态上来源于基于新古典经济学的新自由主义意识形态，哈耶克、弗里德曼、诺奇克是其中的代表；而在政治科学理论上则来源于新制度主义中的理性选择制度主义，奥尔森、诺思、布坎南是其代表；在具体的政策主张上，新公共管理运动则借鉴了政策科学成果；在公共部门内部组织改革上，则运用私人部门管理策略与管理方法。总体上，新公共管理理论有如下内容：

（1）哲学体系上，仍然以实证主义哲学体系为主，同时更为强调新古典经济学理论与分析框架；

（2）价值导向上，则突出地将经济增长、政府增收节支、顾客的满意放在绩效考核的首要位置上；

（3）辩护的政治目标方面，尽管新公共管理实践和理论的观念基础——新政治经济学和新自由主义意识形态猛烈地批判行政国家，乃至行政官僚组织，但是仍然承认了价值与制度维度上的政治—行政二分原则，并以市场逻辑和竞争机制替代公民直接参与的民主行政，作为落实整体性的民主的替代机制。同时也承认了代议民主和排他性的专家统治。

传统公共行政理论支持的是一个整体性的排他性的专家统治体系，而新公共管理理论则将这个整体性的专家统治体系拆分成多元、竞争专家统治体系，有能力、有资源表达偏好并能够切实带来政治影响的公民和社会集团从中挑选符合自己偏好的统治权威。从政治上来看，传统公共行政理论到新公共管理运动的主张，无非是"一个暴君"和"多个暴君"的区别。

表 1-3　新公共管理理论主要内容

理论观点	"经济人"假设；有限政府；市场是进步之源（市场逻辑与竞争机制）；官僚制度是低效根源；私人部门策略与管理手段是优先和普遍的
知识论体系	本体论：机械唯物主义、感官经验； 认识论：逻辑实证主义下的科学正统解释模型，新古典经济学分析框架； 方法论：实验的、定量的行为主义政治学研究方法与技术，经济学分析技术
价值目标	将政府实际产出作为效率衡量标准；效率至上的功利主义哲学
辩护政治目标	代议民主、专家治理

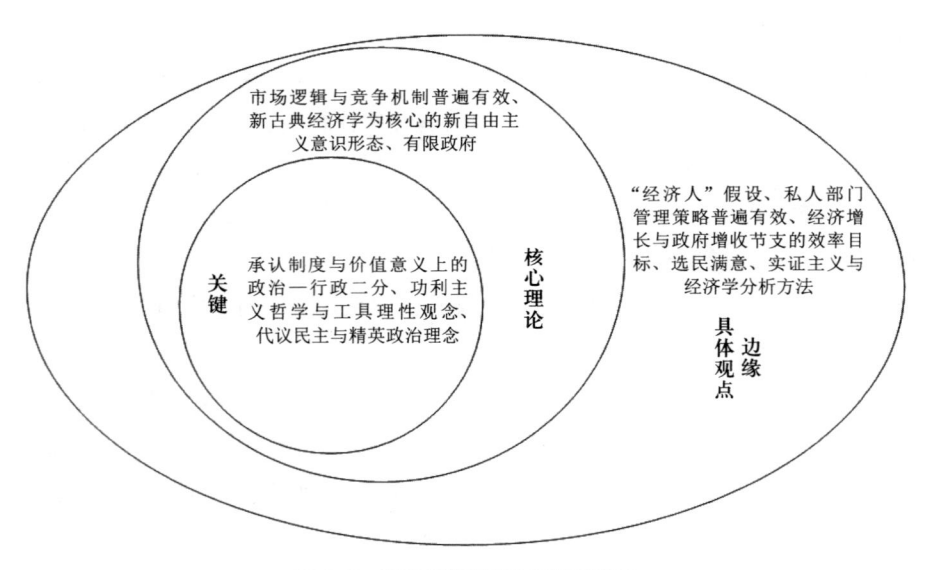

图 1-3　新公共管理理论层次与结构

对新公共管理理论而言，新古典经济学为基石的新自由主义意识形态是其区别于传统公共行政理论的根本之处。在新自由主义意识形态指导下，新公共管理在国家—社会关系、政府—市场关系上重回有限政府传统，即放弃政府对市场的过度干预甚至是必要管制和宏观经济调节，重新将社会和市场视为社会保障等社会福利的主要承担者,国家开始大规模地从经济、社会领域内退出。在政府内部组织和管理上,则力图形成公共产品多元供给格局,形成政治市场,进行多元竞争,并引入私人部门管理策略与手段。新公共管理理论虽然有着如此鲜明的特点,直接将批判矛头指向行政国家和官僚组织,但是仍然承认了传统公共行政理论的核心观点、价值导向和辩护政治目标。

(五) 公共行政研究管理主义路径的证成

本章刚开始就提出了两个研究问题,分别是西蒙的行为主义公共行政理论是否在学理上给经典公共行政理论带来了颠覆性的冲击;新公共管理理论是否在根本上与传统公共行政理论存在不同。对这两个问题的回答证成了经典公共行政理论、行为主义公共行政理论和新公共管理理论共同从属于公共行政研究管理主义路径,这一研究路径拥有共享的价值导向、辩护的政治目标和哲学基础。

表 1-4 公共行政研究管理主义路径的主要内容

理论流派	经典公共行政	行为主义公共行政	新公共管理
主要理论观点	政治—行政二分原则、官僚制政府、科学管理理论	有限理性人假设、决策理论、投入产出的效率理解	"经济人"假设、有限政府、市场逻辑与竞争机制、官僚制低效、私人部门管理普遍性
哲学体系	强调问题导向的、粗糙的第一代实证主义理论体系	精致的逻辑实证主义、行为主义政治学的方法与技术	精致的逻辑实证主义、行为主义政治学的方法与技术、新古典经济学分析框架
价值目标	效率至上、功利主义哲学	效率至上、功利主义哲学	效率至上、功利主义哲学、私人领域相较于政治和公共领域优先性
辩护政治目标	价值与制度维度上的政治—行政二分原则、行政国家、精英政治	价值与制度维度上的政治—行政二分原则、行政国家、精英政治	价值与制度维度上政治—行政二分原则、精英政治

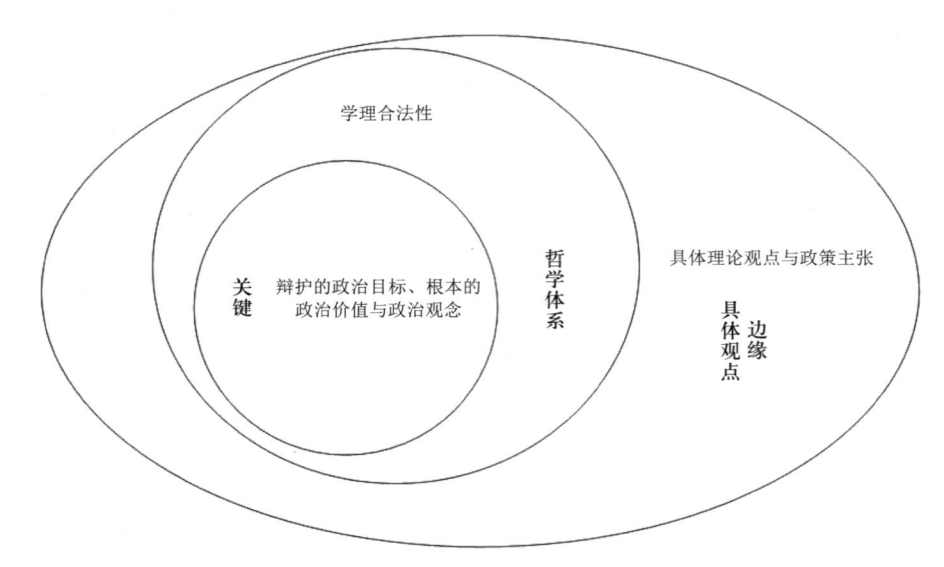

```
                学理合法性


                                    具体理论观点与政策主张
              哲
         辩护的政治目标、根本的   学
     关   政治价值与政治观念       体        具
     键                     系        体   边
                                     观   缘
                                     点
```

图 1-4　公共行政研究管理主义路径的层次与结构

　　公共行政研究管理主义路径的理论结构总体上可以视为三个同心圆构成的圈层结构：最外圈层是起着保护带功能的具体观点和政策主张，这一部分变化较大，并且也具有很强的弹性。第二个圈层构成公共行政研究管理主义路径相当重要的圈层，它给公共行政研究管理主义路径提供了学理上的合法性的支持。无论是自然科学理论还是人文社科理论，本身便具有意识形态的性质，而这种意识形态的要素通常是被隐藏在学术外衣之下的。换言之，通过科学的、价值无涉的学术化路径对意识形态和政治价值进行学理供给，能够让理论被批评的时候，难以直接指向最为核心的意识形态要素和政治价值，而是将争论固定在学术领域中。最内圈层是公共行政研究管理主义路径的核心部分，可以非常清晰地观察到公共行政研究管理主义路径所发挥的政治功能，即为美国精英政治、排他性的专家治理、反公民政治的政治理念，以此为基础建构的一系列政治社会制度进行合法性辩护，同时也发挥政治社会化的功能。

　　公共行政研究管理主义路径的形成、发展、成熟经历了从经典公共行政理论向行为主义公共行政理论再到新公共管理理论的理论变迁。从理论变迁轨迹上来看，核心部分基本不变，而变化最大的则是在"学理合法性"圈层上，随着治理时代变迁及其产生治理问题的变化，"学理合法性"圈层愈发的精致。这也使得对公共行政研究管理主义路径的批判和反思更为困难，除了要批驳公共行政研究管理主义路径具体理论和政策主张上的缺误之外，更要对其哲学体系——逻辑实证主义哲学体系和新古典经济学进行批驳，才可能打开公共行政研究管理主义路径的坚硬防御，找出核心，进行反思。然而，这也是公共行政研究管理主义路径尽管受到大量的批判，却仍然具有强大生命力的原因所在。公共行政研究管理主义路径以三次理论更替而完成整个研究路径的哲学体系基础、辩护政治目标、价值导向直到具体理论观点和政策主张的构建。但是在形式上，三次理论更替却给人惊天剧变之感，并且每次变迁基本上是以批判上一阶段理论现象上最为显著的理论观点入手，这就给人三个理论并不属于同一研究路径的印象。

经典公共行政理论通过环式民主的合法性论证来为最为核心的"功利主义伦理、精英政治、反大众民主、行政国家"进行辩护。行为主义公共行政理论将逻辑实证主义体系作为自己的哲学基础，将公共行政理论带向科学化方向，给公共行政理论辩护的政治目标和价值导向提供了科学化的外壳保护。新公共管理和其基础——新政治经济学在形式上符合美国既往的有限政府政治传统，也符合美国交叠管辖、多元竞争的政治与治理结构，因此获得了极大的支持。新公共管理和新政治经济学同样以逻辑实证主义哲学体系作为自己的哲学体系的重要组成部分，拥护"功利主义伦理、精英政治、反大众民主"的价值导向和政治目标。

经典公共行政理论源起于美国进入工业化城市化时代之后，新的治理问题对既往的治理模式的挑战，这一挑战的结果是，美国选择了行政国家和官僚制的欧洲政治、治理模式。经典公共行政理论确立了公共行政研究管理主义路径的价值导向与辩护的政治目标：经济增长为核心的物质财富增长被视为社会进步体现、功利主义哲学；精英政治、排斥大众民主的专家治理。经典公共行政理论以环式民主的合法性论证方式确立了核心的价值导向和辩护的政治目标，这一时期的经典公共行政理论和早期的旧制度主义政治科学理论一样，"致力于教育公民及其领袖去维持和改进自由民主政体"[①]。但是，经

---

① 何俊志：《结构、历史与行为——历史制度主义对政治科学的重构》，复旦大学出版社2004年版，第55页。

典公共行政理论的问题在于，缺乏一个系统的、精致的哲学体系。经典公共行政理论哲学体系是强调问题导向的第一代实证主义理论，本身就存在诸多的问题。因此，经典公共行政理论被行为主义公共行政理论所取代。行为主义公共行政理论对经典公共行政理论的批判从学理上来说是"雷声大、雨点小"，经典公共行政理论仿佛是被行为主义公共行政理论批倒了，实际不然。经典公共行政理论的价值导向和辩护政治目标被行为主义公共行政理论全盘继承了下来，并且通过逻辑实证主义体系，给经典公共行政理论提供了一套精致的科学化的外衣，将公共行政理论的合法性建基在逻辑实证主义体系所代表的科学化道路上。虽然"西沃之争"让公共行政研究路径分为了管理主义和宪制主义路径，但是沃尔多及之后的公共行政研究宪制主义路径也并未能在哲学体系上，对逻辑实证主义体系进行有效的批判，反而陷入了学术审美高度主观的相对主义困境中。但是，这也是行为主义公共行政理论对公共行政研究管理主义路径的重要贡献，让公共行政研究管理主义路径更有弹性。

　　对公共行政研究管理主义路径造成严重冲击的，是20世纪70年代的美国面临的系统的合法化危机。这一危机从经济到政治行政再到社会文化，行政国家和代议制政体构成的环式民主政治和治理模式的两项承诺，即保障民主和提高治理绩效全都落空，这无异于直接剥开了传统公共行政理论的两层保护壳，直接暴露出核心部分。面对这一根本性的危机，新政治经济学将问题的根源归结到行政国家对社会经济不恰当干预和官僚制政府低效之上，重新将有限政府传统带了回来，采用新古典经济学分析框架发展出来的新制度主义经济学分析工具，对行政国家干预经济社会失灵、政府低效的制度性原因进行了深刻的分析。这些分析从经验上来言，很大程度上是正确的，也是符合人们常识认知的。但是，新政治经济学却以人性自利这一造成问题的根源，又作为解决问题的药引来提出相应的政策主张，即市场逻辑和竞争机制来落实民主、实现对专制和违法乱纪最为有效的制衡。新政治经济学及其指导的新公共管理运动，实行的是一种市场民主，这种市场民主尽管有着诸多的问题，但是在形式上却与公民的权利平等、公民的选择自由高度一致，这使得新公共管理及其背后的新政治经济学，乃至其元意识形态，即新自由主义意识形态得到了广泛的认同，被视为美国民主政治传统的复归。这一传统区别于威尔逊的官僚制行政传统，文森特·奥斯特罗姆这一观点便是新政治经济学和新公共管理为自己辩护的体现。

尽管新公共管理理论和新政治经济学如此为自己辩护，但是其理论体系的价值导向上与行为主义公共行政理论、经典公共行政理论是一致的，在哲学体系上也继承了行为主义公共行政理论。在辩护政治目标上，新公共管理和新政治经济学仅仅是不赞同行政国家对社会经济的凯恩斯主义和福利国家式的干预，对官僚制政府批判、精英民主和排他的专家治理仍然是持赞同和支持态度的。新公共管理和新政治经济学尽管在公共行政研究管理主义路径中是一次相当大的背离，但总体上还是在公共行政研究管理主义路径上的。公共行政研究管理主义路径的最为核心的立足点，或者说区别于宪制主义公共行政研究路径的立足点，是不赞同和反对宪制主义公共行政研究路径的这一观点，即支持和赞同公民直接参与管理政府和治理公共事务，而不是将这一权利无条件交予政府，也不是消极地扮演顾客的角色。简而言之，公共行政研究管理主义路径赞同的更多是形式上的民主权利，而宪制主义公共行政研究路径则支持实质上的民主权利，两者的差异是间接民主和直接民主背后，哪种民主形式才是民主不可缺失的、根源性要素的长期争论。

二、公共行政实践合法性的重构：公共行政研究宪制主义路径的努力

公共行政研究宪制主义路径是在对公共行政研究管理主义路径的批判过程中发展起来的。西蒙对经典公共行政理论的批判，宣告了行为主义公共行政理论的产生，也给公共行政研究宪制主义路径的出现提供了机会。围绕公共行政研究定位和未来发展方向而爆发的"西沃之争"是公共行政研究史上的重大事件，构成了公共行政研究路径发展的分异点。自此，公共行政研究正式分离成为两个相互对立的研究路径——公共行政研究管理主义与宪制主义路径。区别于管理主义路径，宪制主义路径形成了自己独有的价值导向、辩护的政治目标与哲学体系，以及一系列与管理主义路径即便形式相似，但出发点和目标都不同的制度安排和政策设计。

美国悠久的反国家主义政治传统不时让公共行政实践面临着严厉的合法性审查。对于公共行政实践来说，一个麻烦的问题是自从进步时代美国开始建设欧洲式的现代国家以来，行政国家和政治中立、永续性的文官政府就成为美国宪制传统和政制安排中"不和谐"的一个部分。在行政国家勃兴和文官政府逐步形成的进步主义时代，威尔逊第一个使用了"公共行政"概念[①]，这一概念所蕴含的理论表达和实践规定，将公共行政理论和公共行政实践与政治—行政二分原则深刻地关联在了一起。换言之，公共行政理论和公共行政实践被视为行政国家和文官政府的同义词。那么公共行政实践便面临着一个来自于美国政治和社会治理传统的合法性诘问："一个不经选举授

---

① 〔美〕H. 乔治·弗雷德里克森著，张成福等译：《公共行政的精神》（中文修订本），中国人民大学出版社2013年版，第2页。

权也不经政治性任命的行政官僚组织凭什么能够为社会进行价值的权威性分配？"①

公共行政实践与公共行政研究是一个"皮之不存，毛将焉附"的关系，解决公共行政实践合法性危机问题是公共行政研究能够得以持续发展的基础。公共行政实践合法性的关键问题是在美国选举授权的原则下，一个不经选举授权的文官政府为什么能够拥有治理社会的公共权力？对这一问题的回答，首先是由管理主义路径的环式民主合法性论证方式来尝试的。所谓的环式民主，首先将整个公共领域划分为政治领域和行政领域。环式民主认为，政治领域已经通过三权分立和联邦制的复合共和制设计实现了民主，那么行政领域就是一个专业性、事务性的执行领域。由此，公共行政研究管理主义路径做出了一项政治说明，提出了一项政治承诺。管理主义的政治说明强调的是文官制度由美国国会依据宪法产生，而文官制度规定的文官政府对法律和宪法负责，接受民选政治当局的领导。因此，文官制度、文官政府和以此为基础形成的行政国家，具有合法律性和选举授权的正当性。管理主义路径的政治承诺则强调，文官政府以符合科学、理性的科层制组织原则设计的官僚制政府作为组织形式，能够消除行政的不确定性，避免社会势力干预，保卫公共利益，落实民主，提高治理绩效。但是，美国在20世纪70年代前后遭遇的系统性的合法化危机，尤其是水门事件所引发的宪法危机，基本上以事实否定了环式民主的合法性论证。

环式民主合法性论证的破产，使得公共行政实践合法性危机成为一个不得不面对的问题。面对这一问题，美国公共行政研究的管理主义和宪制主义路径提出了两条理论旨趣根本不同的合法性重构路径。这两条路径虽然本质不同，但在形式上却共同遵奉和弘扬美国的民主行政和社会自治传统。公共行政研究管理主义路径发展出了自己的异类，即以新自由主义意识形态为根基、新政治经济学为理论基础的新公共管理理论。新公共管理理论以"市场民主"为基本的政策和政府改革主张，获得了普遍的认同。宪制主义路径则以社会公平、公民参与、宪法精神三个关键概念为轴心来重塑公民角色、公

---

① 马骏、颜昌武：《西方公共行政学中的争论：行政科学还是政治哲学？》，《中山大学学报》（社会科学版）2009年第2期。

务员角色，重构国家—社会关系、政府—公民关系；以宪法精神和美国民主行政传统为价值依归来实现对公共行政实践合法性的重建。

总体上来看，宪制主义公共行政研究路径由沃尔多开启，其继承者则分为两个方面对公共行政实践合法进行的重构：第一个方面是关于公务员角色、公民角色重塑，国家—社会关系和政府—公民关系重构的新公共行政学派、黑堡宣言学派与新公共服务学派；第二个方面则关注宪制层面的文官政府的合法性重构，宪法主义公共行政学派对此做出了突出的贡献。

（一）公共行政研究宪制主义路径的开端："西沃之争"

1. 沃尔多与行政国家

公共行政宪制主义路径实践与理论研究历史悠久，其实践可以追溯到美国建国初期的乡镇自治传统，而其理论传统则可以追溯到美国建国者的一系列政论，例如《联邦党人文集》以及《联邦宪法》等，托克维尔的《论美国的民主》也是公共行政研究宪制主义路径的主要理论资源。尽管宪制主义路径实践与理论研究历史悠久，但是它们都没有形成一个完整的实践和系统的理论阐释体系。直到"西沃之争"后，在批判管理主义路径过程中，阐释美国建国早期民主行政和社会治理实践的宪制主义路径逐步发展成熟，成为一个系统的理论体系。沃尔多本人的理论观点与"西沃之争"的智识成果是宪制主义路径的哲学体系、价值导向和辩护的政治目标的基础。沃尔多与"西沃之争"是公共行政研究宪制主义路径的起点。

哈蒙曾言："西沃之争只是沃尔多的《行政国家：美国公共行政的政治理论研究》和西蒙的《行政行为》争论的一个脚注而已。"[①] 那么，在讨论"西沃之争"前，首先需要回到沃尔多的《行政国家：美国公共行政的政治理论研究》及其哲学基础上，了解沃尔多是如何看待公共行政实践与公共行

---

① 颜昌武：《公共行政学简明史：以西蒙—沃尔多争论为主线》，社会科学文献出版社 2019 年版，第 174 页。参见 Michael M. Harmon, "The Simon-Waldo Debate: A Review and Update", *Public Administration Quarterly*, 1989, 12(4)。

政理论的。

沃尔多的学术思想属于传统的人文研究脉络，关注政治哲学和规范理论，对逻辑实证主义理论鼓吹的自然科学化抱有警惕的心态。20世纪初，西方人文社会科学逐步形成了两种哲学体系和相应的研究路径：第一种是实证主义哲学与行为主义研究路径；第二种是人文研究的现象学—诠释学哲学与解释性研究、批判性研究路径。现象学—诠释学路径反对实证主义的一系列基本假定，其中有两点构成了人文研究的现象学—诠释学路径同实证主义研究路径的根本区别：

第一点是精神世界和人类思想的自主性：现象学—诠释学路径认为精神世界和思想是具有自主性的，不可简单地将其视为人的生理功能自然延伸的产物。在这一点上，现象学—诠释学路径便反对实证主义根基性的"身决定心"的身心关系观。

第二点是人的经验的完整性，这一观点由狄尔泰提出。实证主义持有狭义上的经验观，也就是只有人的知觉经验才能构成知识的有效性来源，而这一观点正是"身决定心"的身心关系逻辑延伸。但是，狄尔泰认为，应当从人的完整的经验体验上来获得知识，这一完整的经验体验除了外在感官经验外，还有所谓的"内知觉"，也就是"人通过对自己的内在意识的反省，通过自己的内知觉，是可以把握知、情、意在内的各种体验的"[①]。通过内知觉这一概念，狄尔泰认为区别于自然科学的"精神科学"是存在客观和牢固的认识论依据的。狄尔泰在建构"精神科学"的时候考察了"历史主义学派所持人文现象的历史性和社会性的观点"[②]，并主张"以人类交往、文化和历史的生活共同体（Lebensgemeinschaft）为基础研究人文现象"[③]。内知觉概念构成了现象学—诠释学路径枢纽性的概念，这一概念具有客观性、能够避免人文学科可能出现的相对主义问题；同时，区别于实证主义狭隘的经验观和否定精神世界的自主性，将人的精神世界和思想世界也视为客观存在的、具

---

① 张庆熊：《社会科学的哲学：实证主义、诠释学和维特根斯坦的转型》，复旦大学出版社2010年版，第27页。
② 张庆熊：《社会科学的哲学：实证主义、诠释学和维特根斯坦的转型》，复旦大学出版社2010年版，第27页。
③ 张庆熊：《社会科学的哲学：实证主义、诠释学和维特根斯坦的转型》，复旦大学出版社2010年版，第27页。

有自主性的。由此，现象学—诠释学路径通过"内知觉"概念，认为人文现象具有规律性和自主性，但又不能用本质上基于自然科学特点的实证主义研究路径进行考察。因此，研究人文现象的人文学科或者说狄尔泰所言的"精神科学"就有了存在的意义。

对沃尔多的学术思想构成深远影响的正是隶属于传统人文研究的诺思劳普文化哲学。[1] 诺思劳普的文化哲学关注的问题是如何论证内在价值的客观有效性。[2] 经验主义和逻辑实证主义哲学经常批判理性主义和其他研究伦理学、政治哲学的理论，将其讽刺为"形而上学"[3]，实证主义哲学的理由非常简单：因为内在价值是无法通过观察得到的，无法还原为最基本的感官经验的，就是毫无意义的。但是在狄尔泰看来，实证主义的这一观点是错误的，因为实证主义完全忽视了人的内在知觉的客观性和确定性，只承认人的外在感官知觉的客观性和确定性。诺思劳普同样承认狄尔泰的观点，内在价值本质上是客观有效的，也是确定的。诺思劳普论证这个观点是通过对概念进行分类来实现的，诺思劳普认为概念可以分为两类：一类是直觉概念，而另一类则是假设概念。前者是可以直接经验感知到的，而后者则是人思维的建构物。乍一看，诺思劳普对概念的类型学研究与实证主义对知识的分类（综合知识与分析知识）非常相似，但是实证主义始终认为分析知识与综合知识必

---

[1] 颜昌武：《公共行政学简明史：以西蒙—沃尔多争论为主线》，社会科学文献出版社2019年版，第129页。参见 Melvin J. Dubnick, "Demons, Spirits, and Elephants: Reflections on the Failure of Public Administration Theory", *Journal of Public and Nonprofit Affairs*, 2018, 4(1)。

[2] 颜昌武：《公共行政学简明史：以西蒙—沃尔多争论为主线》，社会科学文献出版社2019年版，第130页。

[3] 经验主义和逻辑实证主义哲学视阈中的"形而上学"，指的是那些无法用经验感官感知的抽象理论、无法还原为基本感觉词汇，也就是所谓的观察语句的概念；或者是没有实际效用的原则。经验主义和逻辑实证主义批判形而上学，指向的是其不可经验性、不可测量性。但是，经验主义和逻辑实证主义显然也没有认识到它们自己也堕入了"形而上学"中，所谓的"形而上学"，"研究的就是'存在的存在'，力图把握的就是'最基本的事物'和'不动变的本体'"。引自杨耕：《形而上学批判、意识形态批判和资本批判的统一——我的马克思主义哲学观》，《社会科学战线》2011年第9期。经验主义和逻辑实证主义试图提出一种基于现象抽象而成的某种概念来形成一个变动不居的、超越时空的知识论体系，无疑正是追求"形而上学"的体现。马克思主义视阈下，无论是经验主义还是理性主义，两者都存在"形而上学"的共同缺陷："要寻找对现实事物的终极的、绝对确定的理解，即都把事物、现实作为某种终极原因的结果，或一切结果的终极原因，即都是还原论、本体化的思维方式，都是绝对一元主义的思维方式。"引自高清海、孙利天：《马克思的哲学观变革及其当代意义》，《天津社会科学》2001年第5期。

须能够联结起来（即所谓的"真理符合论"）。诺思劳普却认为两种概念都是有效的，并不需要形成两者——对应的关系。诺思劳普充分地认识到了逻辑实证主义的一个根本性缺陷，即逻辑实证主义并未将人的思维实践视为客观的，逻辑实证主义只将人的直观感觉经验视为客观存在的知识的来源，顽固地相信"必定存在着独立于科学本身并充当所有知识要求最终基础的某种事物的信念。那个'某种事物'曾经被解释为客观事实的领域"[①]。逻辑实证主义显然将科学和科学家作为客观事物之外的存在，认为科学和科学家是能够超越历史语境的，只有这样，才可能去检验和证实所谓的独立于科学本身和所有知识最终基础的某种事物。

诺思劳普认识到了内在价值本质上具有一种主观的客观存在，尽管不能通过人的生理知觉感知到，但它确实存在，对人的思想、精神产生了影响；诺思劳普也认识到科学家、科学或者是任何人类的思维活动，本质上都是嵌入到相应历史脉络、社会结构中的，不存在任何能够超越历史语境的人类思维活动。因此，以诺思劳普为代表的现象学—诠释学研究路径将诠释学循环视为认识和研究人类行为、动机、意义的最佳路径，并且坚定地认为内在价值本身就是客观、有效、确定的。

诺思劳普的文化哲学给沃尔多的公共行政研究奠定了基本的哲学基础，即以诠释学的方法将公共行政纳入到西方政治思想史中、美国国家发展历史中、美国独有的政治文化中去考察，批判经典公共行政理论和行为主义公共行政理论的效率价值观、价值无涉立场、行政原则的普遍适用等观点。沃尔多在《行政国家：美国公共行政的政治理论研究》一书里，集中地批判了经典公共行政理论，而在"西沃之争"中则重点批判了行为主义公共行政理论和人文社会科学研究的自然科学化倾向。

沃尔多考察美国公共行政实践历史和公共行政理论是将其放入政治哲学的理论框架中讨论的。沃尔多认为，一般政治哲学通常包含五个相关的问题，分别是"如何界定'美好生活'；政治、行政或者治理的'行动准则'是什么；统治或者治理的资格，也就是'谁应统治'；统治权力或者治理权

---

① 〔美〕杰·D. 怀特著，胡辉华译：《公共行政研究的叙事基础》，中央编译出版社 2011 年版，第 76 页。

力的配置,即'权力分立'问题与'集权还是分权'问题"[1]。经典公共行政理论基本上是将城市生活、工业生活视为美好的生活图景,而这种美好生活图景的特点是讲求经济效率的、工具理性的、实用主义的、井然有序的。那么,这种生活图景便要求政治与行政分离,使得行政成为一个专有的事务领域,即要求受过专业训练的行政专家按照科层制原则组织起来,能够提高行政效率、落实民主、规避行政的不确定性以及由此带来的腐败等一系列问题。经过这样的论证,经典公共行政理论要求行政专家作为不偏不倚的公共利益守卫者来管理政府、治理社会,要求行政专家拥有符合提高效率目标和理性要求的充足权力,按照科层制的组织原则进行权力配置。沃尔多在经典公共行政理论对自己的辩护中,发现两个问题:一是经典公共行政理论将作为价值和治理机制的民主排斥在行政之外,并且将行政视为价值无涉的,充分地展现出了经典公共行政理论的反民主倾向;二是经典公共行政理论认为良好的行政原则是普遍的[2],通过这一预设,经典公共行政理论认为欧洲国家能够取得良好治理绩效的官僚制组织、私人部门能够取得良好绩效的科学管理理论,都是可以迁移和应用到美国公共行政实践中来的,也是可以应用到公共部门中的。

  沃尔多观察和分析公共行政实践,始终是以政治哲学和文化哲学的视角来进入的,政治哲学使他具备理论的敏感性和谨慎的态度,充分地意识到美国经典公共行政理论所主张的行政国家和文官政府的反民主倾向,这种反民主不是直接地反对民主价值,而是在贯彻落实民主原则的旗帜下,用效率、专业化来代替作为公共治理和公民参与机制的民主。这种反民主的策略具有相当的迷惑性:一方面它修剪了民主概念,将民主完整的、丰富的概念意涵,包括偏好表达、选举授权、公共治理、政治责任等修剪为偏好表达和选举授权,删去了公共治理和政治责任;另一方面,它以行政是"纯粹的事务领域"为理由,将民主从行政中驱逐出去,用管理的语言、效率的语言、科学的语言代替政治的语言、民主的语言、价值的语言。沃尔多的文化哲学

---

[1] 〔美〕德怀特·沃尔多著,颜昌武译:《行政国家:美国公共行政的政治理论研究》,中央编译出版社 2017 年版,第 79—188 页。

[2] 〔美〕德怀特·沃尔多著,颜昌武译:《行政国家:美国公共行政的政治理论研究》,中央编译出版社 2017 年版,第 3 页。

视野使他敏感地意识到西欧的行政国家概念和实践模式，即便经过了"美国化"，还是会与美国本土生发的反国家主义的政治传统发生激烈对抗，使得公共行政实践自威尔逊的"欧洲化"改造[①]以来，便会不时受到美国传统的合法性检视。

2. "西沃之争"

"西沃之争"是公共行政研究宪制主义的历史起点。"西沃之争"是美国公共行政研究历史上的重大事件，西蒙和沃尔多围绕着公共行政未来开展了激烈的讨论："学科定位之争：公共行政是一门科学吗？哲学方法论之争：实证的还是规范的？价值取向之争：效率还是民主？"[②] 在学科定位之争方面，西蒙强烈主张公共行政研究需要科学化，需要将公共行政研究的哲学体系建基在逻辑实证主义之上，并且采取行为主义政治学的研究技术，将研究对象从正式的制度、结构转向政府的政治过程、决策、公民行为上，才可能促进公共行政知识的有效积累，使得公共行政研究能够起死回生。沃尔多则强烈地反对西蒙科学化主张，实际上沃尔多反对的是将逻辑实证主义作为研究人的行动及其社会结果的哲学基础。沃尔多认为，对公共行政实践这一人类社会的独有现象，是不能采用逻辑实证主义哲学体系和行为主义政治科学研究方法来进行研究的。逻辑实证主义为哲学基础、行为主义政治科学为方法论的行为主义公共行政理论将公共行政实践的文化背景、历史脉络、政治社会结构全部抽离出去，进行空泛和抽象的讨论，本质上是用一个既定的、外部的理论来解释和定义公共行政实践现象，而不是从公共行政实践现象上生发出理论，进行解释。

因此，公共行政实践现象研究应当以现象学—诠释学的路径开展，其中诠释学循环是研究公共行政现象的根本的认识论途径。研究公共行政实

[①] 这里的"欧洲化"改造和前面的"美国化"改造并不矛盾，指的都是美国进步时代国家建设以来的一系列的改革和相应的公共行政理论发展。威尔逊并没有完全地将官僚制和行政国家搬到美国，而将其"美国化"后同美国本土的三权分立、联邦制制度适应。在这个过程中，美国既往的民主行政传统也被改造，具有了欧洲化的特点。

[②] 参见何艳玲：《公共行政学史》，中国人民大学出版社2018年版，第74—81页。

践，应当将公共行政实践纳入到特定国家的历史脉络、社会经济结构、政治结构中去，从整体上理解每个阶段公共行政实践与其支撑理论的互动、公共行政实践及其理论对整个社会的作用。同时又从每个特定阶段的公共行政实践及其理论中考察整体的社会结构在其中的角色和作用，这一过程是一个循环往复的过程，直到再也无法从中发现新的有意义的知识为止。

在研究公共行政实践现象上，以实证主义哲学体系为基础的行为主义公共行政理论是从孤立的角度来研究公共行政实践的，是将公共行政实践现象视为同质性、普遍性的，可以从中切下一块切片，而每块切片上都有一个完整的、微缩的公共行政实践现象，研究者能够用价值无涉的"显微镜"进行观察。然而现象学—诠释学显然是以实践的观点，从辩证和互动的角度来考察公共行政实践与其生长的社会背景、历史脉络之间的关系，以整体主义为基本分析立场去考察公共行政实践现象，认为公共行政实践现象是完整的整体，这一整体是以一定的层次和结构关系排列的，而不是平铺的。公共行政实践本身就是在与其生长的社会背景和历史脉络中互动而形成的。这正是沃尔多将公共行政纳入政治哲学和文化的视野下，认为公共行政是一种历史和文化范畴的缘由。同时，沃尔多也反对将美国的公共行政经验和理论不假思索地推而广之，因为这一经验和理论本质上是适应美国的，而不一定能够适应其他国家。

对公共行政学科应当如何定位，沃尔多提出公共行政不应当将自己视为政治学科的次级学科，也不应当追求独立学科身份，而是追求一个专业形式。沃尔多认为公共行政应立足于专业之上，一方面的原因是，公共行政学科的产生虽然有着为公共行政实践进行合法性论证的现实需求，但是也有着自己的学理上的合理性。换言之，相较于政治学、社会学、经济学而言，公共行政研究能够更好地对政府管理、社会治理展开研究，提供好的理论解释，生产好的知识，提供好的想象。另一方面的原因是，公共行政作为一个非常宽泛的研究领域，本身就是多元化的、民主化的。如果追求某种学科身份或者学科地位，那么势必要走上"范式"建构的路径，这一路径从根本上来说就是一条排除异己的道路。公共行政研究在追求独立学科身份、建构范式的道路上会逐渐迷失在建立学科樊篱、建立话语霸权的泥潭中，逐步忽视了公共行政研究的学术理想，以及实践上的道德义务和政治责任。因此，沃尔多提出了取代"范式"的"专业身份",作为公共行政的定位,换言之,公共行政领域不追求某种霸权独白的学科范式,而是针对公共问题进行多元研究和广泛的相互交流与合作。

"西沃之争"的学科定位、学科方法论之争本质上是同一个问题的不同维度,换言之,就是讨论公共行政研究是否应当以实证主义理论为基础进行科学化改造。对此,西蒙与沃尔多分别做出了不同的回答。那么,对第二个问题,方法论应当是实证的还是规范的,两人的回答也是根本不同的。西蒙的看法是,既然公共行政研究已经承认逻辑实证主义哲学体系为基础的科学化是发展的不二法门,那么实证研究方法论便不再是一个问题。沃尔多反对西蒙这一看法,逻辑实证主义体系为基础的公共行政研究的科学化表面上是削弱公共行政研究的不客观性和不确定性、强化其公共性,实质上却是弱化了公共行政研究的公共性,遮盖了公共行政研究的政治性。逻辑实证主义哲学体系将功利主义哲学和工具理性思维模式隐藏在科学化的外衣之下,认为人类精神世界和心灵世界是可以以自然科学研究自然物的方式来控制和预测的,这种观点本身就是价值关联的,就是意识形态的。逻辑实证主义哲学体系和行为主义政治科学研究方法、技术根本上还是为了给经典公共行政理论的精英政治、反公民参与的直接民主政治意识形态进行辩护的。

沃尔多认为,公共行政应当采用规范研究的方法论进行研究。沃尔多所指出的规范研究并非是狭义上的规范研究,而是指除了建基在狭义上的经验主义和线性逻辑上的实证研究之外的其他研究路径,例如现象学—诠释学的研究路径。沃尔多始终坚持将公共行政实践纳入历史、文化脉络中去研究,通过采用现象学—诠释学的研究路径,立足公共行政行动者的外知觉和内知觉在内的全部人生体验,以整体主义视角,进行整体—局部—个体的往复循环,而提出一个能够得到实践者(研究对象)认同的解释概念和解释理论来。[①] 现象学—诠释学路径仅仅是挖掘出能够解释行动者为什么如此行动的逻辑链条:整体(意义)—动机—行动—后果(整体)。沃尔多认为,公共行政实践本身是民主导向的,也就是说公共行政实践还需要一种义

---

① 〔美〕杰·D. 怀特著,胡辉华译:《公共行政研究的叙事基础》,中央编译出版社 2011 年版,第 43 页。

务论的伦理观进行指导。那么，这就与第三个争论的问题相关了。

西蒙坚持行为主义公共行政研究理论，公共行政科学化是其不懈的追求，价值无涉构成了西蒙对公共行政理论科学化的要求。但是，西蒙在此又指出公共行政研究应当是以效率为目标的。从表面上来看，价值无涉的要求并不能够从中延伸出效率为目标的追求，因为这本质上就是在进行价值判断和价值选择。但是，西蒙之所以要如此主张公共行政学科应当坚持效率为导向，是因为西蒙与经典公共行政理论一样，认为政治领域已经实现民主了，而行政领域本质上是事务性领域和专业化领域，提高效率不涉及任何价值判断。沃尔多反对这样的主张和判断，这并不是从所谓的政治领域是否实现民主为前提的，而是以公共行政实践本身就是民主导向来进行判断的，政治领域实现民主并不意味着就可以放弃公共行政实践的民主性，两者并不构成充分条件关系。

"西沃之争"在学科定位、学科方法论、学科价值导向上彻底地将公共行政研究路径分为宪制主义和管理主义路径。沃尔多在学科定位上，反对西蒙主张的公共行政科学化、反对逻辑实证主义哲学体系作为公共行政研究的基础哲学理论，这为宪制主义路径奠定了现象学—诠释学研究路径的人文研究基调。从本体论来看，公共行政研究应当建基在人的外知觉和内知觉结合的广泛的经验体验上，而不是狭义的感官经验。在认识论上，应当以诠释学循环为主要的认识路径，力主从整体主义和历史主义的角度，在时空限制内对公共行政实践开展研究，并将公共行政现象的变化视为同其生长环境互动的产物。在方法论上，沃尔多给宪制主义路径奠定了规范研究为基石的宽泛的非实证研究路径。在学科价值导向上，沃尔多给宪制主义路径确定了民主的价值导向。"西沃之争"对公共行政研究宪制主义路径而言，最重要的是沃尔多确定的公民政治的民主治理的价值导向。有学者就此认为西蒙坚持效率和沃尔多坚持民主体现的是现代性中的工具理性和价值理性的长期对垒，[①]这种判断固然有其道理，但是未免失焦。"西沃之争"讨论的内容固然有普遍性一面，但更多的仍然是基于美国的治理问题开展的。换言之，与其

---

① 颜昌武：《公共行政学简明史：以西蒙—沃尔多争论为主线》，社会科学文献出版社 2019 年版，第 175 页。

说"西沃之争"是工具理性和价值理性的对垒，莫不如说是美国的"欧洲化"改造同美国本土"反国家"的政治和民主治理传统间的张力。

西蒙的效率导向本质上延续了经典公共行政理论的固有观点，即认为代议制政体实现了政治领域内容的民主，而行政国家和文官政府只需要有效地执行公法，这一观念正是威尔逊结合欧洲传统和美国传统提出的。沃尔多坚持民主价值导向，提倡管理主义路径反对的公民政治。换言之，沃尔多认同的民主是基于美国"都铎国家"田园牧歌式的乡镇自治和公民大规模参与治理的直接民主，沃尔多赞同和坚持的民主治理是一个完整的、不可切割的过程。因此，沃尔多才这样批判经典公共行政理论和行为主义公共行政理论："通过拒斥民主与行政过程的关联性来热情地推进民主，他们就变得自相矛盾、精神分裂起来。"[1] 对公民参与治理、公民参与管理政府的民主行政传统的呼吁是公共行政研究宪制主义路径最为核心的价值信条，也是其辩护的政治目标。如何在复杂现代社会，复归乡镇自治基础上的民主行政传统，是公共行政研究宪制主义路径必须面对的理论和实践挑战。

（二）公共行政研究宪制主义路径的核心命题：公共行政实践的合法性重构

1. 公共行政研究宪制主义路径的总体内容

公共行政研究宪制主义路径的理论和实践资源至少可以追溯到《美国宪法》和建国者们的相关论述，如《联邦党人文集》等。[2] 但是，沃尔多是第一个努力将美国既往的民主行政传统理论资源进行系统化的公共行政学者。沃尔多在《行政国家：美国公共行政的政治理论研究》以及"西沃之

---

[1] 颜昌武、马骏编译：《公共行政学百年争论》，中国人民大学出版社2010年版，第62页。参见 Dwight Waldo, "Development of Theory of Democratic Administration", *American Political Science Review*, 1952, 46(1)。

[2] 〔美〕H.乔治·弗雷德里克森著，张成福等译：《公共行政的精神》（中文修订本），中国人民大学出版社2013年版，第38页。

争"中，为公共行政研究宪制主义路径奠定了基本的价值导向、辩护的政治目标、哲学体系。相较于公共行政研究管理主义路径来言，公共行政研究宪制主义路径总体上呈现出高度的一致性：新公共行政学派两个阶段（第一个阶段以明诺布鲁克会议为标志，第二个阶段则以黑堡宣言为标志）都将社会公平作为主要的价值诉求，只不过第一个阶段更关注官僚政府，第二个阶段则关注公共行政实践在治理中的核心地位，强调治理的广泛性、开放性。新公共服务理论更强调公民和公务员角色的重塑。宪法学派的主要目标是给公共行政实践提供合法性的论证。新公共行政学派、新公共服务学派、宪法学派，它们的主要区别更多是在研究的侧重点上。

表 2-1　公共行政研究宪制主义路径的主要内容

哲学基础	本体论：内知觉和外知觉相结合的完整的人生经历、体验； 认识论：现象学—诠释学路径、诠释学循环； 方法论：质性研究方法、规范分析等
价值导向	以公民参与治理、行政民主化为价值目标；义务论的伦理学
辩护的政治目标	公民参与治理的直接民主、公民政治

公共行政研究宪制主义路径的价值导向、辩护的政治目标是一致的。公民直接参与治理的民主政治是其价值导向也是其辩护的政治目标，义务论的伦理学构成其主要的思维模式。在哲学体系上，公共行政研究宪制主义路径秉持的是现象学—诠释学的路径，这一路径在关于研究者如何才能更好地理解实践者问题上，是将两者视为一种平等的互动关系，而不是不平等和对立的关系。因此，公共行政研究宪制主义路径相较于公共行政研究管理主义路径，更多地支持质性研究和规范分析的研究方法，更少地采用实证主义的研究方法。

沃尔多在《行政国家：美国公共行政的政治理论研究》和"西沃之争"中，批判了经典公共行政理论和行为主义公共行政理论试图将公共行政研究自然科学化主张的谬误，也发现了这两种理论对民主概念的修剪和反公民参与治理的直接民主、公民政治倾向。"西沃之争"标志着美国公共行政研究的分异点，形成了管理主义路径，包括经典公共行政理论、行为主义公共行政理论、新公共管理理论；另一支则是宪制主义路径，以新公共行政学派、新公共服务学派、宪法学派为代表。"西沃之争"在学理上动摇了经典公共行政理论的支配性地位，批判了以效率落实民主，却是为专家治理、精英政治张目的研究路径，代表着被政治精英忽略但是又对美国政治发展有着潜在的巨大作用的民主行政、公民政治传统在学术上的反动。在美国20世纪70年代前后的动荡时期，这一反动在经济、政治、文化、社会领域全方位展开了。无论是公共行政实践还是政治实践，连同为这种实践和治理模式辩护的公共行政理论，都一同遭遇了严峻的合法性危机。抗议者直接指向了美国以行政国家、专家治理、精英政治为核心的政治—行政和治理体系，指出其反民主、反自由、反平等特点，而为其辩护的传统公共行政理论却毫无招架之力。相较于"西沃之争"，20世纪70年代前后美国面临的一系列的因经济危机和政治—行政体系滥权、低效引爆的全面社会动荡，才是美国公共行政研究面临的真正意义上的危机。

面对这一危机，普遍的共识是改革政治、改革公共行政，行政国家、官僚制政府就成了当时社会各界批判的中心。为了应对公共行政实践和公共行政理论的双重合法性危机，公共行政研究管理主义路径发展出了它的异端——新公共管理理论，这一理论试图从深层次对行政国家权力运作模式和官僚制的组织模式进行结构性改革，引入市场逻辑和竞争机制，构建公共服务多元供给市场，在政府内部形成相互竞争的格局。同时，这一理论全面引入了新古典经济学分析框架，发展出基于经济人假设的公共选择理论，深刻地剖析了政府失败的制度性原因。但是，新公共管理理论又以经济人假设为制度设计的逻辑起点，将官僚和官僚制度剥离开来，主张以企业家精神重塑官僚，以顾客导向来改革公共行政。新公共管理理论从属于20世纪80年代里根政府开启的新自由主义改革浪潮，这一浪潮席卷世界各地，并形成了所谓的"华盛顿共识"。新自由主义改革的本质是新古典经济学理论在政治、社会领域的广泛应用，在学术上被称为"经济学帝国主义"，同时也反映了市场逻辑和竞争机制意图抹去经济、政治、社会领域的边界，成为整个社会系统的基本运作机制的企图。

新自由主义改革和新公共管理运动从政治上来说是成功的（尽管在治理层面上成效并不如预期）：新公共管理运动的元理论——公共选择理论、新制度主义经济学为内核的新政治经济学对政府失灵的制度性原因的解释，符合美国乃至西方人性恶假设的政治社会理论。同时新政治经济学和新公共管理运动主张有限政府改革，也非常符合自由主义意识形态对政府—市场、国家—社会关系的规范性看法。新公共管理理论将市场逻辑和竞争机制引入政府，提出"市场民主"政策主张，在形式上也非常符合美国分权制衡、交叠管辖共存的复合制共和制的政制设计。因此，新公共管理理论宣称自己是美国民主行政传统的继承者，与威尔逊的行政国家欧洲传统是不同的。但是，这就给公共行政研究宪制主义路径带来了巨大的挑战——除了批驳新政治经济学和新公共管理理论之外，公共行政研究宪制主义路径又当如何提出自己的政治说明和政治承诺，进而重建美国公共行政实践的合法性。

2. 新公共行政学派

公共行政研究宪制主义路径辩护的政治目标、价值导向、哲学体系是高度一致和相互关联的。但是，公共行政研究宪制主义路径中不同理论学派关注的公共行政实践的问题和解决这一问题的路径是不同的。因此，这里将主要关注重塑国家—社会关系、公务员—公民关系、公务员与公民角色的新公共行政学派。

面对美国一系列的社会运动和对公共行政普遍的批评，1968年，一批公共行政学者集中在美国雪城大学的明诺布鲁克会议中心召开会议，这场会议标志着美国新公共行政学派的正式诞生，也被视为公共行政研究宪制主义路径的正式形成。这一阶段，新公共行政学派的主要观点基本集中在马里尼编辑的《走向新公共行政学：明诺布鲁克观点》、沃尔多的《动荡时代的公共行政学》、弗雷德里克森的《新公共行政学》三本著作上。[1] 明诺布鲁克会议时期的新公共行政学要解决的问题主要是社会公平。传统公共行政理论的价值导向是效率，关注经济发展和物质财富的增长，而在这背后的，则是社会日益扩大的贫富差距。在政治上，公民在进步时代的国家建设运动中被

---

[1] 颜昌武：《公共行政学简明史：以西蒙—沃尔多争论为主线》，社会科学文献出版社2019年版，第220页。

排除在了公共治理之外,公民只能通过环式民主模式才可能将自己的利益和关切表达出来。但是,环式民主模式并没有真切地关照到社会弱势群体的利益。新公共行政学派认为,经典公共行政理论的效率导向实际上是发展导向而不是分配导向,不仅没有实现民主,也没有实现社会公平,有违美国政治文化和伦理道德中的乐善好施的传统。新公共行政学提出,"社会公平"作为公共行政理论重塑的重要价值目标和公共行政实践的价值导向有着深厚的政治哲学基础和道德伦理底蕴。

新公共行政学派意图通过将公共行政实践和公共行政理论的价值导向转向社会公平,来破除将公共行政矮化为工具的传统观念。在伦理和道德上,首先回归价值,回归美国乡镇自治的民主行政传统。新公共行政学派这一理论意图,从逻辑上看,可能会带来两个问题:既往的公共行政理论之所以要坚持公务员和文官政府应当是政治中立乃至是价值中立的,原因在于文官政府不经选举授权、不经政治性任命,本身就与美国的对除法院外其他国家机构都应当接受选举授权合法性的政治传统冲突。[1]虽然在实践上,公务员无法避免价值判断,也无法遵守完全的政治中立,但是如果将其合法化乃至正当化,那么就无异于宣称文官政府是可以政治不中立的,是可以进行价值判断的。一个不经选举授权、不经政治性任命、政治还不中立的拥有巨大的公共权力的文官政府,同利维坦没有任何区别。但是,在行政和治理实践中,价值判断与政治不中立也仅仅只有微小的区别。[2]

第二个问题,主张公共行政实践与公共行政理论的重新价值化、道德化和伦理化,也就是主张公务员应当承担政治责任、自主地进行判断,这种主张使得既往的科层制组织原则土崩瓦解(直接与科层制主张权力自上而下运动、命令自上而下传递形成对立)。弗雷德里克(Carl J. Friedrich)和芬纳关

---

[1] 就这点而言,公共行政研究宪制主义路径的学者,例如弗雷德里克森便质疑道:"不能因为宪法上没有描述公共行政,就否定公共行政实践的合法性。"引自〔美〕H. 乔治·弗雷德里克森著,张成福等译:《公共行政的精神》(中文修订本),中国人民大学出版社2013年版,第39页。

[2] 严格来说,从学理上来看,价值判断与政治中立并不矛盾,政治不中立指的是政治立场具有偏向性,而且付诸到实践中。但是,在现实公共行政实践中,尤其在美国,道德问题或者价值问题往往与政治问题是紧密关联在一起的。也就是说,大量的政治冲突本质上是道德观念不同带来的冲突,是道德政治。那么,在这种情况下,价值判断与政治不中立实际上是混合在一起的,公务员不可能直接在公开场合或者工作岗位上直接表现出政治立场,但会通过行动在事实上支持某种政治立场。

于政治责任和行政责任的争论无疑体现了新公共行政学派力图让公共行政重新价值化、道德化可能引发的政治不中立带来的一系列的制度后果，乃至宪法危机的忧虑。[①] 而这也正好体现出了这样一个问题：公共行政研究宪制主义路径到底是如何看待文官政府的，文官政府的合法性理据应当建立在什么地方，才能避免芬纳的诘问？

新公共行政学派分为两个阶段，第一个阶段强调社会公平、政府回应性，试图建构一个能够囊括各个阶层共同参与的政府管理和社会治理实践；第二个阶段，则以"黑堡宣言"，即《公共行政与治理过程：政治对话的转向》为代表。"黑堡宣言"除了继承新公共行政学的社会公平价值导向、关注政府回应性、强调各种背景公民参与公共行政实践之外，更关注重建公共行政在治理过程中的核心地位。[②] "黑堡宣言"学派关心的是如何将新公共行政的理念嵌入到实际的行政过程中，如何让新公共行政的理念更为契合实际。由此，"黑堡宣言"指出了公共行政在实践中的复杂性，认为公共行政理论和公共行政实践都需要寻找一个有效的合法性基础。"黑堡宣言"在这个观点上与公共行政的宪法学派有着一致的看法，两者都认为美国悠远的宪制传统、宪法精神应当是公共行政实践和公共行政理论赖以生存和发展的根基，能够证明公共行政实践的必要性，也能够从中找寻到公共行政实践与理论的价值导向。

[①] 芬纳在批判弗雷德里克时就谈道："我和弗雷德里克教授的主要差异都在于：我坚持将责任理解为一种对政治家与行政官员加以纠正与惩罚的安排，直至解除他们的职务；而他则过去相信、现在仍然相信这是一种责任感，除了对专业标准的服从和忠诚外，这一责任感很大程度上是未经审核的……那么是由公仆们来决定他们自己的行为，还是应该由他们之外的某个实体决定他们的行为呢？我的回答是公仆们不能自行决定其行为；他们要对民选代表们负责，后者将决定官员的行为，即使是在最细微的技术方面是可行的程度上……我们用责任来意指什么呢？它有两重含义。第一，责任可能意味着 X 就 Y 对 Z 负责。第二，责任可能意味着一种内在的道德上的个人责任感……民主体制主要是前面所提到的第一种责任观点的体现，而专制政体主要是第二种责任观点的体现。"引自颜昌武、马骏编译：《公共行政学百年争论》，中国人民大学出版社 2010 年版，第 14—15 页；参见 Herman Finer, "Administrative Responsibility in Democratic Government", *Public Administration Review*, 1941, 1(4).

[②] 〔美〕加里·万斯莱著，段钢译：《公共行政与治理过程：转变美国的政治对话（节选）（黑堡宣言）》，《中国行政管理》2002 年第 2 期。

二、公共行政实践合法性的重构：公共行政研究宪制主义路径的努力 | 119

表 2-2　新公共行政学派的主要内容

哲学体系	后实证主义：人文心理学、存在主义、现象学
价值目标	社会公平、社会正义
实践导向	入世的公共行政、适应动荡不安的环境
组织形态	强调参与的调和型组织形态而不是科层制组织形态；面向服务对象的组织形态而非面向上级的组织形态
合法性根基	美国宪法精神、宪制传统
公务员角色	公务员不应作为官僚，而应作为主权受托者，履行政治责任，肩负政治美德
公民角色	在政府公务员领导下，参与治理
公共行政角色	公共行政位于治理中的核心位置；公共行政是"大政府"而非"小政府"，即强调多种治理方式、多元治理主体共同参与、具有强大代表性的"大政府"而非公共选择理论提倡的个人主义的"小政府"

说明：这里的"大政府"与"小政府"不同于既往理论语境的强调政府规模扩大、权力扩张、大规模干预经济社会的行政国家意义上的"大政府"，以及与之相对的强调"守夜人"的"小政府"。在这里，"大政府"是基于强民主和积极权利理论传统的，积极有为、具有极强回应性和代表性的政府模式；而"小政府"则基于个人主义的政府模式。[①]

来源：根据何艳玲：《公共行政学史》，中国人民大学出版社 2018 年版，第 99—105 页相应内容整理制表。

　　新公共行政学派以社会公平正义和重塑公共行政在治理过程中的角色为切入点，主张公共行政理论和公共行政实践的价值化、道德化。新公共行政学派通过重塑公共行政在治理中的角色，进而思考公民角色、公务员角色等问题，思考如何重构国家—社会关系、公务员—公民关系。新公共行政学派认为需要将公共行政嵌入到治理中，将公共行政视为多元的、主张不同背景的公民在公务员的号召下，参与政府管理和公共治理实践。换言之，新公共行政学派提出了国家—社会关系、公务员—公民关系的设想：从二元对立、买卖主顾关系，转变为有机的、亲密的合作关系。在公共治理的实践中，国家和社会、公务员和公民共同实现对公共利益的守护、对民主价值的守护。新公共行政学派在思考重塑公民、公务员角色，重构国家—社会关系、公务员—公民关系的时候，已经提出了自己的政治说明和政治承诺：通过公共行政过程的民主化和参与，能够更为有效地落实民主，让美国"都

---

① 何艳玲：《公共行政学史》，中国人民大学出版社 2018 年版，第 103 页。

铎国家"的民主行政传统和乡镇自治的田园牧歌的公共生活图景重新在当代美国恢复。新公共行政学派对公共行政实践的合法性论证也在这样一个过程中呼之欲出：新公共行政认为行政的民主化构成了公共行政实践的意识形态合法性；而行政民主化能够实现基于公共利益、公民权保障、社会公平正义、社会共同体的存续、公民美德的持续养成为主要内容的治理绩效优于公共行政研究管理主义路径所设想的美好生活，即工业化的、城市化的、效率的、物质财富增长的、消费的治理绩效。①

弗雷德里克森在新公共管理运动风行的时候，写就了《公共行政的精神》一书，该书系统性总结了新公共行政学的观点、价值导向、理论立场，探讨了公共行政领域的基本问题，提出了公共行政的精神，也可以说是公共行政的基本原理，试图由此完成公共行政的理论重建工作。弗雷德里克森提出的公共行政的基本原理如下：

（1）公共行政的前辈们明智地选择"公共行政"而非"政府行政"一词来表明这一领域的性质。公共行政包括国家的活动，的确也根植于国家。但是，其范围更广、并且应该更广，还包括集体的公共行为的行政或执行层面的各种形式及表现。

（2）公共行政的任务在于高效、经济及公平地组织和管理所有具有公共性质的（包括政府、准政府的及非政府）机构。

（3）公共行政的范围是执行公共政策，有效地组织与管理公共机构，不带任何党派偏私地支持公共机构，为了全体公民的利益而维护整体的价值。

（4）公共行政，无论在学术研究方面，还是在实践的领域，均应公平地把关注的焦点放在美国联邦体制下的联邦、州及地方政府层级上。

（5）我们应当以这种方式，即以增强变革的前瞻性、回应性及公民参与的方式，管理公共组织和机构。

（6）在民主政治环境下，公共管理者最终应向公民负责。正是因为

---

① 〔美〕德怀特·沃尔多著，颜昌武译：《行政国家：美国公共行政的政治理论研究》，中央编译出版社 2017 年版，第 80—90 页。

这种责任，我们的工作才显得崇高神圣。

（7）无论是在理论上还是实践上，公共行政对于公平和平等的承诺，都应该与对效率、对经济和效能的承诺同等重要。遵循公平与平等原则能够把我们与时代的人民紧紧联系在一起，同时也使我们与未来一代的联系更加紧密。

（8）公共行政的精神是建立在所有公民的乐善好施的道德基础上的。[①]

八条原理分别从公共行政的概念、目标、价值导向、组织设计、伦理规则五个方面进行公共行政实践合法性的重建工作。在公共行政的八条基本原理中，弗雷德里克森力图让公共行政实践合法性脱离行政国家和公共行政研究管理主义路径的影响。长久以来，公共行政实践面临的合法性诘问来自于美国"反国家主义"和选举授权的政治传统对政治中立、组织永续、不经选举授权并且掌握公共权力的官僚制文官政府的检视。如果公共行政实践和公共行政理论继续将行政国家和威尔逊开创现代公共行政学科作为学科初创神话来看待，那么这种公共行政实践、公共行政研究的叙事模式始终会面临着美国政治传统检视，一旦出现政治腐败和治理低效，公共行政实践合法性危机就有可能产生。因此，弗雷德里克森才从美国悠远的乡镇自治和公民政治传统中寻找合法性的资源，试图说明公共行政实践一直存在，只是尚未被理论系统化地阐释。进步时代开创的国家建设运动仅仅只是公共行政实践发展的一个重大关键节点，但并不能够被视为公共行政实践的开创，不能仅仅因为威尔逊第一个使用了公共行政概念，就说明公共行政实践是从威尔逊时期才开始产生的。公共行政实践与理论的合法性资源不在美国进步时代的国家建设运动中，而在美国建国以来的宪法精神、政制设计、乡镇自治中，也在公共行政的学理基础上。对于前者，弗雷德里克森认为："公共行政领域的原初基础，与早期人们对国家在美国民主中所扮演的角色的争论有关。"[②]在美国建国初期，政治与行政很大程度上是可以同义替换的。针对行政应当

---

① 〔美〕H. 乔治·弗雷德里克森著，张成福等译：《公共行政的精神》（中文修订本），中国人民大学出版社2013年版，第150—157页。
② 〔美〕H. 乔治·弗雷德里克森著，张成福等译：《公共行政的精神》（中文修订本），中国人民大学出版社2013年版，第38页。

扮演怎样一种角色，产生了两种存在基本共识但是具体观点对立的理论：麦迪逊等人主张政府权力的分散与制衡，政府是必要的恶；而汉密尔顿等人则主张强有力的行政，认为政府是可以行善的。弗雷德里克森将公共行政实践与理论的来源建立在汉密尔顿的政治、行政主张上，汉密尔顿的主张与乡镇自治是一致的，而麦迪逊的传统则更加倾向于抽象意义的、距离公民日常生活和社会治理遥远的政治层面上的国家制度设计。对此，托克维尔有着这样的描述："美国有两个截然分开和几乎各自独立的政府：一个是一般的普通政府，负责处理社会的日常需要；另一个是特殊的专门政府，只管辖全国性的一些重大问题。"① 麦迪逊的传统和汉密尔顿的传统在美国交叠管辖的复合共和制的政制设计中和谐共存：前者关注于联邦和州，关注于托克维尔所言的"政府集权"，即联邦政府管辖和处理全国性和跨区域性的公共事务；② 而后者则关注于各个地区的自我管理、自我治理。沃尔多也谈道："18 世纪政府机构的基本原理是：好的政府是目标受限、机构制衡、权力分立的政府。这些机构的设计受到了牛顿式机械制衡理念的支配性影响，秉承了预防专制的古老戒律，也与多数人对政府深深的隐忧相吻合。但是，随着政治权力转移到'人民'手中，以及新式民主的意识形态的兴起，由少数商人与种植园主建立并管理的原初机构，无论是在精神上还是在形式上，都发生了相当大的改观。政府形式过去适应了粗糙的疆界平均主义的现实，但即使形式保持不变，'法的精神'却变了。开国元勋们希望建立一个有限的、分立的和制衡的政府；19 世纪的民主人士则希望政府是颗粒化的、分散的和世俗化的。前者给了我们以权力功能分离和权力领域分立、制衡、两院制、独立的司法体系、经同意的明示权力，以及经保留的明示权力和暗示权力。后者给了我们以成年男子普选权、选任的行政官员、选任的法官、成千上万的微小的政治单位、一种主张'在公共生活中，一个人能获得什么，他就有怎样的价值'的理论，以及轮流任职的实践。"③

新公共管理理论和公共行政研究宪制主义路径的基本假设的区别，都反映了美国建国之初的建国理念和相应的政治哲学思潮间的差异：新公共管

---

① 〔法〕托克维尔著，董果良译：《论美国的民主》（上卷），商务印书馆 1989 年版，第 72 页。
② 〔法〕托克维尔著，董果良译：《论美国的民主》（上卷），商务印书馆 1989 年版，第 106 页。
③ 〔美〕德怀特·沃尔多著，颜昌武译：《行政国家：美国公共行政的政治理论研究》，中央编译出版社 2017 年版，第 164 页。

理理论以麦迪逊传统为根基，而公共行政研究宪制主义路径则以汉密尔顿为根基。但是无论如何，对政府权力进行限制是这两种理念的基本共识。新公共管理理论对政府权力的限制是基于经济人假设，试图通过市场逻辑和竞争机制来实现对政府权力的有效限制，使得国家—社会关系、公务员—公民关系庸俗化和经济化，也就是所谓的"主顾关系"。公共行政研究宪制主义路径对政府权力的限制是基于人的利他精神和自我完善的驱动提出的。公民具有自我反思的能力，也有责任和义务参与公共生活和公共行政。政府不应当保有过大的权力，选择排他性的治理模式，应当为公民提供积极参与政治的实践机会和相应条件。公共行政研究宪制主义路径在政府—社会、公务员—公民关系的构建上持有政府和公务员嵌入社会和公民中的观点，强调双方合作治理、共同参与。

美国工业化和城市化引发社会结构的变化，使得既往的政党分肥制为核心的治理模式难以生效，并且异化成了依附主义政治。为了解决依附主义政治问题，美国选择了欧洲的行政国家模式，官僚制的文官政府成为美国政治与行政制度中的组成部分，排他性技术治理模式也成为美国社会主导性的治理模式。美国现代国家建设运动一方面解决了依附主义政治问题；另一方面也使得公共行政实践和公共行政理论变成了政府管理。但是，官僚制的文官政府本身不是美国政治和行政传统中生发出来的，在美国这样一个政治保守和传统的国家里，官僚制的文官政府如果缺乏绩效合法性的支撑，将迅速面临美国政治传统的合法性诘问。然而，绩效合法性却不是稳定的。

因此，为了让公共行政实践合法性有一个更为牢固的基础，弗雷德里克森将公共行政与治理联系在一起，试图从横向上拓宽公共行政领域，正如第一条原则所言："'公共行政'而非'政府行政'……公共行政包括国家的活动、的确也植根于国家。但是，其范围更广、并且应该更广，还应包括集体的公共行为的行政或执行层面的各种形式及表现。"[①] 传统公共行政理论完全关注政府，以政府为核心建构理论，以政府为核心进行合法性的论证，这就使得公共行政这一概念名不副实，所谓公共行政完全是政府行政。自然，公共行政的自主性和独立性便完全与政府制度挂钩了，如果独立的行政制

---

① 〔美〕H. 乔治·弗雷德里克森著，张成福等译：《公共行政的精神》（中文修订本），中国人民大学出版社 2013 年版，第 150 页。

度、行政组织、行政机构被削弱，公共行政理论的合法性从根基上便被削弱了。弗雷德里克森对公共行政实践合法性重构，是将公共行政从进步时代的行政国家和威尔逊传统中解放出来作为突破口的，新的合法性理据则来源于美国悠远的乡镇自治、宪法精神、政治传统。将公共行政概念还原为名副其实的公共行政，让公共行政从政府行政中解放出来，使得公共行政实践和理论能够有一个独立性的、更为宽广的领域作为基础，进而为公共行政研究领域建构自主性的学理合法性提供条件。弗雷德里克森的尝试是否成功，给出判断还为时尚早，但是他试图为公共行政理论和实践寻找新的、牢固的合法性基础的努力是让人敬佩的。

新公共行政学派发展了沃尔多的基本观点，并在公民角色、公务员角色重塑，政府—社会关系构建、公民—公务员关系构建上进行了探索；更为重要的是，新公共行政学派将公共行政与治理、与美国民主行政传统相联系，尝试将公共行政实践和理论从政府制度、政府行政中解放出来，使得公共行政实践和理论得以有机会寻找更为牢固的合法性来源，确立自己的学术自主性。

3. 新公共服务学派

新公共服务学派是在对新公共管理理论的批判过程中发展出来的，这一学派继承了新公共行政学派的基本观点、价值导向、辩护的政治目标和哲学体系。新公共服务学派更关注的问题是如何在治理中，重塑公民角色、重塑公务员角色，建构一个更为良善和合理的国家—社会关系和公务员—公民关系。新公共服务学派将自己对公共行政实践及其理论构建命名为"新公共服务"而不是"公共行政"，这表现出了新公共服务学派强调民主政治的价值导向和学术旨趣。"行政"这一概念和实践还具有一定支配性意味、工具性意味，而"服务"概念则更强调政治平等基础上的协商和互动。

新公共服务的理论基础是公民权理论，通过构建公民权理论，实现对公务员角色的重塑，提出了用公共服务替换公共行政的主张，阐述新公共服务的基本观点。新公共服务的"公共服务"概念不仅仅是当下语境中的提供物质和制度意义上的公共产品的狭义公共服务，而是更为宽泛和多元的。在这种宽泛和多元的含义中，"民主"构成了"新公共服务"概念中提纲挈领的部分，正如《新公共服务——服务，而不是掌舵》一书所言："公务员（通常）不是提供顾客服务，而是提供民主。"① 公共行政实践更多的是民主地参与公共治理、提供公共服务，而不是将公民视为顾客来对待。新公共服务的民主概念与其对公民权概念的建构紧密相关。公民权有两种理解：第一种理解是将公民权与"法律体系规定的公民的权利与义务"② 联系在一起，公民权更多是一种消极意义上的合法身份；而第二种公民权的理解，则与遥远的古希腊雅典城邦和古罗马的共和政治联系在一起，强调公民对"政治系统影响的能力"③。新公共服务对公民权的理解便是第二种看法，强调公民积极参与政治生活的义务。既然公民权不仅仅是一种合法身份，更是一种基于公共价值、利他的公共精神意义的参与政治生活的义务，那么公民便不能以一种犬儒主义的态度面对现实政治与理想规范的落差，而应当积极介入公共生活、复活公民政治。在这种公民权概念的基础之上，公民就不可能是消费公共服务的顾客角色，而应是积极参与的公民角色。这种公民角色要求："关心共同利益，社区的整体的福利，一个人所拥有的尊重他人的权利的意愿，对不同宗教信仰、政治信仰和社会信仰的容忍，承认社区的决策终于一个人的私人偏好，以及承认一个人有责任保护公众和为公共服务。"④ 新公共服务要求公民对行政过程的大规模的、直接的、深度的参与，那么规范意义上的公务员角色就不可能是机械执行法条、规章的官僚，也不可能是以自己的利益保障为动机、将公共服务和公共利益视为副产品的企业家公务员，只可能是一个关心公民参与行政过程、勇于承担"道德风险"和政治责任的角色。新公共服务理论将公共服务视为公民权的自然延伸⑤，在这种理论预设之下，公务员的角色就是引导公民、同公民合作，并勇于承担责任的社区政治领导者的

---

① 〔美〕珍妮特·V. 登哈特、罗伯特·B. 登哈特著，丁煌译：《新公共服务——服务，而不是掌舵》，中国人民大学出版社 2013 年版，第 11 页。
② 〔美〕珍妮特·V. 登哈特、罗伯特·B. 登哈特著，丁煌译：《新公共服务——服务，而不是掌舵》，中国人民大学出版社 2013 年版，第 21 页。
③ 〔美〕珍妮特·V. 登哈特、罗伯特·B. 登哈特著，丁煌译：《新公共服务——服务，而不是掌舵》，中国人民大学出版社 2013 年版，第 21 页。
④ 〔美〕珍妮特·V. 登哈特、罗伯特·B. 登哈特著，丁煌译：《新公共服务——服务，而不是掌舵》，中国人民大学出版社 2013 年版，第 22 页。
⑤ 新公共服务理论的公民权是一种基于道德伦理的、个人积极权利的强势民主理论，认为公民通过参与社区公共服务而实现自身美德的完整，公共服务本身是公民权的体现，公共服务需要要求公民参与到公共服务供给中来、参与到对公共利益的守护中来。

角色。这一角色要求具有:"(1)民主政体的伦理推动力;(2)民主政体的卓越价值观;(3)对民主政体的道德意愿具有一种自觉且成熟的认识。"[①] 新公共服务借鉴了美国乡镇自治所生发出来的社会治理、民主行政传统,这种传统体现着美国人对社区的信任、对公共利益的关心,承载着美国人道德政治[②]的热忱。

基于公民权概念的选择、公务员角色的重塑,新公共服务理论将公共行政实践视为一个提供民主的公共服务过程,在这个过程中:公民与公民达至相互尊重、理解;公民与公务员形成良好的合作、互动;政府嵌入到社会当中,变得更加具有韧性。新公共服务理论提出了自己的基本主张:"(1)服务于公民,而不是服务于顾客;(2)追求公共利益;(3)重视公民权胜过重视企业家精神;(4)思考要有战略性,行动具有民主性;(5)承认责任并不简单;(6)服务,而不是掌舵;(7)重视人,而不只是重视生产率。"[③] 新公共服务学派一系列的理论主张相较于新公共行政学派而言,更具有实践性,可以视为新公共行政理论的继续发展。新公共服务理论与新公共行政理论一样,都试图提出一个可以让公共行政实践、公共行政理论从行政国家和公共行政研究管理主义路径的叙事模式中解放出来的可行路径。新公共服务理论将公共行政实践的合法性更为精确地指向公务员的合法性上,公务员的合法性则是基于公民积极角色的挖掘和复归上。进步时代的美国国家建设运动本质上排斥公民参与政治,为此进行政治辩护的公共行政研究管理主义路径将

[①] 〔美〕珍妮特·V. 登哈特、罗伯特·B. 登哈特著,丁煌译:《新公共服务——服务,而不是掌舵》,中国人民大学出版社 2013 年版,第 70 页。

[②] 美国的道德政治是亨廷顿提出的,他在《美国政治:激荡于理想与现实之间》一书中认为,美国的道德政治主要指的是一种社会冲突的来源。亨廷顿谈到,美国的政治社会冲突更多的是来自于规范秩序与现实秩序之间的差异,这种差异如果过大将会激起美国人内心中的道德义愤,进行社会运动和政治运动,试图激进地来弥补规范秩序和现实秩序之间的鸿沟。相较于其他国家而言,美国拥有着牢固、持久的政治信条,形成强大的政治共识,但是这种共识却成为冲突的源泉,亨廷顿因此将这种冲突定义为道德政治。在这里,借鉴了亨廷顿对道德政治的定义,但是祛除了其强调冲突的一面,强调美国人政治文化中关注民主、自由、平等、公共利益等的崇高政治信念,捍卫这种政治信念和社会伦理道德规范,抨击各种违法以及不道德现象的道德主义政治行动。道德政治对于新公共服务以及宪制主义路径的辩护的政治目标和价值导向而言是重要的,它能够言明新公共服务和宪制主义路径的主张是生发于美国独立的历史文化情境的。参见〔美〕塞缪尔·P. 亨廷顿著,先萌奇、景伟明译:《美国政治:激荡于理想与现实之间》,新华出版社 2017 年版。

[③] 〔美〕珍妮特·V. 登哈特、罗伯特·B. 登哈特著,丁煌译:《新公共服务——服务,而不是掌舵》,中国人民大学出版社 2013 年版,第 31 页。

公民视为消极意义上的合法身份，而不是能够自主管理的、可以发展参与公共治理能力的积极公民。登哈特夫妇选择了积极的公民权理论，使之符合美国早期国家时期的乡镇自治和社会治理的传统，认为公务员角色的合法性生根于积极公民角色的公民权理论。登哈特夫妇在这里特意讨论了库珀关于公民角色与公务员合法性的关系：

> 库珀认为，公民角色是认识公共行政官员角色的基础。他一开始就提到，从历史上来看，公民权与行政的关系极为密切。例如，两个最老的公共行政学院——锡拉丘兹大学和南加利福尼亚大学就是，从公民学院开始的。尽管公共行政领域在这个方面已经漂离了它的源头，但是库珀认为公务员和公共行政官员的地位和合法性仍然根源于其作为职业公民的角色。按照这种观点，公共行政官员就不仅仅只是技术专家、解决问题的人或政府的雇员。更准确地说，公务员或行政官员最好被理解为某种将公民的责任延伸到其一生工作之中的人。[①]

新公共服务理论给公共行政实践合法性构建开出的药方是回到美国历史中，公务员到底是如何产生的、扮演着怎样一种角色的历史中，去寻找自己的合法性来源。

新公共行政学派与新公共服务学派是一贯的，前者更加抽象、更加重视理论，主要是一种政治和学术上的宣言。后者更加微观、实践，同时也更加聚焦和体系化。两者共同将公平正义与民主作为旗帜鲜明的公共行政价值观来宣扬和坚持；两者同样拥有接续的具体理论观点，包括人本的组织设计观念，强调公民参与与授权，构建和谐的国家—社会关系、合作的公民—公务员关系等。两者的哲学体系都建基在现象学—诠释学路径上。两者共同的政治辩护目标是公民直接参与社会治理和政府管理的公民政治。

新公共行政学派与新公共服务学派尽管提出如此多的新的不同于公共行政研究管理主义路径的观点，但是仍然需要面对这样一个冷峻的问题：一个不经选举授权的文官政府何以拥有治理社会的公共权力？新公共行政学派和

---

① 〔美〕珍妮特·V. 登哈特、罗伯特·B. 登哈特著，丁煌译：《新公共服务——服务，而不是掌舵》，中国人民大学出版社 2013 年版，第 40 页。

新公共服务学派试图通过公民权理论来重塑公务员和公民角色、构建服务治理，以此将整个文官政府从封闭性、排他性的官僚制组织转变为开放的、合作的人本组织。但是，这并不是对未经选举授权的文官政府何以拥有治理社会的公共权力的直接回应，它至多是从结果来说明，存在民主的治理和人本的组织设计模式来取代精英治理和官僚制的设计模式。换言之，结果的正当并不能够说明制度设计的正当。对这个问题正面和直接的回答来自于公共行政宪法学派。

4. 公共行政宪法学派

公共行政实践的合法性问题往往会引发公共行政研究的合法性危机。公共行政实践之所以会遭遇到合法性危机，一般的看法，是将公共行政遭遇合法性危机同公共行政自我矮化、工具化、技术化的导向关联在一起。[①] 这样的观点虽然有一定的道理，却未免失焦。不同的国家有着不同的历史脉络和文化情境，在这种情境下，公共行政实践和公共行政研究的合法性危机意涵有所不同，甚至是有根本的差异。那么，对公共行政实践合法性问题的探讨不可能脱离美国情境，只有在美国情境下讨论公共行政实践合法性问题，才能知道当下空泛地讨论公共行政实践的合法性危机对其他国家发展公共行政实践、建设公共行政学科的阻碍，也才能破除对美国的无意识的崇拜，进而为各个国家根据本国文化情境讨论公共行政相关问题创造智识上的自由环境。

美国的公共行政合法性危机有着自身的特点，正如沃尔多所言："美国的公共行政已发展出无疑与其独特的经济、社会、政治和意识形态状况相关联的政治理论。"[②] 美国的公共行政合法性危机突出地表现为美国文官政府的合法性危机。进步时代以来的国家建设运动产生了政治中立、组织永续的文官政府。尽管文官政府由文官制度约束，而文官制度则由国会立法《彭德尔

[①] 丁煌、肖涵：《行政与社会：变革中的公共行政建构逻辑》，《公共行政评论》2017年第10期；颜昌武：《公共行政学简明史：以西蒙—沃尔多争论为主线》，社会科学文献出版社2019年版，第246页。

[②] 〔美〕德怀特·沃尔多著，颜昌武译：《行政国家：美国公共行政的政治理论研究》，中央编译出版社2017年版，第3页。

二、公共行政实践合法性的重构：公共行政研究宪制主义路径的努力

顿法》产生，但是美国各界仍然有着疑虑。从表面上来看，美国联邦宪法仅仅提到了立法、司法和总统与各州行政长官，并没有提到公共行政机构、公共行政组织、公共行政制度，[①] 也就是说，公共行政在美国三权分立中的来源是不清晰的。[②] 因此，公共行政实践的合法性便有着这样一种怀疑：以文官政府为载体而产生的现代公共行政实践，即便是国会授权的，也不一定在程序上符合人民主权，它没有得到选举授权，也没有通过政治性任命。而美国联邦宪法明确说明了国会、联邦政府、最高法院的产生方式，没有说明公共行政。因此，文官政府和现代公共行政实践的合法性是存疑的。

美国与其他国家相比，有两个突出特点：一是对宪制崇拜，并将其视为政治认同据；二是政治文化中的"反国家主义"和信奉个人自由、平等、社会自治传统。美国政治独有特点使得文官政府备受合法性考验。但是，这些问题放在欧洲以及其他国家，并不是一个大问题。世界各主要国家文官制度的普遍建立基本与美国文官制度的建立属于同一个时代，但是其他国家就很少将文官政府挑出来进行严厉的合法性检查，这与其他国家官僚制政府现代化传统相关，而文官制度无非是对这一传统法理化的改造。但是，美国则不同，美国在建国前的殖民地发展史和建国后的早期历史时期，本身就不需要强大的政府，反而对这种强政府背后的高度集权及其后果——造成对民主、自治、个人自由的侵害抱有相当的警惕，对英国的民族革命正体现了北美殖民地的政治观点。美国长期的政治传统和政治文化遗产仍然熠熠生辉，并不会因为进步时代的改变而让这种传统彻底地淡出历史舞台，一旦政治中立、组织永续的文官政府面临治理低效的问题，那么这种传统便会马上发挥作用，检视公共行政实践与理论的合法性基础。

对美国公共行政实践来说，进步时代开启的国家建设运动给公共行政实践埋下了合法性危机的历史根源。20世纪70年代前后美国遭遇的系统性危机则引爆了进步时代埋下的合法性危机的"炸弹"，使得公共行政研究不

[①] 〔美〕H. 乔治·弗雷德里克森著，张成福等译：《公共行政的精神》（中文修订本），中国人民大学出版社2013年版，第39页。参见 Vinzant, Janet, and Thomas Roback, "Dilemmas of Legitimacy: The Supreme Court, Patronage, and the Public Interest", *Administration and Society*, 1994, 25(4): 443-466.

[②] 美国联邦宪法没有提到行政、政党和利益集团，但是大多数州宪法提到了公共行政。参见〔美〕H. 乔治·弗雷德里克森著，张成福等译：《公共行政的精神》（中文修订本），中国人民大学出版社2013年版，第39页。

得不直面和解决公共行政实践的合法性问题,是当代公共行政研究讨论的老问题新形式。对这一老问题进行正面解释和回应的是公共行政的宪法学派。在"黑堡宣言"之后,新公共行政学派提出了回归到美国宪制中,公共行政的合法性应当奠基在美国宪法精神上的观点,这同样也是宪法学派的理论企图。1993年,斯派塞和特里发表了《合法性、历史与逻辑:公共行政与宪法》,正式宣布了宪法学派的诞生。该文章系统地阐述了宪法学派关注的焦点、解决的问题、主要的观点等。公共行政的宪法学派关注的焦点和解决的问题非常清晰、直接,那就是要为公共行政实践寻找一个牢固的合法性基石,并且要直面公共行政实践合法性的关键问题:公共行政实践合法性应当建基在什么地方?

以罗尔为代表的部分学者坚持认为,公共行政实践的合法性应当建基在国会授权之上。[①] 这种观点体现了这样一种认识:真正意义上的、具有自主性的公共行政实践历史应当从进步时代的现代国家建设运动和《彭德尔顿法》开始。公共行政机构的合法性正来自于立法机构的授权,来自于一系列的立法程序。这种认识本质上延续了威尔逊的《国会政体:美国政治研究》的观点,将国会这一立法机构视为美国政治权力的中心[②],视为主权的真正的掌握者,赞同权力的高度集中统一才能够产生负责政治的逻辑。尽管罗尔属于新公共行政"黑堡宣言"学派,但其观点却体现了美国相当部分政治学家和公共行政学家的欧洲传统观点,即人民主权原则是需要明确的程序说明和制度载体的。威尔逊在建构解决治理问题的公共行政学科的时候,选择了英国的立宪政体作为模板,将美国的三权分立替换成国会至上,意图在理论和逻辑上将美国变为议会主权的国家。[③]

---

① Lowi, Theodore J., "Legitimizing Public Administration: A Disturbed Dissent", *Public Administration Review*, 1993, 53(3).
② 〔美〕文森特·奥斯特罗姆著,毛寿龙译:《美国公共行政的思想危机》,上海三联书店1999年版,第32页。
③ 威尔逊的确是赞同权力的高度集中统一才能够产生责任政治和效率政治的观点,但是威尔逊是不是就赞同国会作为权力的中心,并且将其认为是应然和规范性的,这一判断却存在着争议。美国的三权分立制衡在制度设计上更加倾向于沿袭孟德斯鸠的观点。但在实践上,由于受到英国政治传统的影响,洛克强调立法机关和立法至上的观点在美国的政治实践中更为突出,汉密尔顿之后,国会权力呈现出一家独大的趋势,使得三权分立制衡结构并没有严格意义上被实现。美国进入镀金时代,政党政治和国会腐败现象愈来愈严重,政党分肥制将政治的腐败转变为行政的

宪法学派对这种观点提出了严厉的批评，认为威尔逊从根本上误解了美国宪制精神和美国建国者的政治观点。美国立国思想在制度上表现为三权分立和联邦制的政制和国家结构的宪制形式，体现出两种预设：任何不受监督和制衡的权力都会产生绝对的腐败和专制，哪怕是宣称有强大的道德精神的人民主权也是如此；第二种预设则基于规范意义上的个人主义立场。美国宪法精神和立国思想并不支持极端的个体自利的个人主义，但大体上继承了洛克在《政府论》中温和的个人主义立场，即将个人视为社会性的存在。但是身为人的个体本身就具有一系列的不可剥夺的权利，是国家和社会的根基，即天赋人权的思想。那么，人民主权的实质是就洛克的社会契约论的政治构想的体现——作为个体的公民为了保障自己的自然权利，而选择通过社会契约建立政治共同体，这种政治共同体的另外一个名称便是人民主权。从这种理解和阐释来看，美国的三权分立和联邦制在制度上否定了任何宣称唯一代理人民主权原则的制度和组织载体的合法性。抽象上的人民主权被否定，反而保障了具体到个体公民的人民主权原则的实现。因此，宪法学派坚定地认为宪法和宪法精神才是美国的政治合法性的根基。

美国宪法和宪法精神将人民主权原则落实到了具体的公民上，在政制设计上，试图避免任何一种制度性的政治权力和其组织载体以人民主权为理据来对个体公民施暴的理论可能性。那么，美国宪法和宪法精神应当是所有国家机构的合法性来源，也就是说任何国家机构都是"民意的代表，是人民的代表"①。它们是人民的受托者，是宪法的执行者，保障权力不被滥用，保障人民主权原则能够具体地实现而非抽象地被使用。因此，公共行政实践的合

（接上页）低效和去公共性。面对这种情况，威尔逊等进步人士选择引入欧洲等国家，尤其是英国为代表的立宪官僚制政体，将官僚制为内容的文官制度同美国三权分立宪制结合起来，意图通过塑造政治中立、永续的、专家治理的行政官僚组织来强化行政分支的权力，使得行政、立法、司法三个分支能够实现重新平衡。但是，为了让这种制度设计和政策主张能够更容易地被接受，威尔逊的《国会政体：美国政治研究》一书才将国会奉为至高权力，继而为文官制度建立打下基础，威尔逊对国会的观点更多是策略性的。参见肖涵：《威尔逊政治与行政二分原则的内涵矫正——基于美国历史情境论的分析》，《广东行政学院学报》2018年第3期；Van Riper, Paul P., "The American Administrative State: Wilson and the Founders-An Unorthodox View", *Public Administration Review*, 1983, 43(6): 477-490.

① 颜昌武、张晓燕：《美国公共行政学的宪法学派：一个理论述评》，《甘肃行政学院学报》2017年第6期。

法性基础同样来自于美国宪法和宪法精神。因为公务员是人民的代表，是人民的受托者，是宪法的执行者，[1] 只要公务员认为民选政治领导的意见侵犯了民众的权利，公务员甚至可以驳回这种意见。宪法学派对美国宪制和宪法的解释是石破天惊的，因为这一解释首先是将宪法作为根本意义上的合法性的来源，认为宪法的缔结说明了人民主权的实现。所有的国家机构，或者是掌握公共权力的机构，本质上都是宪法和宪法精神的产物。这些国家机构相互分立和制衡，共同保障人民主权能够在个体公民层面上实现。

对选举授权这一公共行政实践合法性诘问的立足点，宪法学派认为：选举授权产生合法性的观点与美国宪法和宪法精神是背道而驰的。选举授权并不产生合法性，甚至也没有授权的意义，选举仅仅是一种公职人员产生的方式，它与考任、政治性任命一样，[2] 不应当被应然化。宪法学派提出这样的解释也引发了批评：宪法学派的这一观点无疑是一种"不合理的逻辑跳跃"[3]。首先，美国宪制被理解为制衡，民主的含义在这种解释中被消解了。国家机构相互制衡带来民主的逻辑是不可信的，如果选举被拿掉了授权意义，被视为一种同其他产生公共官员没有区别的形式，那么民主当如何体现？对宪法学派也有这样的质疑：即便宪法学派的逻辑是合理的、能够体现美国宪制和宪法精神的，但是，美国宪法中并没有条文直接陈述公共行政的地位，那么公共行政不应当被视为同立法机构、司法机构、行政机构拥有同等的合法性地位。对这个问题，与宪法学派观点相近的弗雷德里克森在《公共行政的精神》一书中这样回答：

> 美国宪法从未提及政党、利益集团或行政。但是，这三者显然已成为当代美国政府极为重要的组成部分。不能因为联邦宪法没有提到行政（在大多数州宪法中都提到），人们就可以断言公共行政在政府中没有合法地位（Rohr,1986）。政府权力的合法性既可以通过联邦、州宪法得以

---

[1] Spicer, Michael W., Terry, Larry D., "Legitimacy, History, and Logic: Public Administration and the Constitution", *Public Administration Review*, 1993, 53(3).

[2] 颜昌武、张晓燕：《美国公共行政学的宪法学派：一个理论述评》，《甘肃行政学院学报》2017年第6期。

[3] Lowi, Theodore J., "Legitimizing Public Administration: A Disturbed Dissent", *Public Administration Review*, 1993, 53(3).

体现，也可以直接通过政治过程得以体现。正是通过政治过程的方式，公共行政发展成为美国政府的一个合法组成部分（Goodsell, 1995）。的确，公共行政不仅能够有效地管理政府日常事务，它还通过为公民提供更多的机会，使公民更多地参与政府决策而非仅仅参与选举活动，从而促进美国公民的自我管理进程做出了重要贡献（Rourke, 1987, p. 230）。[1]

弗雷德里克森的回答正是美国宪法学派的回答——宪法是活的宪法而不是死的条文。因此，公共行政实践的合法性植根于美国的宪法精神（虽然未在联邦宪法中体现，但是在州宪法中却有所呈现），植根于美国的社会治理。"黑堡宣言"学派认为美国公共行政应当立足在宪法和宪法精神之上，宪法学派系统性地论述了这一观点。新公共行政学派和宪法学派对公共行政、公务员角色的规定是负有政治责任感的"职业公民"，这一角色期望来自于汉密尔顿的政治传统。汉密尔顿与杰斐逊在理论观点上有冲突：汉密尔顿主张一个强大的、能行善的政府；而杰斐逊则更注重对政府的限权。但是，这两种观点在对权力进行限制上是有共识的：从国家纵向结构来看，汉密尔顿的观点实际上是强调政府集权而不是行政集权，也就是强调各个地区的政府应当有自我探索、自我管理的权力，但联邦政府应当集中权力解决共同的问题。从横向结构来看，杰斐逊限制政府权力，强调是三权分立限制行政分支的权力。汉密尔顿的政治传统在美国宪法和治理历史中也得到了继承和发展，弗雷德里克森谈道："宪法同样授权公民，公民有权组织起来，谋求自己的或者共同的利益。通过保证这样的权利，宪法基本上确立了多元主义存在的合法性。"[2] 公共行政实践不仅仅体现了汉密尔顿的传统，更体现了美国宪法精神。公民得到宪法的授权，可以进行自我探索和自我管理，以改善社区治理。公共行政便是在这一个过程中生发并不断演化的。公务员最早的时候也被称呼为"职业公民"，这一称呼不仅仅体现着公民与公务员亲密的关系，更代表着公务员、公共行政实践的合法性是植根于宪法和宪法精神

---

[1] 〔美〕H. 乔治·弗雷德里克森著，张成福等译：《公共行政的精神》（中文修订本），中国人民大学出版社 2013 年版，第 39 页。

[2] 〔美〕H. 乔治·弗雷德里克森著，张成福等译：《公共行政的精神》（中文修订本），中国人民大学出版社 2013 年版，第 39 页。

的，植根于美国悠远的治理历史中的。

宪法学派将宪法和宪法精神作为美国所有国家机构产生的合法性根源，所有国家机构都被宪法学派界定为公民主权的受托者，都应担负对宪法忠诚的政治责任，确保宪法保障的人民主权原则能够平等地在每个具体的公民身上得以实现。宪法学派强调宪法是活着的精神而不是死的条文，美国宪法对公民的授权、州宪法对行政的规定、美国长久以来的治理传统、汉密尔顿的政治传统都是公共行政实践的合法性根源。换言之，公共行政实践的合法性植根于美国宪法和宪法精神，植根于美国治理历史的，选举授权根本不构成公共行政实践的合法性来源，那种认为"公共行政未得到选举授权也未得到政治性任命，便拥有自由裁量权是难以接受"的观点本质上是误解了美国宪制和宪法精神，是将国会授权或者抽象的人民选举授权替换宪法作为合法性来源的错误想法。那么，接下来的问题就好回答了，既然公共行政实践的合法性不是国会，而是宪法，那么文官制度、官僚组织形式是否是必要的就不是一个问题了，而仅仅是公共行政实践发展所做出的选择而已，这种选择可以改变，并非永久不变。根据这种逻辑，如果文官政府无法达成良好的公共行政的目标，无法创造一个美好社会，那么它也完全可以抛弃。

（三）公共行政实践合法性重构要素：宪法与历史

1. 管理主义路径公共行政实践合法性建构困境

公共行政研究宪制主义路径由沃尔多开辟，经新公共行政的"黑堡宣言"学派和宪法学派发展完善，履行了宪制主义路径重构公共行政实践合法性的承诺。在公共行政理论发展历史中，宪制主义路径扮演的总是一个批判者的角色，他们用各种各样管理主义路径学者不熟悉的理论、方法对管理主义路径各个理论流派进行了猛烈的抨击，动摇了管理主义路径的学术根基。然而宪制主义路径又未能像管理主义路径一样提出一系列具有技术治理和行政工程学特点的政策主张和公共行政实践的改革路径，更多是原则性的哲学理念、价值规范。这些原则性的哲学理念和价值规范有着强烈的主观性特点，难以迅速达成共识，公共行政难以形成一个具有内聚性的学科，无怪乎达布利克批判了宪制主义路径对管理主义路径构建学科合法性的努力的批评。①

达布利克的批评代表着管理主义路径对宪制主义路径的固有偏见，对现代性框架下的学科构建的过度痴迷。沃尔多批判西蒙将逻辑实证主义作为公共行政研究的哲学基础，批判西蒙力图让公共行政研究科学化的努力，是因为沃尔多看到了逻辑实证主义哲学基础在人文社会科学研究上的一系列根本性的问题，这些问题关涉到了公共行政研究如何看待人性、看待人与社会的关系、看待人的精神世界、看待价值理念与道德伦理等关键性议题，关涉到公共行政研究到底能不能描述并阐释实践中的公共行政而不是范式预设中的公共行政。沃尔多也看到了西蒙的行为主义公共行政理论是经典公共行政理论更为精致的版本，同时也让人难以察觉其反民主倾向。

20世纪70年代前后是公共行政实践、公共行政研究面临双重合法性危机的时代，但也是公共行政理论大发展的令人心潮澎湃的时代。新政治经济学和新公共管理理论将自己描述为美国有限政府政治传统和民主行政治理传统的继承者，集中批判了传统公共行政的干预经济社会发展的大政府主义，分析了政府失灵的制度性原因。宪制主义路径的新公共行政学派同样对传统公共行政理论和专家治国、技术治理、精英政治的政治—行政系统和社会治理模式展开了猛烈的批判。两大理论旨趣相异的研究路径在批判行政国家和官僚制政府上达成了一致，被斯蒂尔曼称为"狂热的反国家主义"②。但是，两者批判行政国家和官僚制政府的理论旨趣是不同的：宪制主义路径对行政国家和官僚制政府的批判重点在其蕴含的反公民政治、反民主的专家政治、精英治理，倡导多元的社会治理、公民参与和民主的政府管理。宪制主义路径对政治中立、组织永续的文官政府反而保留了意见，重点在于政府管理模式的民主化、公务员角色重塑、推进社会治理上。

---

① Melvin J. Dubnick, "Demons, Spirits, and Elephants: Reflections on the Failure of Public Administration Theory", *Journal of Public and Nonprofit Affairs*, 2018, 4(1).
② 〔美〕里查德·J. 斯蒂尔曼、闻道：《美国公共行政重建运动：从"狂热"的反国家主义到90年代"适度"的反国家主义（上）》，《北京行政学院学报》1999年第4期。

管理主义路径总体上还是承认了行政国家和官僚政府的必要性。管理主义路径反对的是行政国家和官僚政府干预经济社会发展的凯恩斯主义和福利国家的经济社会政策，对官僚政府低效的批评服从于对凯恩斯主义、福利国家的批判。在新自由主义政治、经济和社会改革总体框架下，管理主义路径倾向于推动企业家政府的改革方案。企业家政府改革方案本质上就是将私人部门管理方式移植到公共部门上，并力图形成公共服务供给多元市场，用"以脚投票"、货币选票为内核"市场民主"方式来落实政治民主，促进经济发展，提高政府财政收入。换言之，管理主义路径的新发展——新公共管理理论在公共行政实践合法性建构这一问题上没有做出创新回答，除了"市场民主"和有限政府外，基本上还是沿用了老一套的环式民主合法性论证方式。

　　公共行政实践合法性危机提问的叙事呈现出这样一种逻辑：民主是合法性的唯一来源，选举授权才能体现民主。因此，除法院外，任何国家机构行使公共权力都必须建基在选举授权上。文官政府由文官制度规约和保障，虽然文官制度是由国会通过法律产生，但是这并不能够说明文官政府就是建立在选举授权之上的。美国联邦宪法也没有关于独立的公共行政实践和文官政府的只言片语。国会授权产生的文官制度、文官政府与美国宪法、美国三权分立制衡的政制设计有着巨大的张力。公共行政实践合法性危机叙事逻辑有两个关键预设：第一个预设，只有选举授权才能够体现民主，才有资格行使公共权力；第二个预设，公共行政没有得到宪法的支持。公共行政实践既不是选举授权，也没有宪法条文支撑，并且还是通过权力高度集中统一、命令自上而下运行的行政官僚组织来实现的，如果公共行政实践无法兑现绩效承诺，无法保障民主，那么公共行政实践将毫无合法性可言。

2. 宪制主义路径公共行政实践合法性建构

　　针对这些问题，公共行政研究宪制主义路径则发展出了一套新的合法性论证方式。概括地说，就是回到宪法中去，回到美国悠远的乡镇自治历史中去！

二、公共行政实践合法性的重构：公共行政研究宪制主义路径的努力 | 137

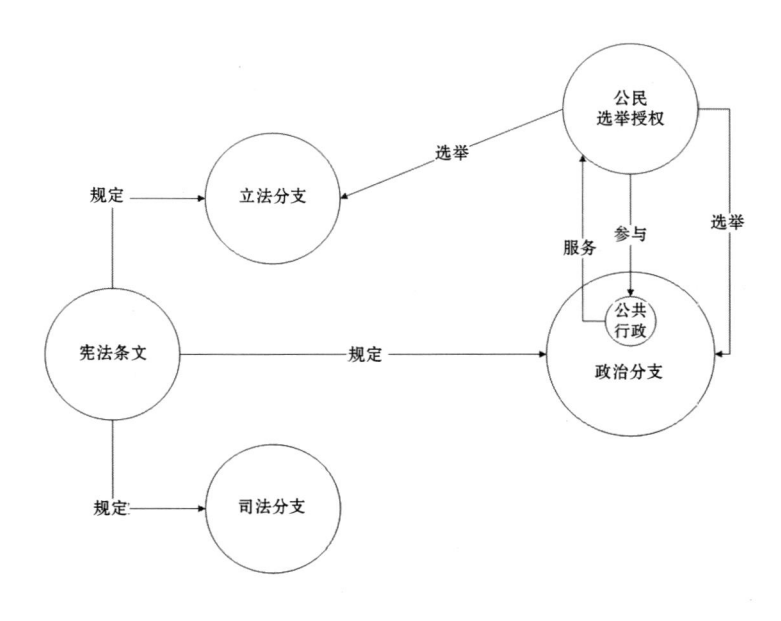

图 2-1 美国进步时代以前公共行政合法性结构

在美国建国早期，公共行政实践合法性有着双层结构：第一层来自于公民选举授权给政治当局，而政治当局通过政治性任命（政党分肥制形式）公务员来实现公共行政。公共行政是嵌入在三权分立的"行政分支"中的。[①] 第二层来自于公民的广泛参与，也就是在治理过程中产生的实践认同。

---

① 三权分立中的"行政分支"与当下语境中的"行政"，即 administration 是不同的。三权分立中的"行政分支"应当用政治分支来表述比较恰当，对应英文的 government，表示的是包括民选政治当局和狭义行政机构在内的全部国家机构。需要注意的是，美国的三权分立制和英国洛克的"两权论"、孟德斯鸠的"三权论"都是不同的。美国的三权分立强调的是权力的平等和相互制衡，源于美国反对英国殖民专制统治的历史遗产，体现了美国有着中世纪遗风的特点。因此，美国的行政分支其实不是立法的执行，而是与立法平行的政治分支。但是，在英国洛克"两权论"和孟德斯鸠的"三权论"都将行政视为立法的执行，那么洛克和孟德斯鸠语境下的"行政"指的就是立法的执行。

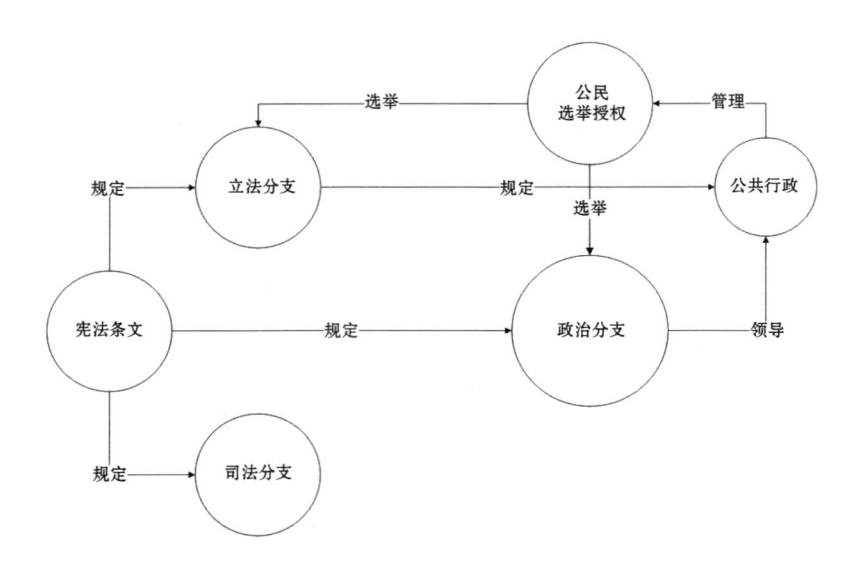

图 2-2　管理主义路径的公共行政实践合法性结构

在美国建国初期，公共行政合法性有两个来源：一个是民选当局的政治性任命，这一政治性任命以政党分肥制的形式实现；另一个则是公民对政府管理的深度介入，对社会治理广泛参与。美国建国初期公共行政实践的社会基础来自于熟人社会和乡镇自治，治理事务相对简单，使得民众能够方便参与。而社会结构相对稳定，则使得民众能够利用熟人社会压力来对当地政治家形成有效的监督。进步时代以后，工业化和城市化的到来，使得熟人社会转变为陌生人社会、区域治理转变为联邦治理、乡镇自治则转变为工业城市的市政管理。社会结构的转型使得政党分肥制已经无法驱动公共行政实践的有效运行，反而产生了大量的腐败。因此，公共行政实践走上了向欧洲学习的道路，公共行政实践合法性结构也发生了重大的转变。

公共行政实践最大的改变是政治中立、对宪法和法律负责、接受民选政治当局领导、组织永续的文官政府的产生。文官政府以政治中立和理性行政为理据，以向法律、宪法负责和接受民选政治当局领导为保障，被允许行使公共权力，在文官制度保护下，避免社会干预。因此，公共行政实践合法性就来源于两条延长的逻辑链：第一条是宪法和选民→国会→文官制度→文官政府（公共行政实践）；第二条则是选民→政治当局→文官政府（公共行

二、公共行政实践合法性的重构：公共行政研究宪制主义路径的努力 | 139

政实践）。相较于美国建国早期公共行政实践合法性结构，选民与公共行政实践距离明显变远了，意味着公民对社会治理的参与范围缩小，参与力度削弱，对政府日常行政管理也缺乏参与。

链条延长和环节增多有两层含义：第一层是民主概念被修剪，间接民主和代议民主被视为更为优良的民主形式；第二层是对公民参与政治的不信任。正如沃尔多在《行政国家：美国公共行政的政治理论研究》一书中提到的经典公共行政理论对民主的看法："民主意味着将睿智的、有见识的公民依议题组织成群体，群体的数量越少越好。为了实现这一前提，就必须使恰当的机制如短票选举、功绩制、预算制度和报告制度等发挥作用。"[①] 因此，公共行政实践会遭到合法性的严厉诘问也就不足为怪了。公共行政实践合法性植根于选民授权和公民参与，如果缺失了这两个部分的内容，将公共行政实践合法性植根于国会程序性授权，无异于将国会抬到三权分立的中心，破坏美国宪制原则。

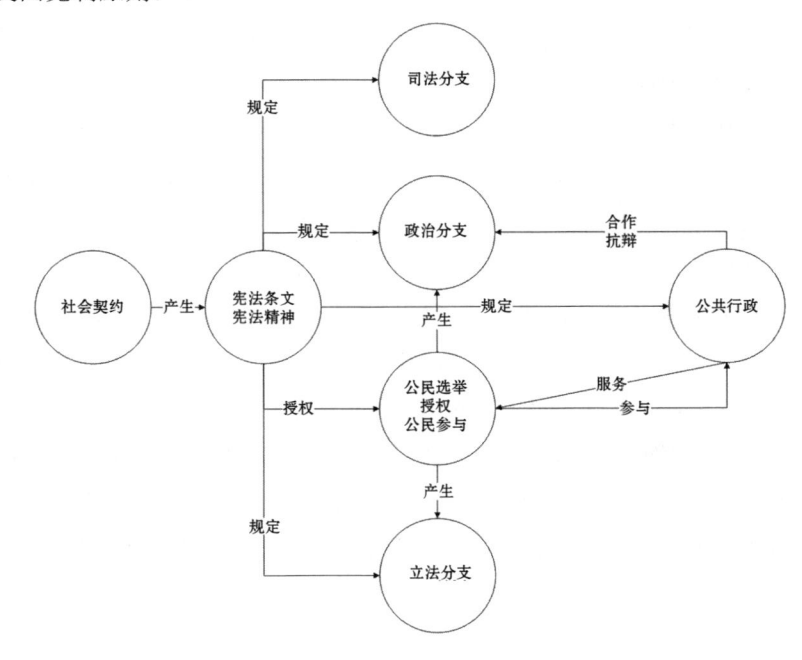

图 2-3 宪法学派的公共行政实践合法性重构

---

① 〔美〕德怀特·沃尔多著，颜昌武译：《行政国家：美国公共行政的政治理论研究》，中央编译出版社 2017 年版，第 15 页。

宪制主义路径与管理主义路径的根本不同是二者辩护的政治目标，而为这一政治目标进行辩护就需要为公共行政实践提供一套完备的合法性论证方式。管理主义路径基本上还是延续环式民主和绩效合法性论证方式，宪制主义路径里的宪法学派则提出将宪法作为全部国家机构和政治—行政与治理活动的合法性来源进行公共行政实践的合法性重构。宪法学派认为社会契约论产生了美国宪法和宪法精神。那么，在政治共同体内，宪法条文与宪法精神就成为最根本性的合法性依据。宪法条文与宪法精神体现着自然法理念，赋予公民和国家机构共同治理国家的权力。因此，宪法和宪法精神不仅仅将治理权力授予了正式的国家立法、司法和政治—行政机构，更将治理权力授予了公民，允许公民自由地探索适合自身的治理方式。[1]

在长期的治理实践中，公民和国家机构共同探索出了公共行政实践的治理方式。这一治理方式要求公务员作为"职业公民"，引导其他公民实现合作，达成共同行动，与国家机构合作。换言之，作为治理方式的公共行政实践是在美国公民长期治理实践历史中生发出来的，它是美国活的宪制精神的完整体现。因此，公共行政实践即便没有在联邦宪法中获得只言片语的描述，但它却是治理实践中的联邦宪法和宪法精神的产物，公共行政实践就是公民自我治理的另一种说法。由此，公共行政实践、立法、司法、政治和公民都是美国宪制的体现，它们的地位是平等和相互制约的，它们的关系是合作而非从属的。既然公共行政实践在宪制地位上与政治分支、立法分支、司法分支拥有同等的地位，那么选举授权产生合法性的诘问在逻辑上就破产了。通过对宪法和美国治理历史的创造性阐释，宪法学派将公共行政实践视为公民自我治理活动的产物，视为宪法和宪法精神在历史发展过程中的生动呈现，履行了宪制主义路径重构公共行政实践合法性的承诺。宪制主义路径在重构公共行政实践合法性过程中，高扬了社会公平正义和民主政治的旗帜，试图在工业社会乃至后工业社会时代背景下，实现对政府管理和社会治理的民主化改造，复活公民政治，复活公民精神。

---

[1] 〔美〕H. 乔治·弗雷德里克森著，张成福等译：《公共行政的精神》（中文修订本），中国人民大学出版社 2013 年版，第 39 页；颜昌武、张晓燕：《美国公共行政学的宪法学派：一个理论述评》，《甘肃行政学院学报》2017 年第 6 期。

三、治理：在现代自由主义、福利国家与新自由主义、全球化之间

从一般意义上来看，治理是促进政府与社会达成共识、促进集体行动、共同解决公共问题的行动机制。当下语境的治理概念历史并不长，在世界银行 1989 年讨论非洲援助问题并提出"治理危机"之后，这一概念才普遍被学界和实践界所使用。如何给"治理"这一概念进行明确的界定，一直是困扰社会科学，尤其是政治学和公共行政学的一大难题。治理概念的不清晰使得治理的言说和治理的理论出现了相互冲突的问题，正如鲍勃·杰索普的看法："治理只是晚近方才进入社会科学的标准英语词汇中，并且在不同的外行圈子里成为'时髦词语'的。即便现在，它在社会科学界的用法仍然常常是'前理论式的'，而且莫衷一是；外行的用法同样是多种多样，相互矛盾。"[①] 既然治理概念如此的不清晰，治理理论又如此的混乱，那么治理为什么还成为当下最时兴的理论话语和政治符号？因此，就需要讨论以下问题：（1）相较于统治和管理，治理在理论上有着怎样的优势？作为规范理论的治理，提供了什么样的美好生活的想象？（2）作为与新自由主义意识形态背景下的新公共管理运动同期的概念[②]，弗雷德里克森认为治理就是新公共管理，[③] 那么是否意味着新自由主义意识形态是治理理论与实践的底色？（3）

---

① 〔英〕鲍勃·杰索普、漆燕：《治理的兴起及其失败的风险：以经济发展为例》，《国际社会科学杂志》（中文版）2019 年第 3 期。
② 新公共管理概念是英国学者克里斯托弗·胡德在 1991 年概括撒切尔和里根政府改革时提出的概念，而治理则是在 1989 年世界银行讨论非洲治理危机的时候提出并普遍流行的。参见池忠军：《西方治理理论的公共哲学批判性诠释》，《南京师大学报》（社会科学版）2017 年第 1 期。
③ 〔美〕H. 乔治·弗雷德里克森著，张成福等译：《公共行政的精神》（中文修订本），中国人民大学出版社 2013 年版，第 62 页。

治理理论与治理实践受到了世界银行等国际组织的大力推动，治理理论与实践具有了全球化的特性。那么，全球化的治理理论和实践对发展中国家而言到底意味着什么样的政治发展道路？（4）对中国而言，在全球化和新自由主义背景下，中国发展出了什么样的治理理论，这一理论从西方语境下的治理理论中借鉴了什么样的有益成分，与其又有着怎样的根本差异？

（一）治理概念与治理理论谱系

1. 治理概念的经验性与规范性

在政治学和公共行政学界普遍使用治理概念之前，治理从一种最宽泛的意义来言，与统治是同义的，[①] 意味着支配或者控制他人。所谓治理，根据福柯的考证，较早从 16—18 世纪开始流行的，更多指的是"对他人的行为可能性领域进行有组织的活动，让他人形成固定的、一致的行为模型"[②]。从这个方面来看，治理作为一种描述政治实践活动的概念，在历史上存在了相当一段的时间，只不过更多的是用统治来代替。然而，当下语境中的治理（governance）与统治概念是不同的。当下语境中的治理，其含义发生了改变，被视为比统治更为宽泛的概念，泛指协调社会生活的各种途径。[③] 如果以社会问题得以有效解决、社会基本秩序得以维持来看，统治与治理对于社会而言，在功能上是一致的。但是，治理不同于统治的关键，是公共权力和治理权威的界定方式发生了改变。在既往的政治学和公共行政学理论中，公共权力和政治权威基本上与政府、与国家画上等号，正如亨廷顿将政府的制度利益和公共利益画上等号一样。[④] 之所以产生这样的认识，原因是在人类社会历史发展中，国家和政府一直发挥了根本性的提供稳定的政治秩序和必

[①] 俞可平：《治理和善治：一种新的政治分析框架》，《南京社会科学》2001 年第 9 期。
[②] 陈培永：《福柯的生命政治学图绘》，中国社会科学出版社 2017 年版，第 112 页。
[③] 〔英〕安德鲁·海伍德著，吴勇译：《政治学核心概念》，中国人民大学出版社 2014 年版，第 10 页。
[④] 〔美〕塞缪尔·P. 亨廷顿著，王冠华等译：《变化社会中的政治秩序》，上海人民出版社 2008 年版，第 20 页。

要的公共产品的功能，其他形成合作、达成行动的社会机制，基本上是在国家提供的制度安排和权利界定的基础上开展的。受到理想类型进路的国家理论影响，韦伯将国家视为在一定领土范围内垄断性的合法的使用暴力的政治组织。韦伯对国家的定义虽然影响巨大，但并不意味着是全面的。相较于韦伯的国家定义，韦伯的思维模式对人们如何看待国家和政府影响更为深远。韦伯界定国家的思维模式是理想类型的方法，但是理想类型是现实中几个重要的特征高度抽象的思维产物，理想类型只是方便人们认识复杂的现实对象，但理想类型指导下的认识并不能替代现实对象。这种思维模式使得政治学、公共行政学和其他社会科学理论将一个抽象的、规范意义上的国家视为实际运作的国家，因而对现实的国家认知产生了偏差。

治理概念不同，它赞同统治的判断：任何公共生活的维系、社会问题的解决都需要秩序、需要权威，但是治理并不认为政府是治理权威的唯一主体。第二个不同在于，治理的权力运行和权威基础同统治不同，统治的权力运作无论是否是以官僚制为主要机制，其权力运作基本上是自上而下的，以命令为主要形式，其权威的基础也来自于政府对政治统治和治理资源的排他性占有。而治理则不拘泥于权力运作向度和运作机制，主张不同治理主体是相互依赖的，其掌握的治理资源以及以此为基础而产生的治理权力是互补的、相互依赖的。治理的权威不同于统治的强制性和单向度的"霸权独白"[①]，而来自于不同治理主体之间的相互沟通和真诚协商所产生的求同存异的共识。

治理概念与统治概念的区别已经充分展现出了公共行政学的理论转向。公共行政学在公共行政研究管理主义路径和公共行政研究宪制主义路径中都将政府及其改革视为分析的中心；而治理则不同，它意味着一种公共行政学的政治社会学理论转向，关注政府和其他主体在现实政治实践中的大量互动，既关注这种互动所产生的好的结果，也关注产生的不好的结果。从这个维度上来说，治理概念及其理论的发展也与政治学的国家理论的发

---

① 所谓的"霸权独白"，原本是王海洲在讨论政治共识话语形式上进行的一个比喻，指的是拥有支配性政治权力的统治者为保卫政治秩序、捍卫统治地位的话语形式。在这里，借用"霸权独白"，意在言明统治概念所隐藏的专断性、单向性。参见王海洲：《政治共识的话语藩篱：从霸权独白到无责漫谈》，《江海学刊》2009 年第 2 期。

展逻辑是一致的，即将国家视为"社会中的国家"①，视为嵌入社会中的制度网络。

治理概念应当从两个维度来理解：第一个维度是描述维度，治理概念强调的是政府与市场主体和社会主体之间的复杂、多样的互动关系，这种互动关系形成了不同类型的行动网络和制度网络。相较于政治统治强调国家和政府的排他性支配、行政和管理将政府视为分析中心、将政府视为中立性的执行工具而言，治理无疑具有更强的描述和分析功能，更为贴近实际的政治生活和治理实践。当治理作为一种描述性概念，它描述的是国家在支配、统治、管理中，不得不与多元社会集团进行互动。国家与社会的互动不仅仅在自由民主国家中存在，在政治"脆弱国家"②中存在，乃至在公民结社权被严重限制、社会集团活动范围较小的威权主义国家当中也存在。③因此，治理

---

① 社会中的国家研究路径认为国家并不是一个实体，而是："一个权力的场域，其标志是使用暴力和威胁使用暴力，并为以下两个方面所形塑：(1)一个领土内具有凝聚性和控制力的、代表生活于领土之上的民众的组织的观念；(2)国家各个组织部分的实际实践。"引自〔美〕乔尔·S. 米格代尔著，李杨等译：《社会中的国家：国家与社会如何相互改变与相互构成》，江苏人民出版社2017年版，第16页。因此，社会中的国家研究路径是在国家—社会关系框架之下展开研究的，实际运行的国家是该研究路径关系的主要问题，即国家作为一个强调凝聚力、控制力的排他性的建构的政治观念，它在实际运行中呈现出怎样的一种状态，组成国家的各个部门是如何影响国家观念的实现的。该路径强调国家与社会的互动、强调国家内部不同层级政府和不同部门的互动的国家理论，其分析功能是强大的。在逻辑上，与作为经验描述概念的治理和治理理论逻辑上保持着高度的一致性，但将政府或者国家在实际运行中取得的成就或者遭遇的问题放在社会网络和国家、政府互动场域下进行研究和分析。

② 所谓的"脆弱国家"，一般指的是那些在制度、组织和合法性方面表现较差的国家。这些国家面临着缺少强力的制度化的政治权威、多元政治权威相互竞取乃至自立山头、基本政治秩序难以维持的困境。国家对社会的渗透、整合和干预主要是通过间接统治进行的，即被统治地区超过了国家直接权威掌控范围（所谓的直接统治，即国家通过官僚制的政府组织形式、以法理秩序为依据而非强力压迫为方法的制度化的政治统治），国家将此委托给地方掌权者进行治理。参见王浦劬、臧雷振编译：《治理理论与实践：经典议题研究新解》，中央编译出版社2017年版，第85页、第538页；Merilee S. Grindle., "Good Enough Governance Revisited", *Development Policy Review*, 2011, 29；Adnan Naseemullah, Paul Staniland, "Indirect Rule and Varieties of Governance", *Governance*, 2016, 29(1)。

③ 政治社会学对威权主义国家和极权主义国家的国家—社会关系展开了研究，通过研究发现，那些之前被认为是铁板一块的国家机器、社会被国家吸纳以至于不存在任何生存空间的固有认知是偏颇的。权威主义国家和极权国家内部同样存在着不同层级政府间大量的、复杂的互动关系，乔纳蒂在分析苏东国家转型路径和结果差异的时候，提出了"互动式政党国家模型"用以分析不同层级党政科层之间的复杂关系；而维维恩·苏在 *The Reach of the State: Sketches of the Chinese Body Politic* 和《中国的国家权力和社会组织》中将改革开放前中国基层组织描述为"蜂窝式"结构，提出社会细胞化重要结论，认为改革开放前中国在表面上展现出了"全能主义"国家对社会和中央党政之外的不同党政科层的强大吸纳和统御能力，但在实际运作中，仍然被各种各样的潜在的

概念无疑具有非常广的周延性，人类历史上近乎全部的政治生活和公共生活都可以采用治理概念进行分析。

但是，这就存在一个问题，如果仅仅将治理作为一种描述性概念看待，强调其分析性功能，便会落入到追求价值无涉的形而上学的窠臼之中，治理概念就缺乏了社会性和历史性。任何概念，即便是强调客观描述、分析性功能的概念，都具有价值导向，受到意识形态的影响。20世纪80年代之后，反国家和反政府成为一种潮流，在这一时期关涉政府和国家的理论和研究或多或少都不再将国家和政府视为分析的中心，而是将其嵌入到社会中，认为国家或者政府的制度安排、政策、行动都是镶嵌在一定的社会网络中的，试图在经验分析上打开国家和政府的"黑箱"，在规范上为国家和政府寻找一个恰当的位置。因此，作为描述性概念的治理，一方面承认了政府与市场、政府与社会是处于互动之中的；另一方面也做出了这样一种判断：国家、政府的排他性治理是不恰当的、不好的，也是不稳定的、不长久的。正如维维恩·苏所言："在公共生活机构相对强势且发育良好的地方，国家权力一开始可能会更加难以组织；但是，一旦得到巩固，国家权力便会变得更加有韧劲，会朝着保持并扩大统治权能的方向演进。"[①]

治理概念的规范性维度为治理概念的描述性维度奠定了基本的价值导向和理论基础。关于治理的规范性维度，不同学者和机构做出了不同面向的界定。格里·斯托克提出了关于治理的五个维度的观点："（1）治理是一套社会公共机构和行为者，这些公共机构和行为者可以是政府机关，也可以不是政府机关；（2）在为社会和经济问题寻求解决方案时，治理具有界限和责任方面的模糊性；（3）各社会公共机构之间存在何种权力依赖关系需要治理给予明确；（4）治理意味着各治理行为主体最终将形成一个自主的网络；（5）能否把事情办好并不取决于政府的权力及其权威，关键在于政府能否动用新

（接上页）社会网络所偏移。参见〔匈〕玛利亚·乔纳蒂著，李陈华译：《自我耗竭式演进：政党—国家体制的模型与验证》，中央编译出版社2007年版；Shue, Vivienne, *The Reach of the State: Sketches of the Chinese Body Politic*, Stanford, Calif.: Stanford University Press, 1988；〔美〕乔尔·S.米格代尔、阿图尔·柯里、维维恩·苏著，郭为桂译：《国家权力与社会势力：第三世界的统治与变革》，江苏人民出版社2017年版，第76页。

① 〔美〕乔尔·S.米格代尔、阿图尔·柯里、维维恩·苏著，郭为桂译：《国家权力与社会势力：第三世界的统治与变革》，江苏人民出版社2017年版，第76页。

的工具和技术,这种新的工具和技术就是治理。"① 斯托克的观点突出地关注了治理的社会导向,即治理更多的应是政府、私人部门和第三部门共同合作、解决问题的过程。从斯托克的观点来看,治理概念更多的具有强势民主理论、社群主义理论等强调以直接民主和公民参与为基础的公共行政研究宪制主义路径的影子。

罗伯特·罗茨指出了治理的六个方面的内容:"(1)就国家层面讲,国家应削减公共开支,以最小的成本获取最大的效益。(2)作为公司而言,它指的是一种组织体制,这种组织体制能有效指导、控制和监督企业的运行。(3)就政府管理而言,它是一种新的公共管理运动,就是要把市场机制和私人管理手段引入政府管理行为中。(4)治理的目标是善治,即强调公共服务的效率、法治、责任精神。(5)就社会治理而言,即指政府与私人部门、与民间组织的合作与互动。(6)作为一种自组织网络,即指一种社会协调网络,这种网络是建立在协调与自愿基础之上。"② 罗伯特·罗茨提出的治理六个方面的内容实际上是将新公共管理的主要内涵与政策主张用治理外衣进行了包装。前三个方面,治理就是新公共管理;后三个方面,则以新公共管理的制度遗产作为基础,即新公共管理运动推动的政府解制、向下授权,推动的政府分散和相互竞争,形成了一个公共服务多元供给的政治市场格局。在此基础上,指出良好的治理应当是基于竞争机制和市场逻辑之上的。而治理在早先使用的时候,也被视为新公共管理的同义概念。③

联合国发表的《我们的全球伙伴关系》为治理提供了一个具有一定认同度的概念,文章认为:"治理是公共或私人机构管理共同事务的诸多方式的总和,它是一种持续的过程,在这一过程中,不同利益者和冲突者的矛盾得以调和并能够联合起来共同行动。它也是一种制度安排,既包括各种正式制度和规则,也包括各种非正式的制度(这种制度安排必须获得人们的同意或符合人们的利益)。"④

---

① 〔英〕格里·斯托克、华夏风:《作为理论的治理:五个论点》,《国际社会科学杂志》(中文版) 2019 年第 3 期。
② 俞可平编译:《治理与善治》,社会科学文献出版社 2000 年版,第 86—96 页。
③ 池忠军:《西方治理理论的公共哲学批判性诠释》,《南京师大学报》(社会科学版) 2017 年第 1 期。
④ 全球治理委员会:《我们的全球伙伴关系》,牛津大学出版社 1995 年版,第 23 页。

三种治理概念界定方式基本上将治理的不同面向展示了出来。第一种面向的治理与公共行政研究宪制主义路径、民主行政传统相关；第二种面向则将市场视为治理的基本机制，将新公共管理视为治理的主要模式；第三种面向基本上将前两种面向结合起来，认为治理就是一种以问题为导向的、强调多元主体相互依赖的制度安排和规则模式，多元主体在形成这种制度安排和规则模式的时候，更多的是运用非强制的说服、协商、利益交换等方式来达成集体行动和共识；而解决问题和达成集体行动的时候，便可以采用自组织网络、市场、科层制等工具。

作为规范性概念的治理意图将公共生活从政府和国家的垄断中解救出来，从技术官僚的支配性治理中解放出来。因此，治理不同于既往的公共行政强调政府内部的管理、强调政府的改革，而是强调政府应当弱化自己在治理中的支配性地位，更多地支持公民、第三部门、私人部门的合作治理，支持科层制、市场、网络三种机制的灵活运用。治理概念描绘了一幅公共生活和政治实践的美好蓝图，这幅蓝图在"善治"理论上得以全面地展现。所谓的"善治"可以视为前面三种治理概念的综合，意图提出一套检验治理成效的标准。俞可平就认为："善治就是使公共利益最大化的公共管理过程。善治的本质特征，就在于它是政府与公民对公共生活的合作管理，是政治国家与市民社会的一种新颖关系，是两者的最佳状态。"[①] 而善治一般有六个基本要素："（1）合法性；（2）透明性；（3）责任性；（4）法治；（5）回应；（6）有效。"[②] 作为规范性概念的治理，并未描绘出与既往政治理论、公共哲学设想的不同的美好公共生活的图景，但是治理提出了一条达至这样美好公共生活的规范性的道路，即通过多元主体之间的真诚协商，进而达成基本共识。在这种共识的基础上，重新设计制度与政策，共同参与执行，不断调整，以解决公共问题，增进公共福利。在这样一个过程中，解决的不仅仅是实际治理问题，更为重要的是，这一过程实现了公共性的再生产。

治理概念内部嵌含着两种路径：一种是新自由主义意识形态指导下的新公共管理路径，该路径将治理的主要机制视为市场；第二种路径则以强势民

---

① 俞可平：《治理和善治：一种新的政治分析框架》，《南京社会科学》2001 年第 9 期。
② 俞可平：《治理和善治：一种新的政治分析框架》，《南京社会科学》2001 年第 9 期。

主理论、社群主义理论和协商民主理论为基础,在民主行政的轨道上,强调治理应当是行政民主化的过程,认为公民积极参与能够有效提供公共服务,在这个过程中,政府更应当发挥好领导者的作用,推动公民参与行政的民主化过程的实现,力图实现民主国家到民主社会的转变。[①] 两种路径都承认治理的权力、治理的公共权威不再是以政府和国家为主导,而这是治理概念能够勾连两种路径的基础所在。在治理的理论视阈中,公共权力的界定不再是以是否掌握在政府手中来做出界定,而是以解决公共问题所需要的调节利益、求同存异、达成共识、促进集体行动的非固定的和非正式的一系列得到其他主体认同和遵守的手段和工具来界定。治理理论持有的多中心治理、协同治理等并非直接强调某个主体的支配性地位的主张,契合了新自由主义意识形态和新公共管理运动的市场机制普遍性和优先性,而市场民主强调的正是政府分散、授权、私有化和竞争,这就使得整个政府体制能够形成多元竞争的格局。治理强调的分权、授权、公民参与、协商和合作,同样也契合强势民主理论、社群主义理论和公共行政研究宪制主义路径对真正的、良好的公共生活的美好图景的想象。

当治理将矛头对准传统公共行政理论、对准行政国家和福利国家的时候,便为存在张力乃至冲突的不同理论传统奠定了基本的共识,那就是强势国家是有问题的、是不好的,以技术官僚排他性治理模式基础的行政国家和福利国家是需要摒弃的。[②] 借由公民参与、政府分权、政府向下授权等理论

---

① 民主国家与民主社会在治理视阈中并不是等价的概念,民主社会可以视为民主国家的进一步的发展。所谓的民主国家即传统意义上的代议制民主国家,以代议制民主和官僚制作为最主要的国家制度形式和组织载体,民主主要是通过代议制机制将偏好聚合起来体现,形成所谓的国家意志;而日常政府管理和决策执行则是由永续性的、政治中立的行政官僚组织负责。在民主国家中,公民享有的民主权利更多是消极性的、防御性的和程序性的,公民对国家政策的影响也非常受限,公民实际上的政治影响能力较弱。同时,民主国家强调政治专业化,暗含了对精英政治的偏爱,其结果是普遍的政治美德和政治责任的后退,政治出现了去公共性的趋势。而在治理视阈中,民主社会则是优于民主国家的,体现在两个方面:民主社会是对民主国家的中央集权制度和官僚制度的改革,使得政府权威削弱、治理资源能够平均分布,进而为公民和社会集团更多地参与治理提供了空间;另一个方面,民主社会强调了不同社会集团、政府、私人部门、公民相互依赖,任何一个主体都可能具有某一个方面的否决权或者某种稀缺的、必要的治理资源。那么,这就为商谈民主和协商共识提供了场域和空间。参见 Harry C. Boyte., "Civic Populism", *Perspectives on Politics*, 2003, 1(4)。

② 〔英〕安德鲁·海伍德著,吴勇译:《政治学核心概念》,中国人民大学出版社 2014 年版,第 11 页。

观点和政策主张,强调强势民主、协商民主的公共行政研究宪制主义路径和强调市场机制、竞争逻辑的新公共管理运动共同聚焦于治理的旗帜之下。虽然它们都赞同多元参与的治理形式,反对任何主体在治理中占据排他性的和支配性的地位,但背后却是不同的理论假设、价值导向和政治目标。因此,弗雷德里克森认为:"治理是在公共行政急需积极符号之时出现的一种积极符号;治理是有关政府改革的流行看法、民选的行政首长政治、严肃的经验学派理论及现代公共行政理论的融合;就像所有的改革一样,在作为治理的公共行政中,迎头出击总比坐以待毙好。"[1] 也有学者更多地欣赏治理作为一种充满活力和弹性的概念,其在公共行政理论丛林中所发挥的黏合剂的作用。[2]

表 3-1 治理概念的兼容性

新自由主义 新公共管理	治理	强势民主、协商民主 公共行政宪制主义路径
市场机制、竞争逻辑; 功利主义与工具主义; 精英政治、反大众民主	反国家主义; 强调政府分权; 多元主体; 协作网络	社会性个体主义、协商合作; 价值优先、直接民主; 公民政治

说明:虚线意味着治理理论包含了新公共管理和宪制主义公共行政能够在治理形式上取得的共识。

治理概念具有其独特的价值,这种价值体现在两个方面。一方面是治理的经验描述维度和分析性功能上,治理概念扩展了公共行政的研究范围,将公共行政研究从政府研究的狭小视阈中解放出来,从而能够更为全面地分析公共问题。而治理的描述性概念和分析性功能强调政府是嵌入到社会中的,政策是受到社会网络影响的视角,使得公共行政的跨国和比较分析在知识生产、概念建构和理论发展上更具有可行性。另一方面的价值则体现在治理的规范性维度上,治理概念毕竟正视了市场机制、国家和自组织网络的重要性,并且主张三者互补,打破了在研究公共问题上存在的三种倾向,即"市

---

[1] 〔美〕H. 乔治·弗雷德里克森著,张成福等译:《公共行政的精神》(中文修订本),中国人民大学出版社 2013 年版,第 61 页。
[2] 包国宪、郎玫:《治理、政府治理概念的演变与发展》,《兰州大学学报》(社会科学版)2009 年第 2 期。

场神话""国家神话""社会神话"倾向①，这使得公共性的生成至少在学理上具有了更加牢固的基础和广阔的空间。

2. 治理理论的谱系

时至今日，治理理论至少发展出了网络治理、元治理、协同治理、多中心治理、整体性治理等五种代表性理论，而在中国则发展出了同西方治理语境差异巨大的国家治理理论。不同治理理论回应的是不同情境的治理问题，而对这些治理理论谱系的梳理和类型学研究，则可以发现不同治理理论的基础理论、价值导向；也可以窥探不同国家治理实践的多样性。

网络治理建立在新自由主义改革的遗产之上，关注的是政府放权和解制之后的达成集体行动和解决公共问题的行动机制和互动结构。网络与科层制不同，网络强调的至少是形式上的自由和协商，而科层制则强调的是明确的支配与服从关系。网络将既往隐而不彰的超出正式关系或者法定政策关系的协调、沟通和行动结构明确地展现了出来，并赋予其正当的地位。网络研究一般可以分为三个传统，分别是社会网络、政策网络和公共管理网络，而政策网络影响最大。② 政策网络强调的是在政策过程中的不同行动主体的横向沟通、协调和行动结构，具有三个特征：一是主体间相互依赖；二是政策网络是一个解决问题的过程；三是政策网络受到制度制约。③ 政策网络在逻辑上服膺于多元主义民主理论，都建立在影响政策的政治、经济、社会文化和信息资源的平均分布假设之上。

元治理关注的是新自由主义改革的负面后果，即公共服务和社会治理的

---

① 所谓的"市场神话""国家神话""社会神话"单一地强调某种治理模式或者治理机制的无所不能、无所不包的全能性，因此被视为"神话"。一方面表明了在一段时期内，对某一单一治理机制的普遍信任，对其缺乏反思性；另外一方面则指出了单一治理机能够解决所有时空下的所有问题的不可能性和虚构性。所谓的"国家神话"指的是官僚制制度和权力自上而下授予、命令自上而下运行的治理机制的全能性，"市场神话"和"社会神话"指的则是市场机制和社会的自组织网络机制无所不能的叙事模式。治理某种程度上是想将三个神话的优点结合在一起，同时尽可能地避免任何一个神话的缺陷。参见何哲：《构建平衡的国家治理观：破解国家治理的单一理论神话》，《探索》2019 年第 2 期。
② 何艳玲：《公共行政学史》，中国人民大学出版社 2018 年版，第 161 页。
③ 何艳玲：《公共行政学史》，中国人民大学出版社 2018 年版，第 161 页。

碎片化。政策网络为代表的网络治理理论和实践更关注如何弱化政府在治理中的作用，而元治理则相反，是探讨如何在"自由裁量权和控制之间达到某种平衡"[1]，如何解决公共服务和社会治理碎片化问题的同时，不至于回到行政国家的路径上。因此，元治理将政府视为创造达成行动的公共空间的责任承担者和领导者而非支配者。

网络治理和元治理更多关注的是治理中的主体结构问题，协同治理则更多关注的是过程和行动，关注解决问题的对话和共识。协同治理作为规范性的治理理念，强调民主的本质是协商而非投票，强调民主是合作而非竞争，因此大量的对话、协商进而达成共识就成为协同治理的关键。换言之，协同治理试图将民主形式上赢者通吃的投票游戏向协商、对话、理解、合作的行动转变。协同治理认识到了赢者通吃的投票游戏本质上是建立在单向度的经济人假设之上，形式上的赢者通吃并没有为民主和解决实际问题的公共政策带来更多的合法性，而是不断地侵蚀民主和公共政策本身的合法性。因此，协同治理想要将投票转变为对话和协商，将竞争转变为合作，将自我转变为他人，达成具有实质性意义的政策意见而非形式意义上的选票加总。

多中心治理是网络治理和协同治理的发展，更为强调的是作为规范性理念的协同治理的操作化。多中心治理强调的是不同行动主体在稳定的结构基础之上、一定的规则约束下，通过具有共识性的行动规则来解决公共问题。而整体性治理则是元治理理论的进一步发展，元治理理论强调政府的领导性作用，那么整体性治理理论则力图在实践上解决公共服务和社会治理的碎片化问题，主张政府结构的整合和再造，更好地应对非规则性和整体性的社会问题。

在西方国家的政治发展和社会科学理论发展中，治理更多是发挥了弥合两种相互竞争的政治理论及其实践的桥梁功能。英国撒切尔政府和美国里根政府面对经济层面上的滞胀危机、政治层面上的合法性危机、社会层面上的激烈冲突，选择了新自由主义意识形态及其改革来应对这场结构性危机。所谓的新自由主义意识形态，简单来说，便是"公就是坏，私就是好"。新自由主义意识形态是古典自由主义的回潮，该理论主张市场机制和竞争逻辑的

---

[1] 何艳玲：《公共行政学史》，中国人民大学出版社 2018 年版，第 165 页。

普遍性、有效性、优先性和正当性。新自由主义认为，一个强调"稳固的个人财产权、自由市场、自由贸易——释放个体企业的自由和技能"①的制度框架，"能够最大程度地促进人的幸福"②。进而，新自由主义意识形态强调，"国家的角色就是创造并维持一个能够适合于此类事件的制度框架"③。总体上新自由主义改革的目标是反行政国家和福利国家，放松对经济的干预和管制（尤其是金融系统）、削减社会保障和社会福利、限制工会达成集体行动能力、削弱劳动者集体谈判权利便成为新自由主义改革的主要政策主张。新公共管理运动意图让公共服务能够形成多元供给的竞争市场，笃信私人部门管理的普遍性和有效性，主张市场民主对代议民主的修正。新公共管理运动的一系列改革举措，正是为了配合新自由主义反行政国家和福利国家的政策目标而产生的。

新自由主义改革并不仅仅是一两个国家的现象，而是整个世界的普遍性现象。与此同时，新公共管理运动也成了公共行政改革的标准模板，以欧文·休斯、基尔隆·沃尔什、戴维·奥斯本和特德·盖布勒出版的教材和著作作为标志，呈现出新公共管理的全球化指向，也标志着具有新自由主义基因的治理的全球化指向。④新自由主义改革的一系列政治经济社会后果，新公共管理的激励、分权、私有化导向改革带来的行政效率降低、责任碎片化等问题，使得治理理论摆锤摆向了强势民主、社群主义理论和公共行政研究宪制主义路径一边。在接受了新自由主义政府—市场关系改革、社会结构变动的遗产之后，治理理论和实践注重弥补新公共管理改革产生的问题，即治理责任碎片化、重复建设与无序竞争。

为了应对新自由主义改革和新公共管理改革带来的一系列问题，即便是在新自由主义改革和新公共管理运动大本营的英国和美国，都在寻找一条能够结合行政国家、福利国家和新自由主义改革、新公共管理运动优点，避免其缺陷的新的道路的需求。在这种背景下，吉登斯的"第三条道路"的理论

---

① 〔美〕大卫·哈维著，王钦译：《新自由主义简史》，上海译文出版社 2010 年版，第 2 页。
② 〔美〕大卫·哈维著，王钦译：《新自由主义简史》，上海译文出版社 2010 年版，第 2 页。
③ 〔美〕大卫·哈维著，王钦译：《新自由主义简史》，上海译文出版社 2010 年版，第 2 页。
④ 〔英〕克里斯托弗·胡德著，彭勃等译：《国家的艺术：文化、修辞与公共管理》，上海人民出版社 2014 年版，第 208 页。

主张应运而生，迅速成为20世纪90年代政府—市场关系调整、国家—社会关系调整和政府体制改革、治理实践和治理理论发展的元理论。①

"第三条道路"理论主张有七项基本价值原则："（1）平等；（2）对弱者的保护；（3）作为自主的自由；（4）无责任即无权利；（5）无民主即无权威；（6）世界性的多元化；（7）哲学上的保守主义。"②"第三条道路"与罗尔斯的"正义原则"一样，都试图调和左与右的巨大差异，寻找一条"不左不右"的中间道路。这条中间道路一方面强调社会公平、正义，另一方面放弃政府无所不包的福利国家；一方面赞同市场在创造财富、激励创新的巨大功用，另一方面则试图抵御市场和经济全球化带来的一系列风险。总之，"第三条道路"与福利国家比较来看，最大的差别在于，"第三条道路"力图让劳动者明白进入市场经济、进入商品交换关系是一种责任和义务，只有履行了这种责任，才可能享受得到风险保障的权利。而福利国家则模糊了进入市场经济和商品交换关系的责任，使得公民普遍经济社会权利保障和福利的享受同其经济表现脱钩。从对社会普遍性价值观来看，"第三条道路"与新自由主义意识形态别无二致，颂扬市场竞争中的个人成就是社会价值观的核心所在。

在世纪之交，英国布莱尔政府基本上接受了吉登斯所提出的"第三条道路"的"不左不右"的理论主张，试图弥补撒切尔政府的新自由主义改革带来的贫富差距拉大、社会矛盾突出、政府责任碎片化、行政效率低下等一系列问题。在政治层面上提出了替代福利国家和新自由主义改革的"社会投资型国家"③的政策主张；而在政府改革与治理改革层面上，则以整体性政府和

---

① 英国布莱尔政府基本上接受了"第三条道路"理论和政策主张，试图在新自由主义改革的基础之上建立一个"社会投资型国家"；而在美国，克林顿政府即便接受了奥斯本的政府改革和企业家政府的主张，但仍然是分层次实施的，更主要的是服务于其"第三条道路"的主张。参见池忠军：《西方治理理论的公共哲学批判性诠释》，《南京师大学报》（社会科学版）2017年第1期。
② 〔英〕安东尼·吉登斯著，郑戈译：《第三条道路：社会民主主义的复兴》，北京大学出版社2000年版，第70页。
③ 所谓的"社会投资型国家"，是吉登斯所提出的替代福利国家和新自由主义的不左不右的新的政治发展道路。福利国家在西方社会语境中普遍被视为"左翼"的，因为这一制度安排和政策设计倾向于政府更为广泛的管制和再分配，试图给公民提供"从摇篮到坟墓"的普遍社会保障和福利。这一制度安排缓和了阶级冲突，重建了政治共识，达成了社会和解，借由国家的保护，避免劳动力过度商品化，而使得反建制的、冲突性的阶级政治转化为制度化的阶层政治。但是这一制度安排在实际运行过程中，经常出现政府超载的问题，即在选举政治的场域中，公民不断上升的

协同治理为主要路径。[①]另一方面，作为公共行政研究宪制主义路径代表人物的弗雷德里克森也承认了新自由主义和新公共管理改革的某些结果，做出将当前治理等同于新公共管理的判断之后，强调应当在治理当中嵌入公共行政研究宪制主义路径的理论主张、价值导向和政治目标。"强有力的政治组织和行政组织对于发展共享的政治文化，对于建立和维护公民及其领导者进行民主自治的总体制度框架，是不可缺少的……如果要想使作为治理的公共行政得以延续和发展，我们必须能够控制交易的过程，必须确保组织机构的秩序，必须维持民主合法性的道德基础。"[②]

20世纪90年代到现在的治理，更多强调的是政府建设上的整体性政府模式和国家—社会关系、政府—市场关系上的协同治理、自主性网络治理模式，而这一模式的主要目标便是弥补新公共管理运动带来的责任碎片化问题。在接受政府分权和有限政府前提下，适当强化政府的功能。具体来看，弥补公共服务和治理责任碎片化问题，主要是通过多中心治理、协同治理而发展

（接上页）福利需求和福利国家制度安排所产生的巨大利益集团、官僚制政府的固有缺陷，使得国家对经济部门汲取愈来愈强。这就导致了经济部门中的资本投资意愿降低、积累减少，又影响到国家的公共产品和福利供给输出能力。新自由主义则被称为"右翼"的，因为该理论和相应政策主张以占有性个人主义为逻辑起点，强调个体决策和自致能力，认为市场机制是社会普遍福利增加的根本性机制。因此，普遍反对国家干预和大范围的社会保障。"华盛顿共识"基本上标志了新自由主义改革达到了它巅峰时期的声望和影响力。但是，新自由主义意识形态及其政策主张对社会保障、国家干预的激励批评乃至全盘否定，在政策实践中同样产生了灾难性的后果，阶级政治重启是其最为重要的政治后果。鉴于此，布莱尔接受了吉登斯的"第三条道路"理论主张，建设"社会投资型国家"，相较于前两者，"社会投资型国家"更多地将精力放在对劳动力进行的救济式的帮扶和劳动力培训，以使其不断适应激烈的市场竞争，而非无限度的兜底。"社会投资型国家"在经济上支持新式的混合经济，力图在公部门和私部门上搭起协作机制，利用市场动力机制的同时，将公共利益考虑在内；由社会福利转向社会保障，强调风险共同承担，认为个人应当是一个"负责任的风险承担者"而不是接受福利者。"社会投资型国家"和之前的"福利国家"相比最大的区别是在对劳动者的定位上，福利国家对劳动者的定位是将劳动者视为无条件或者相对较低条件接受福利的人，而劳动力的免于或者较低程度的商品化构成其价值目标；但是，"社会投资型国家"将劳动者视为需要对接受的福利承担责任和义务的人，如何避免劳动者在商品交换关系不利地位可能产生的爆发的社会冲突以及促进劳动者投入商品交换关系、更为高效地商品化是其主要的政策目标，而"对人类的潜能开放应当在最大程度上取代事后的再分配"，是其主要的价值主张。也就是说，"社会投资型国家"本质上已经全盘接受了新自由主义的基本假定，改变的只不过是强调国家可能更好地促进劳动力商品化。参见〔英〕安东尼·吉登斯著，郑戈译：《第三条道路：社会民主主义的复兴》，北京大学出版社2000年版，第104—105页。

① 池忠军：《西方治理理论的公共哲学批判性诠释》，《南京师大学报》（社会科学版）2017年第1期。
② 〔美〕H.乔治·弗雷德里克森著，张成福等译：《公共行政的精神》（中文修订本），中国人民大学出版社2013年版，第63页。

出的整体性政府和整体性治理理论、元治理理论及政策主张而完成的。所谓的协同治理，强调的是将协同作为治理的核心要素来考虑。一般来看，协同治理有五种基本类型：（1）多个组织间为完成某个政策目标或者行动目标而进行的间歇性的协调；（2）为了完成一个临时目标而迅速组建、完成后又解散的临时组织；（3）除了指一种临时性组建的灵活的协调外，协同治理也主张面对长期问题而进行的制度化协调、达成的正式协商、行动机制的长期性协调和合作；（4）前三者更多强调的是为了某一个长期或者短期目标而创制协调，协同治理也主张在已有的长期性行动中发展协调和合作；（5）强调治理资源的共同使用以及在这种使用过程中形成的网络结构。[1] 从表面上来看，协同治理强调的是协同的无处不在，但是协同的出现和如何让协同可持续性才是协同治理更为关注的问题，这就需要达成基于共识、互利基础之上的信任机制，进而发展合作，而这与新公共管理运动本质上强调竞争和利益最大化行动逻辑和动机是有差异的。协同治理是将解决问题和达成合作作为价值目标，而新公共管理则更多是将能够形成排他性利益绩效增加作为目标。

多中心治理则是在协同治理的基础之上发展而来的。多中心治理强调的是治理权威的分散性和多元性，而这背后则是在特定治理问题及其情境之中，传统的政府或者市场私人部门主导治理方式的不可能性而带来的治理资源的平均分布，使得治理权威的分散性和多元性成为现实的可能。另外一方面，从宏观上来看，西方国家尤其是英国和美国，在历经新自由主义和强势民主、社群主义、公民共和主义理论对行政国家、福利国家、技术官僚治理的持续、激烈的批判，新公共管理运动对政府权力的持续性削弱之后，政府治理资源和治理权威都难以维持既往的排他性支配的模式。因此，多中心治理存在着现实的可能性。多中心治理同达尔所赞同的多元民主有着逻辑上的契合性。多元民主主张政治领域上的多元集团相互制衡，而多中心治理则主张治理领域上的多元集团相互协作，而其假设在于治理资源（权力、物质资源、社会声望、知识、行动者经验能力智慧等）是相对平均分布的。所谓的多中心治理，即是"一种新的理念和制度安排，意味着社会中多元行为主体

---

[1] 曾维和：《当代西方政府治理的理论化系谱——整体政府改革时代政府治理模式创新解析及启示》，《湖北经济学院学报》2010 年第 1 期。

基于一定的行动规则，相互博弈、相互调适、共同参与合作，形成协作式的公共事务组织模式有效地进行公共事务管理，提供优质公共服务"①。网络治理则将多中心治理和政府结合在了一起，强调公共治理和公共服务上的互动和合作，并形成一个持续性的互动网络和行动机制。

网络治理一般有四种方式："（1）公私联合提供公共服务的第三方政府；（2）若干政府机构联合提供整合服务的协同政府；（3）充分运用先进技术，与政府外部公共服务伙伴进行合作，解决治理问题；（4）满足公民个性化需要。"② 整体性治理和元治理有着逻辑上的关联性，整体性治理更多强调的是政府内部整合和无缝隙的流程、政府与其他行动主体顺畅的行动网络；元治理强调政府在制定规则上的基础性作用、强调政府的兜底性责任。整体性治理和元治理更为强调的是如何应对责任的碎片化问题。

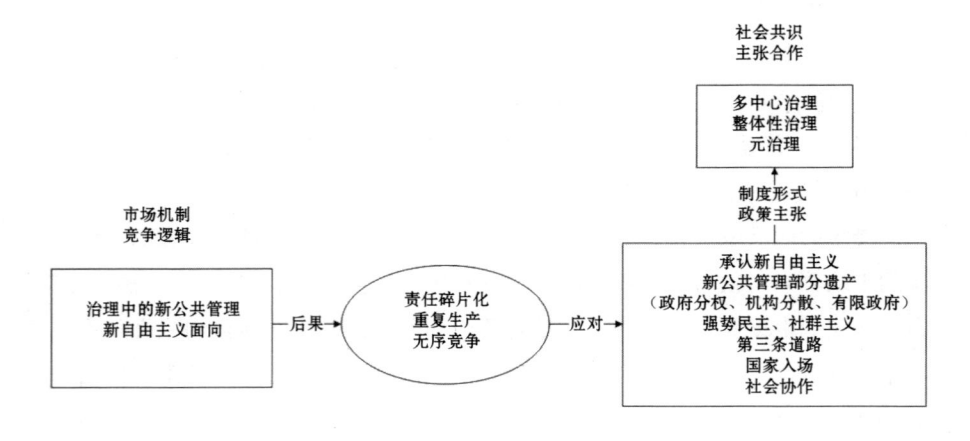

图 3-1 治理理论谱系图

从历时性角度来看，治理理论的发展总体上是在回应新自由主义改革和新公共管理改革，尤其是新公共管理改革带来的一系列政府治理问题过程中发展而来的。新公共管理的核心是私有化、向下授权、分权，它的目标是

---

① 曾维和：《当代西方政府治理的理论化系谱——整体政府改革时代政府治理模式创新解析及启示》，《湖北经济学院学报》2010 年第 1 期。
② 曾维和：《当代西方政府治理的理论化系谱——整体政府改革时代政府治理模式创新解析及启示》，《湖北经济学院学报》2010 年第 1 期。

想要通过市场机制和竞争逻辑来实现民主,但其结果却是后果转嫁、实施项目重复建设和相互冲突、缺乏必要沟通、各自为政、公众难以获得服务等一系列的碎片化问题,[①] 被称为"碎片化治理"。新公共管理意图用市场机制和竞争逻辑来实现民主和效率的统一,但是市场机制本身的局限却被新公共管理忽视了。政治行政领域本身存在着无法清晰界定产权、无法有效地分析收益、公共决策而不是私人决策、各种制度相互依赖等特点,使得相互竞争能够有效提供公共产品进而实现民主的政治目标是难以实现的。政治行政领域本身的特点使得嵌套在其中的市场机制和竞争逻辑的固有缺陷愈加放大,看似激烈的府际竞争,其背后并不是效率的提升,而是重复建设的浪费。那么,治理理论与实践一定程度上出现了向国家回退的趋势。[②] 在治理理论的进一步发展中,可以清晰地看到新自由主义改革和对国家进行猛烈批判的各种理论形成了这样一种制度遗产:国家在话语、思想、理论和实践中的权威都在下降,第三部门的治理空间有所扩大。但是新公共管理改革的碎片化后果则在某种程度上呼唤着国家的再度入场,国家权威因为市场同政治行政领域的不适应而得到一定程度的恢复。因此,治理便向整体性治理和元治理方向发展,强调政府如何利用各种治理工具,同私人部门、第三部门形成相互信任、相互协作的机制,来共同解决公共问题,政府应当勇于承担规则和制度的供给者、责任兜底者的责任。

而在治理理论与实践发展中,也可以窥探到治理风潮尽管是一个世界性的现象,但是在西方国家中仍然存在不同面向:英国发展出了重视协同的整体性治理模式,而美国则有新公共服务理论发展壮大的趋势,欧洲大陆的法国、德国和瑞典等国在治理中则更为强调政府的作用。在西方国家中,治理理论以多元主体、相互依赖、界限模糊、权威多元为四个核心特征,而治理实践也在不同程度上展现出了这四个特点,但并不能说明治理理论和实践的同一性,不同国家情境不同,治理也会呈现出不同的样貌来。治理的理论价值在于弥合公共行政内部相互冲突的理论观点,也在于弥合公共行政内部相互冲突的理论观点背后的公共哲学思潮和意识形态的纷争,重建一个具有

---

① 曾维和:《当代西方政府治理的理论化系谱——整体政府改革时代政府治理模式创新解析及启示》,《湖北经济学院学报》2010 年第 1 期。
② 王诗宗:《治理理论的内在矛盾及其出路》,《哲学研究》2008 年第 2 期。

共识性的公共哲学。作为实践的治理，其价值主要表现在解决实际问题的有用性上。从这些方面来看，治理理论虽然有不同面向，其中还有相互对立的理论，但是治理理论仍然发展出了一套形式上说得过去的理论，即整体性治理，来调和公共行政研究管理主义路径和宪制主义路径的差异、分歧和矛盾。[1]

（二）治理的历史语境

1. 现代自由主义与福利国家

治理理论被认为是对新公共管理和传统公共行政理论的替代，这种判断是基于治理理论内部的两种理论源流共存而做出的：一种是基于新自由主义意识形态的市场导向和个体主义为根本原则的治理机制设计；另一种则是基于强势民主理论、社群主义理论和公民共和主义理论的公民直接参与政治和行政管理的行政民主、直接民主为目标的治理机制设计。让两种理论源流能够共存的基础有两点：一是对规模巨大、效率低下但又排他性治理的大政府传统的摈弃；二是对多元治理的偏爱。从治理理论发展角度来看，治理理论也是基于新自由主义改革造成的一系列治理问题的应对而获得发展的。

仅仅就治理谈治理，很有可能轻易地将治理视为能够在公共行政和政治学领域内建构出新的具有"范式更替"可能性的理论，而忽视了治理理论产生、发展、变化的场域，这种场域可以被称为是治理的"历史语境"，[2] 即生发治理的情境和历史脉络。其不仅仅包括政治与公共生活，也包括治理生发的理论源流和其意识形态基础；治理理论回答的主要时代问题、提出的政策主张；治理理论与实践多大程度上改变了政治与公共生活。只有将治理理论置于这样的情境之下，才能更深刻理解治理内部两条理论路径的分歧与共

---

[1] 胡象明、唐波勇：《整体性治理：公共管理的新范式》，《华中师范大学学报》（人文社会科学版）2010年第1期。
[2] 池忠军：《西方治理理论的公共哲学批判性诠释》，《南京师大学报》（社会科学版）2017年第1期。

三、治理：在现代自由主义、福利国家与新自由主义、全球化之间 | 159

识，并挖掘到两条理论路径相互竞争背后的经济社会结构的变迁以及由此带来的政治权力和治理资源、治理权威的重新配置。这就需要回答以下四个逻辑上呈现递进关系的问题：（1）新自由主义改革是为了回应行政国家和福利国家存在的怎样的问题？（2）新自由主义改革开出的政策方案又留下了什么样的制度遗产？（3）作为回应新自由主义改革产生的问题的治理理论与实践多大程度上解决了新自由主义改革留下的问题，又保留了新自由主义改革的哪些制度遗产？（4）治理是一种具有"范式更替"潜力的理论吗？

公共行政学和政治学普遍使用治理概念与普遍使用新公共管理概念处于同一历史时期，而在这一历史时期，新自由主义意识形态构成了整个西方社会的公共哲学内核[1]，治理理论与实践的发展则是在沿袭与回应新自由主义意识形态、新公共管理运动历史进程中展开的。因此，要更为深入地讨论治理及其"历史语境"，新自由主义意识形态与新公共管理便是分析的逻辑起点。那么新自由主义意识形态赞同什么、反对什么、主张什么，并分析新公共管理运动与新自由主义意识形态之间的关系，对于回答治理与新自由主义意识形态和新公共管理运动之间的关系至关重要。而在分析新自由主义意识形态、新公共管理运动与治理之间的关系时，又不得不对行政国家、福利国家和现代自由主义意识形态等新自由主义意识形态及其改革之前的政治发展模式和公共哲学进行分析，而这正是新自由主义改革开展的场域。

新自由主义意识形态是对现代自由主义部分内容反动的产物，是古典自由主义的回潮。现代自由主义不同于古典自由主义，古典自由主义以占有性个人主义为基础，即"人的本质是免受任何关系（为了自己的利益而加入

---

[1] 所谓的公共哲学即是一个时代下公共生活的真理，更为恰当地来说，是一个时代的意识形态。公共哲学与意识形态、政治共识等概念具有一定的联系，意识形态是公共哲学的核心内容，而政治共识则是公共哲学的经验呈现。意识形态并不意味着会得到社会的认同和自愿服从，意识形态需要通过一系列灌输制度、策略和政治发展取得的绩效，才有可能被人们普遍地认同，进而成为公共生活的根基。而政治共识则是意识形态成为公共哲学之后的经验体现，即人们在公共生活、集体行动、集体决策、意见分歧中都共享共同的认知模式和判断依据。新自由主义意识形态之所以受到西方社会，尤其是英国和美国的普遍欢迎，原因在于新自由主义的个人成就价值观契合启蒙主义和资本主义经济体系扩展以来所形成的对主体性的强调和工具理性的思维模式。此外，新自由主义意识形态与西方社会传统的重视小家庭和小社区的道德伦理兼容，新自由主义意识形态也支持消费主义，满足年轻人的后现代文化潮流，进而满足其个性化的需要。因此，新自由主义意识形态构成了西方社会的公共哲学，西方社会20世纪80年代之后的公共哲学，基本上是围绕着新自由主义意识形态建构的。

的关系除外）束缚的自由。个体自由，只有出于其他人自由的需要才能被正当地限制。个体是他自己人身的所有者。为此他对社会无所亏欠。他有让渡自己劳动的自由，但不得让渡他的整个人身。社会是一系列所有者之间的关系"[1]。古典自由主义由此强调"自由与自我负责的一致性"，认为个体的理性和自由不应该有任何限制，除非是与他人的自由要求不相容的情况下。除此之外，个人的所有行为都是个人理性的结果，是个体选择的结果，是双方或者多方合意的结果。因此，带来的利益或者损失都是正当的。在这种预设之下，古典自由主义赞赏市场经济，并认为市场经济是人类共同体得以发展的制度根基，而这一制度根基是理性的个体之间重复博弈和自然演化的结果，具有天然的正当性和历史的有效性，理性经济人的市场经济机制能够自动实现社会福利的增长。建基在占有性个人主义和市场经济机制之上的功利主义[2]自然成为古典自由主义的伦理基础，而孜孜不倦地追求利益的工具理性思维模式也成为古典自由主义的方法论根基。

  古典自由主义在19世纪中末期以来愈来愈受到抨击，原因在于工业革命带来的社会转型，深刻地改变了英国和其他欧洲国家传统社会结构及其政治力量。工业革命之后，古典自由主义构想的市场社会逐步成为现实，这一市场社会以人的劳动力是一种商品作为主要的判断依据。劳动者从封建庄园和传统农业、家庭生活的禁锢中被解放出来，但是劳动者的自由也仅仅在于出卖自己劳动力的自由。市场社会使得劳动力变为商品成为一个普遍性的趋势，成为市场经济的关键性要素。劳动力成为商品意味着"市场关系塑造了或渗透进了一切社会关系"[3]。市场社会与工业革命促成了欧洲工业化国家的重大政治力量变化，这一变化在英国表现得尤为明显：市场社会和工业革命形成了资产阶级和无产阶级的冲突，同时又存在既往的依靠地租为生的地主阶级。三个阶级在英国宪制框架下展开了竞争，工业资产阶级想要在议会中获得更多的席位，进而控制国家机器，创制属于工业资产阶级的制度化的利

---

[1] 〔加拿大〕C. B. 麦克弗森著，张传玺译：《占有性个人主义的政治理论：从霍布斯到洛克》，浙江大学出版社2018年版，第278页。

[2] 功利主义在诞生之初，认为个体对效用，也就是感官愉悦的追求是任何集体行动和制度安排的根本出发点。自然，功利主义与古典自由主义是契合的。

[3] 〔加拿大〕C. B. 麦克弗森著，张传玺译：《占有性个人主义的政治理论：从霍布斯到洛克》，浙江大学出版社2018年版，第50页。

益；而既得利益者地主阶级则想保住自己的权力，抵制工业资产阶级放弃重商主义的政治主张（重商主义保护了依靠地租和农业的地主阶级）。无产阶级则通过各种各样的政治活动，意图获取投票权，进而影响政治，获得集体谈判权，并进而要求更多的社会经济权利和社会福利。

在工业革命引致的社会转型中，工人阶级获得了保守的地主阶级的支持，双方意图共同限制工业资产阶级权力的扩大。工业革命带来的社会治理问题的需求，呼唤着政府对经济社会进行系统性的干预。在这种情境下，古典自由主义仍然坚持着激进的占有性个人主义，反对任何政府干预和财富再分配，结果是古典自由主义难以为工业资产阶级辩护，同时还招致了各方面的激烈批评。随着英国各个阶级之间的博弈的开展，各个阶级之间逐步形成和解，而在这一过程中，古典自由主义也逐步放松了占有性个人主义的激进倾向，吸收了社群主义、共和主义和欧洲大陆的康德传统，尤其重要的是，吸收了实证主义哲学和社会理论，对政府干预持有愈来愈积极的态度。

古典自由主义的转型是由斯宾塞、密尔等学者完成的，他们保留了自由主义根基的个人主义（个人产权保护）、理性主义，将功利主义改造为个体福利和集体福利相调和的伦理规则；将康德哲学理论和传统的强调公民美德和社群归属的其他政治、道德理论加入古典自由主义中，并将古典自由主义与新兴的趋向于自然科学化的实证主义理论结合在了一起，以历史进步主义论调让古典自由主义接受政府干预。古典自由主义便转向现代自由主义，意味着自由主义更为平衡和综合，社会性个人主义[①]成为其逻辑起点。现代自由主义意识到个体的"自由与自我负责的一致性"是难以实现的，个体决策可能存在着外部性，个体做出的决策也并不是合意的结果。既然个体做出决策并不仅仅只影响个体，还会影响到他人和社会，而社会结构差异也对个人地位和生活机会造成了潜在性的影响，个体参与竞争所需要的资源分布就并不是均衡的，所谓个体努力达至成功的社会规范承诺很难站得住脚。自然而

[①] 社会性个人主义认为个人是社会之中的，也就是人的本性乃是一种社会存在，强调"人格乃是通过在社会生活中找到其发挥重要作用的方式而得以实现的"。那么，新自由主义的政策主张便与古典自由主义的有限政府不同，强调"集体主义"的立法而不是"个体主义"的立法，强调社会和公共领域亦是个体和社会进步的主要领域，强调政府对社会和经济的积极干预。参见〔美〕乔治·萨拜因著，〔美〕托马斯·索尔森修订，邓正来译：《政治学说史：民族国家》（下），上海人民出版社2015年版，第554—555页、第557页。

然，现代自由主义对政府大规模干预也持一个开放性的、支持性的态度，这一态度受到了改造过后的功利主义哲学[①]的支持和历史进步主义的认同。古典自由主义成功转向为现代自由主义，使得现代自由主义意识形态构成19世纪以来西方世界公共哲学的主要内核。

"二战"结束后，西方国家普遍走上了行政国家和福利国家的道路。行政国家和福利国家的发展大致上处于同一个历史时期，而行政国家的扩展则得益于福利国家在整个西方社会的发展。对西方国家而言，行政国家和福利国家发挥的功能是有区别的。从逻辑上来看，行政国家是福利国家的必要条件，但是行政国家却不是福利国家的充分条件。也就是说，行政国家并不一定会发展出福利国家，而福利国家则需要行政国家予以保障和支撑。行政国家与福利国家的不同在于，虽然二者都是一个政治概念，但行政国家关注的是政治当局和行政机构构成的政府在整个经济社会发展中的主动介入和干预，这种介入和干预充分展现出了现代国家的基础性权力，即国家对整个经济社会的普遍渗透上。但是，福利国家更为关注的是社会领域和社会政策，关注社会功能的发挥。

福利国家的核心理念是社会公民权[②]，对社会公民权的理解则有现代自由主义和民主社会主义的理解。社会公民权意味着社会权利与财产权利一样都是不可侵犯的，意味着社会权利的赋予是以公民资格为依据，而不是以个人在商品交换关系和市场经济中的表现来赋予。那么，社会公民权即意味着个人地位的去商品化。[③] 既然社会公民权意味着个人地位的去商品化，那么福利可以被界定为去商品化，也就是一个人不必依赖市场就能维持生活。[④] 也有学者认为："福利是给予到了工作年龄却没有找到工作的人以现金援助或

[①] 功利主义的重要代表人物密尔对功利主义顽固的个体自利和感官快乐为单位的效用概念进行了修正，强调公民高尚情操的培养，认为能够增进公民的自由和高尚美德才是判断政府行为的主要标准。
[②] 〔丹麦〕哥斯塔·埃斯平·安德森著，苗正民译：《福利资本主义的三个世界》，商务印书馆2010年版，第30页。
[③] 〔丹麦〕哥斯塔·埃斯平·安德森著，苗正民译：《福利资本主义的三个世界》，商务印书馆2010年版，第31页。
[④] 〔丹麦〕哥斯塔·埃斯平·安德森著，苗正民译：《福利资本主义的三个世界》，商务印书馆2010年版，第31页。

相当类似的资金援助。"[1] 所谓的福利与市场经济和商品交换关系本质上是不同的，劳动者进入市场经济中，意味着劳动者只能通过出卖劳动换回工资，才能维持基本生存。但是，福利却给予了劳动者维持生存的另一种可能的途径，这种途径是通过国家和政府的资金等各方面援助而实现的。那么，福利国家意味着这样一种制度：国家通过对劳动者的全方位各类型援助，使得劳动者在不进入市场的情况下，也能维持生活。并且，这种援助是以资格而不是表现作为依据的。在马克思主义政治经济学理论视阈中，福利国家则被视为这样的一种制度体系：福利国家并不是以工人阶级和劳动者的去商品化为目的，而是以劳动者和工人阶级暂时去商品化、维系其基本生存，并强化工会集体谈判权利来弥补资本主义经济过程自发商品交换关系崩溃的缺陷，实现阶级和解，创造共同政治认同。福利国家的根本目的是促进资本主义经济过程的顺畅运行。无论是自由主义左翼、民主社会主义理论视角还是马克思主义理论视角，福利国家相较于古典自由主义的守夜人国家而言，无疑是一种价值上更加文明和进步的国家形态，任何阶级都在这种国家制度中得到了益处。在福利国家得到推行和发展的同时，行政国家也在此过程中逐步壮大，而行政国家则通过对经济系统、社会文化系统的全面介入、干预和调整，试图维系福利国家并促进市场经济有效运行。

福利国家的产生有着三个原因：首先是"二战"的巨大灾难使得西方国家普遍地将人道主义和人权保障视为新的国家建设的指导思想和政治价值；其次是美苏争霸使得接受美国保护的各个西方国家能够将更多财政支出用在社会建设之上，这为福利国家的产生奠定了物质基础；其三，更为根本的原因是，福利国家是当时西方各个国家所认为的能够尽可能地减少乃至避免经济周期性危机的有效制度，福利国家和行政国家的制度安排，一是可以干预经济；二是可以将阶级政治转向为阶层政治[2]，进而塑造全新的政治认同。

---

[1] 张宁、〔美〕马丁·季伦思：《美国人痛恨福利制度》，《社会科学报》2014年10月9日。
[2] 无论是社会阶层还是阶级，本质上都是社会等级制度和分层体系的子类型，表面上来看，社会阶级和阶层的区分更多是标准的不同，前者强调生产资料归属，而后者则更为多元：财富、声望、权力是其基本分类依据。但是，无论是社会阶级还是社会阶层，都强调了社会等级制度，而等级制度的维护和巩固则需要"意识形态方面的，一套解释和宣传不平等制度的理由，以诱使人们接受自己的不平等事实的合法性"。引自〔美〕李普塞特著，张华青译：《共识与冲突》（增订版），上海人民出版社2011年版，第23页。对于社会阶层而言，其分层体系与资本主义经济体系和市

对福利国家和行政国家取得的成就和面对的困境的分析是西方社会科学理论长期关注的议题，产生了大量的理论成果。在这些理论成果中，法兰克福学派代表学者奥菲对福利国家的分析尤为具有理论深度。奥菲属于马克思主义国家理论中持国家相对自主性理论的代表性学者[①]，他在对福利国家的深入分析后发现，福利国家与资本主义经济过程一样都具有一个无法解决的悖论，被称为"福利国家的矛盾"[②]，即市场经济体系需要依赖福利国家和行政国家制度设计才能有效运行，但是福利国家和行政国家本身对市场经济体系存在着强烈、深入的资源汲取，进而限制资本投资意愿，破坏资本主义经济过程的矛盾。也就是说，资本主义经济过程无法自身完成商品交换关系，需要福利国家对资本主义经济过程的干预，而福利国家对资本主义经济过程的干预则以非商品化方式进行，这又会破坏资本主义经济过程，进而使得福利国家和行政国家与资本主义经济过程有效运行需求陷入困境之中。马克思主义政治经济学和国家理论视角对行政国家和福利国家同市场经济体系为核心的资本主义经济过程互动关系的分析，能够更清晰地展现出西方国家以行政国家和福利国家来应对市场经济周期性危机及其引发的一系列政治后果上的

（接上页）场经济制度是一致的，它提出的合法性论证是从功能主义分析来言，任何复杂性社会体系有效运转都需要一套等级制度结构和不同职位，发挥不同的功能。因此，不同职位都有着不同的期望，符合职位要求的个体能够得到与该职位一致的奖励和荣誉；从个人成就和市场竞争角度来言，社会阶层是提供给个体的开放性的社会等级制度，个人通过符合社会期望的方式去竞争，能够获得个人成就。如果个人无法获得成就，那么更多是来自于个体的原因，而不是社会的原因。两个层面中，第一个合法性论证强调等级制度能够塑造认同和团结；第二个合法性论证则强调对个体的激励，即个体有实现阶层跃升的可能性，也就是说个体能够从一个较低阶层上升到较高的阶层。还有一个层面是社会阶层本身的多样性，即社会阶层并不是单一维度所构成的，而是强调经济地位、声望和社会权力多方面的，因此社会阶层实际上是一个复杂的、相互嵌入而不是内在一致的等级制度。但是，如果从阶级政治的角度来看，阶层政治便是一个构建出来的、虚假的意识形态，它部分反映了等级制度的存在，却将等级制度视为可变的，并且强化等级制度下的个体成就观念和虚幻的集体认同，而扭曲了劳动者对自己利益的考察。19世纪工业革命以来，阶级政治是西方国内政治乃至国际问题的主要部分，阶级政治展现出了极强的反建制性。因此，福利国家的一个重大的政治功能便是，通过福利来使劳资双方和解，即劳动者要认识到如果不投入劳动、接受雇佣，那么享受的福利就不会增长；而资方则面对一个驯服的无产阶级，但代价是资源的汲取和工会集体谈判权利的强化，以及随之而来的国家对经济大规模干预。由此，将革命的、反建制的阶级政治转化为了社会经济利益或者文化认同冲突的、建制化的阶层政治，并在此基础上巩固和强化自由主义意识形态。参见杨雪冬：《西方马克思主义的国家理论简评》，《马克思主义与现实》2004年第2期。

① 杨雪冬：《西方马克思主义的国家理论简评》，《马克思主义与现实》2004年第2期。
② 陈炳辉：《奥菲对现代福利国家矛盾和危机的分析》，《马克思主义与现实》2006年第6期。

困境。同时，也能够提供解答资本主义体系为何有着相当生命力的重要理论问题的可行路径。福利国家和行政国家同资本主义经济过程遭遇困境共同构成的西方社会，尤其是英国和美国的普遍性的结构性危机构成了新自由主义改革和新公共管理运动的出现的场域，也是之后的"第三条道路"和治理理论与实践的历史背景。

对福利国家和行政国家同市场经济体系的互动，哈贝马斯进行了深刻的分析。哈贝马斯认为，晚期资本主义的叙述模式可以分为经济系统、行政系统、合法性系统和阶级结构四个部分。[1] 经济系统以私人产权保障为逻辑起点，商品交换关系为主要机制，而经济系统中一部分还存在着竞争的调节，另一部分则受制寡头垄断。总体上来看，经济系统仍然维持了自由资本主义经济体系的主要模式。行政系统的功能有两个：一是对经济系统进行干预和调整；二是提供社会福利，起码是提供社会保障。行政系统的目标则是促进资本主义经济过程的顺利运行。晚期资本主义国家在行政系统上还有一个重要的特点，即技术管理的兴起和政治中立的、永续性的行政官僚组织的产生、发展，这套管理体系以专家统治来发挥行政系统的功能，并持续地扩展自己的利益。阶级结构则是前两者互动的结果，经济系统存在着自行其是的脱嵌的倾向，即所谓的自律性市场经济体系的脱嵌性[2]，试图以占有性个人主义和商品交换关系作为整个社会系统所有部分的基本机制。由此不仅引发了资本主义经济过程的自相矛盾，也引发了持续性的阶级冲突。

因此，福利国家和行政国家为内核的晚期资本主义国家试图解决的政治问题是如何让阶级政治转化为阶层政治，阶级结构能够被制度化。解决这一问题的关键在于"处于依附地位的工人的实际收入是否一直受到一种交换关系的决定，或剩余价值的生产和占有是否受到政治权力关系的限制和修正，而并非单纯取决于市场机制"[3]。合法性结构则为经济系统和行政系统互动的结果——阶级结构提供正当性的论证，合法性结构需要发挥三个方面的功能：一是为行政系统呈现出的技术统治和官僚政治辩护，而这种辩护通常是

---

[1] 〔德〕尤尔根·哈贝马斯著，刘北成等译：《合法化危机》，上海人民出版社2014年版，第38—45页。
[2] 王绍光：《大转型：1980年代以来中国的双向运动》，《中国社会科学》2008年第1期。
[3] 〔德〕尤尔根·哈贝马斯著，刘北成等译：《合法化危机》，上海人民出版社2014年版，第43页。

以真正的民主与真正的效率是统一的话语来进行论证的，环式民主的合法性论证和作为意识形态的科学技术，工具理性思维模式构成对行政系统的主要辩护，目标是说服公民接受消极权利，远离公共领域；二是将经济系统的市场竞争的个人成就价值观和阶层政治建构为社会公共哲学，激励劳动者将自己主动投入到商品交换关系中；三是不断动员公民将自己的政治支持输入到行政系统中。

国家之所以要介入经济系统，并提供福利保障源自于经济系统本身的固有困境，即资本主义经济过程无法完成其有效运行，其逻辑在于马克思所指出的利润率下降趋势以及积累过程的动力持续减弱趋势。[①] 从福利国家的角度来看，资本主义经济过程根深蒂固的矛盾是利润最大化的必要条件是减少劳动者的工资，而劳动者工资的减少则会造成社会有效需求的削弱，使得商品交换关系无法完成，资本主义经济过程的利润最大化目标落空，进而使得资本积累的动力持续减弱、利润率趋于下降。[②] 那么，福利国家的目标即在于如何维持资本再生产的劳动力队伍。[③]

奥菲与哈贝马斯都采用了功能论和社会系统论视角来对福利国家进行分析。奥菲认为资本主义国家概念是四个功能性条件决定的政治制度："（1）私有财产；（2）税收限制；（3）积累；（4）民主合法性。"[④] 私有财产是资本主义国家制度的根本目标，正如诺思的国家理论所言，国家提供保障私人产权的制度安排才是经济繁荣的必要条件。资本主义国家的根本是不改变私人产权为根本制度的市场经济的运行。私人产权与市场经济体系在整个社会系统根基位置决定了国家的财税收入是存在限制的，即国家财税收入取决于市场经济体系的运行，而这才是国家权力的真正来源。既然国家权力来源于它无法组织的积累过程[⑤]，那么实现资本积累便是国家的根本利益所在。民主合法性系统并没有产生国家权力，而是制度化的控制由私人积累获得国家税收为基础的政治权力。同时，民主合法性也发挥了建构与市场经济和商品交换关

---

① 〔德〕尤尔根·哈贝马斯著，刘北成等译：《合法化危机》，上海人民出版社 2014 年版，第 32 页。
② 陈炳辉：《奥菲对现代福利国家矛盾和危机的分析》，《马克思主义与现实》2006 年第 6 期。
③ 杨雪冬：《西方马克思主义的国家理论简评》，《马克思主义与现实》2004 年第 2 期。
④ 〔德〕克劳斯·奥菲著，郭忠华译：《福利国家的矛盾》，吉林人民出版社 2011 年版，第 16 页。
⑤ 〔德〕克劳斯·奥菲著，郭忠华译：《福利国家的矛盾》，吉林人民出版社 2011 年版，第 16 页。

系相适应的政治社会化功能。

　　福利国家和行政国家之所以会产生，是因为资本主义经济过程会导致商品形式的瘫痪，即"使得价值单位的商品形式不断趋于瘫痪，当价值单位不再能够与货币或其他价值进行交换时，它也就不再作为商品的形式存在了"①。福利国家和行政国家便存在干预和介入的必要，福利国家和行政国家介入和干预的主要目标是维持一个能够随时投入资本主义经济过程的健全的劳动力队伍；同时促进各个难以进入市场、实现商品化的劳动力和资本再次商品化；并且通过一系列经济干预和产业政策以提高本国经济竞争能力。换言之，即是市场经济无法商品化的功能由福利国家和行政国家提供，发挥"行政性再商品化"的功能，促进"交换机会最大化"，力图使得资本主义经济过程能够避免自身的崩溃。

　　为了维持健全的劳动力队伍和促进其他无法进入市场关系劳动力和资本的商品化，并提高本国经济竞争能力，福利国家和行政国家一般会通过一系列制度设计和政策安排予以干预：一是国家介入经济发展，实施产业政策，甚至部分组织生产，提高本国产品商品化成功可能性，这种模式在发展型国家中展现得最为充分。二是对经济系统进行管制和干预。三是对劳动力进行教育培训，提高劳动力竞争力，使其能够更好地被商品化。四是提供普遍性的以公民资格为依据的福利政策，使得劳动力在难以进入市场或者被市场所驱逐的时候，能够通过非市场途径获得生活保障。四个方面的制度设计和政策安排产生了一系列的社会结构变化、权力重新分配、政治文化改变等制度后果：（1）晚期资本主义国家通过行政国家和福利国家，一方面弥补了资本主义经济过程的固有矛盾，以行政性再商品化实现了资本主义经济过程商品化的目标，另一方面，则通过教育培训和社会福利，提高劳动力竞争水平的同时，也缓和了潜在的阶级冲突，而这就使得国家的政治当局和行政官僚组织的权力大幅度地扩展，国家自主性得以强化；（2）阶级政治转化为阶层政治，塑造了新的政治共识；（3）国家、工人阶级、资产阶级的权力配置发生了改变，国家和工人阶级的政治权力相较于资产阶级而言，有所扩大，其中国家是最大受益人；（4）凭借普遍的福利和国家干预的有效性带来的经济竞

---

① 〔德〕克劳斯·奥菲著，郭忠华译：《福利国家的矛盾》，吉林人民出版社2011年版，第17页。

争的成功，合法性系统能够有条不紊地运行，公民对政治精英和专家封闭式治理的宪制民主的官僚制国家能够保持相当的政治忠诚。而合法性系统也得以更为顺畅地向社会灌输市场经济和个人成就的规范性价值观，跨越阶层被视为劳动者的共同目标。

但是，福利国家和行政国家这样一个看似能够有效解决资本主义经济过程固有悖论所引发的一系列危机的制度安排，却存在这样一个问题：福利国家和行政国家的权力来源是依靠财税收入，但本质上仍然是依靠市场经济和私人部门。然而，福利国家和行政国家的资源汲取和对经济管制、干预对市场经济的商品交换关系造成长久的损害。也就是说，福利国家和行政国家力图以"行政性再商品化"来尽可能地增加交换机会，但是"行政性再商品化"的政策和过程逻辑与商品交换关系是矛盾的，并且会削弱私人投资的意愿，进而使得行政国家和福利国家难以持续性获取资源，福利便难以维持，而这将直接导致行政国家和福利国家的合法性破灭，也就是晚期资本主义的合法化危机。

加剧晚期资本主义合法化危机的因素有两个方面：第一个方面是福利国家和行政国家建设形成了围绕福利和社会保障而产生的强大的分利集团；同时福利国家建设也使得工人阶级的集体谈判能力增强，在国家的支持下，能够更好地扩展自己的利益，提出需求。这两点在宪制民主体系里会造成两个后果：一是政党和政治家为了执政将会刻意迎合选民需求，而选民则会不断地扩大福利要求；二是在公共政策调整中，涉及社会福利政策和劳资关系的调整，将可能面临福利国家产生的分利集团和工会的否决。第二个方面是福利国家的扩展使得公共哲学和社会文化所主张的"个人自致"的市场竞争的成就导向价值观逐步丧失吸引力，难以动员劳动者进入商品交换关系。造成这一结果有两个方面的原因：一是福利国家提供了一套非市场化的获取收入、维系生活的机制，这与市场竞争的个人成就导向价值观是矛盾的，使得劳动者很难再有积极性投入到市场之中。福利国家水平较高的、无附加条件的福利也使得社会中弱势群体进入市场出卖劳动力的积极性下降。二是福利国家的个人消费更多的可能是由公共福利所负担，也就是转嫁到集体消费之上。权利意识增强乃至扩张的另外一面则是普遍的责任和义务意识的下降。也就是说，福利国家对劳动力的普遍和高水平的保护，反而使得劳动者对进入市场产生了更强的抗拒心理,认为通过选举压力,可以获得更多的福利支持,使得个人成就价值观在社会文化系统上被个人放纵型消费价值观和权利扩张导向价值观所取代。这两个方面的因素让国家面临着"超载"的问题,即政治家为了获得选举而不断向选民许愿,而选民为了获得福利则不断地向政治家施压,国家不得不强化对市场经济和私人产权带来的收益汲取,更遑论说福利国家和行政国家发展过程中形成的强大的分利集团所造成的普遍性的浪费、低效、寻租。

在福利国家和行政国家发展的兴盛时期,产生了这样一种普遍性的幻觉:国家的权力来源于人民,而国家也有义务回应人民的需要;国家经济发展是良好持续的,福利也是源源不断可以获取的。这种幻觉显然没有意识到这样一个根深蒂固的矛盾:现代国家或者说晚期资本主义国家的一切制度安排、福利保障和政治文化都是建立在资本主义经济过程得以顺利完成的基础之上。换言之,便是商品交换关系得以维系,利润率下降趋势得以阻遏,投资动力得以维持。国家的权力也来源于此,现代国家的代议制民主制度仅仅是制度化地使用国家权力。

福利国家和行政国家同资本主义经济过程顺利完成产生了悖论:资本主义经济过程需要国家提供保障,尤其是在避免阶级冲突、保障劳动力生活水平和再生产、提高产品竞争能力上;而福利国家和行政国家在宪制民主制度下,则不断地向经济系统进行汲取,使得资本投资意愿不断下降。政府难以供给福利,劳动者也面临普遍性的失业,而这就使得合法化危机爆发。这种合法化危机的爆发同古典自由主义时期的经济周期性危机而言,最大的不同在于,合法化危机主要体现在政府,而不是经济系统上,也可以说是被转移到政府上。

20 世纪 60—70 年代西方国家遭遇的普遍性的危机,正是福利国家和行政国家同资本主义经济过程间的矛盾到难以调和阶段的产物。在英国和美国,强调大政府的行政国家被认为是不民主的、低效的、浪费的;而在社会福利上,则认为是养懒人。因此,斯蒂尔曼发出这样的感叹,对政府的反感和批评成为这一时期的新公共行政和新公共管理的共同主题。[①] 当视野从狭

---

① 〔美〕里查德·J.斯蒂尔曼、闻道:《美国公共行政重建运动:从"狂热"的反国家主义到 90 年代"适度"的反国家主义(上)》,《北京行政学院学报》1999 年第 4 期。

窄的政府内部管理与改革转移到政府—市场关系、国家—社会关系和社会分层制度上时，就可以发现，自从工业革命末期开始发源的国家替代社会组织发挥社会功能的福利国家和国家介入经济的行政国家，本质上都是为了解决市场经济失灵问题，而这一介入却导致了政府的失灵。尽管哈贝马斯将西方国家20世纪60、70年代遭遇危机认为是结构性的危机，资本主义体系仍然存活了下来，并得到进一步的恢复和发展。结构性危机虽然是发生在西方国家各个层面和维度之上的，对国家的共同反感和厌恶，则使得根源性的经济系统的固有问题被遮蔽了。这场结构性的危机被界定为是强大政府的理性崇拜和反民主造成的，这就使得资本主义经济体系能够得以存活并恢复其力量。遗憾的是，公共行政领域对20世纪60、70年代的结构性危机的讨论，却集中在政府是否民主、政府是否过度扩张之上，而事实上承认了资本主义经济体系和商品交换关系的有效性和正当性。

正如奥菲所言，福利国家和行政国家对所有阶级和国家本身都有利[1]，工人阶级生活得到了保障和改善，国家的权力得到扩张，资产阶级利益也得到了保障，这种制度设计与政策实践产生了友好、团结的政治文化。福利国家作为国家社会功能的发挥和强化，确乎提升了整个社会的文明水平，尽管福利国家根本上是难以维系的，在功能上也指向了各项要素的商品化，以完成资本主义经济过程，顺利实现商品交换关系。但是，包括民主社会主义在内的左翼理论及其政治力量所设想的人的去商品化，而且是以公民资格为依据的无经济表现的社会福利体系，仍然给大部分劳动者提供了一定程度上削弱资本主义经济过程给人带来的异化的可能。同时，福利国家也提供了一种探索多样生活和多元价值的实践空间，即寻求一种人不以创造经济利益和私有财产多寡来界定自身的价值的实践，力图使得人能够真正地成为人本身。从这个意义上来言，福利国家仍然有着人文主义的光芒。

现代自由主义与福利国家的失败虽然严重冲击了对普遍干预经济系统和社会福利领域的大政府治理模式合法性，对大政府警惕成了新自由主义时代普遍的政治共识。但是，现代自由主义与福利国家仍然留下了一系列难以全盘推翻的制度遗产，原因在于：一是福利国家的实践形成了强大的利益集团；

---

[1] 陈炳辉：《奥菲对现代福利国家矛盾和危机的分析》，《马克思主义与现实》2006年第6期。

二是资本主义商品交换关系的顺利完成仍然需要国家对经济系统干预和社会福利普遍保障。对治理与第三条道路而言，它在承认新自由主义改革留下的一系列观念和实践结果的同时，又无法全盘地赞同新自由主义改革的具体政策主张，但是又不能回到现代自由主义和福利国家实践的路径上。第三条道路和治理就不得不弱化新自由主义和福利国家各自激进的意识形态和政策主张，即在弥补市场实现资本主义商品交换关系缺陷的前提下，一定程度上强化政府权力，构造整体性治理，构建"社会投资型国家"，以经济绩效表现为要求，实现对劳动者最低程度的社会保障，推动难以商品化的产品的再商品化。因此，治理旗帜下的经济社会政策和政府改革同时具有了新自由主义和福利国家的特点，一方面它承袭了福利国家和行政国家的社会保障和经济干预；但另一方面这种社会保障和经济干预又是较弱程度上的。换言之，是新自由主义意识形态也可以接受的，它将去商品化和强化劳动者的集体谈判权利、集体行动能力的目标删除，而留下了促进商品化的目标。在政府改革上，治理对政府权力强化和整体性治理的构建，也仅仅是领导和协调，而非命令和干预层面上的。换言之，"治理"的政府管理和社会治理的改革，在吸收了左翼理论的部分主张的基础上，仍然是促进市场和社会多元主体参与乃至主导政策和治理过程的，市场逻辑和竞争机制仍然是治理的根基。

现代自由主义和福利国家构成了治理的历史语境。当人们在面对新自由主义改革带来的问题，思考治理的哲学和具体的制度安排、政策主张、行动方案的时候，总是尝试用现代自由主义和福利国家的政策主张来医治新自由主义的弊病，却念念不忘新自由主义关于福利国家实践政府干预经济和社会领域带来的灾难的教诲，试图将现代自由主义和福利国家的优点同新自由主义的长处"缝合"起来，应对一系列的经济、社会和政治问题。从本质上来看，第三条道路和治理、新自由主义和新公共管理、现代自由主义和福利国家是一致的，它们的目标都在于促进资本主义经济体系的有效运作，区别仅仅是做法的差异，但是这些做法的差异在现象上足以给人们造成三种治理模式是本质不同的幻想，这也正是人们都在批评治理概念、理论和实践的不清晰和混乱，但又能被人们在实践上普遍接受的原因。

2. 新自由主义意识形态与新公共管理运动

现代自由主义和民主社会主义意识形态，行政国家和福利国家政治实践的合法性危机，给古典自由主义重回政治场域创造了机会和条件。资本主义经济系统问题是根源，但政治—行政系统上的问题表现得更为抢眼：政治—行政系统出现了普遍性的财政赤字、政府规模过大、行政效率偏低等一系列问题，这些问题本身掩盖了经济系统，即市场经济周期性危机的根本性缺陷。同时，社会文化系统一如既往的价值观，即市场竞争和个人成就的价值观的感召力也被福利国家制度安排所抵消；政治—行政系统面临的合法化危机和社会文化价值观面临的名不副实问题，使得根本性的经济系统周期性危机问题被忽略和掩盖，但是却给古典自由主义重新成为主要的政治意识形态，并演化为公共哲学提供了机会。

古典自由主义在当代的理论复苏是由包括哈耶克、弗里德曼、米塞斯、波普尔等经济学家和哲学家组成的朝圣山学社完成的。[1] 这一学社的根本目标是重新复活古典自由主义思想，而古典自由主义思想的核心便是占有性个人主义和自由市场经济体系，两者的结合被认为是可以自动创造更大的社会福利的，而这一逻辑恰是斯密的"看不见的手"的观点的体现，正如该学社成立宣言中所言："文明的核心价值岌岌可危。在地球上广大地区，维系人性尊严和自由的核心条件已告阙如。在其他地区，这些条件正受到来自政策发展趋势的不断威胁。个体和自发性团体的位置正逐步被专制权力的扩张所瓦解……本学社进一步认为，上述发展过程的助长，也源于人们丧失了对私有权和竞争市场的信念；因为，没有这些制度所带来的权力分散和创新精神，就很难设想一个社会能够有效地保障自由。"[2] 通过这一宣言，能够清楚地看到以古典自由主义为核心的新自由主义意识形态，其主要的思想观点便是占有性个人主义为基础的市场竞争，能够实现社会的普遍进步的假设。为了实现这一目标，政府的功能仅仅是创制一套制度安排，保护私有产权。同时，政府也应当按照市场经济的分散和竞争原则严格地实现政府权力、实现

---

[1] 〔美〕大卫·哈维著，王钦译：《新自由主义简史》，上海译文出版社2010年版，第23页。
[2] 〔美〕大卫·哈维著，王钦译：《新自由主义简史》，上海译文出版社2010年版，第23—24页。

相互制衡，而这一制衡的最佳形式便是市场民主。新自由主义坚持"个人的自由和自我负责是一致的"这样一种观点，认为个体有自由做出合意的选择。相应的政府、社会、他人就不应当再进行干涉，而个体也要为这种自由付出代价，承担责任。从这种观点出发，新自由主义意识形态指导的政治与行政改革力图在四个方面来改变福利国家和行政国家发展模式与治理形态，同时也改变现代自由主义意识形态为内核的公共哲学在社会文化系统中的支配性地位：第一个方面，限制政府对市场经济干预，尤其是对市场经济的管制；第二个方面，缩减社会福利，削减社会保障支出；第三个方面，限制工会权力，限制工人集体谈判能力；第四个方面，通过持续不断的学术研究和理论宣传，给新自由主义意识形态营造良好的舆论环境，使得新自由主义意识形态能够被社会普遍接受。

新自由主义要将自己的意识形态替代现代自由主义意识形态成为公共哲学的内核，成为社会普遍性共识，要将自己的政策主张上升为国家制度安排和政府改革指导理念，首先需要的是对福利国家和行政国家展开持续不断的批评。奥菲认为，新自由主义（奥菲的用词是"保守主义经济学"，含义相同，只是名称不同，与新自由主义是可以相互替换的）对福利国家和行政国家的批评，尤其是通过"行政性再商品化"来维系市场经济体系有效运行无异于缘木求鱼的批判，一定程度上是恰当的，只不过新自由主义理论仍然是站在自律性市场经济体系本身是资源配置和创造福利最有效，同时也是支持人类的自由、民主权利得以落实的最根本性制度保障的传统观点之上。新自由主义对福利国家和行政国家的总体性评价是"不可能管理性"[①]，所谓的"不可能管理性"一针见血地指出了20世纪70年代新自由主义改革之前的"晚期资本主义国家"的政治—行政系统试图将经济系统有效运行责任担负起来，并以合法化系统和社会文化系统支撑政治—行政系统和经济系统运作，获得政治支持的制度安排和政策实践的困境。政治—行政系统在合法化系统的选举政治产生的压力、分利集团对政策变迁的否决影响下，愈发强化对经济系统的汲取；政治—行政系统的福利保障，则进一步让劳动者免于商品化后顾之忧，但是却从客观上削弱了合法化系统力图让社会文化系统

---

① 〔德〕克劳斯·奥菲著，郭忠华译：《福利国家的矛盾》，吉林人民出版社2011年版，第67页。

传递的个人成就价值观和伦理规范的约束和激励能力。因此，结果只可能是经济系统运行的低效乃至停滞。

行政国家和福利国家本身的绩效不彰，再加上被称为"市场魔力"大师的弗里德曼等支持和宣扬新自由主义意识形态学者的持续不断的批判，最终使得行政国家和福利国家这一制度安排和政策设计被从根本上改变了。行政国家和福利国家被逆转，在政府改革上，便呈现出新公共管理运动对企业家政府的偏爱，而这一政策实践运动的改革主张是，以市场民主为政府改革的根本目标，通过私有化、授权而实现政府权力分散，实现公共福利和公共政策选择上的多元供给；同时，引入私人部门管理策略，将政府组织文化彻底转变，强调顾客导向。新公共管理运动，从本质上来看，是新自由主义改革对行政国家和福利国家的颠覆。

新自由主义改革与福利国家和行政国家相比而言，本质上存在着怎样的差异，这个问题的回答对理解 20 世纪 90 年代之后的"第三条道路"为代表的自由主义意识形态构成的公共哲学和与之匹配的协同治理、整体性治理、元治理等治理理论与实践的政府改革，与新自由主义和新公共管理运动的延续性和差异是至关重要的。福利国家和行政国家是西方国家为了回应自律性市场经济体系本质悖论而带来的剧烈阶级冲突的产物，让自律性市场经济体系更好地运行，减少经济周期性危机爆发带来的损失；调和阶级冲突、塑造全民政治认同，将阶级政治转化为阶层政治是福利国家和行政国家的根本政治目标和政策目标。新自由主义改革的根本政治目标是解除行政国家和福利国家对经济系统的干预、管理，并解除经济系统的福利负担；而其主要的政策目标，按照哈维的观点来看，便是重建阶级力量[1]，具体而言就是重建拥有经济支配性权力的经济精英[2]的政治力量和经济力量[3]。

---

[1] 〔美〕大卫·哈维著，王钦译：《新自由主义简史》，上海译文出版社 2010 年版，第 22 页。
[2] 〔美〕大卫·哈维著，王钦译：《新自由主义简史》，上海译文出版社 2010 年版，第 22 页。
[3] 客观来说，福利国家和行政国家一方面保障了工人阶级的利益，使得工人阶级生活条件更为优越；另一方面通过福利国家对劳动力培训和失去商品价值劳动力保护保障了经济精英的安全，扩大经济精英的利益。但是，福利国家和行政国家制度安排与政策设计本质上是建立在对经济精英力量的限制之上的，这自然引发了经济精英的普遍性不满。所谓的经济精英主要由企业董事会的关键成员和行政总裁以及周围的金融、法律、技术及其领导人、生物技术和信息技术等新兴经济部门主要领导者、与国家权力具有特殊关系的商业集团等构成。参见〔美〕大卫·哈维著，王钦译：《新自由主义简史》，上海译文出版社 2010 年版，第 37 页。

行政国家和福利国家同新自由主义意识形态及其指导的全面改革都有一个共同的基础，即以维护私人产权为根本的自律性市场经济体系有效运行为目标。新自由主义意识形态及其指导全面改革相较于行政国家和福利国家而言，更为贴近自律性市场经济运行的基本逻辑，同时也契合市场竞争逻辑的个人成就价值观。对福利国家的批判在舆论场上常有这样的观点：福利国家养懒汉，这一判断深刻地体现出了市场竞争逻辑下个人成就价值观的巨大影响力。新自由主义意识形态天然地同西方国家进入资本主义时代以来的某些社会伦理和道德规范观念契合：新自由主义改革主张的削减福利、削弱社会保障、限制工会权力、限制工人集体谈判权利、减税的经济社会政策主张抓住了上层精英和中产阶级对福利国家削弱个人成就价值观的不满心态。新自由主义意识形态同时也指出政府和官僚机构效率低下、腐败，提出民主化的必要性，这一政府改革主张也呼应了人们对政府的普遍不满。

　　新自由主义意识形态某种程度上还与保守主义政治理念和社会思潮相互呼应，正如桑德尔对里根政策主张的公共哲学批判那样，个人自由与个人责任的一致性也体现在将自由至上主义同共和主义的巧妙融合上[1]，而这种融合有两个基础：一是个体自由与自我负责的一致性，这一观点强调自我负责的同时，也导向了"社区自治"；二是对大政府和强政府的反对，呼应了西方国家尤其是美国的反国家主义传统，对更小的、更具有人情味的、更自律的、负有责任心的社区偏爱，而在其中也能够塑造爱国主义精神，回应了人们对公共生活的渴望。[2] 除此之外，新自由主义不单单与保守主义和民众对公共生活渴望联系到了一起，同样也在塑造各种各样的消费主义，同"后现代主义"的文化冲动兼容。[3] 新自由主义意识形态对追求个性自由的文化思潮和社会运动的"收编"在20世纪60年代爆发的合法化危机上就已经埋下种子了。哈维认为年轻人和学生的"后现代文化"冲动和追求个性自由，并不是针对自律性市场经济体系和行政官僚国家对民主的压制的，而是针对传统文化和社会规范的，与社会正义并不能够保持一致方向。新自由主义改革带来的消费主义的浪潮满足了人们对个性自由的追求，例如新自由主义改革

---

[1] 池忠军：《西方治理理论的公共哲学批判性诠释》，《南京师大学报》（社会科学版）2017年第1期。
[2] 池忠军：《西方治理理论的公共哲学批判性诠释》，《南京师大学报》（社会科学版）2017年第1期。
[3] 〔美〕大卫·哈维著，王钦译：《新自由主义简史》，上海译文出版社2010年版，第50页。

在城市建设中，主张对城市进行翻新再造，整个城市应当呈现出金融业、商业以及各种类型的流行文化和时尚产业交相辉映的美好生活样貌，典型的便是纽约在新自由主义改革之后城市发展的转向。拥有城市支配性权力的政治、经济精英不遗余力地将纽约打造成为国家潮流文化领地，展现"自恋式的探索自我、性、身份"[①]等城市布尔乔亚文化主题，给人们提供了多样化生活方式的选择空间，满足其对个性自由的想象。新自由主义意识形态借由对个人成就价值观的复苏和对传统文化的维护，同时又支持消费主义和后现代文化实验和多种多样的生活方式选择、文化认同、身份政治，成功地建立了赞同，让新自由主义意识形态成为里根和撒切尔改革之后的普遍性的公共哲学。

推动新公共管理的政府改革运动不仅仅是为了配合新自由主义改革对政府—市场关系、国家—社会关系、社会各集团之间关系的重新调整，同时也有民选官员借助新公共管理运动开启的政府改革而重新获得自己在铁板一块的行政官僚体系中丧失的权力的企图[②]，而这一企图通常也被正当化为民主对行政的重新控制。尽管新自由主义意识形态及其指导的改革不遗余力地对福利国家和行政国家展开批判，但是在政治家和行政专家的实践理论和实践话语中，行政国家和福利国家某些制度安排和政策设计仍然有必要留存下来。一是这些制度安排和政策设计是保障市场经济体系运行、防止自律性市场经济体系走向其反面的最低要求；二是仍然需要对劳动者和不同阶层的社会保障，而这点除了源自工会和工人仍然可以根据宪法权利而对国家和经济精英进行制约的潜在性压力和选举表达需要外，也有罗尔斯和哈贝马斯等左翼学者影响力巨大的政治哲学理论对新自由主义的批评，这种批评仍然反映出现代自由主义意识形态的巨大威慑力和影响力。在这些制约新自由主义意识形态和自律性市场经济体系扩张本能的理论观念、意识形态引导下，阶级冲突的可能性的威慑下，尽管福利国家和行政国家已经在根本上丧失了调和阶级政治的功能，但是仍然留下了相当制度遗产，即便是在新自由主义时代的国家，其社会保障水平和政府干预能力、干预范围和深度都是工业化初期的国家难以比拟的。

---

① 〔美〕大卫·哈维著，王钦译：《新自由主义简史》，上海译文出版社 2010 年版，第 55 页。
② 池忠军：《西方治理理论的公共哲学批判性诠释》，《南京师大学报》（社会科学版）2017 年第 1 期。

表 3-2 福利国家、行政国家与新自由主义改革方案制度安排、政策主张延续性、差异性

具体内容	不同阶段治理模式	
	福利国家、行政国家	新自由主义改革方案
意识形态、公共哲学	社会性个人主义的现代自由主义、自律性市场经济体系的根本性	占有性个人主义的自由至上主义、自律性市场经济体系的根本性
政治目标	经济系统有效运行	经济系统有效运行
	阶级政治调和	重建经济精英权力、阶级力量重建
经济系统干预	对经济系统进行深入干预	放松对经济系统管制、减少对经济系统资源汲取
社会福利、社会保障	普遍性的社会福利	强调对受风险群体的社会救济、社会安全网建设
社会等级、社会共识	阶级政治转化为阶层政治、对现代自由主义的强烈认同、个体选择深刻受到社会影响、个人成就价值观	阶层政治得到维系、个人自由与个人负责一致性、个人成就价值观
政府改革	行政国家与专家治国	企业家政府、政府分散、市场民主

说明：福利国家、行政国家的治理模式和新自由主义改革方案虽然有很大差异，但是仍然表现出了延续性。主要体现在：二者在意识形态和公共哲学上都主张"自律性市场经济体系的根本性"，却把"经济系统有效运行"视为重要的政治目标，而在社会等级和社会共识上，都主张"阶级政治转化为阶层政治"和"个人成就价值观"。

新自由主义改革和新公共管理运动尽管在一定程度上取得了经济恢复发展、社会重新获得整合和团结的成绩，但是也造成了大量的问题。这些问题在城市管理上表现得非常突出。新自由主义的城市管理理论的内核是以政商合作为基础，实施有利于提高政府财政收入、增进企业利益的公共政策，强调增长的极端重要性。因此，城市管理理论的权力配置和机制设计围绕增长而进行，权力配置和机制设计强调央地分权、政府分散、私有化、向下授权、向私人部门授权，目的是形成城市间相互竞争、多元竞争的格局，而在这种格局下，可以充分发挥市场逻辑和竞争机制的魔力，顾客化的公民可以从中选择，以脚投票。

在城市公共服务的供给方面，新自由主义强调所谓的"PPP"（Public-Private Partnership）模式，即在公共服务和公共基础设施建设领域，政府与社会资本进行深度合作，多元社会主体参与，共同生产乃至供给公共服务，进而形成的公私合作伙伴关系。政府提供公共服务被分为两个部分：供给和生产，而生产部分则交给了大量私人部门和社会组织去完成。"PPP"模式有

两个主要的假设：一是多元供给能够提高服务质量；二是私人部门和第三部门相较于政府更了解公民意愿和偏好。但是，这两个假设无疑忽视了一个根本性的价值导向和伦理规定，现代政府作为民主政府、民治政府，政府通过公共服务而嵌入社会中，与民众、社区形成良好的关系，是民主政府的根本价值依托。通过"PPP"模式，政府提供公共服务责任被转嫁，与民众深入和积极互动关系被合同、外包等顾客关系替换，体现了商品化对政府和公共服务的渗透。新自由主义下的城市管理，总体上表现为创业城市、经营城市等口号，这些口号的背后则是对企业家精神、个人成就价值观导向的赞扬。新自由主义城市管理的后果体现为城市空间的分割风险，也就是在城市管理中引用大量私营部门管理策略，将城市作为企业和产品来经营、包装，城市管理者乐于将大块土地开放交予房地产商，乐于通过旧城翻新改造来增加城市土地的价格，以此来吸附资金，吸引更为强势和集中的产业入驻城市。这就使得城市部分地区得到大量资本的深度开发，而城市边缘地区无人问津，公共服务供给区域差距加大，城市的"中心—边缘"结构愈发突出；城市分化的风险则体现在城市增长的收益主要向城市政府和资本倾斜，而城市增长的风险则由普通居民承担。[①] 新自由主义改革推动了经济的复苏和重建，为资本主义经济过程的顺利完成、商品交换关系的实现卸下了政府监管、干预和社会福利的沉重负担，然而新自由主义改革却重建了阶级力量，恢复了经济精英的权力，后果则是社会不平等问题日益加剧，阶层政治日益转化为阶级政治，政治不稳定和政治冲突逐步成为西方国家需要经常面临的重大问题。

3. "第三条道路"与治理浪潮

对于新自由主义改革和新公共管理运动而言，主要的政治目标已经实现，即恢复经济精英的权力、重建阶级力量，自律性市场经济得以进一步扩展。20 世纪 80 年代末 90 年代初，面临新自由主义改革和新公共管理运动带来的两大方面的问题：社会公平正义与政府责任碎片化，西方当选的左翼政党纷纷开出了自己的药方，而这些药方以吉登斯提出的"第三条道路"的

---

① 吴晓林、侯雨佳：《新自由主义城市治理理论的批判性反思》，《中国行政管理》2017 年第 9 期。

社会民主主义①为代表。所谓的不左不右的"第三条道路"本质上并没有改变新自由主义意识形态的核心信条，即自律性市场经济的神圣性和政府干预的失败。新自由主义意识形态显然已经成为20世纪90年代执政的西方左翼政党不得不面对的公共哲学了。面对这种情况，"第三条道路"的制度设计与政策主张更多的是围绕如何强化个人抵御风险的能力，保障弱势群体的利益，建立社会安全网。也就是说，相较于福利国家的无所不包，"第三条道路"所提出的"社会投资型国家"则以个体享受福利的义务性（即强化个体进入劳动力市场的驱动力，提高劳动力竞争力）和社会最低保障的安全网为基础，来弥补贫富差距悬殊带来的一系列的社会公平问题。与之相匹配的，便是治理理论与实践的大行其道。

治理理论与实践接受了新自由主义意识形态和新公共管理运动的反国家理论遗产，接受了多中心治理以及相互竞争能够带来治理绩效提升的假设。在这种前提和基础之上，多中心治理和协同治理为基础的整体性治理和元治理便发展出来。"第三条道路"的制度设计、政策主张、政府改革方案基本不涉及对市场经济体系的监管，也不涉及对私人部门过多地征税，反而延续了新自由主义改革的经济政策和产业政策。"第三条道路"关注的更多是范围虽广但程度较低的救急、扶贫类型的社会安全网络建设，关注的是如何让劳动力提升竞争力，从而让其更能够进入商品交换关系中。"第三条道路"政府改革主张和治理理论对整体性治理、元治理和多中心治理的强调，也承认了新自由主义和新公共管理运动的制度遗产，所提出的政府改革主张也仅仅是对新公共管理运动的碎片化治理的修修补补。

从福利国家、行政国家再到新自由主义改革和之后的"第三条道路"主

---

① 民主社会主义与社会民主主义两个概念在西方非马克思主义的左翼理论中属于一个具有联系但是仍然有着不同指向的概念。民主社会主义概念一直沿用到20世纪新自由主义改革之前，民主社会主义的主体是社会主义，定语是民主，它的指向是仍然用作为总体性制度的社会主义来替代资本主义，明确地指向了私人产权为核心的资本主义经济体系。不过，为了同苏东国家的社会主义做区分，民主社会主义强调民主的限定，有两个方面的考虑：一是不通过暴力革命，而是通过议会斗争来将社会主义内容渐进地替换到资本主义中，即是用政体来渐进改变国体；二是党内组织原则属于民主的政治社团，而非民主集中制的革命组织。社会民主主义与民主社会主义不同，社会民主主义的主体是民主主义，而限定词是社会主义。社会民主主义的代表性人物吉登斯曾经认为，"我们除了资本主义毫无选择"，社会民主主义的指向是，承认了资本主义和宪政民主制度，即是对国体和政体的双重承认，试图在资本主义中加入更多社会政策的内容，强调社会和集体，以规制资本主义过度的占有性个人主义倾向。参见殷叙彝：《"民主社会主义"和"社会民主主义"概念的渊源和演变》，《中国特色社会主义研究》2007年第5期。

张和治理浪潮，可以看到，政治—行政系统的发展为资本主义经济体系的有效运行提供了基本的制度保障，同时在整个体系陷入危机的时候，政治—行政系统则被作为资本主义体系能够保持安全、不被过多冲击的保护带存在。这点在福利国家和行政国家面临严峻合法化危机时候可以明确地看到，经济系统的固有局限被掩盖了，政治—行政系统的无能性成为造成这种合法化危机的唯一的、根本性的因素。由此，以古典自由主义意识形态回潮为核心的新自由主义改革通过对政治—行政系统的改革来掩饰其扩展市场逻辑的企图，并成功地获得了支持。"第三条道路"与治理浪潮并没有对新自由主义改革的核心政治目标，即市场逻辑扩展、经济精英权力的再造、阶级力量重建发起冲击，而是围绕新自由主义改革造成的问题做的拯救。自然，这种政治意识形态和政府改革方案是可以与新自由主义和新公共管理运动的制度遗产兼容的。

表 3-3　新自由主义、新公共管理与"第三条道路"、治理理论与实践的延续性和差异性

具体内容	不同阶段治理模式	
	新自由主义与新公共管理	第三条道路与治理
意识形态、公共哲学	占有性个人主义的自由至上主义、自律性市场经济体系的根本性	强调社会公平正义、自律性市场经济体系的根本性
政治目标	经济系统有效运行 重建经济精英权力、阶级力量重建	经济系统有效运行 承认新制度主义改革政治遗产
经济系统干预	放松对经济系统管制、减少对经济系统资源汲取	放松对经济系统管制、减少对经济系统资源汲取
社会福利、社会保障	强调对受风险群体的社会救济、社会安全网建设	强调对受风险群的社会救济、社会安全网建设、劳动者培训和人力资本投资
社会等级、社会共识	阶层政治得到维系、个人自由与个人负责一致性、个人成就价值观	阶层政治得到维系、个人自由与个人负责一致性、个人成就价值观
政府改革	企业家政府、政府分散、市场民主	承认新公共管理的政府分散的制度遗产，并进行弥补；第三部门、私人部门、政府部门协作治理、整体性治理与元治理

说明："第三条道路"、治理理论与实践很大程度上延续了新自由主义、新公共管理的主要主张，但是也展现出了一定的差异性。主要体现在：在意识形态和公共哲学上，"第三条道路"与治理更强调社会公平正义；在社会福利和社会保障上，"第三条道路"与治理主张对"劳动者培训和人力资本投资"；而在政府改革上，"第三条道路"与治理倾向于社会不同部门与政府协作治理、整体性治理和元治理。

三、治理：在现代自由主义、福利国家与新自由主义、全球化之间 | 181

"第三条道路"很大程度上延续了新自由主义改革的基本政策主张，而治理理论，尤其是从治理理论主流部分来言，基本上也承认了新公共管理造成的政府权威下降和政府分散的制度遗产，在这个遗产之上，主张协同和合作治理，来弥补新公共管理带来的一系列问题。但是，治理理论中仍然存在着强势民主理论、协商民主理论抑或是社群主义理论等强调公民政治和直接民主的意识形态存在。这些理论同新自由主义意识形态格格不入，在治理理论中处于边缘化的位置。即便是强势民主理论和协商民主理论的代表者，巴伯与哈贝马斯，也并未将强势民主、社群主义、公民参与政治和协商民主视为代议制民主的替代物，而是补充代议制民主的缺陷。[①] 正如福克斯和米勒对社群主义的看法："对社群主义者来说，民主不仅是一个程序上的纠纷的解决方式。公民需要参与到与他们生活息息相关的决策的制定中来。因为这是完全从人的角度出发的社群主义目的论的一个重要方面。但从当前的情况看来，社群主义的理想遥不可及，不具有可操作性。"[②] 社群主义不具有可操作性，是因为社群主义的基础仍然是建立在"中心—边缘"的社会治理结构之上的。[③] 所谓的"中心—边缘"的社会治理结构实际上正是代议制民主制度和官僚制度为主要形式的强调精英治国的治理模式，这一模式仍然将政治精英视为治国理政的中心地位，而与治理息息相关的普通民众则处于接受指令的边缘位置。福克斯和米勒对强势民主、社群主义、协商民主理论为基础、民主行政传统为理据的公共行政研究宪制主义路径做出了批判性解释，对治理理论的浪漫主义的描述也有深入的分析。公共行政研究宪制主义路径强调公民对政府的参与、强调公务员作为"职业公民"的初心，将政府视为实现民主的重要机制；治理则将政府、公民、第三部门、私人部门视为多中心的、多元权威的，具有通过协商可以达成共识的可能性。但是，将治理和公共行政嵌入到整体经济社会结构和权力分配格局当中，仍然可以发现治理对美好政治生活的玫瑰色的描绘，仍然是处于补充环式民主体制的地位，公民在此中，更多是参与而不是主导。

[①] 王诗宗：《治理理论的内在矛盾及其出路》，《哲学研究》2008年第2期。
[②] 〔美〕查尔斯·J.福克斯、休·T.米勒著，楚艳红等译：《后现代公共行政——话语指向》，中国人民大学出版社2002年版，第6页。
[③] 张康之：《西方学者对社会治理过程中民主的反思》，《马克思主义研究》2007年第2期。

相较于既往的公共行政理论和实践，从公共行政学科和理论的角度来看，治理理论与治理实践确实有新的内容，但是这些新的内容并没有触及新自由主义改革之后的核心制度遗产，即市场经济和竞争逻辑的扩张、阶级力量的重建与经济精英权力的恢复乃至扩展、其他处于相对弱势社会集团和工人阶级集体行动能力和行动权力被持续削弱。治理理论和实践仅仅是发挥查缺补漏的作用，并没有强化政治—行政系统的干预能力，也没有将公民政治和民主行政从理论到实践上争取到政治与行政上的中心地位。与新公共管理相比，治理确认了新公共管理运动和新自由主义的制度遗产，在此之上，融入了强势民主、社群主义和协商民主的价值诉求。可以说，治理是一个有些许进步的公共行政理论，但就目前治理的理论内容而言，很难将治理视为具有所谓的"范式转换"的可能性的理论。

（三）治理的全球化与治理的本质

1. 治理的全球化

治理理论本质上来看，是新自由主义同社群主义和自由主义左翼政治理论、民主行政传统兼存的一种理论形式，新自由主义意识形态是其底色所在。而公共行政研究宪制主义路径所提倡的公民政治、公民参与和直接民主则嵌入其中，试图规制市场逻辑和竞争机制。除此之外，治理理论还具有全球化指向的特点。在治理和新公共管理运动之前，美国的公共行政理论大体上也只是美国的公共行政理论，而在治理和新公共管理运动之后，美国的公共行政理论，其话语、其理论、判断、价值导向变成了世界性的理论，从"方言"成了"普通话"。[1] 新公共管理和治理理论话语的全球化指向同经济全球化密切关联，而在推动治理理论全球化进程中，美国和世界银行等跨国经济组织在一定程度上主导了治理理论与实践的全球化。治理的全球化，在相当程度上，就是新自由主义的全球化。[2] 与治理的全球化相对的是，一些

---

[1] 颜昌武：《行政学的本土化：基于中美路径的比较分析》，《政治学研究》2019年第1期。
[2] 俞可平编译：《治理与善治》，中国社会科学出版社2000年版，第163—167页。

国家即便严格按照"善治"的标准去实践,也没有实现所谓的"善治"。这就表明了治理并不是一个放之四海而皆准的普遍真理,治理的全球化更多是强势国家人为建构的产物。

因此,考察治理理论的全球化进程及其背后的新自由主义意识形态指向是至关重要的,能将西方治理理论从普遍性的、全球化的治理理论还原到基于西方各国历史脉络、社会背景和问题情境中的地方性理论。考察发展中国家的治理同西方国家情境下的治理的差异性,可以清醒地认识到这样一个现实:尽管全球化使得世界各个国家位于同一个时空之下,但并不意味着各个国家的政治发展程度处于同一个阶段。在长期的殖民统治历史遗产的影响下,同时又处于不平等的国际政治经济秩序里,发展中国家的现代国家建构面临着相当的困难。发展中国家的政治发展是在高度时空压缩的场域中开展的,这就使得发展中国家的治理和西方国家的治理并不处于同一个维度,面临的问题、诉求都是不同的。

治理之所以具有全球化的特点,有两个方面的原因:一是东欧剧变后,新自由主义意识形态获得了空前的影响力,与之相伴的,市场经济逻辑和竞争机制是资源配置的关键性制度几乎成为普遍的共识。东欧剧变以及中国的改革开放给资本、管理、技术和人员的在全世界范围内的流动提供了广阔的空间,加速了全球化进程。第三次科技革命和现代通讯、交通手段的变革同样加速了全球化进程。因此,在新自由主义意识形态获得空前影响力的背景下,体现着新自由主义意识形态的美国主导的世界经济政治秩序、制度框架和组织机构,能够更加有力地推动治理理论在全世界的普遍扩张,并以此来渗透、改变和边缘化其他与新自由主义意识形态不同的治国理政理论和实践方案。治理话语和理论本身是随着资本的全球化和美国在20世纪末的强势地位而扩展到世界各地的,从这个维度上来言,治理的全球化特性更多的并不是治理本身生发出来的,而是建构出来的。二是治理同时又具有非建构的全球化的特性,原因在于资本、知识、人员、技术与管理的普遍流动,使得风险同时也具有全球化的特性,大量的社会问题是无法通过传统的具有明确领土管辖边界的民族国家来应对。

全球化使得民族国家对市场经济体系运行的有效监控、干预和资源汲取,对资本、人员、管理、技术、知识等生产要素的监控变得更为困难,而这就使得政治—行政系统调节经济系统的运行、应对经济系统的固有缺陷造成的后果的功能难以为继。从人类社会发展而言，全球化对任何国家都是一个利弊兼具的过程，全球化给发达国家和发展中国家带来了不同类型的挑战：对发展中国家而言，全球化有可能强化发展中国家对发达国家和不平等国际政治经济秩序的依附地位，但是也有可能通过全球化而得以跨越民族国家边界流动的生产要素获得持续性的发展。对发达国家而言，全球化一方面会使得发达国家得以借助其资本、人员、技术、知识、管理上的优势和在国际经济政治秩序上的支配性地位，而更好地强化对发展中国家的优势地位和影响力，同时推动发达国家意识形态的普遍化。但是，从另外一个方面来说，全球化以新自由主义意识形态为底色，推动了资本全球流动，发达国家一般制造业转移趋势十分明显，这一趋势强化了发展中国家在中低端产业上相较于发达国家的比较优势，是发展中国家对发达国家开展社会倾销[1]的重要结构性条件。人员的跨国自由流动一方面满足了发达国家应对人口增长率下降而引致的劳动力不足的需要，但是外来人员在宗教、文化、民族、政治上同发达国家的巨大差异则使得发达国家面对着愈发严重的社会分裂和冲突，直接削弱了发达国家的政治认同。外来人员进入以及愈演愈烈的难民危机对建基在公民资格之上的发达国家的福利和社会保障也带来了剧烈的冲击。资本的全球化使得西方国家也面临着频繁的社会冲突，而这些社会冲突逐步地具有了阶级政治的意味。从这一层面上来说，治理的全球化特性并非完全是建构的，而是民族国家这一旧有的基本政治单位和政治组织模式试图发展出新的行动模式来应对全球化的冲击的自然体现，即各个国家需要通过让渡部分权利而进行集体协作来应对资本全球化引致的各类跨国家、跨区域问题。治理实践与治理理论一方面是新自由主义意识形态指导的政治改革成果制度化的体现；但另一方面也是各个国家试图应对全球化和新自由主义改革带来的一系列问题的过程。

相较于西方国家而言，发展中国家在全球化趋势下，面临着更多的困难。这些困难一方面是美国和部分国际经济、金融组织普遍要求发展中国家

---

[1] 所谓的社会倾销强调的是"在全球竞争的条件下，一国为了提供市场竞争力而降低社会保护水准，从而形成产品和服务的降价压力，迫使其他国家相应地削减福利开支"。引自周弘：《福利国家向何处去》，《中国社会科学》2001 年第 3 期。

实施新自由主义色彩的政治体制改革，并将此与国际援助捆绑或以此为要挟。① 另一方面是对于发展中国家而言，不少国家深受殖民历史遗产的困扰，仍然处于现代国家建设的进程之中，尚未完全建成现代民族国家，其结果是中央政府软弱无力，难以约束多元地方权威，不少发展中国家甚至难以维系基本的政治秩序和提供最为起码的公共服务，被称为"脆弱国家"。毋庸置疑，对于这类国家而言，最为紧要的是建立一个强有力的政治权威，以该政治权威为中心，建立一整套现代的政府制度，有效地动员和整合社会，建立制度化的吸纳地方多元权威组织资源的渠道，实施直接统治。在建立现代国家组织框架的基础之上，通过促进经济和社会发展、提供公共服务来巩固国家建构成果。

任何发展都需要建立在稳固的政治秩序之上。发展中国家更需要的是能够提供稳定政治秩序的现代国家建设方案。但是以美国和世界银行为代表的国际组织兜售的却是"反政府主导、反主权权威、倡导多元主体协同参与"的治理方案，这一方案通常是作为援助的必要配套条件而出现的，这使得接受援助的发展中国家不得不面临着越接受援助便离现代国家越远的困境。以美国为代表的西方国家和国际组织要求受援国必须要接受是否实现良好治理的考核，所谓的良好的治理主要有以下界定：国际货币基金组织认为"治理要有利于私营部门的有效活动"②；美国国家开发署认为"民主政府应当要关

---

① 例如简·普隆克批评2005年挪威政府因乌干达政府在政治改革方面上的滞后性而中止对乌干达400万美元的援助时候，便评价道："政策提升和治理提升不应看作援助的前提条件，其本身也不应当被视为发展的目标。"2005年八国集团领导人峰会在讨论非洲脱贫问题的时候，便指出，援助要实现低收入国家持续增长和脱贫，帮助低收入国家实现民主化、负责任且透明的政府并建立健全的公共财政管理。而且，还提出应当只针对那些绩效良好且政治责任性基本合格的国家给予债务减免。由此，经济学家贾格迪什·巴格沃帝、联合国秘书长和非洲特别顾问易卜拉辛·甘巴里如此回应："债务减免对高度贫穷的国家意义重大。即使治理不佳，账务减免的范围也应该要扩大。从一个独裁者那里得到一磅肉，如果知道肉实际上来自他瘦弱和受压迫的臣民，你还会这样做吗？"引自王浦劬、臧雷振编译：《治理理论与实践：经典议题研究新解》，中央编译出版社2017年版，第67页、第62页；参见 Nanda, Ved, "The 'Good Governance' Concept Revisited", *Annals of the American Academy of Political and Social Science*, 2006, 603(1): 269-283.

② 王浦劬、臧雷振编译：《治理理论与实践：经典议题研究新解》，中央编译出版社2017年版，第78页；参见 Merilee S. Grindle., "Good Enough Governance Revisited", *Development Policy Review*, 2011, 29; Adnan Naseemullah, Paul Staniland, "Indirect Rule and Varieties of Governance", *Governance*, 2016, 29(1).

注去中心化和民主地方治理"[1];世界银行则认为"受援国变革的责任人应遵循理性选择机制,国家应该尽量少地干预经济,对国家代理人的刺激将会生效,以及国家应该扮演市场的补充机构这样的角色"[2];美国国际发展中心下的民主与治理中心强调"民主化与经济增长之间的联系重要性,认为民主与治理活动有四个范畴:法治、选举与政治进程、公民社会、治理,以此为条件,来对受援国进行遴选或者考核"[3]。美国和国际组织将援助和政治改革进行捆绑,发展中国家如果要获得援助,代价则是按照美国和国际组织所认可的可以达至良好改革成果的治理方案进行改革。但是,美国和国际组织对于治理的界定是以限制政府权威和政府能力、强调多元权威共同参与的西方语境下的治理,这一改革方案对发展中国家而言裨益甚少。推销限制政府权威的治理方案的更重要的目标是:限制政府干预经济的能力,从长远来看,这一目标是为了资本全球化而服务的。[4]

受援国家接受西方国家的治理方案,其结果是大大强化了地方权威的资源和力量,使得多元地方权威能够与中央政府进行更为持续的博弈,以获得更多的资源,而这种博弈往往会通过激烈的国内种族、民族冲突或者宗教冲突体现,离稳定的政治秩序愈来愈远。而这一结果更是不符合国际组织和援助国家的考核目标,援助更加难以获得,国际组织和援助国家以此为依据,要求受援国家继续推动新自由主义为基础的治理方案继续进行改革,受援国家陷入到了恶性循环的困境之中。客观来说,西方国家的治理方案有着与之

---

[1] 王浦劬、臧雷振编译:《治理理论与实践:经典议题研究新解》,中央编译出版社 2017 年版,第 79 页;参见 Merilee S. Grindle, "Good Enough Governance Revisited", *Development Policy Review*, 2011, 29; Adnan Naseemullah, Paul Staniland, "Indirect Rule and Varieties of Governance", *Governance*, 2016, 29(1)。

[2] 王浦劬、臧雷振编译:《治理理论与实践:经典议题研究新解》,中央编译出版社 2017 年版,第 67 页;参见 Nanda, Ved, "The 'Good Governance' Concept Revisited", *Annals of the American Academy of Political and Social Science,* 2006, 603(1): 269-283。

[3] 王浦劬、臧雷振编译:《治理理论与实践:经典议题研究新解》,中央编译出版社 2017 年版,第 71—72 页;参见 Nanda, Ved, "The 'Good Governance' Concept Revisited", *Annals of the American Academy of Political and Social Science,* 2006, 603(1): 269-283。

[4] 有学者就认为,新自由主义实质上是一种极度的资本主义的意识形态。在新自由主义政策主张中,放松对金融资本管制,甚至放任其流动成为新自由主义经济治理的政策主张中的核心诉求。要完成金融资本管制放松这一任务,需要批判国家对经济管制观念和制度实践,而强调多中心治理、强调政府对经济尽可能少的干预、强调公共服务的多元供给的治理理念给新自由主义意识形态实现资本的全球化提供了理论上的掩护。参见郇雷:《新自由主义民主的实质与危害》,《马克思主义研究》2017 年第 9 期。

相匹配的社会基础和政治条件，即西方国家普遍完成了现代国家建构进程，也就是从民族国家到民主国家的转变，有着相对稳固的政治秩序和强力的、具有较高自主性的国家制度和政治权威。西方国家提倡治理主要是为了合法化新自由主义改革成果，回应新自由主义改革的一系列问题，治理能够在国家提供的稳定的政治秩序和具有较强合法性的政治文化形成的行动场域中相对有效地运行。且不论治理是否解决了西方国家面临的普遍困境，西方国家以自身模板设计的治理方案，其有效运行需要一系列苛刻的社会基础和制度条件，而这些社会基础和制度条件是发展中国家根本不具有的，盲目推行西方国家尤其是美国的政治经济实践、制度设计、治理理论与实践，无疑是一种将制度、理论同相应社会经济条件剥离开来的"盆景式"民主。[1]

当下的治理在某种程度上与亨廷顿所语的政治参与具有形式上和功能上的高度相似性，强调社会多元权威参与的治理对国家权威本身就会带来冲击和侵蚀，而在完成政治现代化的西方国家中，政府权威相对下降并不是一个问题。然而，在发展中国家乃至"脆弱国家"中，强调社会多元权威参与的治理与亨廷顿谈到的缺乏政治参与制度化渠道却鼓励政治参与一样，只可能带来政治衰朽，形成普力夺国家[2]。更为讽刺的是，这一无视能够提供稳定政治秩序的强力政治权威是大部分发展中国家和"脆弱国家"的政治现代化和国家建设主要目标的治理方案，却被冠以"善治"的美名。"善治"的治理方案对发展中国家政府干预经济、实施产业政策以便应对激烈的国际竞争的强烈反对，则使得发展中国家弱小的产业直接面临发达国家强大产业的冲击，使得发展中国家经济社会发展更加举步维艰。然而国家深度介入经济发展、实施产业政策曾是西方国家普遍成功的重要经验，也是 20 世纪中末期

---

[1] 郇雷：《新自由主义民主的实质与危害》，《马克思主义研究》2017 年第 9 期。
[2] 所谓的普力夺政体或者普力夺国家，是亨廷顿描述非洲、拉丁美洲和东南亚部分国家混乱的政治秩序的描述性概念。这些国家政治参与非常普遍和广泛，但是缺乏秩序，使得国家无力制度化地吸纳支持、化解和压制反对意见，提供政策输出。结果是，这些国家政治秩序普遍衰朽，中央政府软弱无力，地方政府被地方传统势力（族群、宗教、宗族等）把持，甚至出现军阀混战的情况，而政变频繁、军人干政也是这些国家常见的政治现象。从这个层面来说，所谓的治理正是亨廷顿所谈到的政治参与，在缺乏基本政治秩序（这种政治秩序无论是国家或者强大革命政党提供还是同质性社会结构和社会文化生发）情况下，鼓励治理无异于鼓励各种政治社会势力、地方势力参与到对公共利益的竞取中来。参见〔美〕塞缪尔·P. 亨廷顿著，王冠华等译：《变化社会中的政治秩序》，上海人民出版社 2008 年版，第 60—70 页。

韩国、日本等发展中国家和地区的成功经验。"善治"的治理方案对这种经验的强烈反对，无疑间接体现出西方国家所提倡的治理理论与治理实践具有维护不平等国际政治经济秩序的强烈的保守主义倾向。

治理的全球化是值得发展中国家警惕的，有学者就这样评价世界银行的政治改革方案："尽管世界银行尤其关注经济效率、经济增长及行政改革，但其善治议程却'受制于政治和意识形态影响以及善治如何能够影响大国关系'……世界银行具有自由主义的世界观，它通过干预——即借贷和技术援助来推动其进行善治改革——将这一世界观强加于非洲国家。正是这种深植于西方文化、历史以及美国政治思想的新自由世界观塑造了世界银行限制受援国公共行政能力及范围的策略。"① 基于西方和美国的治理理论、实践经验为内核的治理改革方案与国际援助捆绑在一起，成为占据不平等国际政治经济秩序有利地位的西方国家及其主导的国际组织干预发展中国家、支持资本全球化的工具。而善治本身即是新自由主义意识形态的重要呈现，卡默蓝便指出，善治的目的即是限制政府行动的范畴，是新自由主义背景之下的。② 1989年，美国、世界银行、国际货币基金组织讨论拉美的经济改革问题的"华盛顿共识"，明确指出要削减政府对经济系统的干预、推进经济的自由化，而这种企图的背后，则是为了美国和其他跨国资本进入拉丁美洲做准备。如果盲目接受西方国家的治理方案，便有可能让发展中国家滑入政治衰朽的困局之中。

治理理论之所以吸引人，是因为这一理论给人们绘制出了关于美好生活的多元主体共同参与的理想图景，而达至这一理想图景，便需要在确保政治秩序的前提下，对政府治理体系进行改革，给市场和社会留出空间，从而使得个人、社会与政府能够协商一致、达成共识，解决公共问题，实现公共性再生产。西方所言的治理需要两个基本条件：（1）治理资源与治理权力在整个社会是平均分布的；（2）存在着稳定的、强调协商的政治文化。对美国为

---

① 王浦劬、臧雷振编译：《治理理论与实践：经典议题研究新解》，中央编译出版社2017年版，第67页。参见Nanda, Ved,"The 'Good Governance' Concept Revisited", *Annals of the American Academy of Political and Social Science*, 2006, 603(1): 269-283。
② 〔法〕皮埃尔·卡默蓝著，高凌瀚译：《破碎的民主：试论治理的革命》，生活·读书·新知三联书店2005年版，第5页。

代表的西方国家而言,国家权威与治理权力在新自由主义改革之后被大幅度地削弱,为治理理论的实践展开提供了空间。但是,其他主体的治理资源和治理权力并不是相对均衡的,而是存在一个明显的社会等级的,即部分治理主体的治理资源和治理权力远远高于其他主体。同时,西方国家宪制民主制度又给强势治理主体提供了能够合法化其利益和偏好的政策表达渠道。国家的相对回退使得强势治理主体在表达并实现自己偏好和利益时更加便捷。治理并没有兑现其承诺,反而使得社会等级更加僵化,社会不平等趋势不断加剧。如同多元民主描绘的美好图景落空一样,治理理论所描绘的美好图景同样没有能够实现。

对西方国家而言,治理本质上是将新自由主义改革制度遗产正当化,并在此基础上对这一遗产造成的诸多负面问题的修补。治理理论是新自由主义意识形态同强势民主、协商民主、社群主义和公民共和主义理论兼存的产物。治理强调行动主体相互依赖、权力互补、边界模糊,并且产生了判断治理绩效的多元价值并存但又存在张力的善治理论。然而,发展中国家却不能照搬这样的政治行政理论。西方语境中的善治和治理更多具有反主权、限制政府权威和政府干预经济的新自由主义意识形态色彩,但是就发展中国家面临的普遍问题而言,更需要的却是强调政府权威,提供稳定政治秩序的政治发展路径,而不是盲目地迅速开启政治参与和去中心化的治理,这无疑会对发展中国家羸弱的国家能力、脆弱的国家自主性、薄弱的国家权威带来颠覆性的冲击。

2. 治理的本质

治理实践与治理理论是当下公共行政研究和社会科学研究关心的重大主题,治理这一概念同民主概念一样,由于概念的模糊性和不确定性,使得这一概念更多地被用作现实政治实践的装饰符号,无论什么样的解决公共问题的机制都被冠以"治理"的名称,这实际上从根基上削弱了治理概念在学理上的合法性。同样,在不同国家和情境中,治理也呈现出不同的样貌,不同语境下的治理概念的界定甚至呈现出了南辕北辙的境地。治理理论与实践的复杂性和多元化的现状似乎表明了治理具有后现代性的特征,它反对确定的概念、确定的价值和意义，主张去中心化的实践与理论。[1] 如果将治理视为一种抽象的、孤立的、共时性的概念与实践来看，将治理与其镶嵌的历史脉络和结构背景割裂，作为"盆景式"的概念，治理确实展现出了同现代性价值诉求、政治权力配置、制度设置不同的样貌。治理认为解决公共问题的权威已经分散化了，任何主体都无法再单独占据治理的权威，协同治理已经成为一个确定的历史趋势。在西方治理理论的想象里，政府唱独角戏既不可行，也不可欲。治理对美好公共生活的畅想即是：公民、企业、社会组织以及政府掌握的治理资源是平均分布的，主体之间相互依赖、互相协作，在这一过程中，公共性得到生产、自由得到保障、民主得以成为一种生活方式，善治就得以实现。

然而，治理理论对公共生活的畅想却存在着根本性的问题，而这也是治理理论对衡量治理好坏的理论标准，即善治理念本身存在的重大缺陷，也就是多元价值的相互矛盾。总体上来说，善治可以分为两类不同的价值：一类是程序性的价值，另一类是绩效性的价值。[2] 程序性的价值关照诚信、透明、公平、合法、人权、个体权利等，而绩效性的价值观则关照有效性和效率。善治理论的空想性表现在，它假设程序与绩效是一致的，正因为如此，善治才能兼容这些价值倾向。但是有效性和效率强调的是工具理性，强调的是功利主义思维模式，它的衡量依据在于大多数人或者占支配性地位的行动者的福利最大化。而程序性价值强调的却是从抽象的、形而上的道德和伦理依据演绎出来的一系列规则，这些规则被认为是任何工具和手段都不能违背的。善治理论试图兼容目的性伦理观与义务论（甚至包括部分至善论）的伦理观，这无论是在学理上还是在实践上都难以兼容。简单来说，比如事关一个政治共同体关于公共利益的重大乃至根本事项交予公投决定，是否可以说是善治的。如果此项公投最终的结果是从长远损害了公共利益，那么从善治的程序性价值来言，便存在两种判断的依据：从公民作为现代民主政治的最

---

[1] 郁建兴、刘大志：《治理理论的现代性与后现代性》，《浙江大学学报》（人文社会科学版）2003年第2期。
[2] 王浦劬、臧雷振编译：《治理理论与实践：经典议题研究新解》，中央编译出版社2017年版，第39页。参见 De Graaf, G. Paanakker, H., "Good Governance: Performance Values and Procedural Values in Conflict", *American Review of Public Administration,* 2015: 635-652。

终责任人来看，公投将国家重大决定交予了公众，尊重了公民对国家事务的决定的权力，尽管结果是不好的，但是从过程来讲，却是符合善治的；另一种判断可以这样言明，将如此重大事项交予民众决定、交予民意裁决，无疑是政治家毫无政治责任感的表现，从程序上来看，并不是善治的。从这个抽象的例子来反思善治，其作为一种规范的理论，它并没有在事实上提供一套规则体系来判断何种情况下应当采用何种治理工具、何种治理才能被视为是正确的，因为所有的价值都被平等地看待，使得善治理论陷入相互矛盾的境地。

治理到底意味着什么？当回顾了西方国家从行政国家、福利国家到新自由主义改革和新公共管理运动与治理浪潮的一系列总体性变化和政府改革之后，治理实际上是对新自由主义改革和新公共管理运动的历史遗产和制度后果的确认与弥补。治理理论与实践默认了新自由主义意识形态作为公共哲学的存在，也默认了新自由主义意识形态基本价值观念和政治目标，默认了新自由主义改革的最大政治成果，即经济精英权力恢复和阶级力量的重建。治理理论与实践关照的是如何弥补新自由主义改革和新公共管理运动带来的一系列的治理问题，而在解决这些问题的时候，市场机制和竞争逻辑仍然是作为根基性的元理论被使用，宪制主义研究路径宣称要将强势民主、社群主义、共和主义的酒灌入新自由主义和新公共管理运动构成的治理的瓶子，却面临着尴尬的境地：公共行政研究宪制主义路径及其实践，仅仅是在社区层面得到实现，在主流的理论中仍处于边缘的位置。这表明了治理理论的价值格局：新自由主义和新公共管理的市场逻辑和竞争机制会带来社会福利的普遍增长和限制政府权威的假设依然是治理的主流，而强调公民政治、公民参与的理论和实践仅仅是位于补充的地位。

尽管有学者认为治理是一种后现代的、反现代国家建构的新范式，但从治理的价值格局和实践模式来看，治理并不是去中心化的，仍然存在着中心—边缘的结构，最为典型的例子便是新自由主义城市治理理念的一系列后果，例如强调经济增长而不是社会公平、受益分配的城市治理理论，其制度后果便是城市区隔的出现、社会排斥的盛行，这无疑从城市空间上展现出了治理所暗含的中心—边缘结构。同时，这种中心—边缘结构的强化，是主张城市经济增长的政商联盟合意的结果，政府在此中获得财政收入、获得了政绩，扩展了政治权力；经济精英在此中获得了财富，强化了资本权力。在新自由主义城市治理之下的社区也面临着基层民主治理实践参差不齐的困境。公共行政研究宪制主义路径往往是通过小单位的社区治理实践来体现出其优势，但是在城市空间分割的背景下，大量社区面临着衰败的情境。之所以会有学者将治理视为后现代的，无非是将现代性同民族国家和主权国家这一形式绑定在一起，但是在民族国家和主权国家之下，却是容易被忽视的阶级政治。如果将现代与后现代的标准视为是否仍然在统治和治理上以中心—边缘结构为根本性的治理资源和治理权力配置的基本方式的话，那么看似是后现代的、反单一权威的治理仍然没有逃离中心—边缘结构，因为它们反对的仅仅是现象上的国家，却没有考虑到经济层面的中心—边缘结构。对治理而言，谈论后现代在经验上并不是恰当的。从规范上来说，后现代是这样一种企图：它试图通过对主体性的激烈否定来实现一种乌托邦的场景，任何价值和任何行动都有存在的依据，都天然地要求其他行动者的服从。如果将治理视为后现代的，无疑会将治理带入什么都可以的相对主义和虚无主义中，任何的判断都会丧失合法性，将治理在规范上视为后现代的也不是恰当的。

从治理生发的历史脉络来看，治理理论与实践所要解决的问题，归根到底还是福利国家面对的问题，是在一个资本主义经济体系和商品交换关系仍然是根本性的权力结构的前提下，同时这一经济体系和商品交换关系还需要国家的调整的根本约束下，国家应当如何提供福利、干预经济，从而不让阶级冲突激化，也不让私人资本投资意愿衰减里寻找平衡。治理风潮至今已有40余年，但是以新自由主义意识形态为基底、现代自由主义为缰绳的治理理念与治理实践并没有能够有效地应对资本全球化引发的一系列的危机。这些危机在当下突出地表现为社会激进的对自身的保护：西方国家普遍的社会抗议、民粹主义、反全球化正是这一社会自我保护的体现，呼唤国家和政治强人的回归似乎成为整个世界的趋势，这与治理理念的初衷背道而驰。治理作为一种政治实践，并没有逃脱现代性的时空框架，只不过显得同既往的整齐划一现代性有所不同，其去中心化、多元带来的混乱，体现在追求社会普遍正义过程中出现的主体间的相互战争，而获益的只可能是那些掌握支配性权力的主体。

三、治理：在现代自由主义、福利国家与新自由主义、全球化之间 | 193

治理尽管其声称自己是去中心化的、反权威的、后现代的理论主张，但是从治理的一系列具有新自由主义意识形态底色的理论和实践来看，这一理论通过强调对政府的反对而树立对市场和资本的拥护，社会在其中更多的是处于补充的、装饰性的地位。无疑，治理并不是一种工具，而是一种具有明确意识形态和利益诉求的、强调市场和资本为中心的政治经济理论，在意识形态的渗透和国际援助的要挟乃至战争威胁下，新自由主义色彩的政治经济改革得以在世界各地高歌猛进。而治理则以政府改革和社会多元参与来承接这一政治经济改革，其结果是以私人资本为主体的国际资本大规模、快速流动，其展现的无序性、投机性、破坏性，加剧了国际金融的动荡和不稳定。同样，以新自由主义意识形态色彩为基底的治理和政府改革，则破坏了许多发展中国家政治内生演化的环境，弱化了本就衰弱的中央权威和脆弱的政治秩序，给大量的地方权威和多元权威参与竞取国家权力和肆意占有国家资源提供了机会和合法性的外衣。这些国家收获的不是稳定的秩序和良好的发展，更多的是政治的衰败。

治理理论与实践并不是一个什么新的东西，它之所以在 20 世纪 80 年代末被普遍地强调和流行，更多的不是出自于理论的逻辑的自然演进，而是政治力量和经济力量的共同推动。治理作为新自由主义意识形态和新公共管理运动新的漂亮外套而存在，在这件外套之下，多中心治理、协同治理、整体性治理、元治理被视为普遍有效的。治理这一概念也同民主一样，与它生发的环境割裂开来，成为好看的"盆景"，但却对发展中国家少有启发。治理中的善治理念为世人描绘了一幅浪漫的、美好的公共生活的乌托邦图景，但是当治理生发于不同国家和地区的时候，相当多的国家却面临着愈来愈严重的政治衰朽。由此可以看到，对西方语境下的治理的慎思、对推行这一治理的方式的警惕对于任何一个国家而言，都是重要的。

四、政治—行政二分原则的变迁

威尔逊以降，政治—行政二分原则[1]成为公共行政研究的基本共识。在以西蒙为代表的行为主义公共行政理论和以沃尔多为代表的倡导民主行政的公共行政理论对政治—行政二分原则的激烈批评下，政治—行政二分原则在公共行政研究中已经成为过时的话语。与此同时，政治—行政二分原则作为一种实践模式和制度安排，依然得以存续。那么，这就产生了一个理论与实践上的差异：理论上讨论的政治—行政二分原则到底是什么？是在什么样的层面和维度上来讨论的？而实践和制度安排上的政治—行政二分原则又是什么？这一原则的制度载体是什么？它又是如何产生和变迁的？它与现代社会间是否存在着根深蒂固的制度性联系，还是一种或然的工具性联系？理论上的政治—行政二分原则与实践和制度安排上的政治—行政二分原则又具有怎样的联系？这就构成了政治—行政二分原则的问题域。

（一）行政的概念演变：从"执行"到"政治"再到"行政"

讨论行政概念的演变，首先面临的问题就是术语繁多，指向不一致造成的混乱。由于现代意义上的行政概念的产生、发展与实践都生发于西方的历史实践中，在中文的翻译里，经常面对着术语和概念的内涵难以形成匹配的问题，加之术语的不一致和概念内涵本身的不清晰，就导致了讨论

---

[1] 政治—行政二分原则中的行政，都是在 administration 层面上来使用的。在本章中，如未加特别说明，政治—行政二分原则的"行政"，指的就是 administration。

的困难。因此，在讨论行政概念的演变之前，就需要对本节所讨论的执行（executive）、政治（government）和行政（administration）进行概念内涵的先行界定，并将术语同概念内涵进行匹配，强化术语的能指性，避免讨论的混乱。

当下所语的行政概念（administration）是在19世纪末20世纪初才产生的，它是城市化、工业化所引发的大众政治、政党政治的产物，是从政治（government），即选任的政治当局中分离出来的，从而作为国家社会管理制度的常量部分，即以文官制度为载体、政治中立为原则的行政部门。政治（government）概念则从执行（executive）概念中生发出来，对应于美国三权分立的基本宪制设计和制度安排。而这一基本宪制设计和制度安排同英国、法国的宪制设计、制度安排和政治思想存在重大差异，无论是英国洛克的"立法—执行"两权论及英国制度实践还是法国孟德斯鸠的"立法—行政—司法"三权论，基本上是将执行或者孟德斯鸠所言的行政，视为国家意志的执行。换言之，英国和法国的宪制设计、政治思想承认了作为至上权力的主权存在。但是，美国的三权分立制衡则不同，"立法—行政—司法"三权分立制衡意味着三权的平等和相互制约，这体现出了美国不承认至上权力合法性，依然固守着高级法的都铎传统的特征。至少在19世纪中末期盛行的政党政治、大众政治和普遍推开的文官制度改革之前，美国的行政（government）和英国的执行、法国的行政（executive）有着本质上的差异，美国的行政、立法、司法三权是平等的，而英国的执行、法国的行政的地位则明显低于立法权，而这背后则意味着美国同英国、法国对主权概念看法的根本差异。因此，在本章讨论19世纪中末期之前的行政概念演变的时候，美国的行政是作为与立法、司法平起平坐的政治（government）来理解的，并不是作为英国和法国的听命于立法权的执行（executive）来理解的。

随着绝对主义政体向立宪政体转向的完成，19世纪中末期以来的工业革命引发的城市化和工业化产生的政党政治和大众政治则促使了当下的行政概念产生。这一行政概念以"竞争考试、职务常设、政治中立"[1]作为三项基

---

[1] 颜昌武：《公共行政学简明史：以西蒙—沃尔多争论为主线》，社会科学文献出版社2019年版，第67页。

本原则的文官制度为载体。当下的行政概念的确立和清晰表述与美国进步运动的国家制度改革密切相关。现代意义上的公共行政学科和公共行政理论也是在对美国进步运动时期的国家制度改革成就的阐释和辩护的过程中产生的，这体现了美国进步运动时期国家制度改革一定程度的"欧洲化"特点，即放弃了部分美国"都铎体制"的政治传统，学习欧洲文官制度改革，建立一个政治中立、不经选举授权，仅在法律和制度层面上通过间接的方式对民选当局和法律、宪法负责，进而对民众负责方式的文官政府。因此，19世纪中末期以来的行政概念无论是在美国还是英国、法国、德国都具有内涵上的一致性，都被视为国家意志的执行，即民选政治当局和议会的意志。政党政治和大众政治的兴起也意味着英国和法国使用的执行概念实际上也被政治—行政二分原则替代，这一替代主要发生在民选当局的地位和作用上。在大众政治和政党政治之前，是议会作为国家意志的中心，而民选当局则是国家意志的执行者。在大众政治和政党政治之后，民选当局通过政党政治而成为议会的中心，议会政治实际上成为政党政治，民选当局与议会一起成为国家意志的体现，而文官制度改革后出现的政治中立的文官政府则成为国家意志的执行者。

因此，在本章的讨论中，洛克的"立法—执行"两权论和孟德斯鸠的"立法—行政—司法"三权论中的"执行"（含有司法权）和"行政"（不含司法权）大体上是同意的，二者在英文中都对应executive，将孟德斯鸠的"立法—executive—司法"中的executive（不含司法权）翻译为行政是不恰当的，应该翻译为执行（不含司法权）。而美国的三权分立制衡中的"行政"则应对应于政治（government）概念，将government翻译为行政也是不恰当的，应当翻译为政治。19世纪中末期以来的行政概念，即当下所言的行政概念则对应于administration。术语的使用除了考虑能指性之外，还要考虑接受的问题。在中文学术界，孟德斯鸠的"立法—行政—司法"三权论和美国的"立法—行政—司法"中关于执行（executive）翻译为行政、政治（government）翻译为行政已经是约定俗成，难以更改。那么，本章在使用孟德斯鸠的"行政"一词的时候，将在后面标注英文单词（executive），在使用美国三权分立制衡的"行政"一词的时候，也将在后面标注英文单词（government）以示区分；而在使用执行的时候，指的就是executive，使用行政不加标注的时候，就是在administration意义上来使用行政概念。

1. 混合政体理论与行政概念的雏形

在政治现代化之前，行政概念的雏形与行政的实践在前现代国家组织中已经存在。伯里克利时代的雅典民主政制设置了元老院、五百人会议、执政官、公民大会、陪审法庭、十将军委员会等国家政治统治与社会管理机构。但是，这些机构的职权却是高度混合的，也就是说无论哪一个国家机构，多多少少都负有现代政治谓之的立法、政治与行政、司法职权。[①] 这种制度设计显然更多的不是考虑到分工和效率，而是在治理事务相对简单带来的需求有限背景下，基于阶级平衡的考虑的产物。古希腊国家政治统治与社会管理机构设置及职权的高度混合，确切地说是"分权"而不是"分工"。

在雅典国家机构中，主要对城邦进行日常管理的是五百人会议及其通过抽签方式产生的具有轮流坐庄特征的议事会，议事会职权显然超过了现代政治—行政的职权范围，除了日常社会管理之外，对公民审批和裁决也成为议事会和五百人会议的主要职权范围。而与之相对的，主要负责司法审批的陪审法庭则又具有立法和行政管理（财政、管理公共产出、课征税收等）职权。雅典民主政制中，政治—行政、司法、立法三种不同职权在不同国家机构和组织中都有所呈现。不同国家机构职权混合、交叠管辖共存表明了古希腊政治思想中对混合政体理论的独特偏好。所谓的混合政体理论，即一种国家政制设计理论，这种政制设计理论以阶级力量平衡为目标，将不同国家机构视为不同阶级力量的工具，国家机构的职权混合（每一国家机构都拥有现代意义上的立法、政治—行政、司法职权）有利于国家机构之间相互制约，进而能够达成阶级力量的平衡。对混合政体理论和阶级力量平衡带来的城邦共同体和谐这一观点进行深入讨论的是亚里士多德。

亚里士多德提出了好的政府，即能够实现至善政府的一般政制设计原则，这一原则以财产为基础的社会等级制度作为主要依据，即所谓的中产阶级国家原则[②]。中产阶级国家原则强调的是数量和质量的平衡，前者强调的是

[①] 马啸原：《西方政治制度史》，高等教育出版社 2000 年版，第 15 页。
[②] 〔美〕托马斯·索尔森修订，邓正来译：《政治学说史：城邦与世界社会》，上海人民出版社 2015 年版，第 196 页。

人数，后者强调的是财富、血缘、地位、教育等因素产生的政治影响。[1] 如果要达到两者的平衡，也就是达到拥有各种各样资源而产生影响力的强势社会集团同弱势社会集团的平衡，就需要通过国家制度设计予以实现。

亚里士多德对良好的混合政体的构想是以国家机构充当阶级平衡工具而入手的。混合政体之所以优良，是因为国家机构分属不同阶级而实现了阶级制衡和团结，国家机构更多的是作为实现社会整合和团结的工具存在。因此，以雅典城邦为代表的古希腊政制设计在考虑国家机构设置和职权配置的时候，更多的不是源自于实际的治理需要而是来自于对阶级平衡的考量。亚里士多德对行政概念的理解可以分为两个层次：第一个层次指的是基于阶级平衡之上的国家机构设置，对此，亚里士多德构想出了具有"社会学的真理或规律"[2]意味的职权划分和机构设置原则，即一个政体，无论在何种情况下，都存在三个基本部门，一是审议部门，二是行政部门，三是司法部门。[3] 但是，这三个基本部门的划分并不是现代政治理解的行政、司法、立法分立与分工，而是基于阶级力量平衡考察之上的职权配置。"在任何一个特定的政体中，一个部门可以更多地按照民主制的原则加以组织，而另一个部门则可以更多地按照寡头制的原则加以组织。"[4] 民主制原则对应的是平民阶级，寡头制对应的是有产者，除此之外，职权上的混合也是保持阶级平衡的制度安排。

第二个层次指的是任何共同体为了维系生存都需要发挥的一定功能，而这些功能对应的正是现代政治所理解的行政与社会管理职能，例如市场管理、城市监护、乡区监护、财务管理、注册事务、执行惩罚等。[5] 在这一个层面上，行政概念与事务性工作、社会管理有着更多的关联。

古希腊时期的行政概念要么是与阶级平衡的混合政体原则有关，要么是与城邦事务性管理和社会管理有关，与当下行政概念（administration）及其

---

[1] 〔美〕托马斯·索尔森修订，邓正来译：《政治学说史：城邦与世界社会》，上海人民出版社2015年版，第197页。
[2] 〔英〕M. J. C. 维尔著，苏力译：《宪政与分权》，生活·读书·新知三联书店1997年版，第15页。
[3] 〔美〕托马斯·索尔森修订，邓正来译：《政治学说史：城邦与世界社会》，上海人民出版社2015年版，第194页。
[4] 〔美〕托马斯·索尔森修订，邓正来译：《政治学说史：城邦与世界社会》，上海人民出版社2015年版，第195页。
[5] 〔古希腊〕亚里士多德著，吴寿彭译：《政治学》，商务印书馆1965年版，第329—330页。

意指有着根本性的不同。相较于古希腊对行政概念的含混认识，其背后蕴含的对混合政体理论的偏爱和阶级平衡原则的重视对西方分权理论发展和行政概念的演变有着深远的影响。

古罗马时期，罗马治理范围和罗马国家机构职能的复杂程度都超过了古希腊城邦，其政治理念和政治思想同古希腊也有着相当的差异。但是，在行政概念的理解和行政实践上，二者却保持了相当的一致性。以罗马共和国政制为例，整个罗马共和国由元老院、民众大会、高级官吏（执政官、行政长官、监察官、保民官、高级营造官、高级财务官）组成。[①]《罗马史》的作者波里比阿就认为整个罗马共和国制度在总体上可以分为保民官和民众大会、元老院、执政官三个部分，而元老院拥有相当立法职权，执政官则拥有司法职权，保民官则有一定的行政职权。[②] 但是，这并不意味着保民官和民众大会、元老院、执政官就是所谓的"三权分立"，保民官和民众大会也拥有着一定程度的立法权和司法权，同样元老院和执政官也是如此。罗马共和国的政治实践和政治思想中，所谓的行政概念与古希腊对行政概念的理解并无差异，更多关注的是阶级平衡原则和混合政体的构想。在罗马共和国时期，阶级平衡和混合政体显得更为突出：保民官是民众大会的代表，代表着平民的利益，而元老院和行政长官更多地代表的是有产者和原先的贵族的利益。各个国家机构的基础都是一定的社会集团和社会阶级，而国家机构都不同程度上拥有着政治—行政、立法、司法职权，阶级力量平衡是通过代表阶级利益的国家机构职权的相互掣肘，即混合政体实践而实现的。

在古希腊和古罗马的政治思想中，所谓的"行政"概念从来就不是一个具有明确指向和自主性的概念，甚至立法和司法也并不是具体而明确的，任何一个国家机构都具有这三种职权，职权之间交叠管辖，其目的则是确保阶级平衡原则的实现。国家机构更多的是作为阶级力量平衡的工具而存在，因此不同类型职权与机构之间并不是一一对应的，行政概念更多的与事务性工作、社会管理或者是每个国家机构拥有的执行决定的权力和行为关联在一起。

在中世纪时期，所谓行政概念是与司法紧密关联在一起的。中世纪时期

---

① 马啸原：《西方政治制度史》，高等教育出版社 2000 年版，第 29—33 页。
② 张康之、张乾友：《公共行政的概念》，中国社会科学出版社 2013 年版，第 25 页。

的欧洲总体上呈现出一个政治权威多元化的格局，教廷为欧洲提供了基本的宗教文化纽带和整合功能；以封建制政体原则组织起来的各封建王国的国家性质则是一种基于各世俗政治权威实力权衡、被教廷干预的只能实现间接统治（国家需要借助地方权威才能实现对社会的统治和治理）的前现代国家。各个世俗政治权威对封地的管理，处理与其他世俗政治权威的关系，处理与教廷之间的关系，都是通过习惯法和教会法为核心的法律司法体系来实现。

在中世纪，占主流的法律观念是高级法观念，认为法只能被宣告和发现而不能被制定。① 高级法观念将法律视为恒定的，如何解释法律并将法律进行适用便成为中世纪时期各个世俗政治权威包括教廷都密切关注的问题。解释法律并将法律进行适用则是司法权的体现，对司法权的争夺往往是各个世俗政治权威和教廷相互冲突的重要原因。② 行政概念在中世纪时期，被纳入到司法概念中进行考察，对司法权的争夺往往就是对行政权的争夺。

在前现代国家时期，行政概念是不清晰、缺乏明确指向的，更多的是社会集团和阶级平衡的工具。社会集团和阶级将国家的不同机构作为统治工具而相互竞争，无论这种竞争是否达至均衡状态，都能够体现出在前现代国家时期，所谓的国家仅仅是一个松散联系的文化共同体而不是一个具有高组织性的政治共同体的特点。行政概念的清晰化，权力分立和分工的结合成为一种不可逆转的历史过程只有在进入现代国家建设历程中才可能出现，这一历程的开始，在思想观念上则是从作为至上权力的主权概念的出现、对高级法观念的改造、认为法律是一种命令而不是某种一成不变的习惯模式，以及随之而来的实证法观念而体现的。③

2. 执行概念的产生

权力分立学说和权力分立实践能够出现，其观念上的准备是主权概念

---

① 〔美〕托马斯·索尔森修订，邓正来译：《政治学说史：民族国家》（上），上海人民出版社 2015 年版，第 325 页。
② 〔美〕托马斯·索尔森修订，邓正来译：《政治学说史：民族国家》（上），上海人民出版社 2015 年版，第 323—324 页。
③ 〔英〕M. J. C. 维尔著，苏力译：《宪政与分权》，生活·读书·新知三联书店 1997 年版，第 24 页。

的发展，以及随之而来的法律观念的改变。主权概念主张世俗政治权威的至上性，从这一规定出发，逻辑上自然能够导向法律观念的改变，也就是高于世俗政治权威的高级法是不存在的，任何法律都是命令的产物，而不是抽象的、形而上学的律则的产物。主权概念与法律的命令观念是与现代国家建设紧密联系在一起的。

（1）主权概念的产生

亨廷顿认为政治现代化进程包括三个部分，分别是权威的合理化、结构的分离化、大众参与政治。[①] 从政治思想上来看，现代国家建设首先呈现出的就是权威的合理化，即主权概念。作为至上权力，主权能够提供可以激励经济发展和制约机会主义行为的产权结构和约束、激励制度，拥有界定公民身份及其权利义务体系的正当权威。博丹在《国家论六卷》中提出了主权概念，所谓的主权，即"不受法律约束的、对公民和臣民进行统治的最高权力"[②]，主权是归属于君主及其官员的不可转让的权力。[③] 主权概念的提出与当时欧洲主要国家（法国、西班牙、英国）逐步形成一个统一的民族国家具有密切的关联。因此，主权概念是为了对世俗政治权威，尤其是国王统一领土、建立直接统治（国家可以对社会实行直接的统治和管理）的政治行为进行合法性辩护的。博丹在建构主权概念的时候，将主权视为至上的权力，主权与所谓的高级法一样都是永恒的，并且主权取代了高级法的概念。当世俗权威为基础建构的主权概念取代了宗教权威为基础建构的神权概念，那么法律的高级法理念自然被替换了。主权者的意志就是法律的渊源，那么法律便再也不是所谓的"发现法、宣告法"，而是来自于主权者的命令、来自于人的制定。

15 世纪之后，欧洲国际地缘政治竞争更为频繁[④]，欧洲主要国家（英国、

---

① 〔美〕塞缪尔·P. 亨廷顿著，王冠华等译：《变化社会中的政治秩序》，上海人民出版社 2008 年版，第 27 页。
② 〔美〕托马斯·索尔森修订，邓正来译：《政治学说史：民族国家》（上），上海人民出版社 2015 年版，第 105 页。
③ 〔美〕托马斯·索尔森修订，邓正来译：《政治学说史：民族国家》（上），上海人民出版社 2015 年版，第 103 页。
④ 赵鼎新：《国家、战争与历史发展：前现代中西模式的比较》，浙江大学出版社 2015 年版，第 28 页。

法国、西班牙等）发展出了等级代表制封建政体，并向绝对主义政体转化。国王通过召开等级制会议试图寻找到一条能够持续汲取多元社会和精英的组织性资源的制度性渠道。等级代表制会议本身就具有浓厚的中世纪封建政治遗风，对国王受法律规制的强调，贵族和教士等级特权的承认等，都对国王的权威形成了限制。但是，等级制会议相当程度上吸纳了商人构成的市民阶层的进入，市民阶层的进入很大程度上使得国王拥有了同贵族和教士等传统特权阶级博弈的实力。等级制会议在国王筹措资源、达成共识、将决定合法化的过程中发挥了举足轻重的作用，这一会议也充分展现出了立法的重要性。

（2）权力分立制衡理论与执行的产生

主权的至上性、主权者作为法律的渊源和法律来自于主权者的命令等政治哲学理论的革命同等级代表会议制实践结合在一起，第一次具有了提出相对成熟和清晰的分权理论及制度实践的可能性。在这一时期，分权理论首先是将立法和执行权力从司法权力中分离出来，形成了立法和执行权两权分立，而执行权则包括了政治、行政和司法[1]。对这一理论转变有突出性贡献的是马西利乌斯，他区分了立法权力和执行权力，并且将立法权力置于人民手中，这是一个相当超前的观念。[2] 马西利乌斯将执行权视为法律的执行和裁判，所谓的执行权就是政治—行政权和司法权的混合。除了将立法权置于人民手中这一超前的观念之外，马西利乌斯对国家机构及其职权的划分并不是以混合政体的阶级力量平衡为基础的权力分立为依据，而是以分工能够提高效率为理由。马西利乌斯对这一点的认识恰好揭示了一种被隐藏在当下同占据主流地位的权力分立制衡观念不同的权力分工观念，前者旨在制衡至上权力，兼顾效率，而后者则是在至上权力之下考察效率的实现。维尔认为，所谓的分权学说，有四个方面的内容：一是将政府机构区分为三个范畴，立法、执行、司法机关；二是政府有三种具体的职能，而这种职能是基于某种社会学的真理或"规律"为依据进行划分的；三是人员的分离，即在某个政

---

[1] 执行权在这一时期往往是由君主掌握的，可以同立宪政体建立后的不掌握司法权的民选政治当局进行类比。在这一时期，执行权内含了政治和行政，但是两个概念及其实践与现代所理解的并不完全一致，这里更多的是从管理的现象层面来进行分类和讨论。

[2] 〔英〕M. J. C. 维尔著，苏力译：《宪政与分权》，生活·读书·新知三联书店1997年版，第25页。

府机构的人员不能同时担任另一个政府机构的职务；四是分权理论同混合政体的融合，使得每一个政府机构都拥有对另一个政府机构的否决能力，以此实现制约。① 分权的四个维度构成了当下语境中的分权制衡理论，如果关注的是前三个维度，则构成马西利乌斯所构想的基于主权权威的、强调效率的权力分工理论。马西利乌斯以分工导致效率提高这种理性化的认知作为政府权力分立的理据，将权力分离为立法和执行，并且将立法权置于人民中，而这即是人民主权的思想的雏形。马西利乌斯的分权理论为行政（government 和 administration）和司法从执行（executive）中分离、当下语境的行政（administration）从政治（government）中分离出来提供了逻辑上的准备和知识上的积累。

　　马西利乌斯设想的权力分立应当基于分工带来效率的基础之上，但是在政治实践中，绝对主义政体的出现意味着国王成为主权的承担者，以国王作为主权承担者而建构的权力分立体系维护的是专制君主及其政体的利益。绝对主义政体背景下，市民阶级作为主要力量的社会权力同国王、贵族、教士为主要力量的国家权力之间展开了激烈的冲突。国王试图用君权神授来巩固对主权的占有，并且通过权威的合理化来剥夺等级制会议在国家中的宪制性功用，权力的分工也是服从于这一要求。为了在意识形态上同专制君主抗衡，市民阶层和一些对中世纪封建政治遗产（基于等级制的特权体系对国王形成的制约）有所怀念的政治力量，提出了基于主权在民的、强调权力分立和制衡的融合了阶级平衡原则和混合政体理念的新理论。这一新的权力分立与制衡理论一方面强调权力分立，另一方面强调权力之间的相互制衡，这呈现出分权理论同混合政体理论的结合，使得分权理论从权力的分工走向了权力的分立，这一结合正是现代分权制衡理论产生的关键。市民阶级赞同权力分立的意图主要不是效率，而是试图用具有"托古改制"意味的权力分立理论，使得市民阶级能够继续把持占有的部分国家机构，以维持同专制国王、世袭贵族和教士继续进行斗争的合法平台。

　　洛克在《政府论》中提出的两权理论和对政府职能的分析，将执行权清晰地表达了出来。洛克对权力分立的阐释与马西利乌斯相比，区别不大，二

---

① 〔英〕M. J. C. 维尔著，苏力译：《宪政与分权》，生活·读书·新知三联书店1997年版，第14—18页。

者都赞同人民主权、分权是基于分工形成效率认知等观点。但是，洛克不同于马西利乌斯之处，在于对执行权的界定上。马西利乌斯的分权理论仅仅强调的是权力分立和权力间的完备性和正交性，并没有赋予政府机构间的相互否决权，而这一否决权则是由洛克赋予和界定的。在洛克的分权理论中，立法权是等级优先的，而执行权和对外权则是立法之下的。洛克的本意反映了当时立法机构至上的现实，而对立法的强调，本身就暗含了立法优先于执行的安排。但是，洛克并不是将立法权视为无所限制的、专断的，立法权的至高无上性体现的是其地位和职权，但是这种职权仍然是限制在其范围之内的。立法权主要为实现分配正义而存在①，也就是通过制定法律和授权适宜的法官，并由法官来执行法律，立法机构本身是不能执行法律的。

在讨论执行权的地位的时候，洛克赋予了执行权的首脑，也就是国王以否决性的权力，这一否决性权力针对立法机构出台的法律。在洛克对执行权的界定上，赋予了执行权抵抗立法权的权威，②使得洛克的分权理论呈现出对分权学说和混合政体学说的融合，即权力分工带来效率和权力间的否决性制约的融合。③洛克的分权制衡理论来自于对英国政治实践中议会的关键性作用的反映，洛克的分权制衡理论将混合政体理论和权力分工理论结合，是现代语境中的分权制衡理论的基础。但是洛克对行政权的理解仍然没有突破立法—执行框架④，仍然将行政与司法职能混合在一起。

3. 三权分立中的执行概念与政治概念

（1）孟德斯鸠三权分立中的"执行"概念

孟德斯鸠在《论法的精神》一书中阐释的三权分立理论以及美国的三权分立制衡的宪制设计表明了分权制衡理论的成熟，之后的理论基本上则是在孟德斯鸠和美国三权分立政制基础上的深入和修补。⑤孟德斯鸠的三权分立

---

① 〔英〕M. J. C. 维尔著，苏力译：《宪政与分权》，生活·读书·新知三联书店1997年版，第59页。
② 张康之、张乾友：《公共行政的概念》，中国社会科学出版社2013年版，第30页。
③ 张康之、张乾友：《公共行政的概念》，中国社会科学出版社2013年版，第30页。
④ 张康之、张乾友：《公共行政的概念》，中国社会科学出版社2013年版，第30页。
⑤ 〔英〕M. J. C. 维尔著，苏力译：《宪政与分权》，生活·读书·新知三联书店1997年版，第83页。

理论首次将国家权力分为三个相互独立和制衡的部分,即立法权、行政权、司法权。孟德斯鸠相当程度上延续了洛克的两权论理论,继承了洛克的否决性制约的分权制衡理论。孟德斯鸠主要创见在于行政权的认知上。在《论法的精神》中,孟德斯鸠对行政权的界定仍然偏向于沿袭既往的执行权的思路来界定行政权,即"每个国家都有三种权力,即立法权、适用万民法的执行权、适用公民法的执行权。依据第二种权力,他们媾和或宣战,派出或接受使节,维持治安,防止外敌入侵"[①]。对行政概念的另一界定,则是将行政理解为执行公共决议[②],孟德斯鸠对行政权的界定更多的是从这一定义上来界定的。孟德斯鸠强调行政的执行性特征,这种执行并不是执行法律,而是执行公共决议,这就使得司法从执行中分离出来。孟德斯鸠的权力分立理论与美国的三权分立制衡仍然存在着相当的差异,孟德斯鸠的权力分立理论并没有展现出对主权概念的抗拒,而是默认了主权概念的存在,美国的三权分立制衡则体现出去主权的意味。孟德斯鸠与洛克的两权论的区别又在于洛克强调立法的等级优先性,而孟德斯鸠强调的是立法的逻辑优先性。[③] 孟德斯鸠对立法逻辑优先性的强调和对行政是执行公共决议的界定深受英国议会制政体的影响。而在 19 世纪末 20 世纪初期,威尔逊和古德诺提出的政治—行政二分原则里,他们将行政界定为国家意志的执行,也可以隐约看到孟德斯鸠三权分立理论的影响,以及他们对议会制政体的赞赏。

(2)美国三权分立制衡中的政治概念

孟德斯鸠的三权分立是理论上的构想,那么美国的三权分立相互制衡的宪制设计则是历史上第一个实践的三权分立制衡制度。美国的三权分立相互制衡被视为分权理论同混合政体理论结合的产物,三权的相互鼎立、法律地位的平等展现出美国对至上权力的不信任和怀疑,主权在美国三权分立中是抽象性的存在而没有具体的制度载体。美国的政制设计直接沿袭了孟德斯鸠的三权分立理论,但区别在于美国的三权不仅仅是权力的分立,而是三权在法律地位的完全平等,同时赋予了行政部门、司法部门、立法部门相互否决

[①] 〔法〕孟德斯鸠著,许明龙译:《论法的精神》(上),商务印书馆 2015 年版,第 186 页。
[②] 〔英〕夏克尔顿著,刘明臣等译:《孟德斯鸠评传》,中国社会科学出版社 1991 年版,第 354 页。
[③] 张康之、张乾友:《公共行政的概念》,中国社会科学出版社 2013 年版,第 31 页。

的权力，而这种否决的权力也构成各个部门持有了其他部门的部分职权，例如行政部门便拥有对立法部门的否决权，这种否决权也构成了事实上的立法权。美国的三权分立和相互制衡强调的是三个部门地位的平等，因此，孟德斯鸠所认为的立法体现国家的一般意志，行政则执行国家的一般意志①，在美国的三权分立相互制衡的政体逻辑中并不成立。按照美国公共行政宪法学派的理论，立法、行政、司法部门都是公民的代表，从不同侧面致力于将主权在民原则予以落实。无论是立法、行政还是司法部门，由于它们都是宪法授权产生的，因而都是公共决议，其执行的也是公共决议。从美国的三权分立相互制衡政体及其制度实践所形成的宪法精神来看，美国的权力分立理论中保留了相当成分的混合政体理论，只不过既往的混合政体是以阶级力量的平衡为基础，而美国的混合政体则是以大州和小州、平民和政治精英的平衡为目标。

　　三权分立理论及其实践宣告着政治概念从执行概念中分离出来。但是政治概念（government 和 administration）包含了当下语境中的行政概念（administration），并不同于政治—行政二分的"政治"（government）和"行政"（administration）。在进步时代以前的美国，官僚接受政治当局的授权任命的政党分肥制就展现出了政治和行政的高度混合。因此，所谓的行政分支，更多的是作为"government"，也就是选举产生的有着任期限制的政治当局来理解；在英国，议会内阁制的逐步演变也展现出了行政和政治的高度混合，而在政党政治和大众政治出现之前，内阁是执行分支的实际领导。因此，英国的行政仍然是以"executive"作为内涵，即执行议会的公共决议。行政概念向政治—行政二分中的行政（administration）的转变则是在大众政治、政党政治和工业化时代的背景下完成的。

4. 政治—行政二分中的行政概念

　　政治—行政二分原则是以威尔逊为代表的美国经典公共行政理论家所提出的，用以阐释美国进步主义时代国家制度现代化建设的说明，也是为美

---

① 〔法〕孟德斯鸠著，许明龙译：《论法的精神》（上），商务印书馆2015年版，第188页。

国国家制度现代化建设进行合法性辩护的理论体系。政治—行政二分原则是美国力图通过仿照欧洲进行现代国家建设，从而更好地面对政党分肥制为根基的传统美国国家管理制度无法适应工业化和城市化带来的诸多挑战的理论上的解释。政治—行政二分原则所阐释的美国国家制度现代化建设的主要目标，就是排除政党政治对日常行政管理和社会公共服务等不涉及重大事项决定的专业领域的干扰。之所以要排除政党政治的干扰，是因为美国政党分肥制丧失了相应的社会基础，即乡村自治和社会自治所需要的熟人社会和同质化社会解构后，陷入失灵的困境中。在高度专业化的工业社会和陌生人构成的城市中，公民难以有效参与政治，也难以推动有效的集体行动的实现，缺乏制约的精英利用政党分肥制来攫取和分配政治和行政管理职位，强化跨区域的大型垄断企业的政治经济利益，强化依靠政党分肥制而生存的选举机器——城市老板的既得利益，整个美国国家管理和市政管理陷入低效和混乱。这种低效和混乱引发了美国中产阶级和城市商业、工业资产阶级的广泛不满，其中的腐败也引起了社会进步人士的抨击。因此，美国中产阶级和城市商业、工业资产阶级和社会进步人士力图通过广泛的政治体制改革打破城市老板和跨区域大型垄断企业，例如铁路公司和政党对国家管理机器的垄断，输入自己的集团利益，扭转美国国家管理低效和混乱的趋势。

（1）文官制度建立与政治—行政二分原则

政治—行政二分原则集中体现在文官制度上，这一制度以盛行的官僚制组织作为基本架构。以官僚制组织作为基本模式的文官制度形成的文官政府，顺利地将美国中产阶级和城市商业、工业资产阶级的集团利益导入到了美国国家管理机器中，并以此形成了美国的行政文化。因此，以文官制度和官僚制政府为主要内涵的政治—行政二分原则并不是基于先验的政治和行政学的法则或者原理指导下产生的，而是基于解决治理问题和实现美国社会阶级权力转移的政治策略的产物。但是，无论是在英国还是在法国，都没有形成以政治—行政二分原则作为起点的现代公共行政学科，而是美国形成了现代公共行政学科，这就说明作为制度的政治—行政二分原则是普遍的，而单单作为理论来进行解释和辩护的政治—行政二分原则，确实是美国政治独特性的体现。美国政治独特性的体现展现在美国的"都铎体制"的国家宪制特征和"反国家"政治传统，两者都强调政治权力的分立和制衡，强调选举授权和社会自治，反对一个集中统一的具有形式上利维坦特征的国家制度和相应机构的产生。因此，以威尔逊和古德诺为代表的受欧洲政治与行政制度影响较深的学者，为了将自己的政治与行政制度改革意见更好地被美国社会接受，也为了合法化已经形成的美国现代国家制度设计和机构设置，就需要一套能够融合美国政制和政治文化特点，同时结合欧洲政治与行政制度优势的政治与行政理论和观点以进行合法性辩护和说明。而这一合法性辩护和说明集中体现在了美国现代公共行政学科及经典公共行政理论上，这一理论的关键就在于"政治—行政"二分原则。政治—行政二分原则通过宪法和法律使得封闭的文官制度和文官政府能够通过遵守法律和效忠民选政治当局来实现选民对封闭文官政府的间接控制，规避对文官政府缺乏选举授权，但又拥有公共权力的美国式的政治合法性检视；同时，政治—行政二分原则通过对科学管理等自然科学化的社会科学理论和管理理论、管理原则的应用来言明文官政府的政治中立和高效，以理性、效率将达至社会公平正义、经济持续增长作为承诺，换取美国社会支持。那么，政治—行政二分原则至少在理论和逻辑上就实现了美国强调权力分立、制衡的政制设计和"反国家"政治文化同欧洲自上而下的官僚制文官政府的融合。

以政治—行政二分原则为核心的现代公共行政理论虽然诞生在美国，但是在政治发展中的实践意义上的政治—行政二分原则早先在欧洲就开始了，英国、法国和德国就先于美国展开了系统性的文官政府改革。对这一改革的认识同样需要从权力分立制衡理论的变化来入手。

权力分工理论和混合政体理论在经历了英国内战和法国大革命为代表的一系列政治事件和思想演变之后，融合成为现代语境下的分权制衡理论，成为西方宪制理论的基干部分。主权概念在经过一系列政治行动和制度实践之后，成为权力分工理论的基础，而权力分工理论同古老的强调多元权威相互制衡的混合政体理论融合，实现了对主权概念的修正和制约，进而形成了现代西方国家制度设计中的权力分立制衡理论及相应制度安排，立法、行政、司法已经囊括了整个国家的所有职能和一系列的政治实践活动。在英国和美国等宪制国家，行政功能被视为立法的执行或者是对主权的执行。即便在德国这样的具有浓厚专制政治遗产的国家，在经历黑格尔对抽象的国家造就公共利益的观点洗礼之后，行政也被视为专制君主和一系列官僚组织进行理性活动、推动公共利益增长的过程。专制君主和官僚虽然缺乏有效同向制约和明确的自下而上的竞争性选举的授权，却仍然具有合法性，因为他们的行为来自于职位职责本身，来自于抽象的理性官僚制的命令—服从体系，而非任意的个人专断行为。因此，行政分支囊括了执行公共决议、落实主权到日常行政管理、社会公共服务的广大领域。

英国是较早实践分权制度的现代国家。在洛克的宪制构想中，执行权是国王职权，也就是说王权构成了执行权。而在光荣革命之后的一系列宪法性文件推动下，如《权利法案》和《王位继承法》等，彻底地将洛克的理论在实践中向前推了一步，不仅仅立法权高于国王，而且司法权也从王权中独立出来。[1] 由此，王权的范围就与孟德斯鸠所语的三权分立的行政权（其实是执行权）是一致的了。对于当时的英国来言，司法权从王权中独立出来具有重要的意义，因为政府行政职能在当时很大程度上是执行司法职能，而司法权从王权中独立出来不啻对王权的限制。英国建立君主立宪制度并在长期发展和演化历程中，形成了作为中央政府的内阁，而内阁则是由议会所产生的。内阁对议会负责、执行议会重大决议体现出了这一时期议会在英国政治中的中心地位，政府行政职能本质上就是执行国家意志。

英国在1855年通过文官改革令[2]，建立了政治中立的文官制度，这一文官制度的建立也标志着政治—行政二分原则在英国的出现。英国的文官制度的建立历经了一个相当长时间的过程，促使英国推进文官制度改革的主要因素有两个方面：一方面是政党政治的影响；另一个方面是文官与政治家共进退使得整个日常行政管理社会公共服务受到了消极的影响。这种消极的影响体现在两个方面：一是行政知识的积累滞后、行政流程能够顺利运转所需要的行政文化难以形成；二是行政知识积累滞后，标准行政流程难以形成，行政技能缺失，使得政府难以应对复杂的社会经济管理事务。在政府施政能力缺乏但又面对大量的复杂社会经济治理事务的情况下，提高政府行政能力就成为亟待解决的问题。

---

[1] 任晓林：《1887年前：公共行政学及欧美国家不同范畴的研究》，《甘肃行政学院学报》2012年第5期。
[2] 肖俊：《渐进的制度文明：英国文官制度的历史与贡献》，《中国行政管理》2005年第1期。

英国进行文官制度改革的时代是一个工业化和城市化的时代，亦是一个阶级矛盾突出、阶级斗争盛行的时代，工业资产阶级、既往的贵族和地主阶级、工人阶级，在国家制度安排、政策设计和社会领域的冲突和合作推动了三次议会改革，实现了选举权利的扩展。普选权的落实使得大众政治得以形成，而大众政治是政党力量得以强化、在政治领域中得以发挥愈来愈重要作用的基础。因此，英国传统的议会领导内阁的立法权至上、行政权从属的政治格局逐步发生了变化，以政党政治为基础的内阁通过政党政治逐步将议会演变成政党政策合法化的工具。所谓的议会领导内阁、内阁执行议会决议变成了政党领导议会，合法化政党意见。而政党领导层又掌握执行议会公共决议的内阁，使得政党和内阁在事实上同时掌握立法权和执行权。官僚仍然跟随政务官共同进退的现实则使得个别的庇护政治演变为整个政治与行政领域的依附体系，即政务官通过个别配置的经济资源和政治职位的交换承诺来获取他人的支持。在依附体系下，整个政府行政能力低下，面临腐败的困境，因此一个政治中立的、排斥政党政治的文官制度便显得尤为必要。美国与英国的情况基本相似，出于工业化和城市化治理需要和政府行政能力不匹配的问题，将政党政治从行政领域中排除出去，成为美国《彭德尔顿法》建立文官制度的主要动因。

　　政治—行政二分意味着行政脱离政治获得一个自主性的地位，主要是基于文官与政务官共同进退而导致的一系列治理后果及其应对的产物。行政的自主性地位依托于文官制度的建立，文官制度使得政府，也就是行政官僚组织的变革、内部的管理、人力资源的调配与使用都是依照于法律而不是政务官员的个体意志。当行政官僚组织能够免于社会势力和政治当局非法律允许范围内的人格化命令和支配的时候，行政官僚组织就能够发展出一整套的行政知识、行政技能和行政文化，而这些行政智慧能够让政府更好地满足社会的需要；行政官僚组织的自主化，也使得科层制的官僚制政府能够真正成为理性化的官僚制政府，任何官僚行为都是基于法律、规章和理性，而这也使得整个官僚制政府行政效率得以提升。行政自主性的出现意味着一个文官制度保驾护航的官僚制政府出现，而这一官僚制政府本质上是精英统治和技术治理的，是反民主和社会参与的。从政治理论上来看，行政自主性的出现也意味着黑格尔式的国家理论，即国家是普遍的公共利益化身和看守者的理念被自由主义政治哲学接受。而行政自主性的发展和文官制度的产生在政治文化上也体现了只有专业化的精英政治才是公共利益和正义的捍卫者的政治价值观念。在这一时期，无论是在英国还是美国，行政已经转变为 administration 而不是 executive 和 government，尽管行政依然被视为国家意志的执行，但是国家意志已经不仅仅是立法部门意志，也有民选的政治（government）当局的意志。

（2）政治—行政二分原则的内涵与历史影响

政治—行政二分原则的系统性理论阐释生发于美国。美国"都铎体制"的中世纪遗风政治传统和"反国家"政治文化中，拥有行政自主性的文官政府，是一个具有霍布斯的"利维坦"隐喻和黑格尔绝对理念的国家形态的具有封闭性的精英统治和技术治理特征的官僚制国家形态，需要理论化的阐释和合法性的辩护。政治中立的文官政府突破了非选举不能授权的宪制规定；工业化和城市化治理需要则使得美国政府行政职能大幅度扩张，以前从属于市场和社会自我调节领域面临着政府的深度干预，权力逐步从国会转向了政府，从社会和市场自我治理转向了以政府为中心的治理，行政国家逐步形成。行政国家的形成在某种程度上突破了立法权不能授予的传统的宪制规定。对这一系列与既往的美国政府理论和宪制理论不符的"异常现象"进行合理化的解释，是由美国公共行政学完成的。

威尔逊和古德诺等人提出并完善了政治—行政二分原则，将此作为对行政国家和政治中立的文官制度和官僚制政府进行辩护的总的观点，也将此作为公共行政学科的总的原则。以威尔逊和古德诺为代表的经典公共行政理论家对美国政府模式的设想是：在政制层面，仿照英国，将美国政体转变为一个国会至上的内阁制政体；而在行政层面，则将政府视为中立化的执行工具，这方面的理论资源则来自于德法行政学。[①] 经典公共行政理论家对美国行政国家和文官制度的合法化辩护也正是建立现代公共行政学科的过程，而这一学科的应用性使得其制度和政策层面的主张与美国既往价值观、理论、政体的匹配性对学科发展异常重要。因此，经典公共行政理论家需要对来自

---

① 张康之、张桐：《对"行政"概念的历史考察》，《社会科学研究》2010 年第 1 期。

于英国和欧洲大陆，尤其是德国的行政学理论进行美国化的改造，这一改造的过程便是被日后持批判理论的公共行政学家称为环式民主的合法性论证和改造方式。环式民主将行政国家和行政官僚组织视为政治中立的工具，这一工具是为了实现民主和公共利益而存在，同时将行政国家和行政官僚组织的控制权交予国会颁布的法律和政治官员的领导，以此对公众和社会进行保证，行政国家和行政官僚组织并不会演变成不受约束的利维坦。那么，实践层面的行政国家和行政官僚组织的永续性和政治中立得到辩护后，解决实践问题的公共行政学理论和学科自然将自己视为中立性的科学而不是价值导向的伦理学。

　　古德诺对行政概念进行了完整的表述："政治的任务体现在对国家意志的表达……而行政，在另一方面，是执行国家意志。"[1] 在经典公共行政理论中，行政被视为执行公共决议、执行民选政治当局政令、执行法律；而在经典公共行政理论支配性地位被推翻之后，政治—行政二分原则在理论上的重要性便被削弱了，或者说政治—行政二分原则的原初含义发生了改变。在公共行政研究管理主义路径中，所谓的行政更多地被视为注重效率、经济发展、政府财政收入提高等强调物质增长的发展主义在公共行政领域中的呈现；在公共行政宪制主义研究路径中，行政则一直处于被批判的地位，行政的重新公共化和政治化是公共行政研究宪制主义路径的论述重点，亦是其价值目标所在。政治—行政二分原则在理论上仅仅存在于经典公共行政理论中，出于政治策略的需要，是时代的产物，它的目的仅仅在于构建一个环式民主论证方式，实现对文官制度和官僚制政府的合法性辩护，这才是政治—行政二分原则在公共行政理论、思想乃至政治哲学上的深远影响所在。至于经典公共行政理论中关于政治—行政二分原则的具体论述观点和内容，诸如政治是决策的，而行政是执行的；或者行政是价值和伦理中立的，并不是重要的，并且这两种观点本身也是错误的，前者遭到了行为主义公共行政理论的批评，而后者则遭到了公共行政研究宪制主义路径的批判。换言之，政治—行政二分原则的深远影响主要体现在两个方面：

　　一个是政治实践方面，政治—行政二分原则将霍布斯的利维坦国家和

---

[1] 何艳玲：《公共行政学史》，中国人民大学出版社2018年版，第36页。

黑格尔的绝对理念国家落到了现实，建构了一个精英统治、技术治理、排斥社会参与，但又以其作为公共利益护卫者形象出现的文官政府。这一文官政府是行政国家的基础，而行政国家本身是实现一系列具有较强约束力和自主性的公共政策的必要条件，无论这种公共政策设计或者制度安排，是凯恩斯主义的经济干预，还是福利国家的社会保障与阶级团结，抑或是新自由主义的金融化和私有化，都需要一个强硬的以文官政府为基础构建的行政国家来推行，并抵制社会参与。换言之，具有行政自主性的文官政府本身就体现了社会精英的观念和利益，抵制社会参与实际上抵制的是普通民众期望行政民主化的实质性政治参与而不是形式上的政治参与，文官政府本质上是反民主的。文官政府、官僚制政府组织模式、行政国家是一以贯之的，文官政府以官僚制政府组织模式为基础，确保了官僚制政府组织模式得以存续，行政国家则构建在文官政府之上，而文官政府虽脱胎于既往行政部门，但并不等于行政部门。行政国家指的是治理权力从具有参与性、讨论性的民主特征部门和社会领域向专业性、封闭性的效率特征部门转移。因此，行政部门是行政国家的一个部门，而不等于行政国家，独立性的专家治理的中央银行等也是行政国家的体现。行政国家作为精英统治、专家决策、排他性治理的平台和工具，可以为任何旨在强化社会精英力量、推行主流意识形态的经济、社会政策服务。

另一个是理论方面，政治—行政二分原则塑造了环式民主的合法性论证方式，这一论证方式为精英治理和民众从公共领域的退出提供了合法性辩护，实现了政治领域去公共化、公共领域去政治化和私人化的目标，巩固了精英统治的固有社会权力结构和意识形态体系。这一环式民主的合法性论证方式在公共行政研究管理主义路径中一以贯之：经典公共行政理论和行为主义公共行政理论意图通过自上而下的等级制控制提供激励，主张国家对经济更多介入和干预，对社会提供福利和保障来实现社会整体利益增加；新公共管理理论或者持市场中心的治理理论主张的政府内部解制、向下授权和竞争提供激励，主张借由国家来推动实现国家从经济和社会领域中退出[①]，实行私

---

① 国家来推动国家从经济和社会领域的退出，指的是新自由主义改革浪潮下的经济、政治和社会政策的实现方式。新自由主义经济、政治和社会政策本质上服务于资产阶级阶级力量重建，服务于资本无阻碍积累，这一目标的实现是以政府对经济领域，尤其是金融领域弱化监管，弱化宏观经

有化、金融化，推动更广泛的商品化，本质上都以环式民主作为合法性论证方式，来为精英统治、专家治理和排斥社会参与治理以及相应的政治、经济和社会政策提供辩护，区别仅仅在于政府内部结构的些许改变和具体政治、经济、社会政策方向和内容的变化。

（二）政治—行政二分原则的两个面向：现代国家的关键组织要素与经典公共行政理论基本观点

政治—行政二分原则有着两个面向：第一个是作为现代国家的关键组织要素，而第二个则是作为经典公共行政理论的基本观点。政治—行政二分原则从诞生之初，就面临着批评，而这种批评针对的是作为理论面向的政治—行政二分原则，而不是作为现代国家关键组织要素的政治—行政二分原则。因此，无论是公共行政研究管理主义路径还是宪制主义路径，对政治—行政二分原则的批评更多的是从理论层面上进行的，而不是对制度性的政治—行政二分原则的批评。

1. 政治—行政二分原则的制度面向：现代国家的关键组织要素

（1）现代国家的关键组织要素与立宪制政体建立

从实践上来看，行政自主性的出现对应的正是现代国家的建设历程；而从理论上来看，行政概念的清晰化与分权理论的发展有着密切的关系。在古希腊、古罗马和中世纪时期，分权理论以权力分立制衡为特征，追求的是不同阶级力量的平衡达至和谐政治共同体的目标，实现这一目标就需要将不同

（接上页）济干预，推动政治、行政和社会治理领域的竞争化和市场化，实现社会福利削减，将国家社会福利责任推到个人身上为代价。换言之，国家从经济社会领域的退出指的是从国有化、监管、社会保障和支持劳动者领域，而国家则在支持资产阶级和限制劳动者集体行动权利上强化了职能。这一系列的弱化国家在经济调节、社会福利领域国家责任和国家能力的政治和经济行动无疑会遭到强烈的反对，那么，这就需要国家来推动，即行政国家通过已经实现的专家治国、精英统治和反民主的排他性治理来实现国家在宏观经济调节、监管和社会福利领域的责任推卸，进而推动金融化、市场化和商品化，减少对资本积累的阻碍，服务于资本的增殖和扩张。

国家机构授予不同阶级，并且赋予这些国家机构交叉性的职权，使得不同国家机构管辖范围重合、交叠，以此作为不同阶级力量平衡的条件。那么，行政这一强调效率和集中统一的命令—服从体系的概念，根本上是无法从无视效率、专注不同阶级间力量平衡的分权理论中产生。而在实践上，前现代国家时期的国家并不是一个有着严密组织、建基在普遍利益之上的政治共同体，而是一个高度碎片化的、旨在维护多元地方权威和社会权威的政治经济利益的松散的文化共同体。那么，一个主张效率和服从的行政实践也无法从前现代国家政治实践中产生。

文艺复兴的兴起、商品经济的恢复和资本主义体系的产生、欧洲各个国家更加激烈的国际竞争，标志着现代化进程的开启。现代国家建设经历了封建等级制政体向绝对主义政体转向、绝对主义政体向立宪制政体转向、立宪制政体向立宪制官僚制政体发展三大阶段。对应于这三个阶段，分权理论也有着相应的发展。

在封建等级制政体向绝对主义政体转向时期，取代了神权概念的是作为至上世俗权力的主权概念，而主权概念的出现使得高级法理念发生了改变，法律不再是发现，而是可以被制定，可以来自于世俗权威的命令。主权概念和法律观念改变严重打击了教廷和地方政治权威对司法的垄断，也使得立法权逐步明晰出来。这一时期，分权理论朝向分工带来效率的权力分工理论方向上发展。

在绝对主义政体向立宪制政体转向的历史时期，国家以主权作为合法性辩护理据，在扩展基础性权力的同时也在不断强化专断性权力，而权力分工理论也被国家利用，试图将封建等级代表会议以主权至上的名义纳入到国家管辖范围内。在这一时期，资产阶级和对封建等级特权有所怀念的政治势力形成联合，改变了建基于主权至上的权力分工理论，重新引入了混合政体理论，形成了包含权力分工的权力分立制衡理论，以此来实现代表会议制度的合法化，以维系同专制国家进行竞争的制度平台。那么，权力分立制衡理论就发展出了洛克的立法权—执行权（包括司法的 executive）两权论，以及本质上一致的孟德斯鸠的三权论"立法—行政（其实是不包括司法权的执行权，executive）"。立法权高于执行权，执行权被视为国家意志的执行，也正是绝对主义政体向立宪制政府转向时期，作为主权的体现，以及立法权力高度至上的表现。

在英国实现并巩固立宪制政体的同时,美国实现了世界上第一个三权分立制衡的宪制安排和政体设计。美国三权分立制衡宣告了执行向政治的转型。美国的三权分立制衡宪制安排和政体设计植根于英国都铎时期的政治传统、怀疑至上权力的主权、坚持高级法的观念。因此,美国三权分立制衡及其思想表述,都将行政视为政治,在法律地位上与立法和司法是同等的,这与洛克和孟德斯鸠的从属于立法权的执行是不同的,而这也构成了美国独特的反国家政治文化传统的宪制基础和理论源泉。

现代语境中的行政概念的产生则是在立宪制政体向立宪制文官政府转向的过程中完成的。在大规模工业化引发的城市化之前,各个国家都没有产生政治中立的文官政府,官僚制政府很大程度上是随着政治当局共同进退的。大规模工业化和城市化之后,整个社会阶级力量状态发生了变化,保守贵族和地主阶级意图维持既有的政治权力格局,而无产阶级则力图获得普选权以实现集体谈判权和社会经济权利的改善,工业资产阶级则想要获得更多政治权力,并推动政府改革。在一系列激烈的阶级斗争和国家政治制度改革后,以大众政治为基础的政党政治正式取代了议会政治,伴随这一过程的,则是对国家政治—行政制度的改革。改革的最终成果体现在以理性官僚制政府为基础的文官制度的产生。文官制度的诞生意味着现代语境中的行政概念的生成,意味着行政概念从政治概念中获得独立,也标识着公共行政学科的诞生。

文官政府的产生是现代国家建设的产物,而以文官政府为基础的行政概念的生成也是现代国家建设进程中分权制衡理论发展的结果。因此,当人们在政治实践和国家政制安排上谈论政治—行政二分原则的时候,谈论的正是行政自主性的获取和维系,而行政自主性的生成也是一个历史的过程,从属于现代国家建设进程。现代国家建设,其本质在于"国家……只有当精英及其组织能力统一在一个单一的机构中时,国家才能建立起来"[1]。换言之,现代国家建设正是要"将原先独立自主的各类精英及其控制的制度性资源带入国家"[2]。国家的本质就是建立一个制度性渠道来吸收多元精英和政治权威

---

[1] 〔美〕理查德·拉克曼著,郦菁译:《国家与权力》,上海人民出版社2013年版,第47页。
[2] 〔美〕理查德·拉克曼著,郦菁译:《国家与权力》,上海人民出版社2013年版,译者序第Ⅴ页。

的组织性资源，避免这些多元精英和政治权威各行其是。国家为了实现这一目标，经历了两个关键性历史阶段：第一个阶段是立宪制政体的建成。宪制政体脱胎于代议制政体，而成熟的代议制政体建立经历了力图扩展基础性权力、强化专断性权力专制国家同地方政治权威构成的等级制代表会议的长期斗争。第二个阶段是建立了一个基于普遍利益的代议制政体和官僚制政府，实现了通过制度性渠道吸收多元精英和政治权威组织性资源的目标，也建构了一个能够实现阶级、集团利益转变为公共利益的博弈平台，使得政治斗争逐步向有序化方向发展。立宪制政体的建立（代议制政体和官僚制政府）实现了国家主权的正式确立，避免了多元社会精英和地方政治权威利用组织性资源的各行其是，进而威胁国家。

（2）现代国家的关键组织要素与文官制度建立

立宪制政体的建立却无法避免腐败带来的对国家政治权威的慢性侵蚀，甚至存在从内部将整个国家政权再度封建化（国家功能的私人化、官职私人占有与世袭）的可能性。腐败"以挪用公共资源、谋取私人利益为中心"[1]，腐败严格来说只存在于公私分开的现代国家。腐败一般分为两种类型：一种是创造和提取租金，而另一种则是庇护政治，或曰依附主义。[2] 现代国家建设的第二个阶段，即文官政府的形成，就是在抵制庇护政治或者依附主义这样的制度性腐败的过程中产生的。庇护政治的基础是庇护关系，所谓的庇护关系指的是"两个不同地位和权力的人交换好处，通常涉及庇护人提供好处给依附者，以换取后者的忠诚和政治支持，提供给依附者的好处必须是个别配置的"[3]。而依附主义，则涉及"庇护人和依附者之间较大规模的好处交换，往往需要多层的中介。所以，依附主义主要存在于需动员大量选民的民主国家"[4]。庇护政治是个别的，而依附主义则是大范围的甚

---

[1] 〔美〕弗朗西斯科·福山著，毛俊杰译：《政治秩序与政治衰败：从工业革命到民主全球化》，广西师范大学出版社 2015 年版，第 73 页。
[2] 〔美〕弗朗西斯科·福山著，毛俊杰译：《政治秩序与政治衰败：从工业革命到民主全球化》，广西师范大学出版社 2015 年版，第 75 页。
[3] 〔美〕弗朗西斯科·福山著，毛俊杰译：《政治秩序与政治衰败：从工业革命到民主全球化》，广西师范大学出版社 2015 年版，第 76 页。
[4] 〔美〕弗朗西斯科·福山著，毛俊杰译：《政治秩序与政治衰败：从工业革命到民主全球化》，广西师范大学出版社 2015 年版，第 77 页。

至是制度性的。

19世纪末20世纪初的历史时期里，在各个主要的立宪制政体国家，依附主义大行其道。从普遍历史趋势来看，依附主义植根于普选权实现带来的大众政治和政党政治引发的激烈政治参与需要同国家落后的行政管理制度、工业化加速市场经济尚处于起点状态间的矛盾。工业化和城市化，使得大量民众涌入城市，而在政府无力进行宏观调控和市场经济自身还处于不成熟阶段的前提下，市场本身无法满足城市民众的充分就业需要，普遍的贫困成为19世纪末和20世纪初的社会政治问题。普选权落实和政党政治的产生，使得大量民众看到了市场之外能够提升自己政治经济地位和相应资源的渠道，因此，政治参与成为赚钱发财的主要途径。在当时，既往的贵族、地主或者跨区域的垄断企业、城市老板等统治着政党，以此统治着拥有极大政治权威的立法权的议会，政府职位不常任、文官随着民选当局共同进退的制度遗产，使得这些拥有巨大政治权力的社会支配者将政府职位作为利益配置和政治势力调整的政治资源来使用，这就使得整个国家成为制度性的依附政治体系。制度性的依附政治体系寄生在既往的代议制政体、官僚制政府难以适应新兴的大众政治和政党政治的结构性困境中，造成了能够让整个国家再度封建化的政治恶果：依附主义不以普遍性政纲来吸引选民，而是以个别化的利益配置来换取选民的政治支持，以官僚制政府职位来换取政治势力的支持，无疑是将民主政治的公共性削弱，将民主政治彻底变成私人利益交换，将政府彻底变成社会势力的统治工具，这无异于将公共资源、公共权力私人化配置和使用，国家公器成为私人家丁，正是现代国家再度封建化的起点。

遏制腐败，消除制度性依附主义和庇护政治成为现代国家建设第二个关键阶段的主要任务。制度性依附主义和庇护政治的逐渐消失有两个方面的原因：第一是政治中立、职位常任、考试录用的文官制度得以建立，文官制度建立使得既往的充满着庇护政治的、具有制度性依附主义特征的官僚制政府相当彻底地转型为韦伯构建的理性官僚制的文官政府。文官制度的作用在于，使得国家能够掌握一套能够免于社会势力和民选政治当局干预的社会精英制度性吸纳渠道，这一渠道大大强化了行政自主性，强化了相较于社会势力而言的国家自主性和国家能力。因此，政治—行政二分原则与其说是行政学的，莫不如说是政治学的，这一原则首先关注的就是如何让政府更加具有自主性，能够更好地应对治理问题和挑战。

第二则是市场经济发展引起的更为广泛的社会动员。随着国家对宏观经济的调整、干预，对社会福利和保障的关注，市场经济缺陷得到了一定程度的弥补，市场经济发展为个人提供了更多的生活机遇，换言之，通过市场，人们能够更为便利地提升自己的经济社会地位。相较于庇护政治而言，个人更为理性的选择是通过市场来获取财富。因此，政党政治也不能再用庇护政治来实现自己的政治目标，取代个人配置的小恩小惠是普遍性的政治纲领，民主政治也走上正轨。

从政治文化和政治思想上来看，现代国家建设第一个阶段，即立宪政体的形成，强调的是权力分立制衡，力图保障的是抽象的形式意义上的公民基本政治权利，构建一个制度性竞争平台，将社会精英及其制度性资源导入其中，达成共识；而现代国家建设的第二个阶段，是在权力分立制衡的基础上，重新整合权力，实现权力的分工和集中统一，效率和发展是其主要价值导向，专家治国、精英治理、避免社会参与是其主要特征，文官制度保障的理性官僚制政府就是这一阶段的集中体现。现代国家两个阶段从根本上来看是融贯的，都体现了强烈的精英统治的特征，前者以代议制政体为主要载体，而代议制政体本身就是高度精英化的；后者则建立在试图避免政党政治和大众政治引发的大众政治参与的基础上，通过一个适应中产阶级和城市精英的文官政府来实现专家排他性的技术治理，将大众政治参与局限在议会投票政治和街头抗议政治上，避免大众对具体行政管理过程的参与。现代国家建设的完成在理论上的标识，也正是以政治—行政二分原则为基础构建的环式民主模式，环式民主实现了精英统治的合法化。

2. 政治—行政二分原则的理论面向：经典公共行政理论的基本观点

政治—行政二分原则在提出并成为经典公共行政理论的基本观点之后，就在内部遭到了批评和反对。西蒙为代表的行为主义公共行政理论和之后的新公共管理理论都对政治—行政二分原则提出过批评，而沃尔多为首的公共行政研究宪制主义路径对政治—行政二分原则也有激烈的批判。从理论上看，政治—行政二分原则早已过时。但是，从政治实践上来看，政治—行政二分原则依然以文官政府和精英统治、专家治国的排他性、技术治理的模式存在，并发挥着重要的影响。那么，理论面向上的政治—行政二分原则是什么？对理论上的政治—行政二分原则批评的指向又是什么？

（1）理论面向的政治—行政二分原则的逻辑起点

讨论理论上的政治—行政二分原则，离不开两个起点，这两个起点既是政治—行政二分原则的生成点，也是美国公共行政学科正式诞生的起点。威尔逊在《行政学研究》一文中，基于美国文官制度而提出了政治—行政二分原则。将这一原则进行系统化论述的则是古德诺，他认为："在所有的政府体制中都存在着两种主要的或基本的政府功能，即国家意志的表达功能和国家意志的执行功能。在所有的国家中也都存在着分立的机关，每个分立的机关都用它们的大部分时间行使这两种功能中的一种。这两种功能分别就是：政治与行政。"[1] 以威尔逊与古德诺为代表的早期公共行政学家是从非常简单的角度来理解政治—行政的关系，模仿欧洲的政治—行政关系，将政治视为国家意志的表达，而行政视为国家意志的执行，这一论断并不具有坚实的学理依据，反而体现出了美国文官制度建立和政府开始干预经济社会运行合法性论证的策略需要的历史现实。

在早期公共行政学家的视阈中，所谓国家意志的表达，正是公共政策的制定，而国家意志的执行，则是执行公共政策。正如沃尔多所言："19世纪末和20世纪初，人们认识到，用决策和执行能更好地理解政府；再后来，决策被等同于政治，执行被等同于行政。"[2] 将国家意志等同于公共政策制定、国家意志的执行等同于行政，有两个方面的缘由：一是威尔逊和古德诺等早期公共行政学家受到德法行政学的影响，而德法行政学强调行政的技术性和执行性。同时，从现象上来看，美国工业化引发的城市化、经济增长带来的社会动员和对市政管理的新要求，呈现出了现代社会管理的复杂性，由此产

---

[1] 〔美〕古德诺著，王元译：《政治与行政》，华夏出版社1987年版，第12—13页。

[2] 张康之、张乾友：《公共行政的概念》，中国社会科学出版社2013年版，第41页。参见 Ralph Clark Chandler (Ed.), *A Centennial History of the American Administrative State*, The Free Press: New York, 1987, pp. 89-112。

生了行政专业化的需求。但是，在政党分肥制的制度前提下，美国的城市和社会管理基本失效。威尔逊和古德诺等早期公共行政学家看到德国和法国行政的高效，自然会产生一种力图将行政视为作为结果的、具有确定性的执行过程来看待，力图将行政同不确定和腐败的政党政治分离开来。除了德法行政学之外，威尔逊和古德诺等早期公共行政学家还受到了英国议会制政体的启发，试图将美国转变成和英国一样的议会制政体。因此，他们对政治—行政二分原则的界定和阐释沿袭了分权制衡理论中的两权论（立法—执行）的思想内核，即将立法权及其制度载体——议会视为主权的承担者。

另一方面的缘由则出自于政治策略的需要。美国公共行政学在初创的时期，与美国政府的关系相对疏离；此外，美国公共行政学支持行政国家治理模式和文官制度，主张以官僚制政府为主要的组织模式来进行城市管理，并强化国家对经济社会领域的干预，这一观点与美国既往的国家制度、宪法精神和"反国家"政治文化传统存在极大的冲突。因此，早期美国公共行政学家试图通过提出政治—行政二分原则，来表明行政是非政治性的、技术性的执行活动，规避这种冲突。

第二个起点则是纽约市政研究所开展的市政研究运动，威尔逊和古德诺等人在国家建制上给公共行政争得了空间，但是公共行政的问题域和基本理论，则是由市政研究运动确定的。[①] 市政研究运动受到私人行政的科学管理运动的影响，强调市政管理应当是一个高度专业化和技术化的领域，由此，市政管理也应当是一个专家治理和技术治理的过程。市政研究所开展的市政研究运动对公共行政的界定，是从组织、功能、行为上入手的，运动认为科学管理原则对于任何组织是普遍适用的，市政研究运动就将公共行政界定为官僚制和科学管理原则的有效实现。因此，市政研究运动在理论观点上，支持了政治—行政二分原则。

从经典公共行政理论的两个起点来看，政治—行政二分原则将行政行为界定为纯粹的技术性和中立性的执行公共政策行为，一方面受制于美国独特的政治文化传统和政制安排；另外一方面则受制于美国政府对公共行政研

[①] 张康之、张乾友：《公共行政的概念》，中国社会科学出版社2013年版，第98页。

究的警惕和疏离。因此，经典公共行政理论在早期阶段更为关注市政管理问题，而非全国性的政府管理和社会管理问题。因此，经典公共行政理论初始阶段又可以被"城市行政"研究，即它的主要研究对象是城市管理。既然市政管理被视为纯粹技术性和中立性的执行行为，那么对私人管理方法、技术和原则的引入便成为顺理成章的事情。将行政确定为执行公共政策，体现了经典公共行政理论试图将文官制度确立的中立性和自主性的官僚制政府同混乱和不确定的党派政治相分离的意图。而在美国新政时期，罗斯福一揽子计划大大扩展了政府的职权，罗斯福总统邀请专家进入，通过专家提供咨询和专家向国会、社会表达罗斯福意见的方式，来推行新政。因此，美国公共行政学将目光从城市市政管理转向了国家治理，这一转向也带来了对政府行政行为的重新界定。在新政之后，公共行政研究的行政就不仅仅只是纯粹地执行公共决策和城市管理了，而是泛化了，即围绕政府职能关涉到的领域，都属于公共行政的研究范围。换言之，随着政府职能的扩展，行政行为就已经脱离了狭义上的政府内部管理，而走向了事实上的治理，尽管治理被公共行政理论确认还是在20世纪80年代之后。也正是在罗斯福新政和紧接着而来的第二次世界大战所建构的战时体制后，美国公共行政理论掀起了一股对经典公共行政理论反思的浪潮，这一浪潮首先直指的就是理论层面上的政治—行政二分原则。

（2）理论面向的政治—行政二分原则的内涵

因此，作为经典公共行政理论总的观点的政治—行政二分原则，由两个方面组成：第一个方面，强调行政行为的执行性和非政治性，即将行政行为视为公共政策的执行；第二个方面则建基在第一个方面上，强调行政行为的政治中立性乃至价值无涉性，强调在公共行政研究上也应当坚持自然科学化的立场和方法。

在理论上，政治—行政二分原则讨论的其实就是行政行为的界定，而在经典公共行政理论中，行政行为被视为执行公共决策的行为，被视为政治中立乃至价值无涉的行为，与此相关，公共行政研究就应当是自然科学化的。但是，这一原则在经典公共行政理论还如日中天的时候，就遭到了批评。在市政管理中，行政官员作为熟悉城市治理的专家，无时无刻不在提出政策意见、解释政策和法律，市政行政官员每时每刻都在做着政治的决定，都在分配和创制利益等社会价值，其行为本身就是政治性的。[①] 因此，古利克对政治—行政二分原则提出了批评，指出区别于政治和行政的，不是政策的制定和政策的执行，行政与政治的真正区别在于文官制度，而不在于具体的内容。因此，古利克这样界定了政治与行政："我们已经将政治定义为控制治理者的行动。换句话说，有关决定一个政府的基本政策、影响特定官员的特定行为，以及对官员的选拔，都是政治。它们都是影响或改变了实际'国家意志'的行动，它们改变了公共政策的走向，它们控制了治理者。谁是治理者？政府。……同样，这些治理者所做的事，即政府的运行、控制的发展与实施、机构的建立与管理——这一切的总和就是公共行政。"[②] 政治视为党派活动的场域，而行政则被视为行政官员的行为。古利克对政治与行政的重新界定，行政行为逐步摆脱了狭隘和不切实际的技术认知，正视了行政行为的实质的政治性。弗里茨·马克思在《公共行政的要素》一书中就将公共行政界定为一个非常宽泛的领域："在最宽泛的意义上，公共行政包含了公共政策所辖之下的所有领域和活动。我们甚至应当将那种使立法部门能够行使其立法权力的过程与操作也包括进来。在法律的实施之中存在许多熟练的管理问题。就这一个词的字面含义来说，公共行政同样包括法庭的职能——实施正义；与政府行政部门中所有机构——无论军事还是文职——的工作。因此，对于公共行政的详尽论述，除了立法管理以外，也必须考虑司法结构和程序，同样也要考虑军队所采用的独特体制和方法。然而，在约定俗成的用法中，'公共行政'的概念主要被用来表示政府部门的组织、人事、实践和程序问题，这些问题对于政府行政部门去有效地完成其被授予的民事职能至关重要。"[③] 公共行政行为从实质上来言，是政治性的，这一判断不仅仅来自于行政官员对政策和法律的情境化理解，也来自于行政官员的伦理和良心驱使。早期公共行政学将行政行为界定为中立性的、技术性的执行

---

① 张康之、张乾友：《公共行政的概念》，中国社会科学出版社 2013 年版，第 177 页。
② 张康之、张乾友：《公共行政的概念》，中国社会科学出版社 2013 年版，第 136 页。参见 Luther Gulick, *Politics, Administration, and the "New Deal"*, 1933, 169(1): 55-66.
③ 张康之、张乾友：《公共行政的概念》，中国社会科学出版社 2013 年版，第 142 页。参见 Fritz Morstein Marx (Ed.), *Elements of Public Administration*, Prentice-Hall-Inc: New York, 1946, pp. 5-6.

行为。在新政时期，公共行政学则加深了对行政的认识，其中对行政宽泛的理解，已经同现在流行的治理话语有着问题域上的契合性。

"西沃之争"后，公共行政研究正式分为公共行政管理主义研究路径和公共行政研究宪制主义路径，两条研究路径并不关注作为一个"过时"的理论观点的政治—行政二分原则，前者认为所谓政治是国家意志的表达、行政是国家意志的执行是不切合实际的；而后者则认为政治—行政二分原则本质上与美国民主政治是相悖的。对理论观点上的政治—行政二分原则的批评演变成公共行政研究是否应当自然科学化的讨论，换言之，公共行政研究管理主义路径在宽泛的界定行政行为后，继续走上了自然科学化的公共行政研究道路；而公共行政研究宪制主义路径不仅仅对理论上的政治—行政二分原则进行了批评，甚至对制度性的政治—行政二分原则，也就是文官制度和官僚制政府展开了批判。但是，出于同公共行政研究管理主义路径论战的需要，公共行政研究宪制主义路径也围绕着公共行政理论的自然科学化问题进行讨论。对理论上的政治—行政二分原则的批判演变成为对公共行政理论是否应当自然科学化的论战。

理论上的政治—行政二分原则虽然具有为精英统治的代议制政体和文官政府进行合法性辩护的功能，但从其观点来言，理论上的政治—行政二分原则关注的主要是行政行为。换言之，随着经济社会发展和管理事务变化，政府职能扩展自然带来了对行政行为的重新界定，那么理论上的政治—行政二分原则自然会被批判，这种批判来自于对行政行为是否具有决策属性的讨论，也来自于行政行为是否是政治态度中立的讨论。但是，无论理论上的政治—行政二分原则如何被批判，作为现代国家关键性组织要素的制度性维度的政治—行政二分原则依然存续，即便是在20世纪80年代以来开启的新自由主义政治经济政策改革和意识形态变迁浪潮下，作为新自由主义在政府改革和治理领域的集中体现——新公共管理运动，也没有更多地对文官政府发起冲击，仅仅是发出了政府结构的扁平化、向下授权等改变政府官僚制组织模式的政策倡议。文官政府三项基本原则：职位常任、考试录用、政治中立（制度性政治中立，即文官政府没有被社会势力干预和俘获），并没有受到新公共管理运动的过多冲击，国家依然掌握着制度性吸纳社会精英的渠道。① 而以新公共行政运动、新公共服务运动以及宪法学派为代表的公共行政研究宪制主义路径，也没有对制度性维度的政治—行政二分原则，即文官制度进行批评，更多的是讨论官僚制政府组织的变革。其中，宪法学派甚至专门对美国宪制精神进行了重新解释，将文官政府视为宪法精神的执行者来化解文官政府同美国无选举、不授权，反国家政治文化传统的张力。公共行政研究宪制主义路径积极维护文官制度和公务员，希望在政治—行政二分原则的保护下，实现国家—社会关系的重新建构，确立公务员"职业公民"的角色，进而将远去的社会自治和乡镇自治传统重新在现代社会复归。

（三）现代社会本质与制度性政治—行政二分原则

制度性政治—行政二分原则远远比公共行政学讨论的理论上的政治—行政二分原则意涵更为丰富。制度性政治—行政二分原则从现象上的国家制度来说，以文官制度和官僚制政府为载体；从政治结构上来说，制度性政治—行政二分原则与代议制民主政体确立了环式民主的合法性论证方式，强化了事实上的精英统治和结构上的政治权力的不平等配置；从意识形态上来看，制度性政治—行政二分原则塑造了一个抽象和虚幻的公共利益护卫者的国家形象，这一抽象和虚幻的国家形象建立在文官制度和官僚制政府形式理性的本质上，做出了政治中立、行为理性、效率导向的政治承诺。制度性政治—行政二分原则塑造的公共利益护卫者的国家形象，建基在形式政治权利平等之上的代议制政体的程序民主承诺，共同叙述了一个历史终结的自由民主国家的神话。

这一历史终结的自由民主国家神话正是魅力化或者说形而上学化的现代国家的另一种表达，现代国家的本质是现代性，而现代性有两大支柱：资本

---

① 这里的国家指的是具有德国黑格尔哲学和英国霍布斯利维坦哲学意味上的国家，被视为抽象的公共利益的守护者，体现欧洲政治—行政学和美国经典公共行政理论对区别于只关注私人利益市民社会，以及以此为基础而形成的代议制政体、政党政治的公正无私的国家的想象，这一公正无私的国家建立在形式理性上，具有非人格化的典型特征。

和形而上学。① 只有理解了资本和形而上学之间的关系，才能够理解为什么现代国家会发展出形式上具有差异但本质上一致的形式理性的国家制度，也才能理解 20 世纪 80 年代后的一系列国家治理方式、制度安排和理论话语体系的变与不变。换言之，新自由主义意识形态、新公共管理运动、治理浪潮并没有弱化制度性的政治—行政二分原则，反而强化了它，强化了文官政府，强化了文官政府为组织基础的行政国家，以服从新自由主义意识形态私有化、金融化、商品化的改革主张和阶级力量重建政治目标。因此，对制度性政治—行政二分原则的讨论需要超越行政行为和组织学维度的考察，将其纳入到批判性理论的检视范围，纳入到政治学的关于权力和不平等的研究视阈中。

1. 制度性政治—行政二分原则的逻辑根源：资本主义体系的形而上学化改造

作为治理机器的现代国家的产生与发展从逻辑上来看，就是资本的形而上学化改造，现代国家需要满足资本需要，同时将资本嵌入到具有历史终结意味的自由民主政体里，这一政体以相应的意识形态、公共哲学、社会科学理论将资本所蕴含的社会关系形而上学化，成为形式逻辑上的无法否定的全称命题。从本质上来说，代议制政体和文官制度保障的官僚制政府，以及由此形成的行政国家总体治理模式，根本上是符合资本需要的。因此，一个强调精英统治的行政国家仍然在新自由主义改革浪潮中幸存下来，它的损失仅仅是官僚制组织模式的社会声誉；它的改变，也仅仅是其社会经济政策方向即原先对经济的凯恩斯主义干预、对社会保障和社会福利的支持、对市场交易的严格监管，以及通过一系列国有企业来实现市场稳定方式转变为货币主义的方式，以国家力量推行金融化、自由化、私有化、商品化。

制度性政治—行政二分原则以环式民主合法性论证方式确保自身合法性，这一合法性不仅仅植根于环式民主发挥功用的公共领域，同样植根于资本生产与再生产的动力机制上。通过对行政国家和理性官僚制政府的讨论，

---

① 杨耕等：《马克思主义哲学基础理论研究》，北京师范大学出版社 2017 年版，第 534 页。

能够在理论上清晰地展现出资本→物化→形式理性→法理型统治→理性官僚制政府→行政国家的逻辑链条，从而理解现代国家和制度性政治—行政二分原则间的历史必然性。

行政国家是现代国家总体性治理模式，但是这一概念却面临着被使用远胜于理解的尴尬现状。从概念的相似性和关联性上来看，行政国家与文官政府、理性官僚制组织模式和凯恩斯主义、福利国家有着外延属性上的相似之处，但在学界和社会舆论使用行政国家的语境中，这一概念与其他相似性概念总呈现出相互替代的情况。之所以呈现出这一相互替代情况，有两个方面的原因。一是行政国家、文官政府和理性官僚制组织模式从历史上来看，大体都诞生在传统社会向工业社会转向的历史时期。在新政时期，尤其是战后，凯恩斯主义和福利国家空前地展现出了政府对经济、社会领域的广泛干预，使得人们在认知上难以将行政国家、文官政府、理性官僚制组织模式、凯恩斯主义、福利国家等关联性概念进行有效的区分，进而在概念的使用上将这五种概念混在一起使用。二是五种概念重合使用是现代社会治理术的体现。这五种概念从理论上来看，其阐释的作为经验对象的社会建制显然对现代社会具有不同影响，换言之，这五种概念是具有优先性等级特征而不是相互替代的，它不是术语的不同，而是概念所指的不同。五种概念的重合使用呈现出的混乱状态，使得经济社会政策方向的改变和社会权力分配的改变都可以在一个模糊的状态下进行。在新自由主义浪潮兴起和扩散时期，就经常以官僚制组织模式的部分分权化、向下授权、竞争、弹性化变革来掩盖行政国家和专家统治的存续；以对官僚制组织模式的批评来掩盖经济社会政策的加速商品化趋势，掩盖独立的、不受监督和约束的金融机构。因此，理论上廓清这五种概念的结构关系，能够更清晰地展现现代国家资本与制度性政治—行政二分原则的关系。

（1）行政国家概念

作为学术概念的行政国家，较早源自于欧洲行政法的讨论。对行政国家概念做出贡献的主要有两位学者。一位是最早提出行政国家概念的奥地利行政法学家梅克尔，他认为所谓的行政国家判断依据可以这样做出："断定是否为行政国或司法国之要素在于到底是行政权力优越还是司法权优越，行政程序是否优先于司法程序。"[1] 他对行政国家的判断依据是旧制度主义导向的，如果一个国家是以行政权力为中心，以行政程序为主要管理规则，那么这一国家就可以被称为行政国家。梅克尔对行政国家概念的界定基本上是描述性的，尚未切入到行政国家的本质上。

另一位重要的思想家施密特则对行政国家做出了系统的阐释。施密特对行政国家的阐释，是在区别政府国家和立法国家概念基础上进行的。所谓的立法国家，指的是国家政治活动和管理活动的中心在于立法机构、立法程序上，换言之，立法国家实际上指的就是工业社会转型之前的类似英国那样的以议会作为主要政治和管理活动平台的立宪代议制政体。立宪代议制政体的特点还不仅仅在于以现象层面上的立法机构、立法程序和立法权为中心，更在于它是以社会集团间的制度性博弈和利益交换为中心。而政府国家则不同，政府国家更接近于专制国家或者历史社会学话语中的绝对主义政体，"其典型表述是一个进行统治的国家元首至高无上的个人意志和权威的命令"[2]。行政国家不同于政府国家，也不同于立法国家，它是实在法的自我管理的体现，也就是"仅仅按照事务的状态规定并针对一个具体处境而采取的、完全从实际使用的合目的性观点派生出来的措施"[3]。对行政国家而言，"世界上最美好的东西就是命令"[4]。施密特对行政国家的概念界定已经将行政国家的本质特征展现了出来，所谓的行政国家，其实就是形式理性在国家制度和治理模式上的呈现。

行政国家从思想渊源上来看，与早期的主权理论和"作为命令的法律"的实证法理念体系是紧密关联在一起的。早期的主权理论虽然从现象上来看是在鼓吹君主专制，但是主权理论并没有将君主视为主权本身，而是将主权视为一种公共信托，君主则是受托人。[5] 那么，君主的命令在理论上来看，就不是个人随意的，而是来自于主权对君主这一职位的要求。因此，在早期主权理论上，法律作为命令这一观点在逻辑上之所以能够成立、能够具有普

---

[1] 陈新民：《公法学札记》，中国政法大学出版社 2001 年版，第 35 页。
[2] 〔德〕施密特著，冯克利等译：《合法性与正当性》，上海人民出版社 2015 年版，第 97 页。
[3] 〔德〕施密特著，冯克利等译：《合法性与正当性》，上海人民出版社 2015 年版，第 97 页。
[4] 〔德〕施密特著，冯克利等译：《合法性与正当性》，上海人民出版社 2015 年版，第 101 页。
[5] 〔德〕弗朗西斯科·福山著，毛俊杰译：《政治秩序与政治衰败：从工业革命到民主全球化》，广西师范大学出版社 2015 年版，第 74 页。

遍性，是因为作为职位的君主的命令来自于主权的规范性要求，本身就是理性的。在早期主权理论和实证法理念体系中，形式理性就已经出现了，君主命令作为法律而必须得到服从和接受正式形式理性的体现，因为这一论断中的命令不是来自于不是作为个人的君主，而是来自于作为服从主权要求的君主职位。主权理论中的主权实际上是被视为高度抽象的公共利益的化身，而这一公共利益的化身不是上帝，也不是君主，而是理性自利的原子化个体，只有理性自利的原子化个体，其任何不确定性和人格化特征才能被消除，其利益和意志才能被抽象、才能具有普遍性，这也是公共利益被普遍利益替换的理论逻辑所在。

所谓的行政国家，从本质上来看，首先它的基础是人作为理性自利的原子化个体的本体论存在。这一本体论演绎出了普遍利益和普遍意志为主要内涵的公共利益和公共意志，而这一公共利益和公共意志恰是主权概念的基础。主权概念发展而出的作为命令的法律体系，是形式理性化的，而行政国家就是法律的执行者，是形式理性的体现，是自我运行的管理体系。从行政国家产生的历史来看，行政国家只能从资本主义体系中生发出来，而工业化和城市化带来的治理需要，以及政党政治和官僚制政府依附主义体系带来的人格化支配—服从关系的混乱，是行政国家诞生的历史条件。资本主义体系的扩展和巩固加速了人的理性自利的原子化存在进程，是行政国家得以产生的必要条件；而工业化、城市化带来的治理需要和政党政治、官僚制政府的混乱促使了文官政府产生，文官政府和代议制民主政体的环式民主国家政制模式则使得一个能够免于社会干预和公众参与的封闭性自我运行系统得以产生，是行政国家得以产生的充分条件。

（2）资本主义体系、法理型支配与理性官僚制组织模式、文官制度

理性官僚制组织模式、文官政府相较于行政国家而言，无论是概念的正式形成还是现实的治理实践和制度安排，理性官僚制政府和文官制度都早于行政国家。但是，学术概念、现实治理实践和制度安排的时间先在性并不能够说明这一概念或者治理实践、制度安排就比之后的概念和治理实践、制度安排更具理论和社会建制上的本质意义。为了更好地说明理性官僚制组织模式、文官政府和行政国家概念的结构关系，还要深入到现代国家的发展历史

的讨论中。而对现代国家发展历史的讨论则离不开对资本主义体系和市民社会的考察。

马克思和韦伯对近代资本主义体系的考察尤为深刻。在韦伯的视阈中，"近代市民社会和近代资本主义的成立是并行不悖的关系。当然，近代资本主义的原理是'契约自由'，从原理性上来看是'自由竞争'，即'经济活动的自由'。而正是合法统治中的法的形式妥当性，成为这一近代资本主义可计算性的根本前提，而只有以其为前提才能够使合法统治（Leagle Herschsft）成为'最理性的统治行使形式'。只有在这种条件下近代的阶级关系才会形成。合法统治才是保证近代资本主义经济理性的制度框架"①。马克思则认为："只有当生产资料和生活资料的占有者在市场上找到出卖自己劳动力的自由工人的时候，资本才产生，而单是这一历史条件就包含着一部世界史。因此，资本一出现，就标志着社会生产过程的一个新时代。"② 近代市民社会是植根于资本主义体系的，资本主义体系成立的条件也正是近代市民社会得以成立的基础，而资本主义体系的逻辑也是近代市民社会运行的逻辑。

资本主义体系本质是理性自利的原子化个体间的"自由契约"和"自由竞争"的交易关系，这一"自由契约"和"自由竞争"关系要得以成立就需要对现实的人实现制度上的物化、形式化。只有当人本身被视为理性自利的原子化个体的存在，才可能实现利益的一般化和可计算化，而利益的一般化和可计算化则使得个体间的"自由契约"和"自由竞争"具有了逻辑上的可行性，而其结果则是人的物化和抽象化。

资本主义体系得以产生的历史条件的关键就是实现人的理性自利的原子化个体存在，将人本身商品化、物化，才能够实现自由契约和自由交易，而这种自由契约和自由交易从现实来看，往往充斥的是形式的自由而实质的被迫，以及形式的权利平等而实质的经济社会权利不平等和不断强化的社会权力不平等分配。

将资本主义体系实质上的不自由、不平等抽象化为形式上的自由和平等，正是资本形而上学化的体现。"现代性的原理不仅依赖于资本的扩张性，

---

① 〔日〕佐藤庆幸著，朴玉等译：《官僚制社会学》，生活·读书·新知三联书店2009年版，第27—28页。
② 中共中央编译局：《马克思恩格斯选集》（第2卷），人民出版社1995年版，第172页。

而且依赖于这种扩张本性借以实现自身的谋取方式，即现代形而上学依其基本建制而展开的对存在者的基本控制方案和统治形式。正是这种双重的经纬成为一种现实性的力量：这种力量一方面来自于资本之无止境的推动，另一方面则来自于现代形而上学之无止境的谋划；而二者共同的抽象化和形式化的本质使其能够成为夷平一切差别、剪灭各种内容和质的力量，并成为一种世界性的、谋取进取——扩张的力量。"[1] 资本主义体系正通过一切方式将现实的人抽象化为形式上的单向度的人，并将自身魅力化为全称命题，而将现实的人与人的不平等的社会关系魅力化为原子化个体间平等的"自由契约"和"自由竞争"的形式逻辑关系。换言之，无论"自由契约"和"自由竞争"的结果是什么，它都能够证明资本主义体系的正确性和永恒性。正如卢卡奇所言："在经济过程的主体和客体方面发生的决定性变化如下：第一，劳动过程的可计算性要求破坏产品本身的有机的、不合理的、始终由质所决定的统一……第二，生产的客体被分成许多部分这种情况，必然意味着它的主体也被分成许多部分。……人无论在客观还是在他对劳动过程的态度上都不表现为这个过程的真正的主人，而是作为机械化的一部分被结合到某一机械系统里去了。"[2]

理性自利的原子化个体间的"自由契约"和"自由竞争"物化关系是资本主义体系的本质，也是市民社会的根本逻辑，这一根本逻辑是以形式理性为特征的。换言之，形式理性确保了作为计算和交换过程的"自由契约"和"自由竞争"物化关系的实现。在市民社会之上则诞生了形式理性的法理型统治，而法理型统治则是理论和概念层面上的现代国家的根本特征，它是资本形而上学化在政治领域上的体现。

在讨论行政国家与资本主义体系和市民社会关系之前，先对韦伯构建的理性官僚制和法理型统治的关系进行分析，并探讨资本主义体系、市民社会同理性官僚制、法理型统治间的关系。

所谓的理性官僚制，组织形态上来看，以命令自上而下传递的科层制官职体系、文本主义、事本导向为特征。但是，能够将理性官僚制与其他

---

[1] 杨耕等：《马克思主义哲学基础理论研究》，北京师范大学出版社2017年版，第552页。
[2] 〔匈〕卢卡奇著，杜章智等译：《历史与阶级意识》，商务印书馆1992年版，第155—156页。

类型官僚制，例如家产制官僚制等区分开来，并成为现代政府组织模式的是其科层制特征的命令传递基础，是支配与服从关系的非人格化。与理性官僚制最为接近的类型是家产制官僚制，它虽然在形式上与理性官僚制高度相似，但支配与服从关系却是人格化的、强调人身依附的，这一特征的不同使得家产制官僚制和理性官僚制之间的区别如猿猴同智人之间的区别一样根本。

支配与服从关系的非人格化意味着支配与服从关系是建立在职位赋予的权威之上而非个人魅力之上。在理性官僚制的组织模式中，与其说是作为个人的官僚与官僚之间的互动，毋宁说是作为物和规则的人格化的职位与职位之间的互动。支配与服从关系的非人格化强调了在理性官僚制的组织模式中，法理型统治才是其根本规则所在。实现支配与服从关系的非人格化，避免下级对上级形成人身依附，进而出现官僚制政府内部的再封建化，需要两个基本条件：

第一个条件是能够清晰界定不同层级、不同面向的职位的权责关系的形式规则存在，这一形式规则使得官僚与官僚之间的互动不是基于个人主观判断的行动，而是基于对同一规则的适用和解释的互动。

第二个条件强调官僚的福利、工资、晋升与退出等人事问题的判断和处理，是以组织形式规则和功绩评定为依据进行判断，使得官僚与社会势力之间形成隔离。这一条件确保了官僚的行动及其功绩的判断能够出于形式规则而免于上级的非法干预和社会的渗透。两个条件使得支配与服从关系能够实现非人格化和形式化，官僚制政府的整体运行才能够建基在规则上，建基在法理上。

理性官僚制的基础是法理型统治，而法理型统治的合法性又在于形式理性，换言之，形式理性本身就是现代社会的根本特征。那么，形式理性是如何产生的？

所谓的形式理性，指的是"对一切理性的经济来说最根本的供给能够以数量进行计算。而这种计算在通过货币进行的时候，也就使最高度的形式上的计算成为可能了"[①]。形式理性由两个方面的内容构成：一是人的物化和

---

① 〔日〕佐藤庆幸著，朴玉等译：《官僚制社会学》，生活·读书·新知三联书店2009年版，第43页。

抽象化，这就使得人变成了理性自利的原子化个体存在，理性自利原子化个体的所有行为都可以被测量和计算；二是与之相伴的货币化，即原子化个体存在的人必须要通过商品交换关系才能满足自身需要，货币化指的就是大规模的商品交换关系，这就要求人的物化和抽象化需要经过一个普遍化的过程。从个体来看，形式理性指的就是人的理性自利原子化个体存在；而从社会关系层面来看，形式理性指的就是具有普遍性特征的可计算的货币化交往形式。

在法律上，形式理性的存在理据是"法律关系上，一切人都只是作为自由、平等、独立的法律主体才相互发生关系"[①]。那么，法律上的形式理性指的就是在理性自利原子化个体收益—成本核算基础之上的一套概念清晰、指向明确的实在的规则，这一实在的规则能够提供明确的正负激励信号，以约束和引导个体行为。之所以重点关注经济和法律领域中的形式理性，是因为前者构成了现代社会的一大支柱——资本主义体系的制度形式，而后者则构成了现代社会的另一大支柱——形而上学的国家统治和管理的合法性基石。在韦伯视阈中，现代化下的西方国家，其根本性的思维模式、意识形态、社会体系都以形式理性作为基本逻辑建构出来。这种形式理性的体现表达了这样一种诉求，即力图用非人格化的、普遍适用的规则体系作为社会整体运行的根本机制。

形式理性的规则之所以能够发挥作用，并不仅仅因为它是形式化的、是普遍适用的，这至多是以形式理性为基础的规则和制度体系能够扩散的条件。形式理性规则能够发挥作用，是因为形式理性是奠基在人的理性自利的原子化个体存在和以此为基础而形成的"自由契约""自由竞争"的商品交换关系之上。人的理性自利的原子化个体存在，表明了人与人之间的可通约性，这就使得一套具有普遍性的能够保障商品交换关系顺利进行的激励—约束规则和信息供给机制得以产生。换言之，这一套激励—约束规则和信息供给机制，也就是形式理性本身，就是以作为抽象的人的形式权利保障和一般利益关系为主要内容。

韦伯构建出法理型权威，本质上是去伦理和去价值的，韦伯关注的是这

---

① 〔日〕佐藤庆幸著，朴玉等译：《官僚制社会学》，生活·读书·新知三联书店2009年版，第47页。

一权威本身是否能够引发人们对此的认同和自觉的服从，无关伦理等超验性的价值，即韦伯所言的"对支配体系之正当性的社会学讨论，只将其视为受支配者的某种心理态度，及因此而引发的某种实际行为"①。法理型权威以形式理性构建出的能够发挥衡量和计算行为得失、构建不同行为间的边界的功能的实证法体系为基础，具有普遍主义和形式平等导向的特征，为个体之间的普遍互动奠定了基础。

法理型统治的正当性依据，在于形式理性，法理型统治以操作化的规则，即实证法的体系给个体与个体之间的商品交换关系为主要内容的社会交往提供了衡量得失的一般规则和标准，进而个体的行为产生了约束和激励。从整体的社会秩序和政治统治来看，法理型统治如机械一般，祛除任何人格化的可能性，将任何人格化的判断和行动驱逐在社会秩序和政治统治之外而不予关照。

法理型统治作为现代社会的统治模式，以形式理性为基础，而这一统治模式的形成需要一系列的条件。对法理型统治在什么样的条件下才能够出现的探讨，本质上与资本主义体系在什么样的条件下才得以形成属于同一个问题。

法理型统治的产生与资本主义体系的发展有着紧密的关系。那么，追问法理型统治如何产生，首先要讨论的是欧洲资本主义产生的问题，即欧洲形式理性化是如何扩散的。韦伯认为，近代资本主义体系需要六个基本条件："（一）占有一切物质的生产手段（土地、设备、机器、工具等），这些都成为可由独立经营的私人企业所自由处置的财产。（二）市场之自由，换言之，在市场没有任何对贸易的不合理限制。（三）合理的技术，归结而言就是最大可能程度的计算，此即意味机械化，这是资本主义式会计制度的前提。（四）有可以计算的法律。（五）自由劳动力之存在。（六）也是最后一个条件，经济生活的商业化。"②六个条件强调资本主义体系的产生需要三个必要条件：一是对私有产权的清晰界定和有效保护；二是存在一套理性化和规则化的计算制度，能够衡量交换行为的后果，并进行比较；三是强调人的理性

---

① 〔德〕马克斯·韦伯著，康乐等译：《经济与历史 支配的类型》，广西师范大学出版社2016年版，第295页。

② 〔德〕马克斯·韦伯著，康乐等译：《经济与历史 支配的类型》，广西师范大学出版社2016年版，第151页。

自利原子化个体存在，主张人的商品化。资本主义体系强调人理性自利的原子化个体的本体论存在，目的在于让人能够对象化和物化，实现人的商品化的目标，进而推动资本主义的发展。资本主义体系同样强调形式理性规则体系，以及形式理性规则体系得以发挥作用的制度基础——清晰界定并得到保护的私有产权，使得个体能够衡量行动和策略的结果。那么，资本主义体系自然发展出了法理型统治。

所谓的法理型统治，具有五个基本特征：

1. 任何一个法律规范都可以根据目的理性或价值理性（或两者并立）的基础，经由协议或强制的手段来建立，并且至少可以要求该组织的成员对它服从。

2. 任何法律体系基本上都是由一些抽象规则依首尾一贯的系统所构成。

3. 准此，典型的支配者，即"上级"，自身也得服从于一套无私的法令和程序。他的决定和对下属的命令，都受到这项秩序的指引。

4. 服从支配的人是以组织的"成员"的身份而服从的，他所服从的也只是该组织的"法律"。

5. 与以上第三点相一致的是，组织的成员之所以服从一个支配者，并非服从他这个人，而是服从一个无私的秩序。因此，成员对掌握权威者服从的义务，只限于这项秩序所给予的、为理性所界定的、切实的管辖权范围之内。①

法理型统治的五个基本特征，即是判断某种统治模式是否是法理型统治的必要条件。这五个特征总结起来为两点，即普遍主义的形式理性特征的法律、法规的统治，支配与服从关系是非人格化的、基于法律的。那么，韦伯认为法理型统治作为现代社会的合法的统治模式，存在三种基本类别：

---

① 〔德〕马克斯·韦伯著，康乐等译：《经济与历史 支配的类型》，广西师范大学出版社2016年版，第301—302页。

（1）有持续不断受规则所约束的行为与正式经营。

（2）有明显范围的权限（管辖权）。这包括：

a. 执行因为系统分工而分化出来的特定功能的义务。

b. 赋予在职者某些必要的权力。

c. 有明确规定的必要强制手段；以及私用这些强制手段的明确限制。

一个根据这种原则而进行的经营，我们称之为"机关"。

就此意义而言，"机关"存在于许多大规模的私人企业、政党与军队之中，"国家"与"教会"也一样。民选的总统、内阁的部长、或民选的"人民代表"，在这个意义上也可以被视为"机关"。

（3）各种职位的组织是依照官职层级制的原则。亦即，每一个较低职位都在其上级的控制和监督之下。任何一个法律规范都可以根据目的理性或价值理性（或两者并立）的基础，经由协议或强制的手段来建立，并且至少可以要求该组织的成员对它服从。[1]

韦伯着墨最多的理性官僚制组织模式，也仅仅只是法理型统治的一个类别。但凡能够满足支配与服从关系的非人格化和法律、法规统治两项条件的支配—服从关系，即是法理型统治的体现。韦伯对官僚制的组织模式讨论最多，有三方面的原因：一是当时西方世界官僚制的盛行，正如韦伯所言："现代的组织形式之发展即是官僚制行政组织之发展与不断地扩散。官僚组织的发展是现代西方国家的根源"[2]；二是官僚制是法理型统治的"最清楚可辨的支配结构"[3]；三是官僚制，"尤其是纯粹官僚型的行政组织，即一元化领导的官僚制——由纯技术的观点来看，可能会获得最高的效率。就此意义而言，它乃是对人类行使支配的已知方式中，最为理性者"[4]。韦伯之所以将

---

[1] 〔德〕马克斯·韦伯著，康乐等译：《经济与历史 支配的类型》，广西师范大学出版社2016年版，第302—303页。

[2] 〔德〕马克斯·韦伯著，康乐等译：《经济与历史 支配的类型》，广西师范大学出版社2016年版，第311页。

[3] 〔德〕马克斯·韦伯著，康乐等译：《经济与历史 支配的类型》，广西师范大学出版社2016年版，第305页。

[4] 〔德〕马克斯·韦伯著，康乐等译：《经济与历史 支配的类型》，广西师范大学出版社2016年版，第311页。

理性官僚制作为法理型统治最优的模式，主要是出于经验的归纳和分析，并非是将其作为形而上的律则来看待，而理性官僚制能够具有与其他法理型统治的类型相比更胜一筹的效能，在于理性官僚制促进了行政专业知识的累积和发展。[1]

官僚制作为一种被广泛认可的政府组织模式，其合法性依据有两个：一是官僚制，尤其是理性官僚制是基于法理型统治而发展出来的；二是理性官僚制凭借专业知识的累积性发展而获得了绩效上的优势。对于现代社会而言，与其说官僚制是一种支配性的统治模式，不如说倾向于将人对象化和物化的形式理性为基础的法理型统治才是根本性的统治模式，这一统治模式产生的必要条件是平等、自由的原子化的个体组成的市民社会和强调商品化、形式理性普遍化的资本主义体系。法理型统治之所以具有正当性，也在于法理型统治是基于资本主义社会体系之上形成，也就是市民社会和市场经济构成的时空条件展开的。在这种时空条件之下，法理型统治是维系资本主义社会的根本制度，而官僚制的组织模式或者政府制度仅仅是其中的一种工具或者制度安排，尽管其在历史上的地位非常重要。

资本主义体系是现代社会的存续和发展的根本动力机制，这一动力机制表现为以理性自利的原子化个体及其"自由契约""自由竞争"的商品交换关系为主要内容的社会交往形式。这一动力机制产生了以形式理性为基础的一般社会交往准则和法理型统治的现代国家统治与社会管理模式，形式理性根本上是为了实现资本主义体系存续的，换言之，是为了实现商品交换关系顺利进行的。资本主义社会体系、形式理性与法理型统治具有现代社会本质的意味，而理性官僚制组织模式和文官制度则是现代社会这一本质在一个特定历史阶段的现象层面的呈现。换言之，相较于法理型统治和形式理性而言，文官制度和理性官僚制组织模式都不具有根本特征的意义。

文官制度以理性官僚制组织模式为主要内容建构起来，作为区别于代议制政体的另一条吸纳社会精英的制度性渠道。但从历史上来看，文官制度是当时官僚制政府理性化的结果，产生于政党政治和行政机构无能低效同工业

---

[1] 〔德〕马克斯·韦伯著，康乐等译：《经济与历史 支配的类型》，广西师范大学出版社 2016 年版，第 311 页。

化、城市化管理需要尖锐矛盾的历史背景之下。从现代国家组织要素来看，制度性的政治—行政二分原则以文官政府为主要呈现，而官僚制组织模式仅仅是文官政府的组织结构。但是，如果从整体现代社会来看，文官政府是服从于形式理性为基础的法理型统治的。那么，文官政府与行政国家的关系又是怎样的？

回溯到作为理论和学术概念的行政国家上，所谓的行政国家，被施密特视为"法的自我管理和自我运行"的总体性治理模式，它的重点不是以国家权力在何种部门、以何种程序和方式展开，而是在以形式理性为基础的法理型统治上。法理型统治强调命令—服从关系的非人格化，行政国家也是如此。作为现代社会总体性治理模式的行政国家，它的运行逻辑就在于命令—服从关系的非人格化，是斯密看不见的手得以顺利运行的制度基础。换言之，行政国家是资本主义体系能够运行的制度条件，它提供了大规模商品交换关系需要的产权界定和保护、相应信息、约束—激励框架等制度性公共产品。行政国家也是资本主义体系的产物，只有资本主义体系的普遍化才能实现对人的物化，而人的物化也是行政国家得以产生的根本前提。从资本主义体系作为一个自我维系的系统角度来看，形式理性为基础的法理型统治是这一体系在政治领域上的根本特征，而这一根本特征就通过行政国家展现出来。行政国家指的就是以形式理性为基础的实证法自我运行、自我管理的现象层面的总体性治理模式，这一治理模式并不以权力和治理活动集中在行政部门作为运行状态的唯一体现形式，而是多方面的。换言之，文官政府、理性官僚制政府组织模式都是行政国家的表现形式，前者是作为行政国家在具体的历史阶段的组织要素表达，而后者则是更为微观的可以选择的政府组织类型。行政国家根本上是以形式理性为基础的法理型统治作为基础，服务于资本主义体系的有效运行。行政国家以人的物化，即人的理性自利的原子化个体的本体论存在为基础，形成了一套以形式权利平等和商品交换关系为实质的"自由"社会交往关系，这一交往关系的自我运行以"看不见的手"和行政国家为条件，以此为基础，构建了一整套的以强调并维护"自由交换""自由契约"的商品交换关系为主要内涵意识形态、公共哲学和社会科学理论，实现了资本主义体系的形而上学化，实现了资本的全称命题改造。因此，制度性政治—行政二分原则从逻辑上来看，其本质就是行政国家。

在具体的历史阶段里，它尽管有不同的表现形式，但是，制度性政治—行政二分原则之所以能够存续，就在于它在根本上是服务于资本主义体系的。

2. 制度性政治—行政二分原则的历史考察：阶级冲突与精英统治

在理论演绎上，制度性政治—行政二分原则是以形式理性为合法性理据的法理型统治的制度形式——行政国家的另一种表达。规范性分析和理论的演绎虽然能够揭示出制度性政治—行政二分原则的本质，代价却是缺少了对丰富多彩的历史细节的考察。通过对历史细节的考察和分析，才能更为完整地展现资本主义体系的有效运行与制度性政治—行政二分原则，即行政国家的动态关系。

（1）阶级冲突与制度性政治—行政二分原则的精英统治的产生

在政治发展的过程中，行政国家是在工业革命和城市化的背景下，随着文官政府产生发展而来的。因此，对行政国家的历史考察，将从制度性政治—行政二分原则的产生的工业化、城市化时期进行讨论，以发现制度性政治—行政二分原则，即行政国家变迁的具体历史动力。行政国家在学术概念上虽然是欧洲，尤其是德国行政法学和政治学的产物，但作为制度实践来看，行政国家与代议制政体的结合形成了制度性的政治—行政二分原则，以英美国家的文官制度建立和发展为典型。那么，对制度性政治—行政二分原则的考察，将主要围绕英国和美国展开。

英国在建立立宪制政体和官僚制政府后，给工业革命带来了较好的制度条件。工业革命后，随着产业结构调整、社会结构变化，英国从一个以农业、商业为主要产业结构和乡村、小城镇为主要社会结构的国家向工业化和城市化国家迈进，经济增长带来的是强烈的社会动员和阶级冲突。客观来说，当时英国的官僚制政府尚未实现对公共职位的完全掌握，仅仅能够实现这一职位不会被私人占有。但是，英国的议会政治和政党政治则在一定程度上影响了英国官僚制政府的非人格化的支配与服从关系发展。英国政党政治和议会政治依然赋予了选举上台的政治家分配政府职位的权利，政治与行政的关系是融合的。因此，英国政府官员的进入、考核、升迁、福利乃至工资都与政治家和政党具有密切的关系，依照私人关系和私人利益将公共职位私人化或者将公共资源作为政治资源来提升依附者和庇护者的个人利益的现象比比皆是。英国政府乃至军队从行政效率上来看普遍效率低下，充斥着大量的私人关系乃至人身依附关系。引发英国文官制度建立和政治—行政体系改革的有两个事件：一是围绕东印度公司人事制度改革，二是克里米亚战争时期英国陆军的糟糕表现。

英国之所以会发生以文官制度为核心的政治—行政体系改革，从过程上来说，来自于社会动员形成的以职业身份为纽带的中产阶级和工业资产阶级形成的政治联盟，同既往的土地贵族为基础的以依附主义和庇护关系为特征的政党和议会的政治联盟之间的博弈。英国文官制度改革以《诺思科特—屈威廉报告》为代表，这一份文件强调公共职位的公开竞争和择优晋升，并且以科学、经济和工程为主的技术教育背景作为基本门槛。[①]《诺思科特—屈威廉报告》代表以英国中产阶级和工业资产阶级为基础形成的政治联盟的政治诉求，该报告试图阻遏既往的土地贵族以保护自身利益为目的而开展的渐进性改革。1855年文官改革令后，英国文官制度基本形成。文官制度强调"竞争考试、职务常设、政治中立"[②]三项基本原则，文官制度就是高度理性化、抽象化和形式化的官僚制，是接近于理想类型的官僚制。英国文官制度以符合英国中产阶级和工业资产阶级政治联盟的经济社会利益和政治诉求方式，将这一社会集团的利益导入到了英国官僚体系中，并在法律的保护下，逐步形成了具有高内聚力和自主性的英国官僚体系，尽可能地实现了非人格化的支配与服从关系，避免了以庇护和依附关系为核心的体制性、结构性的腐败。

在英国文官制度改革后，随着三次议会改革的完成，英国的民主化逐步实现，英国政党政治对英国政治生活重要性日益凸显，但是这一凸显并不是强化依附关系和庇护关系，而是体现在整合不同社会集团诉求、利益，进行政治社会化和政治录用等政党功能上。同时，随着战后英国福利国家的逐步建成和经济的进一步发展，强调个人指向的小恩小惠和对政党领袖的依附逐

[①]〔美〕弗朗西斯科·福山著，毛俊杰译：《政治秩序与政治衰败：从工业革命到民主全球化》，广西师范大学出版社2015年版，第117页。

[②] 颜昌武：《公共行政学简明史：以西蒙—沃尔多争论为主线》，社会科学文献出版社2019年版，第67页。

步成为历史，以普遍性的政纲而非私人利益作为选举的承诺，成为现代国家政治生活的日常景观。在英国的例子中，市场经济发展所激发的社会动员是庇护关系、依附政治终结，文官制度建立和法理型权威得以尽可能地落实的必要条件。

在美国进步时代的政治—行政体系改革中，主张强势政治改革的威尔逊等人，将改革集中在废除政党分肥制，建立类似英国、法国、德国的专业化的、政治中立的文官体系和官僚制政府上。亨廷顿认为，美国在进步时代之前的政治体制是一个典型的政治动员与政治参与先行，但是国家权威合理化和结构分离化不足的"都铎体制"国家。美国独特的"都铎体制"强调去主权和反国家，并没有像欧洲一样重视实证法的理念，而是仍然将高级法和自然法视为治理国家的根本规则。美国任何强化国家权力、建立强大政府的举动都会遭遇到美国既有政治文化和政治体制的阻碍。美国"都铎体制"的形成总体上有两大原因：一是美国在进入工业化和城市化之前，其经济以农业为主，而社会结构则以小城镇和孤立的乡村农场为主。同时，美国也缺乏像欧洲一样的频繁的国际竞争和地缘政治的压力，不存在大规模军事动员的需要。因此，美国联邦政府基本上无所事事；二是美国是通过对宗主国英国的战争赢得胜利才获得独立，英国在北美殖民地上的作为使得美国对权力集中的政治体制存在着高度的警惕，形成了反国家、倡导个人和社会自治的政治文化。

在进步时代以前，美国是一个法院和政党主导的国家，这一政治格局的形成得益于杰克逊改革。在19世纪之前，美国政府雇员基本上被上层社会精英所垄断，在杰克逊当选总统后，力推政治—行政体系改革，建立了政党分肥制，将政府职位通过政党竞争向平民和移民开放。杰克逊的改革强化了美国政府的回应性，推动了以政党政治为渠道的政治动员和政治参与。在工业化之前，政党分肥制建基在美国成熟的乡村自治和社会自治上，借由熟人社会，能够强化公民对政府和政党的监督。但是，政党分肥制的问题在于，这一体制的运转良好的基础并不在制度本身，而在于其适应的社会结构上，如果这一社会结构发生了改变，政党分肥制将会强化政党领袖对政党和政府公共职位的控制，并以此作为政治资源来提升自己的个别经济社会利益和政治权力。

在进入工业化和城市化时代之后，随着政党分肥制的经济社会结构的变化，即农业向工业转变，乡村和小城镇向大城市转变，相对封闭的区域经济向跨区域经济和全国市场转变、新移民和城市贫民大量出现，使得选民缺乏资源、知识和技能来有效控制政党，政党分肥制成为依附主义和庇护政治的温床。美国政党分肥制的依附主义和庇护政治的特征在市政一级上表现得较为明显，而美国政治—行政体系改革也正是从市政改革上入手的。与英国类似，从过程层面上来说，美国工业化和城市化带来经济增长激发的社会动员形成了两个相互对抗的政治联盟：以职业身份、城市工商业企业、社会改革家为主要社会集团基础的倾向于改革的政治联盟，这一联盟还具有一定的宗教文化背景，即具有强烈的盎格鲁-撒克逊新教徒背景；另外一个联盟则以贫苦选民、意大利天主教移民及其市政机器主导者和庇护者的城市老板为主要社会集团基础。两大政治联盟在进步时代的博弈，最终促使了文官制度改革和行政国家的产生。美国文官制度改革的标志是《彭德尔顿法》，这一法令确立了美国文官制度，并建立了官僚制政府。

　　英国、美国的文官政府的产生和制度性政治—行政二分原则的形成，是由工业革命、经济增长带来的社会动员和阶级政治引发的。从结果看，文官制度的"职务常设、政治中立、竞争考试"三大原则基本上确立了非人格化支配—服从关系、形式理性在整个行政机构和政府中的基本原则地位，至少在制度上避免了庇护政治、依附主义的体制性腐败，尽可能地避免了新的家族制的复活和再生，尽管不是绝对意义上的。经济增长引发的社会动员也使得在政治层面，也就是立法代议机构和政党政治层面上，庇护政治和依附主义体系丧失了吸引力，一方面是市场经济的发展带给了个人更多的生活机遇和上升空间，并且通过社会动员意识到了共同利益，并采取集体行动，愿意接受广泛的、表达普遍利益的政治纲领（尽管仍然是阶级和社会集团利益的正当化）代替个人导向的小恩小惠；另一方面则是强调公平、正义的政治文化的深刻影响；第三个方面则是具有高内聚力和自主性的文官体系构成的官僚制政府，能够相对不折不扣地执行有利于中产阶级的政策，同时在日常行政管理中，中产阶级构成的文官政府也采用了符合中产阶级的管理手段和管理文化。

　　文官政府的产生标志着制度性政治—行政二分原则的出现，行政国家正是在文官政府的基础之上得以生成。对文官制度和行政国家进行辩护的理论层面的政治—行政二分原则为核心的现代公共行政学科逐步发展出来。经典公共行政理论就已经为后续的主流公共行政研究，也就是公共行政研究管理主义路径奠定了基本的哲学体系、辩护政治目标、价值导向和伦理规则。从历史上来看，文官制度确立了行政部门和政府相较于政治与司法机构的独立性、自主性，也确立了相较于普通民众的独立性和自主性，与代议民主政体共同构成了环式民主的政治模式，这一政治模式强调精英政治和技术治国，本质上符合当时接受科学、技术、工程教育的中产阶级的社会集团利益。中产阶级通过官僚制政府，将自身利益导入其中，使得政府在公共政策制定、城市规划、日常行政管理上体现了中产阶级的利益、偏好与文化。文官政府和代议制政体本身并不强调民主，反而排斥地位较低的公民进入政治体系，更为强调政府对中产阶级及其政治联盟利益和诉求的回应与保障。

建立在文官政府同代议制政体结合和工业化、城市化引发社会管理需要两大历史条件之上的行政国家，以专家治国、精英统治、技术治理为主要内容，排斥社会参与和大众民主为主要特征。代议制政体和行政国家结合的直接动力来自于阶级冲突。阶级冲突更多地展现为能够通过依附主义体系和庇护政治持续获得政治经济利益的传统政治联盟同新兴社会集团政治联盟间的斗争。这一斗争围绕着政治—行政体系展开，在国家政治体制改革（例如政党制度、议会制度）、国家行政制度（例如文官制度），以及市政管理制度等多个层次和多个维度上都得以体现。但是，贫穷城市居民和外来移民在这场斗争中，都被排除在外。行政国家的产生，意味着工业化和城市化转型时期阶级冲突的正式结束。行政国家和代议制政体的结合一方面带来了社会进步和经济发展；另一方面却以政府管理、市政管理的专业话语和制度安排代替了公共治理的民主话语和社会交往实践。行政国家和代议制政体将民主和社会参与彻底形式化，远离了人们的日常生活。这种典型的反民主的总体性治理模式在环式民主对公民和社会一推一拉的劝说下获得了空前的合法性：行政国家和代议制政体结合形成的环式民主模式，一方面以现代社会管理对象的高度复杂性和既往熟人社会基础上的民主治理的不可持续性将公民从对公共领域、政治领域的关注和行动中推出去；另一方面，环式民主模式则以科学、理性、形式权利平等和自律性市场经济体系的竞争公平为理据，以选举民主和文官政府接受法律和政治当局领导为承诺，将公民拉进私人领域中，把公民从繁复的政治义务和实质性政治权利中"解放"出来，以私人领域的家庭生活和消费社会的享受来换取公民对反民主的代议制政体和行政国家的支持。

（2）阶级妥协与作为政策推动工具的制度性政治—行政二分原则

行政国家和代议制政体结合形成了环式民主的现代资本主义社会总体性治理模式，这一总体性治理模式可以被视为一个能够在相当程度上实现自我均衡的系统。资本主义体系可以分为三个基本系统：经济系统、政治—行政系统、规范（合法性）系统。[①] 经济系统以实现商品交换关系为主要目标，不断商品化是实现这一交换关系的必要条件；政治—行政系统以代议制政体和行政国家构成的总体性治理模式为主要内容。政治—行政系统通过规范（合法性）系统获得形式意义上的具有合法性的政治权力支持，而从经济系统以税收等方式获得这一形式政治权力的物质内容。保障经济系统中的商品化，进而不断实现商品交换关系，是政治—行政系统的主要目标；规范（合法性）系统受到经济系统和政治—行政系统的形塑。经济系统商品交换关系和商品化形成了规范（合法性）系统中的自我负责的个人成就价值观和对自由竞争的信任，政治—行政系统推动了规范（合法性）系统中关于代议制政体和行政国家构成的环式民主总体性治理模式的信任的产生，这一信任在意识形态和公共哲学上表现为对自由民主体制的高度认同，并将自由民主体制魅力化为历史的终结。规范（合法性）系统一方面促进了劳动者和资本占有者不断的商品化进程和投资愿望；另一方面则向政治—行政系统表达形式的政治权力支持。

经济系统以私有财产为起点，商品交换关系实现为过程，实现积累为目标。而政治—行政系统一方面要从规范（合法性）系统中获得形式上的政治权力的支持；另一方面却要通过有限度的税收来获得政治权力的物质内容的支持。规范（合法性）系统则以个人自决的个人成就价值观和对自由竞争的崇拜为经济系统提供动力支持。整个资本主义体系的良好运行基础在商品交换关系的顺利实现，只有商品交换关系顺利实现，积累才能实现，而积累

---

① 〔德〕克劳斯·奥菲著，郭忠华译：《福利国家的矛盾》，吉林人民出版社2011年版，第54—55页。

的实现为规范性系统个人成就价值观提供合法性的支撑。积累的实现亦是政治—行政系统得以存续的基础，积累程度直接决定了政治—行政系统获得物质资源的程度。对于政治—行政系统而言，致力于实现最有利于私人积累的政治条件是其根本利益所在[①]，也是其目标所在。商品交换顺利实现也使得规范性系统能够源源不断地向政治—行政系统提供形式政治权力的支持，支持政治—行政系统促进私人积累等一系列制度安排和政策设计。

资本主义系统表面上来看是运行有序的，但其问题症结在于经济系统中商品交换关系无法实现。这种无法实现是长期性的趋势，使得商品形式逐步瘫痪，进而诱发了一系列的危机，资本主义周期性经济政治和社会危机正是资本主义经济系统商品交换关系难以实现的本质呈现。商品交换关系难以实现意味着私人积累的停滞，使得政治—行政系统难以获得政治权力的物资资源内容。商品交换关系难以实现也破坏了规范（合法性）系统的社会价值—动力承诺，削弱了人们对经济系统和政治—行政系统的支持，进而从内部瓦解整个资本主义系统。资本尽管实现了自身的全称命题改造，资本主义系统也实现了自身的形而上学化，但是资本主义系统作为大前提本身的问题却难以得到自身的有效解决。然而，资本主义系统的坚韧之处在于：资本主义系统会将资本和商品交换关系本身的问题转嫁到其他系统上，例如政治—行政系统和规范（合法性）系统上，实现破坏性周期性平衡，进而延长自身的存续时间。20世纪初期和中叶的凯恩斯主义干预性宏观经济政策、福利国家社会保障和阶级团结政策，20世纪80年代后的新自由主义浪潮下私有化、金融化、商品化、全球化都是资本主义系统自身调整的呈现。这种调整虽然未能从根本上解决问题，但却在一定程度上维系了资本主义系统的存在。通过对这两个时期的观察，也可以发现制度性政治—行政二分原则，也就是行政国家经久不衰的原因所在。

19世纪末20世纪初资本主义经济系统总体上以自律性市场经济为主，尽管行政国家在当时初显端倪，但对经济系统和社会系统干预并不广泛和深刻。自律性市场经济本质的商品交换形式瘫痪趋势使得私人积累难以持续，商品化无法进行。由此引发了激烈阶级冲突和周期性的破坏力巨大的经济危

---

① 〔德〕克劳斯·奥菲著，郭忠华译：《福利国家的矛盾》，吉林人民出版社2011年版，第16页。

机。为了解决这一问题，政治—行政系统开始介入整个资本主义经济系统中进行宏观干预，介入规范（合法性）系统中进行阶级团结和社会整合，创造一系列有利于商品化，继而实现私人积累的政治条件。政治—行政系统对经济系统的普遍干预需要规范（合法性）系统意识形态变迁的支持，这一意识形态变迁早在19世纪末英国密尔改造的功利主义和具有自身特点实证主义社会理论和法国实证主义社会理论就已经开始，而这一意识形态变迁在经济大萧条和战后完成，形成了镶嵌型自由主义意识形态。[①] 镶嵌型自由主义意识形态[②] 是对以极端的个体主义本体论为核心的古典自由主义意识形态的修正，以社会整体福利增加、社会秩序维系和历史进步主义为价值，对个人自决的个人成就价值观和丛林状态的规范性人际关系进行了修正。镶嵌型自由主义意识形态使得政治—行政系统干预经济系统和社会系统阻力变小，获得了经济系统的持续回报和规范（合法性）系统支持，证明了代议制政体和行政国家结合的环式民主总体性治理模式的正确性，塑造了一个阶级团结和整合的社会体系。正如大卫·哈维所言：

> 二战以后，欧洲出现了多种社会民主制国家、基督教民主国家以及统制国家（dirigiste state）。美国自己转向了自由民主国家形式，而日本在美国的严密监视下建立了名义上民主、实则高度官僚化的国家机器，负责看管国家的重建。上述各种国家形式的共同点在于：它们都同意，国家应该关注充分就业、经济增长、国民福利，而为了实现这些目的，国家力量应该按照市场过程进行自由配置，或必要时介入甚或取代市场过程以进行干预。一般被冠以"凯恩斯主义"（Keynesian）之名的财政和货币政策被广泛用来抑制经济周期，确保合理的充分就业。资本家和劳工之间的"阶级妥协"大体上得到支持，被认为是国内和平稳定的主要保障。国家积极干预产业政策，通过建立种种福利体系（医疗卫生、教育等等）为社会工资制定标准。这种政治经济组织形式如今通常被称

[①] 〔美〕大卫·哈维著，王钦译：《新自由主义简史》，上海译文出版社2010年版，第13页。
[②] 所谓的镶嵌型自由主义正是现代自由主义的另一种说法，与现代自由主义更为丰富的意涵相比，镶嵌型自由主义更强调政府和社会对资本主义体系的驾驭，强调资本主义镶嵌在政府和社会体系中，避免资本主义固有的脱嵌倾向。

为"镶嵌型自由主义"(embedded liberalism),以表明市场进程和企业公司活动处于社会和政治约束的网络之中,处于监管的环境之中——这种网络和环境有时限制了,但更多情况是引导了经济和产业策略。政府主导型计划以及有些情况下重要部门归国家所有(煤、铁、汽车),都不罕见(例如在英国、法国和意大利)。①

镶嵌型自由主义意识形态和政治经济社会组织形式的核心目标是促进经济系统商品交换形式的成功维系,创造促进私人资本积累的条件。围绕这一目标,政治—行政系统以代议制政体和行政国家构成的环式民主总体性治理模式为结构性条件,实行了一系列的经济、政治、社会干预措施,这些干预措施以促进经济系统中个体经济行动者间交换关系进行,以促进交换机会最大化为政策目标,这些干预措施被统称为"行政性再商品化"②。行政性再商品化在经济和社会福利领域都有其具体制度设计和政策安排。

第一,在经济领域方面,政治—行政系统通过一系列的财政、货币政策和产业政策,甚至是将部分重要部门直接国有化的方式,试图"通过研究资本和产品市场、研究和发展政策以及地区发展政策的跨国联合,促进资本和商品的可销售能力"③。政治—行政系统为了提高劳动力的再商品化进程,"通过教育培训、促进地区流动性和改善劳动力适应能力等措施和政策,提高劳动力的可销售能力"④。

第二,在社会领域方面,以实现阶级团结和社会整合为目标。资本家承认工人的包括罢工、劳资谈判、组建工会等集体行动权利,而工人阶级的政党和工会则放弃暴力革命主张,采用制度性的合法斗争策略。政治—行政系统作为中间调解人和担保人,提供双方都可以接受的妥协条件和合作形式,形成了法团主义和合作主义的政治结构,共同促进商品交换关系的实现。国家通过一系列社会福利和保障制度建设、财政转移支付、产业政策,对"那些依靠自己力量不能在商品关系中求得生存的经济领域(根据特定工

---

① 〔美〕大卫·哈维著,王钦译:《新自由主义简史》,上海译文出版社 2010 年版,第 12—13 页。
② 〔德〕克劳斯·奥菲著,郭忠华译:《福利国家的矛盾》,吉林人民出版社 2011 年版,第 19 页。
③ 〔德〕克劳斯·奥菲著,郭忠华译:《福利国家的矛盾》,吉林人民出版社 2011 年版,第 20 页。
④ 〔德〕克劳斯·奥菲著,郭忠华译:《福利国家的矛盾》,吉林人民出版社 2011 年版,第 20 页。

业、地区和劳动力市场可以看得出来），允许它们成为市场压力的受害者。同时，提高这些领域的现代化程度，使之再成为'适于销售'的商品"[1]。同时，也对"那些不再能够参与市场关系的价值主体以补偿性保护"[2]。

行政性再商品化的顺利进行，需要一个具有强大自主性的行政国家和能够达成共识的代议制政体才能够得以实现。强大自主性的行政国家避免了社会集团和民众的普遍干预，有力地推动了行政性再商品化措施的执行。而达成坚固共识的代议制政体则为行政性再商品化进行提供了稳定的预期。行政性再商品化也是西方主要国家在 20 世纪 50—70 年代的高速发展的主要原因。行政性再商品化管控了经济危机，提高了劳动力和资本的可销售能力，缓和了阶级冲突，塑造了社会团结，促进了经济系统商品交换关系的实现，促进了私人积累，为政治—行政系统和规范（合法性）系统提供了支持。

行政性再商品化在促进资本主义体系欣欣向荣发展的同时，也潜在地破坏了资本主义体系的根基——降低了资本家私人积累的意愿，阻碍了经济系统商品交换关系的实现。从经济系统上来看，行政性再商品化强化了行政国家干预能力，愈来愈多产品的商品化不是通过资本主义经济系统的竞争性市场，而是通过国家计划配置和干预来实现商品化，削弱了通过市场来实现商品化的意愿。同时，行政国家监管和干预在事实上破坏了私有产权，降低了资本家投资的积极性。行政性再商品化带来的诸多经济效率损失都转嫁为私人资本负担，这又使得经济活力下降。从政治—行政系统上来看，行政性再商品化使得行政国家成为一个臃肿的、效率低下的利维坦，行政性再商品化增加了整个政治—行政系统的负担，使得政治—行政系统对经济调节和社会干预失败容易演化成整个政治—行政系统的危机。行政性再商品化同样培育了一大批依靠国家财政、货币、产业政策的分利集团，对市场形成了垄断，不断寻求租金。政治—行政系统还面临着代议制政体的选举民主压力，而不断地提高福利，这些福利最终变成税收压向经济系统。从规范（合法性）系统来说，行政性再商品化为确保阶级团结和整合，以公民身份而不是经济表现作为福利享受资格，试图通过去商品化方式（劳动者在一

---

[1] 〔德〕克劳斯·奥菲著，郭忠华译：《福利国家的矛盾》，吉林人民出版社 2011 年版，第 20 页。
[2] 〔德〕克劳斯·奥菲著，郭忠华译：《福利国家的矛盾》，吉林人民出版社 2011 年版，第 19 页。

定情境下可以不依靠市场保持起码生活水准），来确保劳动者基本生活水平，并为其进入市场再商品化提供准备条件。但是，这种通过去商品化方式来实现再商品化的行政性商品化措施，反而没有实现再商品化，实现的是去商品化，这就破坏了规范（合法性）系统的个人自治的个人成就价值观。

行政性再商品化使得经济系统商品化难以持续，这一潜在的对资本主义系统的削弱趋势在20世纪60年代末以来，通过滞胀危机的方式暴露出来，成为新自由主义转向的基础。行政性再商品化使得政治—行政系统面临着不可管理性的局面，正如奥菲所言："这些旨在通过政治、行政手段来稳定商品形式和交换过程，并使之普遍化的尝试，导致国家资本主义社会（state capitalist societies）一系列明显的结构性矛盾。而且它们反过来又成为社会冲突和政治斗争的焦点。这种矛盾存在于经济、政治和意识形态等各个层面。"[1] 行政性再商品化本质上来看，是为了实现商品交换关系而选择的阶级妥协，这一阶级妥协的维系全系于政治—行政系统，也就是能够达成共识的代议制政体和行政国家（即制度性政治—行政二分原则）对经济和社会系统成功干预，并实现高速经济增长。但这一经济增长却是以资本家利益的逐步损耗为代价，这就使得阶级妥协在根本上难以维系。

（3）资产阶级力量重建与制度性政治—行政二分原则的存续

西方国家普遍的滞胀危机为新自由主义的产生和资产阶级力量重建提供了舞台。政治—行政系统对经济社会广泛干预，也使得经济危机难以避免的本质缺陷被转嫁到政治—行政系统上，这反而给脱嵌的资本主义和相应的阶级力量重建提供了合法性理据。新自由主义意识形态和改革本质就是古典自由主义回潮和资产阶级力量重建，而这一本质也服从于资本主义系统的自身调整，即削弱行政性再商品化，更多地依靠经济系统本身的商品化进程。

新自由主义的主要目标是对财富和收入进行再分配，以强化资产阶级力量，这一过程被大卫·哈维称为"掠夺性积累"[2]。所谓掠夺性积累，有四个主要特征：私有化与商品化、金融化、危机管理与操控、国家再分配。[3] 四

---

① 〔德〕克劳斯·奥菲著，郭忠华译：《福利国家的矛盾》，吉林人民出版社2011年版，第21页。
② 〔美〕大卫·哈维著，王钦译：《新自由主义简史》，上海译文出版社2010年版，第183页。
③ 〔美〕大卫·哈维著，王钦译：《新自由主义简史》，上海译文出版社2010年版，第184—190页。

个主要特征也表明了新自由主义的经济政治和社会政策，这一系列制度安排和政策设计的目标在于将镶嵌型自由主义时期的利益配置（上层阶级向下层阶级流动）颠倒过来，进而强化资产阶级的阶级利益。为了实现这一目标，新自由主义进行了一系列的经济、政治和社会、文化领域改革。

在经济领域中，不断推动国有资产私有化、国有部门民营化，使得大量部门能够回到市场，回到资本家的直接掌控上，放松市场和金融监管，更加便于资产阶级利益提升。在政治—行政领域中，则以新公共管理运动为主要代表。新公共管理运动植根于新制度主义经济学，它与政治体系改革一道，试图将整个政治—行政领域纳入市场逻辑和竞争机制中，将民主授权和负责关系转变为可以用脚投票的商家—顾客关系，以商品化逻辑侵蚀公平、正义价值。新公共管理运动声势浩大，但是这一政府管理改革并没有在根本上废除行政国家，反而强化了行政国家，只不过不是以纯粹的行政部门为中心，而是加入了独立于民主和议会决策的中央银行或者国际性金融组织等。换言之，新公共管理运动以市场的竞争逻辑和货币选票代替了民主决策，为新自由主义实质上的权威主义改革提供了合法性的辩护。具体来看，在镶嵌型自由主义时期，形成了资产阶级、政治—行政系统、工会的合作主义政治结构，牢固的政党—阶层、工会—会员联盟和政治—行政系统一道实现了对资产阶级及其政治联盟的制约。而在新自由主义改革时期，这一政治结构形式上存在，实质上发生了重大变化，即工人—工会、政治—行政系统、资产阶级的三角关系变成了政治—行政系统、资产阶级及其政治联盟的二元关系，这一二元关系成为资产阶级绕过正式的民主代议制度或者将民主代议制度作为自身政策合法性工具的结构基础。新自由主义成功地限制了工会集体行动权利，拆解了福利国家，促进了人的原子化进程，将劳动者从去商品化保护的社会政策、国家制度和社团中"解放"出来，实现了劳动者的非组织化。新自由主义改革也倾向于通过专家治理、免于民主压力的行政国家、司法系统和独立性的金融管理机构、国际组织来实现自己的政治经济目标。

正如大卫·哈维的分析："多数人的治理会对个人自由和宪政自由带来潜在威胁。民主被视为奢侈品，只有在相对富足而且存在一个强大的中产阶级得以保障政治稳定的条件下，民主才有可能。所以，新自由主义者偏向专家和精英的统治。政府强烈偏向行政命令和司法判决,而不是民主和议会的决策。新自由主义者偏向于把央行等核心机构与民主压力隔离开来。由于新自由主义理论聚焦于法治与对合宪性的严格阐释,因此冲突和对立就必须通过法院调解。任何问题的解决或补救方案都要由个体通过法律系统来寻求。"[1] 为了使得这种实质上的权威主义统治能够得到支持,就需要对民主概念进行全新阐释,民主被视为自由的工具,而民主不是通过自上而下的科层制管理制度和控制制度就能实现的,而是通过民主的市场化改造,即对政府解制、向下授权、民营化、私有化,形成府际竞争,才能让公民货币选票(纳税等)发挥效力。民主的市场逻辑和竞争机制的解释使得新自由主义实质性的权威主义改革措施获得了支持。府际竞争也强化了资产阶级同政府、专家的普遍联合,将城市彻底地异化为增长机器,形成了追求经济发展、财政收入提高、收入分配倒挂为主要目标的增长联盟。

当代议制政体实现了民主的市场化改造,整个国家形成了高强度的府际竞争格局后,新自由主义实践者和资产阶级没有理由不欢迎一个免于政治压力、只对法律负责的具有强烈精英统治意味和专家治国的排他性治理模式的行政国家。正如安德鲁·甘布尔在《自由经济和强势国家》一书中所阐释的:"新自由主义需要一个强势的国家,它要能够通过自身的干预把社会特别是工会方面的要求转移到市场的自由游戏中去……相对的,新自由主义和一个民主国家则是不相容,因为民主国家是这样一种政权,它以公民的名义借助于公共权力对按市场进行的经济物资的分配实施干预——也就是说,这种政权从公共池塘理论角度来看,国家财政将无以为继。"[2] 因此,民主市场化改造代议制政体和精英统治、排他性治理的压制性行政国家,是一个能够高效推动"掠夺性积累"的治理工具。

在规范(合法性)系统中,新自由主义以强调个人自治的个人成就价值观为主要内容,不断动员劳动者进入市场,加速自身商品化进程,为资本主义经济系统商品交换关系提供支持动力。同时,新自由主义改革在合法性的构建上展现出了两副面孔:一副是消费主义的面孔,不断引导消费;而另

---

[1] 〔美〕大卫·哈维著,王钦译:《新自由主义简史》,上海译文出版社 2010 年版,第 76—77 页。
[2] 〔德〕沃尔夫冈·施特雷克著,常晅译:《购买时间:资本主义民主国家如何拖延危机》,社会科学文献出版社 2015 年版,第 86 页。

一副则是保守主义的面孔，通过强调家庭等传统价值，在维持社会秩序的同时，不断将国家对劳动者的社会保障的公共责任扔给家庭，通过家庭和社区来塑造对整个新自由主义国家的政治和文化支持。

制度性政治—行政二分原则，即免于民主压力的行政国家，其精英统治、专家治国、排他性治理逻辑在本质上与新自由主义意识形态强调个人自治和个人成就的价值观是一致的。行政国家能够推行私有化、商业化、金融化，限制工人集体行动权利，限制劳动者去商品化的制度安排，行政国家与新自由主义的抽象自由价值观是契合的。更进一步来说，行政国家主张的就是精英自由的价值观。因此，行政国家得以在新自由主义改革浪潮下幸存下来，并成为新自由主义名义上的自由和民主，实质上的权威主义统治的支柱。大卫·哈维对新自由主义一系列改革评论道："自由主义（包括新自由主义）的乌托邦计划，最终只能靠权威主义来维持。为了小部分人的自由，大多数人的自由将受到限制。"[1] 为了实现新自由主义，美国和英国等西方国家改造了民主制度，推动了去政治化进程，而类似智利这样的国家则直接推翻了民主制度，实现了权威主义统治和新自由主义不加掩饰的结合。[2]

从逻辑上来看，资本主义体系作为一个具有相当韧性的社会系统，其目标就在于维系经济系统商品交换关系顺利进行。为了维系这一交换关系，政治—行政系统和规范（合法性）系统都是其工具。从历史上来看，无论是 20 世纪早期和中期的行政国家和代议制政体结合、行政性再商品化措施，还是 20 世纪 80 年代以来的新自由主义改革、民主市场化改造的代议制政体和依旧存续的行政国家，都是为了商品交换关系顺利进行而创造政治条件，阶级冲突则是具体历史事实得以产生的动力和机制。

现代社会的本质是现代性，现代性支柱是资本与形而上学的融合。资本主义体系作为现代社会的本质表述，以将具体的、现实的、社会性的个体的人完全商品化，抽象为理性自利的原子化个体存在，并以形式上的"自由契约""自由竞争"的商品交换关系来掩盖本质上不自由、不平等的社会关系为手段，以实现商品交换关系，不断追逐资本为永恒目标。这一看似永动机

---

[1] 〔美〕大卫·哈维著，王钦译：《新自由主义简史》，上海译文出版社 2010 年版，第 80 页。
[2] 〔德〕沃尔夫冈·施特雷克著，常晅译：《购买时间：资本主义民主国家如何拖延危机》，社会科学文献出版社 2015 年版，第 91 页。

一般的社会体系却始终面临着商品交换关系不断瘫痪的本质困境。资本主义体系随着历史的发展，也逐步生长出一整套的调节体系，这一整套调节体系一方面通过"行政性再商品化"或"自由放任"方式来调整商品交换关系，另一方面则不断地将资本主义体系形而上学化。这一整套调节体系通过政治—行政体系和规范（合法性）系统来运行。在资本主义体系发展的历史细节中，经济系统引发的具有毁灭性力量可能带来的阶级冲突总是通过调剂体系的政治—行政体系和规范（合法性）系统实现缓和和平复。在当代社会，政治—行政体系发展出了市场化改造的代议制民主政体、国家—社会关系和精英治理的行政国家，以形式上的自由民主政治—行政体系下的形式政治权利的实现来取代公民和社会对政治、行政和社会治理过程的实质参与。政治—行政体系每每面临结构意义上的困境，总是可以通过竞争性政党体系来实现结构困境批判向个体法律、道德层面上的追责和批评转向。规范（合法性）系统则以个人自治、个人成就价值观为核心，以消费主义和保守主义两副面孔，不断地给劳动者提供商品化，进入商品交换关系的动力。在规范（合法性）系统规训下，任何对资本主义体系和自由民主体系的批评要么被视为"大逆不道"的，要么被视为资本主义体系和自由民主体系"宽容"和"自由"的表现。个人的成功与失败全系于自身，而结构免于被追问。

在这样一套具有相当韧性的资本主义体系中，制度性的政治—行政二分原则，即形式理性为内容的法理型支配的行政国家，以精英统治、专家治国、技术治理、排斥社会参与为主要特征，适应了资本主义体系维持商品交换关系的工具性需要，并成为资本主义体系形而上学化政治—文化体系的重要部分。行政国家的专家统治和政治中立，符合了自由民主政治体系讲求法治、规则性治理、科学与理性、非人格化支配的承诺；行政国家彰显的贤能统治、追求秩序，也符合了规范（合法性）系统个人成就价值观和保守主义文化。行政国家以形式理性和形式权利平等，不断地将人物化，不断地生成政治—行政系统和规范（合法性）系统中既有的实质意义上的不平等。行政国家可以以理性、高效的面孔服务商品交换关系的实现，推动作为增长机器的城市不断地追逐财富，被赞誉为公共利益的守护者；行政国家也可以以冷酷、专断的面孔限制普通民众集体行动的能力，不断地用各种政策工具、制度安排以形式上民主、合法的方式实现商品化的目的，让普通劳动者无法逃离资本主义体系的扩张。

因此，对政治—行政二分原则的讨论就不能仅仅分析理论上的政治—行政二分原则，并以此判断政治—行政二分原则过时与否。对政治—行政二分原则分析要超越公共行政过于聚焦政府组织模式相对狭小的视角，关注制度性政治—行政二分原则，将制度性政治—行政二分原则纳入现代性视阈中，才能发现制度性政治—行政二分原则的逻辑根源和历史表现，才能全面地判断政治—行政二分原则对现代社会、现代国家的重要意义，以此为基础，展开对政治—行政二分原则的深刻批判。

五、人性假设的哲学基础与公共行政理论的发展[①]

从根本上说,一切社会科学都是关于人的学问,都是"人学"。对人的本质属性的根本看法和规定,即人性假设,是一切社会科学研究的基本逻辑起点,公共行政理论也不例外。人性假设的确定,为理论逻辑的演进划定了轨道,亦为现实的制度安排、政策确定了逻辑起点,提供了价值期待。因此,对人性假设的分析往往是破解、梳理、类型化纷繁复杂理论脉络的指南针。一般来说,对人性假设的讨论通常是以一定的伦理规则作为基础的道德判断组作为依据的,人性假设通常被分为性恶论和性善论两种类型。

人性假设关涉到人的存在方式的本质看法,人性假设的哲学基础相较于人性假设的伦理规则和道德判断的表述更为复杂和深刻。性善论和性恶论虽然是人性假设在伦理规则和道德判断上最为浓缩和直接的表述,但是这并不意味着性善论和性恶论就是天然的。换言之,人性假设是理论发展和社会互动的产物。人性假设植根于一定的哲学基础,本质上是各个理论对人与人的关系、人与社会的关系的根本认知和判断在价值论上的体现。这一认知和判断往往是在相应的哲学基础(本体论、认识论、方法论)上构建起来的,决定着价值论的基本内容。对人性假设哲学基础的探讨,是因为"哲学本体论把存在和真、善、美作为主词而予以探寻和追求,这就集中而鲜明地显示了哲学本体论的真实意义:为人类提供判断、解释和评价存在与真、善、美的根据、标准和尺度,就是说明人类经验中的一切事物并规范人类全部行为的

[①] 本章第一节曾以"人性假设与公共行政思想演变"为题发表于《四川大学学报》(哲学社会科学版)2015年第1期,在本书中有所修改、删减。

'基本原理'"①。深挖人性假设背后的哲学基础,才能够更为深刻和全面地理解公共行政理论的演进,为公共行政理论的创新和发展提供依据,指明方向。

(一)人性假设与公共行政理论的演进

人性假设就是以一定的价值取向为基础,对纷繁复杂现实人性的高度概括和抽象,是关于人的本质属性的根本看法和设定。人性假设不是针对某个个体提出来的,是对某个特定时期、特定地域和文化场域的人的本质属性的总体看法。一般来说,人性假设具有三个基本特征:一是人性假设具有主观性,人们以不同的价值取向为基础,对人性的根本看法可能不同。二是人性假设具有历史性,它不是一成不变的。在不同的历史时期,人们对人性的根本看法会有所差异;另外,即使是同一种人性假设,在不同时期的内涵也会有所不同。三是人性假设具有具体性,在不同的学科领域,人性假设会表现出较大的差别,同一个学科领域内也会出现不同的人性假设。

近代以来,随着自然科学不断取得突破性成就、商品经济复兴、资本主义的成长和现代国家建设的开启,人们对人性问题做了更深入的思考,关于"性本善"还是"性本恶"的讨论和假设也更加丰富、更加具体,从而促进了人文社会科学的发展。可以说,对人性问题的思考和研究,特别是对人的本质属性的根本看法和设定,即人性假设,一直影响着各个学科的发展。正如英国哲学家休谟所言,"一切科学对于人性总是或多或少地有些关系,任何科学不论似乎与人性离得多远,它们总是会通过这样或那样的途径回到人性。即使数学、自然哲学和自然宗教,也都在某种程度上依靠人的科学","人性本身"好比是"科学的首都或心脏"。②

在政治学、行政学和管理学等社会科学的理论研究与实践中,人们更是受到了人性假设的影响,并自觉或不自觉地以某个人性假设为逻辑起点。美国管理学家孔茨说过:"管理者不管是否自觉地认识到这些,在他们心目中

---

① 杨耕等:《马克思主义哲学基础理论研究》,北京师范大学出版社2017年版,第315页。
② 〔英〕大卫·休谟著,关文运译:《人性论》,商务印书馆1980年版,第6—7页。

总有一个个体的模式和基于人的假设的组织行为模式。这些假设影响着管理者的行为。"[1] 在公共行政学领域可以清晰地看到，任何一种行政管理理论或行政管理实践，都是自觉或不自觉地以一定的人性假设为其基本前提的。

1. 前公共行政学时期性恶论假设对政治与行政思想演变的影响

纵观整个公共行政思想的发展历程，以 1887 年公共行政学作为一门独立的学科诞生为界，大致可将其分为前后两大阶段，即前公共行政学时期与公共行政学时期。在前公共行政学时期，政治与行政没有截然分开，政治与行政思想的发展演变主要受到性恶论的影响，而性善论政治与行政思想则是在对性恶论政治与行政思想的反动过程中发展出来的。

性恶论在西方的产生由来已久，但其真正深入到人的内心深处，是自中世纪的神学家奥古斯丁将有关基督教原罪故事重新进行系统的整合和发展，并提出原罪论开始。奥古斯丁的这一做法，最终构建起了整个基督教原罪教义的思想传统，影响极为深远。如果说古希腊的哲学家们对人性恶的隐约探讨只是开启了西方对人性的认识，原罪思想则将性恶论普世化，更是影响了此后整个西方对人性的认识，也影响了以后西方人文社会学科的基础和发展方向。到了文艺复兴时期，在政治与行政思想家中持人性恶观点的人颇多，最典型的代表就是马基雅维利。他在《君主论》中说："一般说来，人都是变化多端的、弄虚作假的、奸诈懦弱的、生性贪婪的。只要你能成功，他们就完全是你的人。当远离危险的时候，他们愿意为你流血，愿意为你献出他们的财富，他们的生命，他们的孩子。但是，当危险来临的时候，他们就背弃你。"[2] 可见，他从根本上对人性是持恶的观点，他的思想被后世称为"马基雅维利主义"，影响可见一斑。自马基雅维利之后，西方的思想家们开始考虑与人性相关的现实的政治问题，特别是在制度设计上。启蒙运动时期的思想家休谟指出："在设计任何政府体制和确定该体制中的若干制约、监控机构时，必须把每个成员都设想为无赖之徒，并设想他的一切作为都是为了

---

[1] 〔美〕哈罗德·孔茨、海因茨·韦里克著，黄洁纲、范熙译：《管理学》，上海人民出版社 1990 年版，第 577 页。
[2] 〔意〕尼科洛·马基雅维利著，潘汉典译：《君主论》，商务印书馆 1997 年版，第 80 页。

谋求私利，别无其他目标。"[①] 这就是休谟著名的"无赖假定"，它深刻影响了后来西方的制度设计。显然，休谟的无赖假定原则是建立在性恶论基础之上的。正是因为每个人都可能是为了一己之私的无赖，所以要对其加以最严密的防范，并且一旦犯规就要给予惩罚。

由此我们可以看出西方的政治、行政思想逐渐体现出来的是一种外控型的特征，它重视的是对人的他律而不是自律。同时，严密的制度、严格的法律也是保证政权稳定的基本条件。西方的性恶论思想不仅假定人的本性皆恶，并且由此推演出权力的恶。权力归根结底是由人行使的，人性的恶就能说明权力的恶，谁掌握着更高、更多的权力，就越可能产生危害更大的恶，正如孟德斯鸠所说，"一切拥有权力的人都容易滥用权力，这是万古不易的一条经验"[②]。由于人性皆恶，权力必恶，正如阿克顿勋爵所言，"权力趋向腐败，绝对的权力趋向绝对的腐败"[③]。

2. 公共行政学诞生以后人性假设的变化对公共行政思想演变的影响

在公共行政学产生前的很长一段历史时期，政治学与伦理学是没有严格区分的，行政学也没有从政治学中独立出来。这一时期，这些学科领域内基本的人性假设也是一种伦理学意义上的模糊的人性观，并主要集中在人性善恶问题的争论上。然而，到了19世纪末期，政治学早已脱离伦理学的框架成为一门成熟的学科，行政学也从政治学中独立出来了。与此同时，管理学与经济学也取得了大发展，针对私人部门管理问题提出的药方，就必然会影响到公共部门疗救伤痛的措施，经济学和管理学中的诸多理论在不同时期都影响了公共行政理论的发展进程。特别是经济学、管理学体系中关于人性的认识和假设，直接影响到了公共行政思想的演变。可以说，一百多年来，公共行政学的发展除了继续受到人性善恶论的影响之外，经济学与管理学对人性重新认识和设定的"经济人"假设、"社会人"假设，直接影响了公共行政学的演进逻辑。

---

① 〔英〕大卫·休谟著，张若衡译：《休谟政治论文选》，商务印书馆1993年版，第27页。
② 〔法〕孟德斯鸠著，许明龙译：《论法的精神》（上册），商务印书馆1982年版，第342页。
③ 〔英〕阿克顿著，侯健等译：《自由与权力》，商务印书馆2001年版，第342页。

（1）以人性恶为基础的经济人假设促进了公共行政思想中管理主义的兴起

到了近现代，虽然人们很少简单地谈及人性善恶问题，但是不代表其在人们思想中的影响完全淡出。经济学领域的经济人假设就继承了性恶论的主要思想，并将其进一步具体化，它们在本质内涵上表现出相通的一面。比如二者都认为人有本能欲望和利己的天性，都需要一些外在的制度规范去约束和引导人的行为。因此，可以说经济人假设就是以性恶论为基础的。

经济人假设的提出者是启蒙运动时期英国著名思想家亚当·斯密，他在《国富论》中指出："我们每天所需的食物和饮料，不是出自屠户、酿酒家或烙面师的恩惠，而是出于他们自利的打算。我们不说唤起他们利他心的话，而说唤起他们利己心的话。我们不说自己有需要，而说对他们有利。"①尽管学术界对他的这句话中蕴含的经济人假设的内涵做了各种不同的解读，但是，从根本上来说，亚当·斯密所描绘的"经济人"的形象就是理性、自利的，这也是经济人的最本质的内涵。亚当·斯密提出的经济人假设观点成为西方经济学分析人类社会经济活动的最基本的前提假定。到了19世纪末期，经济人假设的影响不仅限于经济学领域，对公共行政思想也产生了实质性的影响。19世纪末到20世纪初，随着科技的不断进步，西方开启了大工业生产的时代。这一时期，以泰勒为代表的早期管理思想家和实践家提出了科学管理理论，颠覆了过去几千年的经验管理方法，开启了管理的新时代。科学管理思想的产生与其对人性认识的变化关系密切。在泰勒之前，中西方的人性善恶之争，其意义在于统治阶层，被统治阶层只是统治阶层的工具。但是，科学管理理论首次开始重视被管理者，对其人性的认识也不再是物化的、工具性的，而是理性经济人。用管理学家麦格雷戈的话说，科学管理理论的经济人假设观点，可以称之为X理论。这种人性假设理论认为："人一般生来厌恶工作，只要有可能就想逃避工作；由于厌恶工作是人类本性，因此对大多数人必须动用惩罚措施进行强迫、控制、指挥和威胁，以鞭策他们努力去实现组织的目标；人一般愿意受人指挥，希望逃避责任，相对而言没什么进取心，把安全感看得重于一切。"②泰勒的科学管理理论是管理学领域

---

① 〔英〕亚当·斯密著，郭大力等译：《国民财富的性质和原因的研究》（上卷），商务印书馆1972年版，第14页。
② 〔美〕丹尼尔·A.雷恩著，赵睿等译：《管理思想的演变》，中国社会科学出版社2000年版，第480页。

的巨大突破，不仅影响了当时的企业管理活动，对公共行政的理论和实践也产生了重要的影响。

与这一时期的资本主义经济发展由自由竞争向垄断过渡同步的是，政府处理的公共事务不断增多，政府的职能不断扩展，从而导致了政府效率的低下。针对这种现状，1887年美国行政学家威尔逊在他的《行政学研究》中，提出将行政学作为一门独立的学科进行研究的必要。自此以后，行政学开始不完全受政治学的绝对支配，管理学中的效率追求与公共行政思想的发展开始紧密结合在一起。而这种对效率的追求形成了所谓的公共行政中的管理主义范式。简而言之，管理主义的实质就是追求公共行政过程中的效率、效能及经济价值。这种崇尚效率的公共行政思想，显然是受到了经济人假设的人性观点影响，承认经济人的理性、自利是市场效率也是政府效率产生的源泉。

以经济人假设为前提的管理主义对公共行政思想的影响主要分两个阶段：第一个阶段就是以威尔逊的政治—行政二分原则、泰勒的科学管理理论、法约尔的一般管理理论、韦伯的官僚制理论为代表的公共行政学初步建立时期。这一时期，不论是管理学界的管理学家对基本管理问题的界定、描述，还是行政学界的行政学家对公共行政基本框架、原则的建构，都是以经济人假设为基本前提的。这一时期的公共行政思想都是将人视为经济理性的，将组织看成是静态的，在这种思想指导下，公共行政一方面注重制度规范、权责划分；另一方面强调人对于组织与制度的从属性，以克服人的理性自利行为对组织目标的干扰。第二个阶段是以布坎南的公共选择理论、奥斯本的企业家政府理论为代表的公共行政学日益完善时期。其中，公共选择理论与古典经济学采取的分析视角一致，该理论认为政治领域中合理的人性假设应该同样是"自利的、理性的效用最大化者"，即亚当·斯密所说的经济人假设。公共选择理论首次将市场制度中的人类行为与政治制度中的政府行为纳入同一个分析的轨道，即经济人模式，具有开创性。新公共管理理论则是20世纪80年代以来兴盛于英、美等西方国家的一种新的公共行政理论和管理模式，也是近年来西方规模空前的行政改革的主体指导思想之一。它与公共选择理论一样，以经济学理论为自己的理论基础，以经济人假设作为理论的基本前提，它主张在政府等公共部门广泛采用私营部门成功的管理方法和竞争机制。因此，它们本质上都是管理主义范式在新时期的延伸，对效率的追求是它们的共同目标。

由人性善恶之争向经济人假设转变推动了公共行政中管理主义范式的产生，促进了公共行政学的发展，同时也受到了各种质疑和批评。究其原因，主要是由于其以经济人假设为基本前提，过于强调人的理性因素，忽视了民主、公平、正义等价值。也正是因为管理主义本身的一些不足，公共行政中的另一种范式——宪制主义再次受到了人们的关注。在公共行政思想的发展史上，宪制主义总是与管理主义交替引领公共行政的发展。

（2）以人性善为基础的社会人假设促进了公共行政思想中宪制主义的重生

与性恶论对经济人假设的影响一样，性善论对管理学中社会人假设也产生了重要的影响。虽然性善论在西方传统上并没有占据主导地位，但是在20世纪，为了适应这一时期管理发展的需要，性善论的内涵通过不断演变，由模糊、抽象走向清晰、具体，最终形成了管理学领域的社会人假设。性善论与社会人假设的基本观点是一致的，比如性善论中，人是值得信任、需要尊重、能够利他的；在社会人假设中，人是愿意承担责任、积极进取、富有创新能力的，它们基本上都是肯定了人性中的美好部分。由此可见，社会人假设是以性善论为基础的。

"社会人"假设是美国著名的管理学家乔治·埃尔顿·梅奥提出的。梅奥通过著名的"霍桑实验"，阐明了管理过程中的人不是理性经济人，而是注重情感需求的社会人。在20世纪早期，随着资本主义经济的不断发展，企业之间的竞争加剧，按照经济人假设下的管理模式已经无法应对新时期的管理问题，因此这一时期的管理学家们开始重新思考管理中的人性问题，社会人假设就是在这样的时代背景下产生的。梅奥于1933年出版了《工业文明中人的问题》，阐释了社会人假设的基本内涵，即对人的内在需求的满足比单纯的外在经济方面的激励更有助于效率的提高。

与经济人假设引进管理学领域并对公共行政学产生实质影响一样，管理学领域的社会人假设同样对公共行政思想产生了重要作用。可以说社会人假设之下的对人性的关怀和尊重、对人的价值的肯定，与公共行政发展过程中宪制主义的内涵是一致的。概而言之，宪制主义就是追求公共行政中的民主、公平、正义等价值。自美国建国之初，宪制主义就开始对美国的行政思想和实践产生影响。但是，当公共行政学成为一门独立学科，特别是管理主义兴起以后，宪制主义的影响反而受到削弱，管理主义扶摇直上。但也就是在管理主义倡导下追求效率的过程中，公共行政的问题依然不断，所以宪制主义又重新引起人们的重视。

以社会人假设为前提的宪制主义对公共行政思想产生影响主要分为三个阶段：第一个阶段是以西蒙为代表的对行政决策过程中非理性因素的强调。由于西方有着理性主义的思想传统，在人性假设中，人自然也被认为是理性的，比如经济人假设中对人的理性的假定。但是，随着20世纪30年代行为科学的发展，人的非理性逐渐受到了人们的格外关注。在行政决策理论中，西蒙将其中的人假定为"行政人"，而不是传统上的"经济人"。西蒙提出的行政人不是经济人假定的完全理性的，而是有限理性的。因此，西蒙的行政决策理论又被称为有限理性决策理论，这一理论否定了传统的理性决策理论，对现代决策问题研究具有重大意义。第二个阶段是以弗雷德里克森为代表的新公共行政学派对效率至上的反思和对社会公平价值的倡导。新公共行政学诞生于20世纪70年代的美国，这一时期的美国社会动荡不安，"黑人民权运动""新左派运动"及70年代初"水门事件"的发生，使政府管理受到了前所未有的挑战，传统的公共行政管理模式受到了人们的质疑。在这种背景下新公共行政学应运而生，弗雷德里克森在他的代表作《新公共行政》《公共行政的精神》中对这一时期的新公共行政主张的社会公平正义等价值进行了深入系统的研究。这些新的公共行政价值，无不体现着新时期的人们对以经济人假设为基础的传统公共行政追求效率的批评和对更加关注人性的价值的追求。第三个阶段是以登哈特夫妇为代表的新公共服务理论对新公共管理理论的批判。新公共管理理论于20世纪80年代刚在西方国家兴起，就受到了人们的广泛质疑，最具代表性的就是新公共服务理论。新公共管理理论以经济人假设为基本分析前提，对政府的角色做了新的规定，认为政府应该负责掌舵而不是划桨。这种相对于过去传统公共行政对政府角色的重新规定，看似更为合理，其实并无实质不同，它们的立足点仍然是提高政府效率，这个根本目标从未改变。然而，登哈特的新公共服务理论则认为，政府的角色不是掌舵也不是划桨，而是服务。因为，政府要始终明确这艘前进的船的所有者是谁，谁拥有这艘船，谁才能决定这艘船行驶的航向。很显然，这艘船是属于全体公民的。因此，新公共管理理论认为政府应该掌舵的观点是不合适的，政府也不应该与过去一样，以追求效率为核心，应该注重服务，而服务的质量则取决于公民权、民主价值和公共利益等的实现。从根本上说，新公共服务理论与新公共管理理论的区别就在于它们各自的人性假设不同。新公共管理理论与泰勒时代的科学管理理论是一脉相承的，都是以经济人假设为基本理论前提；而新公共服务理论、新公共行政学，以及西蒙的有限理性决策理论，则是以社会人假设为基本理论预设。可以说，是学者们对人性的假设不同，导致了各自理论体系的迥异。

由经济人假设向社会人假设转变推动了公共行政中宪制主义的回归，打破了公共行政以追求效率为核心目标的传统发展模式。无论是西蒙的有限理性决策理论、弗雷德里克森的新公共行政学，还是登哈特的新公共服务理论，均以社会人假设为基本理论前提，它们对人的非理性因素的强调、对社会公平正义的倡导以及对公民权、民主价值和公共利益的追求，从整体来看，是与公共行政思想中宪制主义对民主、公平、正义等价值的追求一致的。而宪制主义影响日盛，也标志着公共行政进入了全新的发展阶段。当然，公共行政中的宪制主义范式因为缺乏现实操作性并容易沦为少数人实施暴政的工具，也同样受到了一些质疑。因此，在公共行政经历了管理主义、宪制主义的相互批判和交替发挥作用的阶段，公共行政必须要找到新的方向。这一新的方向不能建基在抽象的人性论基础之上，而是需要全面地看待人性，将它视为实践的产物，视为历史的产物。在对公共行政新方向的新的人性论展开探讨之前，首先需要将人性恶和人性善假设的这些基础进行讨论，才能在清晰地了解并批判既往人性论假设来龙去脉的基础之上，对新的人性论展开想象，进而为公共行政研究和实践寻找新的方向。

（二）人性恶假设的哲学基础及其理论后果

作为理论的逻辑起点，持人性恶假设的社会科学理论和公共行政管理主义研究路径将行动者视为自利的，在解释个人行动的社会结果并提出相应的组织设计与制度建设理论的时候，倾向于通过自上而下的外部控制的手段或者竞争的手段来实现个体行动非理性向宏观社会结果、集体行动的理性化方向转变的目标。公共行政研究管理主义路径从表面上来看，被划分为泾渭分明的传统公共行政理论、新公共管理理论以及持私人部门管理原则的治理理论研究路径两个方面，后者对前者发起了强烈的批评。但是，二者的区别仅仅在于用何种手段控制官僚是更有效的，换句话来说，就是集中统一的官僚体制是否是有效的。然而，二者的核心人性假设却是高度一致的，即人性恶的假设，区别在于传统公共行政研究坚信通过行政程序的控制能够有效管理，提高政府绩效，增加社会福利；新公共管理和持私人部门管理原则的治理理论则认为通过结果的绩效考核和竞争手段，利用人性恶的天性，能够提高政府绩效，增加社会福利。持人性恶假设的社会科学理论和公共行政研究管理主义路径认为，人性恶假设不仅仅在经验上和直觉上符合我们对人的一般的判断，是不违背常识的，并且正视和利用人性恶假设能够让制度安排和政策设计更为实际和有效。一方面通过制衡和惩处来制约人性恶的不良后果；另一方面，则利用人性恶，通过自由竞争和正向激励来实现经济社会的普遍进步。

在一般研究视阈中，人性恶假设被视为一个如同天赋人权一般的不言自明、不需要讨论的原则，这种不需要讨论不仅仅是对其超越语境的正确性的无须质疑，也是对其合法性理据的无须反思，即人性恶假设的来源是免于被检视的。但是，人性论假设仅仅是社会科学理论的逻辑起点，而不是它的根本前提。社会科学理论的根本前提深刻植根于这一理论得以生成的哲学基础，人性论假设仅仅是这一哲学基础上价值论部分的集中呈现，而价值论是建构在哲学基础之上的。从高度抽象层面上来看，人只有先具备了认识对象和认识自身与对象间关系的能力之后，才可能形成伦理规则和道德判断，前者就是本体论、认识论和方法论讨论范围，而后者则是价值论的重点，其精髓就是人性假设。相较于人性假设而言，人性假设的哲学基础影响更为深远，它规定了认识主体与认识对象关系、规定了有效知识来源一般程序及知识正确性判断依据，它影响了研究者和实践者看待和对待世界的方式，是最为深刻和牢固的认识透镜。因此，对人性恶假设探讨就要从两个方面入手：一是人性恶假设哲学基础；二是这一哲学基础的理论后果。

1. 人性恶假设的机械唯物主义基础和还原论理据

任何社会科学理论，其根基都是一套能够提供普遍化解释能力的作为基础的哲学体系。哲学基础决定了这一理论的视角，各种命题和解释的构成方式以及逻辑演进的轨道。哲学基础主要是由本体论、认识论、方法论和价值论构成：本体论关照的是认识主体和认识对象的存在方式；认识论关照的是有效知识来源的基础是什么；方法论关照的是获取知识有效方式以及判断知识标准问题；价值论则是这一社会科学理论的正义规则，即不同价值优先性的有序安排，呈现出了这一理论同意识形态的广泛关联性。本体论、认识论、方法论试图给认识主体和认识对象的关系立法，认识主体和认识对象的关系则决定了价值论，是不同价值优先性有序安排正义规则的基础，任何打着价值无涉旗号的理论，本质上都体现着某种价值诉求，只不过这一理论将这一价值诉求视为是根本性的，以此来将价值诉求无涉化、背景化。本体论、认识论、方法论与价值论的一致性使得诸多在具体观点、实践建议上有着张力的理论归属于同一研究路径。

（1）人性恶假设的内涵

人性恶假设是一种道德判断和伦理规则，这一假设强调人的天性是自利、好争斗的，自利是所有价值规则中居于优先位置的。当刨除人性恶假设的道德判断之后，人性恶假设与亚当·斯密提出的理性自利的经济人假设本质上是一致的。理性自利的经济人假设有两个部分构成，一是人的抽象化；二是指导人行为的价值规则是自利优先，自利构成了人的行为的主要动机。人的抽象化的具体表达即是人的原子化个体存在。那么，人为什么被视为原子化的个体存在，而这一个体为什么又是自利的，这成为探讨人性恶假设的本体论与认识论基础的问题域。

原子化个体理性自利的人性假设在社会科学哲学上被称为个体主义本体论（个体主义本体论仅仅是在社会科学层面上来言的，即解释个体—社会互动关系上，个体才是根基，个体才是社会的存在方式），意即个体是社会和国家基础，应当通过微观个体行为来解释宏观社会结果而非相反。个体主义本体论判断在西方哲学中历史悠久。古希腊对人的认识往往是从对自然和对物质世界认识入手的，从这点来看，自然科学对人文和社会科学的长期影响早在古希腊时期便已存在。作为朴素唯物主义的代表者，古希腊哲学家德谟克利特将复杂的自然和物质世界的始基（本体）视为不可分割的独立性存在的微小粒子，提出了原子论的设想。客观来说，德谟克利特提出的原子论更多的是针对对自然和物质的认知的，在伊壁鸠鲁学派之前，这一原子论的设想并没有发展到对人属性的规定上。伊壁鸠鲁学派明确地提出："自然或本性（nature）意味着自我利益（self-interest），亦即每个主张自己个人幸福的欲求。调整人之行为的所有其他规章都属于约定（conventions）的范畴，也因此对明智的人毫无意义可言，除非一项约定性规则能够有助于人们获得比起在不具这样的规则的情况下所能够获得的更大的幸福。因此，除了幸福之外，不存在任何固有的道德美感和任何固有的价值。"[①] 伊壁鸠鲁学派虽然提出了建基在原子论之上的理性自利人的初步假设，但理据却是对德谟克利特原子论的简单类比而非逻辑演绎。古希腊哲学模模糊糊地提出了理性自利的个体主义假设，但是这一假设的本体论依据以及这种本体论如何阐发出人是抽象存在的、理性自利的论证仍然是不足的。

（2）人性恶假设的哲学基础

人作为理性自利的原子化个体存在，这一假设的本体论依据以及完整的论证是在近代哲学完成的。不同于古希腊哲学和中世纪哲学对本体的集中关注和讨论，近代哲学的特点是对认识问题的巨大关注[②]，关于本体的规定往往是通过认识论研究来实现的。近代哲学的生发有着自己独特的背景，这一背景由三个方面组成：一是现代国家建设进程正式开启；二是文艺复兴、宗教改革、启蒙运动掀起的文化、社会世俗化进程；三是商品经济恢复和发展，资本主义体系兴起与成长。对于近代哲学而言，最为直接的影响当属伴随着文艺复兴而来的具有时代节点意义的科学革命。近代哲学发展植根于自然科学取得的巨大成就上，这一成就展现在两个方面：一是自然科学在认识世界上取得的成就，尤其以哥白尼、伽利略、牛顿在物理学上取得的成就为代

[①] 〔美〕乔治·萨拜因著，〔美〕托马斯·索尔森修订，邓正来译：《政治学说史：城邦与世界社会》，上海人民出版社2015年版，第225页。

[②] 江天骥：《逻辑经验主义的认识论 当代西方科学哲学》，武汉大学出版社2009年版，第89页。

表；二是自然科学在学科范式上取得的成就，这一成就集中体现在实验科学范式上。自然科学取得的伟大成就使得当时的社会精英们对宗教和形而上学产生了直接的怀疑，相信人的理性和自我确证的能力，坚信通过将自然科学范式和理论引入到对人的动机、行为研究和控制，引入到国家建设和社会发展上，就能够取得如同自然科学一般的伟大进步，这种信念是近代哲学集中关注认识论问题的动力，是近代哲学的基础和重要特征，也是时下社会和人文科学自然科学化思潮的滥觞。

近代自然科学的主要特征是实验科学，这一实验科学"既非纯粹演绎亦非纯粹归纳的科学，而是假说——演绎的科学"①。实验科学有着三个主要来源：一是来自于古希腊朴素唯物主义哲学观点，典型的是德谟克利特的原子论观点；二是古希腊哲学中对于数学的重视，也受益于中世纪经院哲学对形式逻辑训练的重视；三是文艺复兴以来兴起的对自然进行控制的社会潮流。②由此，一门强调以实验为基础，运用数学语言（公式、模型和推理）和数量概念（质量、力、加速度）的实验科学便诞生了③，这门实验科学以机械唯物主义作为其本体论基础、感觉经验是有效知识获取唯一来源作为其认识论理据，实验、归纳和逻辑演绎作为其方法论依据。

实验科学的范式形成和其取得的理论成果是近代哲学思想、观点的主要来源，亦是政治社会理论的基础。实验科学的典型代表，伽利略—牛顿开辟的机械唯物主义力学体系，为这一时期的政治社会理论提供了基本的本体论、认识论和方法论理据。机械唯物主义的特点在于，它将世界视为物体构成的，物体呈现出运动状态（机械唯物主义中运动本身不是物体的属性，物体运动状态是由物体间位移造成的），认识这种运动可以通过几何学方式的演绎方法或者实验的归纳方式进行精确的把握。近代哲学中明确地将人视为抽象的、个体性存在的是莱布尼茨，他认为特殊事物研究的方法便是不断地划分、往更小的范畴分解，直到无法分解的基本物理元素为止，这一方法被

---

① 〔挪〕奎纳尔·希尔贝克、尼尔斯·吉列尔著，童世骏等译：《西方哲学史：从古希腊到当下》，上海译文出版社2016年版，第194页。
② 〔挪〕奎纳尔·希尔贝克、尼尔斯·吉列尔著，童世骏等译：《西方哲学史：从古希腊到当下》，上海译文出版社2016年版，第192页、第194页。
③ 〔挪〕奎纳尔·希尔贝克、尼尔斯·吉列尔著，童世骏等译：《西方哲学史：从古希腊到当下》，上海译文出版社2016年版，第194页。

称为还原论的方法，而这种还原论的方法是机械唯物主义微观决定宏观的决定论体现，因为任何特殊事物都是由最为基本的物理元素的位移造成的相互影响而形成的，基本的物理元素的位移是决定特殊事物性质的根本性原因。机械唯物主义的机械决定论的认识论观点存在这样一个问题：当这一理论体系被视为适用于人的动机、行动及社会、国家宏观层面的解释的时候，人就被视为自然性的、生物性的而非社会性的，人的能动性消失了。社会人的消失和自然人的存续是机械唯物主义、还原论应用到人文社会领域造成的一系列理论和实践问题的根本，亦是人作为理性自利的原子化个体的人性假设得以成立的条件。

莱布尼茨的单子论认为："单子是宇宙建立于其上的基本元素，这些单子具有不同等级的意识，从无机的元素一直到人类灵魂。单子就这样构成了一个等级序列。与此同时，每个单子都不受其他单子的影响。它们彼此之间没有交往；它们并不相互影响。"[1] 莱布尼茨的单子论承袭了德谟克利特的原子论，也延续了中世纪经院哲学的唯名论传统，单子被视为基本的不可再分的元素，任何复杂物体，包括人本身可以被分解为单子。单子从性质上来看，是相互隔绝的、互不影响的，但是单子间又能够和谐地运行，"从而在精神事件和物理事件之间存在着相关性，这是因为所有的单子都被以同样的方式'编制程序'了：它们都是由同一个计划——上帝的计划——所推动的"[2]。莱布尼茨对单子和单子间关系的论述被称为前定和谐论，莱布尼茨对此的论述具有鲜明的先验论和唯心主义色彩，但是他确实在理论上通过还原论将人与人之间的关系视为单子与单子的关系，换句话来说，在莱布尼茨这里，人本身就是原子化的个体存在，他并没有明确地将原子化个体存在的人为什么是理性自利的进行充分的阐释。莱布尼茨单子论和前定和谐论作为一种思考物体与物体间关系的具体观点，其影响不仅仅在于单子论，更在于单子和单子之间如何实现和谐和有序。莱布尼茨将此视为上帝的意志，而随着自然科学和社会政治理论发展，这一观点被诸如斯密"看不见的手"市场经

---

[1] 〔挪〕奎纳尔·希尔贝克、尼尔斯·吉列尔著，童世骏等译：《西方哲学史：从古希腊到当下》，上海译文出版社 2016 年版，第 277 页。

[2] 〔挪〕奎纳尔·希尔贝克、尼尔斯·吉列尔著，童世骏等译：《西方哲学史：从古希腊到当下》，上海译文出版社 2016 年版，第 277 页。

济理论和孔德、斯宾塞、涂尔干的实证主义社会理论取代,他们都试图着力解决为什么原子化的个体能够实现一个有序社会的政治社会理论难题,只不过上帝被替换成了理性自利的原子化个体组成的市场和抽象的社会而已。

对人是理性自利的原子化个体存在这一假设做出完整论述的是霍布斯,而霍布斯对此进行了充分论证之后,人是不是抽象性存在的、是不是理性自利的就不再是一个主要问题了,人的认识和获得有效知识的来源及其判断依据的认识论问题成为哲学关注的主要议题。尽管从哲学史的发展来看,近代哲学是一个关注认识论多于本体论的时期,但从哲学本身的逻辑上来看,近代哲学通常是从认识论来达至本体论的。近代哲学在发展过程中,包括霍布斯本身也没有很好地解决本体论问题,这就导致了认识论上的难题——人的认识到底应当和客观对象如何符合的问题;这一问题在人文社会科学上还产生了这样一个尴尬的困境,到底如何看待研究者的存在。服膺于机械唯物主义基础和还原论理据,人被视为没有任何能动性的芦苇,人的一切行动都服膺于生物本能,那么研究者的研究就不可能产生。也就是说这一本体论理据和认识论进路使得研究者本身就是不符合理论逻辑的,除非将研究者视为非人的超人,而这与历史和现实完全是背离的。

霍布斯的政治哲学被视为社会契约论国家理论重要组成部分,但是霍布斯更为杰出的贡献在于,他将政治哲学奠基在机械唯物主义自然哲学之上,并且完整地提出了人的理性自利这一影响深远的自然主义人性论观点,以此为基础,建构了其政治社会理论。霍布斯哲学理论基础是机械唯物主义,即"自然世界乃是一个纯粹的机械系统,其间发生的一切都可以根据彼此相关的物体的位移并以几何学般的精准方式加以解释"[1]。霍布斯试图以当时的自然科学的哲学基础来建构一套人文社会研究的概念、命题组成的陈述体系,希冀这一套陈述体系能够"以一种独立存在于任何待定条件或者语境的方式来定义这些概念"[2]。

机械唯物主义将解释现象的原因放在物体的位移之上,而解释现象的方法则是采用几何学的演绎分析的方式进行,霍布斯通过还原论的逻辑进路实

---

[1] 〔美〕乔治·萨拜因著,〔美〕托马斯·索尔森修订,邓正来译:《政治学说史:民族国家》(上),上海人民出版社2015年版,第175页。
[2] 〔美〕罗伯特·毕夏普著,王亚男译:《社会科学哲学:导论》,科学出版社2018年版,第30页。

现了机械唯物主义从自然到人和社会的缝合。所谓的还原论的逻辑进路，即是任何现象和物体间关系都应该还原到不可再分的物体及其基本运动方式进行解释。霍布斯基于还原论逻辑进路构建了自己的哲学理论：第一层，也就是根本性的机制层面，是物体的运动的解释，包括力学和几何学；第二层，则是个人的心理学和生理学，其中生理学是心理学的基础；第三层，则是个人行动的社会结果，也就是社会或者国家。[1]霍布斯的理论体系清晰地说明了人作为原子化个体理性自利存在方式和相应的政治社会理论的自然哲学理据：国家和社会被还原到个体心理上，而个体心理被还原到生理功能上，而个体生理功能产生和运行则被还原到物体间的位移上。

机械唯物主义的基本主张是，整个现象界基本要素是颗粒，或者说单子、原子，这种颗粒的位移产生的运动能够说明所有现象。从机械唯物主义出发，社会和国家应该被分解到个体组成社会集团相互作用上，而不同集体行动的相互作用则应分解到集体中的个体相互作用之上，而个体之所以会进行这样的行动，则应还原到个体心理上不同动机相互斗争上，而不同动机则要还原到不同的生理功能相互作用，而不同生理功能相互作用便与自然界物体的位移对人体的传导关联起来，由此，复杂国家和社会进程最终被还原到了基本物质颗粒的位移上。因此，人是理性自利的原子化个体存在的个体主义本体论就得以建立了，它的合法性理据在于近代实验的自然科学取得的巨大成就和其理论范式、哲学基础上，即机械唯物主义基础和还原论理据。

在整个机械唯物主义自然哲学理论背景下，霍布斯认为人的行为来自于心理动机，而心理动机是生理功能的自然延伸。生理功能表现为感知，这种感知往往是由外部世界物体位移形成的压力造成的。物体位移在人的生理功能上影响的器官是心脏而不是大脑，因此，物体间位移造成的生理功能会产生两种感觉：一种是欲望，另一种是反感，而这种欲望和反感就可以演绎出人的全部情感经验来。[2]所谓的欲望和反感正是人的理性自利动机的原始情感基础。在霍布斯的机械唯物主义理论体系中，人的自利和自我持存是一

---

[1] 〔美〕乔治·萨拜因著，〔美〕托马斯·索尔森修订，邓正来译：《政治学说史：民族国家》（上），上海人民出版社 2015 年版，第 176 页。

[2] 〔美〕乔治·萨拜因著，〔美〕托马斯·索尔森修订，邓正来译：《政治学说史：民族国家》（上），上海人民出版社 2015 年版，第 181 页。

体两面的，是由外部世界物体运动位移对人体造成的影响而产生的两种原始情感——欲望与厌恶所形成的。霍布斯坚持人的理性自利，也坚持以个体苦—乐动机论为核心的社会、国家宏观进程的微观个体心理学解释进路。那么，霍布斯也需要解决这样一个问题：理性自利的原子化个体何以能够建构一个稳定和谐的整体性社会秩序。

霍布斯虽然认为人是理性自利的原子化个体存在，但是人性却也不简单只是自利，还包括理性。[1] 自我持存和自利共同构成了人性的第一个部分，即自利部分，而在这一部分中，霍布斯显然认为自我持存更为重要，自我持存优先于自利带来了理性的存在。换言之，与其说自利，毋宁说自我持存和理性是霍布斯人性论两个面向。那么，这就能够解释为了理性自利的原子化个体能够建构一个稳定和谐的整体性社会秩序的问题了，即自我持存压倒自利的优先性使得理性，即人与人之间合作而非战争成为必然选择，因为人和人的合作显然相较于人与人之间的战争更加符合人的自我持存本能。那么，霍布斯的政治社会理论也就呼之欲出了，他所主张的国家，即利维坦，其建构材料有两个部分组成："一类是引起一切冲动和情感的原始欲望和反感；二是能够以理智的方式引导行为达至自我保护这个目的的理性。"[2] 前者是人的自利本能，而后者则是人的自我持存本能延伸出的理性能力。理性对自利形成控制，这种控制由国家，也就是利维坦来实现，但这一控制的根本目标是服务于自利而非阻碍自利。

霍布斯清楚地说明了人的存在方式是理性自利的原子化个体，这一抽象人性本体论的哲学基础在于机械唯物主义自然哲学在人类社会领域应用和还原论逻辑进路。霍布斯通过还原论逻辑进路，不仅仅说明了人性恶假设哲学理据，而且还言明了原子化个体的人是国家和社会的根本。其还原论的逻辑进路则将解释人的动机、行为与社会和国家共同体的政治社会理论建基在苦—乐动机论心理学之上，个体的苦—乐动机产生了不同行为，不同个体通过行为相互作用形成了社会和国家。"人之行为（包括感觉、感情和思想）

---

[1] 〔美〕乔治·萨拜因著，〔美〕托马斯·索尔森修订，邓正来译：《政治学说史：民族国家》（上），上海人民出版社 2015 年版，第 184 页。
[2] 〔美〕乔治·萨拜因著，〔美〕托马斯·索尔森修订，邓正来译：《政治学说史：民族国家》（上），上海人民出版社 2015 年版，第 185 页。

乃是一种运动方式,而社会行为(亦即统治艺术赖以为凭的基础)则不过是人之行为的一种特殊情形,它是在人们的行为涉及彼此的时候发生的。因此,政治科学乃是以心理学为基础的,而其论证方式则是演绎的。"[1]

霍布斯在推导人作为理性自利原子化个体存在的过程中,有两个关键的环节和一个重要的逻辑进路:其一,人的全部体验来自于感知经验,来自于对外部现象的视觉、触觉、听觉、味觉等外部知觉经验。其二,处理这一系列知觉经验的是人的心脏而不是人的大脑;重要的逻辑进路,则是不断分解的还原论的思维模式。将人的情感经验还原为感知经验,将处理感知经验视为心脏而非大脑的功能,这就使得霍布斯的机械唯物主义和感觉经验论构成了影响西方经验主义以及现阶段部分社会科学理论、公共行政研究管理主义路径的根基性的本体论和认识论基础。其局限之处在于,以还原论的思维模式将人的精神视为生理功能的产物、将人视为抽象的个体性的存在,只承认人的外部感知经验的存在,并以此忽略了复杂的人的感性体验。

人性恶假设哲学理据,即机械唯物主义自然哲学基础和还原论逻辑进路使得之后的一系列关于研究人同国家或社会关系的理论都选择将逻辑起点奠基在这一假设之上。人性恶假设拥有着十足的魅力,首先,它与人们日常生活中对人与人之间关系的认知是一致的;其次,它建基在当时拥有着巨大声望的机械唯物主义自然哲学基础之上;再次,人性恶假设打破了基督教形而上学和传统社会道德规范对经商致富观念上的污名化和钳制,将人性恶假设视为自然而非约定,这就使得经商致富成为天经地义,有力地在理论和道德上支撑了整个近代资本主义体系的扩张。因此,人性恶假设直到今日,依然在社会科学领域占据着无冕之王的位置,尤其是 20 世纪 80 年代的新自由主义浪潮之后,人性恶假设作为一种建构的"自然之理"更是恢复了其在近代获得的神圣地位。人性恶假设和其哲学基础——机械唯物主义自然哲学、还原论理据相互强化,发展出了以个体自利为价值优先性的正义规则的功利主义理论作为其价值论的理论阐释。但是,人性恶假设的哲学基础,即机械唯物主义和还原论的理论与实践困境也在近代哲学发展和政治社会发展中充分地展现了出来。

---

[1] 〔美〕乔治·萨拜因著,〔美〕托马斯·索尔森修订,邓正来译:《政治学说史:民族国家》(上),上海人民出版社 2015 年版,第 177 页。

2. 机械唯物主义本体论和还原论思维模式的困境

机械唯物主义自然哲学在人类社会的应用，以及这一应用得以成功实现的条件——还原论的逻辑进路共同带来了一系列的理论与实践困境。机械唯物主义自然哲学通过还原论方式取得了在自然领域和人类社会领域双重支配地位，这一双重支配地位带来的问题，主要体现在两个方面：

其一，取消了人的认识和实践能力，这就使得知识的确定性面临着威胁，具有向不可知论转化的可能性。机械唯物主义自然哲学和还原论及其发展——实证主义哲学体系面临着从反形而上学到形而上学的困境。当人的认识和实践能力被认识论取消后，抽象的人实际上被分为了两个部分：作为研究者、支配者、控制者的人，以及为研究对象、被支配、被控制的人。

其二，机械唯物主义自然哲学和还原论在人类社会领域应用，使得理论的确定性和公开性化为乌有，也导致了理论对实践不平等的合法化。理论上的不平等相较于实践上的不平等更为隐秘，通过理论上的不平等不断地再生产实践上的不平等，不断强化人的异化进程，人的主体地位丧失。换言之，人作为理性自利的原子化个体存在，通常在自由主义公共哲学和意识形态中被视为人的主体地位得到保障的体现。但是，无论在理论还是实践上，无不面临着抽象的人的主体地位得到了保证，但是具体的人的主体地位却面临着被蚕食和湮灭的困境，这种抽象的人和具体的人面临境况的天壤之别言明了抽象的人的形式主体性是为具体的人的实质的主体性的湮灭而辩护的事实。

首先，从理论本身的发展来看，对知识确定性追求是人类作为能动的认识和实践主体运用自己理性的呈现。机械唯物主义自然哲学和还原论理据使得对人类社会领域研究以及相应政治实践具备了摆脱中世纪宗教理论和话语宰制的可能性，人文社会科学从自然科学和自然哲学那里获得了基本思维模式和逻辑方法，发展起了自己的理论体系和话语资源。从这一点来看，机械唯物主义自然哲学和还原论理据对于人文社会科学发展和相应政治社会实践而言有着巨大的历史贡献。但是，机械唯物主义自然哲学和还原论理据仍然造成了一系列的理论后果，这些理论后果对当下的人文社会科学理论发展仍然有着深远的影响。

机械唯物主义自然哲学和还原论逻辑进路出于反形而上学的需要，却陷入到了要么发展成为不可知论，要么走向形而上学困境中，而造成这一困境的关键在于机械唯物主义自然哲学和还原论逻辑进路对人的认识和实践主体地位的取消上。机械唯物主义自然哲学和还原论的逻辑进路将人的精神世界和社会现象视为生理功能的自然延伸，取消了人在思考能力上的主动性，任何有丰富意义的社会行动都被还原到生理功能上，人的精神世界的自主性被取消，意味着人不可能超越感知经验来获得更多的知识。那么，这就带来了研究者自身在这样的本体论和认识论中是什么样一种角色的问题：研究者自身是同样服膺于这样的本体论和认识论规定，还是超越这样的本体论和认识论规定。在经验主义哲学发展和实证主义哲学发展历程中，研究者往往是兼具这两种角色的，就第一种角色而言，研究者服膺于这样的本体论和认识论，就使得研究者本身是不具有能够获得超越感官经验的知识的可能性的能力的，这一点在休谟身上体现得尤为突出。休谟也体现了近代哲学持机械唯物主义自然哲学和还原论理据的经验主义哲学在理论上的破产，即休谟的经验论走向了对能否获得具有确定性知识的认识可能的怀疑上，走向了不可知论，从根本上动摇了经验论哲学。为了解决休谟的不可知论问题，也为了妥当地定位研究者的角色问题，持机械唯物主义自然哲学和还原论理据经验主义哲学发展出了逻辑经验主义的新形态。

逻辑经验主义部分承认了人的认知和实践能力，试图通过命题和客观对象的符合来为知识确定性提供依据，由此判断命题的真值。逻辑经验主义同实证主义社会理论的结合，为20世纪以来影响广泛的实证主义社会科学提供了基本哲学基础，这一哲学基础在亨普尔提出的科学正统解释模型上得到了完整的展现，构成了一个基本的形式逻辑三段论结构：宏大的实证主义社会理论是大前提，而小前提则是形形色色的具体的实证主义社会科学理论，而结论则是具体实证主义社会科学理论的各种基本观点及其推论，通过实验、量化研究等方式收集经验数据，来将基本观点和推论同经验数据进行比较，确定基本观点及其推论的正确性，而逻辑经验主义则构成了这一形式逻辑三段论结构的基本框架。

逻辑经验主义和实证主义社会理论的联姻产生了两个理论上的后果和一个实践上的影响：从理论上来看，逻辑经验主义和实证主义社会理论联姻将实证主义社会理论构造成为一个全称命题，这一理论所延伸出的任何具体经验命题都可以被全称命题所覆盖，知识的积累陷入停滞、理论创新被视为异常情况而被排除；逻辑经验主义和实证主义社会理论联姻仍然坚持的是感觉经验论的知识论观点，忽视人类认识对象的逻辑先在的认知框架的形塑和影响，将人视为自然之境，能够反映客观社会对象。这就使得20世纪实证主义哲学支撑的社会科学理论对人类社会认识本身就是不客观，而是高度主观的，它以巧妙的方式避免了对自身基础理论可能产生的冲击，它对知识产生和检验方式的去语境的规定和对自身基础理论的全称命题化改造，使得实证主义和逻辑经验主义从反对形而上学走向了形而上学本身；从实践上来看，逻辑经验主义和实证主义社会理论结合形成的实证主义哲学基础构建的一系列社会科学理论，虽然在一定程度上承认了人的认识与实践能力，但承认的仅仅是作为支配者、控制者、解释者的研究者、管理者、资本所有者的认识与实践能力，另一部分人从中消失了、被物化了。实证主义社会科学主张的社会工程学改造和以苦—乐动机论为基础的刺激——反应行为控制模式，无疑将居于他者地位的人物化，以物的管理方式来管理人，实证主义社会科学以自然科学的样貌、价值无涉的主张、价值中立的旗帜将主张社会等级制度和人的不平等意识形态合法化，这是实证主义社会科学在实践上最深刻的影响。

（1）机械唯物主义和还原论的不可知论结果

休谟认同还原论的思维模式，也坚持感官经验论，认为知识应当来自于人能够感知到的经验。休谟将知识分为两类：一是分析的知识；二是综合的知识。所谓的分析的知识就是具有同义反复特征的必然性本质的形式逻辑，而综合的知识则是经验感知之上的类似归纳出的规律，强调的是事物与事物之间的因果联系，服务于预测的需要。因此，休谟认为综合知识都仅仅是经验感知证实的，只能来自于经验，而且是来自于感官知觉，感官知觉不单是认识的唯一基础，也是检验命题真值的标准。而理性，也就是所谓的分析性知识，并不能够提供新的内容，经验感知不到的，理性也无法感知。休谟由此提出了他反对"形而上学"的看法，也就是如果知识不属于分析性知识，也没有考察综合性知识，那么这种知识是完全没有意义的，是"形而上学"[①]的。

　　休谟关于知识的认识论和方法论的分析建基在两种知识类型划分之上：分析性知识是数学和逻辑，具有形式逻辑上的必然性；综合性知识，来自于对经验事实的总结和概括。在休谟的认识论和方法论体系中，如何去认识经验事实，是通过归纳法实现的。而归纳法在休谟的视阈中是简单枚举法，也就是说通过不断地观察过去同一类的事物具有的某种共同属性，预测下一个事物也具有这样的特性。但是，归纳法本身并不是分析性的，因为它并没有逻辑的必然性，不断观察过去同一类事物的某种共同属性并不能够构成逻辑上的前提，而其预测的结果，也就是结论，也并没有逻辑上的必然性，也就是说同一类事物共同属性和接下来的这一事物是否具有共同属性完全没有逻辑上的关联，这种关联与其说是建立在逻辑上的，不如说是建立在感知经验之上，也就是心理建构的发展趋势而不是实际上的发展趋势。因此，休谟认为根本无法有效地认识所谓的综合性知识，知识是不可能得到有效增长的，所谓的预测也仅仅是对事物观察的恒常联结而建构出的一种心理状态，而这种恒常联结，并不具有必然性，仅仅是一种粗糙的和无法穷尽的归纳。休谟对知识确定性怀疑和对是否能够认识对象的认识能力怀疑展现出了机械唯物主义自然哲学和还原论理据构成的经验主义哲学根本性的缺陷，即对知识绝对正确形而上追求冲动和将人视为自然之境的错误认知产生的根本性的矛盾。将人视为自然之境，忽视人认识和实践能力割裂了人类的理性能力和感性能力的统一，典型地展现在分析知识和综合知识两种具有合法性知识类型高度对立上，这种高度对立使得作为全称命题的分析知识无法产生新的内容；作为特称命题的综合性知识考察的是事物之间的因果联系，而这一因果联系一方面缺乏感知经验的直接验证；另一方面，事物之间的前后时序无法得到分析性知识，即形式逻辑的确证，面临着无法确证综合性知识的难题。

[①] 所谓的"形而上"有两层含义：第一层是马克思主义哲学所言的"形而上"，意指传统哲学在解决认识问题和知识积累上的，试图追求一种超越语境和历史的变动不居的理论倾向，即"关于超验存在之本性的理论，它试图从一种'终极存在'、'初始本原'中去理解和把握事物的本性以及人的本质和行为依据"；第二层则是指对对象进行抽象的思考和总结，试图发现规律、机制、结构等不能感官经验但是可能客观存在的思考模式。在这里，是在第二层含义上使用"形而上"的。参见杨耕等：《马克思主义哲学基础理论研究》，北京师范大学出版社2017年版，第55—57页、第66页。

这种无法确证综合性知识确定性难题在追求知识绝对正确形而上冲动下最终发展成了不可知论，认为所有的知识都是人类心理感知的结果。休谟的不可知论正是休谟不自觉地应用辩证逻辑的体现，他在不断地追溯经验论哲学的前提时候，已经得出了这样一个结果：知识无法脱离逻辑在先的认知框架，只不过休谟没有正确地认识这一结构，反而将知识视为完全建基在人的主观心理感知之上，从而知识的确定性和知识的公开性就化为乌有。而造成这一问题的根源仍然是休谟持有的机械唯物主义自然哲学，这一哲学观点是无法正确认识人的认识和实践的主体地位的。

（2）机械唯物主义和还原论以形而上学反对形而上学的困境

机械唯物主义自然哲学、还原论理据构成的经验主义哲学以取消人的认识和实践主体性为代价，将人的一切认识和实践都视为生理功能的自然延伸，是"身"决定"心"的身心关系体现。当研究者自身服膺于还原论、感官经验论和"身"决定"心"的身心关系论的时候，知识的确定性和公开性就无法保障，不可知论的泥潭不可避免。研究者同样可以扮演另一种角色，即研究者超越这一本体论和认识论的限制，而处于一个全能的观察者的角度，这种角色的产生与逻辑经验主义的诞生和发展有密切关系。休谟关于两种知识的分类以及对知识无误论的坚持，使得经验主义哲学难以解决在产生知识方面的归纳法与逻辑分析法的矛盾，难以解决经验归纳与理性演绎间的矛盾。因此，逻辑经验主义诞生于经验主义哲学，在坚持经验主义哲学的基本假定的前提下，修正了知识无误论。将知识无误论修正为知识可误论，也就是知识的推断而不是知识本身是可以辩护的，这一策略使得逻辑演绎和归纳分析具有了某种弥合的可能性。

逻辑经验主义全盘接受了"休谟对两种知识的分类的经验感知主义，也接受了他对归纳分析逻辑不可能性的分析"[①]。逻辑经验主义直接受到了马赫的影响，马赫以还原论作为重建科学的逻辑经验主义的主要支撑点，意图将世界构成还原为最基本的感官对象。马赫认为人直接能够感知到的对象，以及指涉这种对象的概念才是最基本的，而其他的概念，如心理、物质、实在

---

① 江天骥：《逻辑经验主义的认识论 当代西方科学哲学》，武汉大学出版社2009年版，第8页。

等都是辅助性的概念。马赫认为，目前的主要问题是辅助性概念的滥用，因为这些辅助性概念无法还原到最为基本的感知概念上，因而是不成立的，也是没有意义的。由此，马赫试图做到"科学的经济计划"①，也就是用最为基本的感官的对象及概念作为各类学科的基本概念，这种科学的统一能够实现，意味着"形而上学"的彻底取消。马赫将这种感知概念命名为"要素"，马赫的思想全盘被逻辑经验主义继承下来，要素被替换为观察语句，即最简单的感知概念的句子。

逻辑经验主义认为，马赫的基本立场是正确的，但是忽视了逻辑的作用，这使得休谟的不可知论问题仍然没有得到有效解决。但是，马赫至少通过对要素概念的创建，使得经验主义可以从基本概念间的逻辑关系的演绎来弥合逻辑演绎和归纳分析之间的矛盾。这一矛盾的解决，是由彭加勒完成的，彭加勒认为科学家在"建立基本的科学规律时有创造的自由"②。也就是说，科学理论形成过程有两个方面，一个方面在一定程度上受观察决定；另一个方面可以用数学和逻辑进行创造。彭加勒在这里便提出了所谓的约定主义，他认为科学概念本质上是任意的和约定的。也就是说，彭加勒主要研究的是符号之间的关系，这种关系无法用实证检验，而概念本质上是约定则说明概念建构是不同时代理智选择的结果，概念既不是完全观察的结果，也不是先验的人心结构的产物③，而是由一组任意的公设以及由这些公设所引出的逻辑结论。④那么，彭加勒对科学理论的约定主义态度或者立场同马赫的彻底经验主义立场就可以进行联系了。马赫的彻底经验主义立场认为"一切抽象科学概念必须用感官观察来解释，一切含有抽象概念的科学命题必须被解释成关于感官观察的命题"⑤。彭加勒则认为其中一部分是约定的，即便概念是约定的，也不是任意约定的，而是与感知观察联系的，在这里彭加勒持有了一种经验主义和情境主义的混合观点。那么联系便在于，如果存在约定主义演绎的逻辑和科学概念，能够通过感官观察来解释，就可以打通这两种知识的

---

① 江天骥：《逻辑经验主义的认识论 当代西方科学哲学》，武汉大学出版社2009年版，第9页。
② 江天骥：《逻辑经验主义的认识论 当代西方科学哲学》，武汉大学出版社2009年版，第11页。
③ 江天骥：《逻辑经验主义的认识论 当代西方科学哲学》，武汉大学出版社2009年版，第12页。
④ 江天骥：《逻辑经验主义的认识论 当代西方科学哲学》，武汉大学出版社2009年版，第12页。
⑤ 江天骥：《逻辑经验主义的认识论 当代西方科学哲学》，武汉大学出版社2009年版，第13页。

樊篱。

　　逻辑经验主义是现代社会科学，尤其是行为主义科学的主要哲学基础，这一哲学基础在本体论上总体坚持的是感官经验唯物主义的立场，而在认识论上则认为感官经验产生的知识才是具有有效性的，在方法论上则认为新的知识的产生是可以通过一系列稳定的科学程序来实现的。这种科学程序是建基在彭加勒的约定主义的逻辑之上的，既然概念的架构和命题间关系的演绎可以与经验观察进行拟合，同时这些概念的架构与命题间的关系是严格符合马赫的"要素论"的要求的。那么，一旦这些概念的架构和命题间关系的演绎所构成的理论能够还原到基本要素上，并且与经验观察是符合的，那么这些概念的架构和命题间关系演绎构成的理论就具有了一种形式上的普遍性。这一判断的理据不仅仅在于约定主义和要素论上，其基础在于"身"决定"心"的身心关系，这一身心关系使得人的精神自主性和能动性被取消，人的行为及其社会结果是人的生理功能延伸的结果，当人被视为同普通生物一般，那么人类社会和人类行为的纷繁不同就不具有实质的意义，可以忽略不计。基于逻辑经验主义的能够产生有效知识的普遍化的科学程序或者方法论在亨普尔提出的科学解释的正统模型，即覆盖率模型上体现得尤为突出。

　　亨普尔的主要贡献有两个，第一个贡献是科学解释的标准模型；第二个贡献是对功能主义的关注，即"功能主义分析与演绎—定律模型连接，从而重新建立现代形式的实证主义以及孔德和涂尔干传统的实证主义之间的直接联系"[①]。在这里，先关注第二个贡献，亨普尔认为："生物学中的功能分析关注是周期性活动对维持有机体生命状况的贡献。"[②] 在社会分析中，功能性解释需要考察社会系统状态以及社会行为的重复性，考察这种社会行为模式和重复化对维持社会系统的存续上是否存在作用，如果存在这种作用，那么生物学中的功能分析至少在逻辑上与社会学中的功能分析是相似的。正如亨普尔所言："毫无疑问，心理学和社会科学的功能分析最重要的一个任务就是，确定如自我调节这样的现象在多大程度上可以被发现，又在多大程度上

---

① 〔英〕安东尼·吉登斯著，何雪松等译：《政治学、社会学与社会理论：经典理论与当代思潮的碰撞》，格致出版社 2015 年版，第 123 页。
② 〔英〕安东尼·吉登斯著，何雪松等译：《政治学、社会学与社会理论：经典理论与当代思潮的碰撞》，格致出版社 2015 年版，第 126 页。

可以对应法则进行表达。无论沿着这样的路径发现什么样的具体规律，它们使这种类型的解释和预测成为可能的逻辑特征，与自然科学的逻辑并没有什么不同。"[1] 也就是说，自然科学逻辑上能够成立的覆盖率模型同样可以应用到人文社会领域。生物学研究的核心是生命体的自我延续及其对应的功能分析，而人文社会研究的领域则是小到个体的自我延续，大到社会的自我延续及其功能分析，具有相似性。那么，功能主义分析便成了联结逻辑经验主义和孔德、涂尔干实证主义社会理论的线索，功能主义通过演绎—定律模型可以构成实证主义社会学的基本前提，而实证主义社会学则可以通过科学解释的标准模型，实现社会学的科学化，而社会学的科学化则代表了实证主义在人文社会领域的突破性进展，使得科学程序本身成为是否有意义和价值的标准，也就是说科学本身就成了价值，即"什么是科学的而什么不是，与什么是有意义的而什么是没有意义的趋于一致"[2]。

所谓科学解释的标准模型，就是对一个现象的解释或者说知识的生产呈现出这样的逻辑："关于一个现象的陈述不能只从一般定律中演绎出来，必须包括一个关于该现象出现的前提。先行条件既包括使先行定律成立的边界条件，也包括先于待解释现象实现或与待解释现象同时实现的初始条件。"[3] 这种标准模式有两种形式：演绎—律则模式和归纳—概率模式，这两种模式从逻辑上来说是相似的。演绎—律则模式和归纳—概率模式的逻辑结构呈现出典型三段论覆盖性特征，前者中作为大前提的是被认为不证自明的普遍定律，而后者的大前提则是经过大规模统计检验而得出的经验性结论，小前提则是这一普遍定律或者大规模统计检验得出的经验性结论得以在逻辑上或者经验上成立的边界条件。而结论则由两个部分组成，一是符合小前提的理论命题或者经验现象，二是可以演绎出的待检验的结论。通过这一结论和同样由这一三段论结构构成的理论所覆盖的处理的数据的比照，以确定这一结论的真值情况。正如吉登斯的评论："科学解释的客观测试包括描述最初

---

[1] 〔英〕安东尼·吉登斯著，何雪松等译：《政治学、社会学与社会理论：经典理论与当代思潮的碰撞》，格致出版社2015年版，第126—127页。
[2] 〔英〕安东尼·吉登斯著，何雪松等译：《政治学、社会学与社会理论：经典理论与当代思潮的碰撞》，格致出版社2015年版，第117页。
[3] 〔美〕约翰·洛西著，张卜天译：《科学哲学的历史导论》，商务印书馆2017年版，第162页。

或者'边界'条件命题的经验确认,以及与被推断事物相关的规律的经验确认。"①因此,科学研究讨论的是两个问题,第一个问题是定律成立边界条件是否成立或者存在;第二个问题是先期或同期条件(确切地说是自变量)通过前提所展示的逻辑演绎规则,演绎出的假设是否能够被证实。如果不能,应该检查自变量是否满足大前提得以成立的边界条件。在这种情况下,理论处于一种免疫的状态,无法被检查,而被批判的仅仅是外围性质的边界条件、自变量、假设等。

科学解释模型关注相关性,而非因果性,本质上是休谟对事物因果联系恒常联结观点的肯定性的呈现。对于社会科学而言,亨普尔的科学解释模型实现了逻辑实证主义和孔德、涂尔干开拓的社会学实证主义的结合,科学解释模型给社会科学提供了一整套的科学程序,借由该程序,社会科学除了能解释社会现象之外,还能够实现对社会行为的控制和预测,实现孔德和马赫的共同愿望:"科学精神的胜利为人类的进步提供技术和道德的双重基础。"②亨普尔的科学解释模型最大的问题在于非相关性,洛西在讨论亨普尔的科学解释模型出现的问题的时候,提到了布隆伯格举的一个例子,这个例子是关于为什么旗杆高度是 80 英尺的。在这个例子中,大前提也就是定律是物理几何学定律,而先行条件是旗杆垂直立在平地上,从 80 英尺远处看,它与平地呈 45 度角,结论是旗杆高 80 英尺。但是,这一前提和先行条件本身就没有解释为什么旗杆高度是 80 英尺,它仅仅是言说了旗杆高度 80 英尺,这一结论即便不通过这一定律,仍然是已知的条件,而问题在于为什么是 80 英尺,而非其他高度。③亨普尔的科学解释模型是有可能出现虚假相关的可能性的。

逻辑经验主义通过约定主义的方式解决了演绎分析与归纳分析之间的矛盾,而这一矛盾本身是休谟及经验主义哲学错误的本体论及其认识论的自然的逻辑结果,换言之,演绎分析和归纳分析之间本身是不存在任何矛盾的。

---

① 〔英〕安东尼·吉登斯著,何雪松等译:《政治学、社会学与社会理论:经典理论与当代思潮的碰撞》,格致出版社 2015 年版,第 121 页。
② 〔英〕安东尼·吉登斯著,何雪松等译:《政治学、社会学与社会理论:经典理论与当代思潮的碰撞》,格致出版社 2015 年版,第 116 页。
③ 〔美〕约翰·洛西著,张卜天译:《科学哲学的历史导论》,商务印书馆 2017 年版,第 180 页。

彭加勒的约定主义和马赫的"要素论"使得知识的累积成为可能，以此为基础预测和控制人的行为，进而创建一个社会工程学是现实的，这就使得研究者能够跳出经验主义哲学的"身"决定"心"的身心关系，获得某种超越历史和情境的特权。在功能主义分析的路径下，逻辑经验主义和孔德、斯宾塞、涂尔干实证主义社会理论得以结合，共同发展出了社会科学中的行为主义学派，这一学派本身成为公共行政研究管理主义路径的重要理论支柱。社会科学的行为主义学派将亨普尔的科学解释的标准模型视为产生有效知识的唯一合法的程序。这一程序表面上看是价值无涉的，但是这一程序产生的知识，存在着这样一个问题：科学正统解释模型遵循的是辩护而不是发现的逻辑，在处理异常结果（假设未通过检验）的时候，往往是所谓的前提理论成立的边界条件和自变量（先行条件）被怀疑，而不是前提理论本身被怀疑。也就是说，异常结果本身可能是一个值得注意的新的现象，但是在这种科学解释的标准模型中，这种现象被剔除了。这就导致社会科学家们按照这一模型来生成理论知识的时候，很有可能生产的是一种假的理论知识，因为这一过程本质上是寻找证据来反复证明前设理论的正确性，也是在不断地合法化既有理论所辩护的意识形态。

经验主义哲学及其后继者（逻辑经验主义、实证主义哲学），以此为哲学基础的行为主义社会科学、西方新古典经济学都将理性自利的原子化个体视为基本的逻辑起点，苦—乐动机论成为解释人的行为及其社会结果的主要逻辑，功利主义成为伦理规则。以行为主义社会科学、新古典经济学为基础的管理主义的公共行政研究路径在研究行动者的行动或者治理现象的时候，总是呈现出要么试图通过设计更为完备的组织架构和程序来对人进行更为严密的监控；要么正向利用人的理性自利，将竞争逻辑和市场原则引入政府管理与社会治理中，试图通过高度竞争，来实现社会福利的增长的逻辑。理性自利的经济人假设及其哲学基础使得研究者陷入对研究对象的"物化"的泥潭中，也使得研究者难以发现惯常现象之下潜在的某些结构性的原因，更缺乏对人的更为丰富的想象。人性恶假设的哲学基础使得以此为基础的社会科学研究陷入一种难以脱离的悖论之中，即经验主义哲学及其发展试图打破"形而上学"，即基督教神学和君权神授理论的断言，但是却排斥从现象中抽离出来，构建普遍性概念的能力，这就使得知识的积累和发展变得非常困难。为了论证"形而上学"(将基督教神学和君权神授理论的断言同抽象、概括能力相混淆)的无意义性,经验主义哲学更将人的精神自主性取消,将人的能动视为自然反应的生理本能的被动。错误地排斥抽象和概括能力,以"身"决定"心"的偏狭的身心关系论,使得知识的积累和发展变得不再可能,因为以归纳的知识做出的判断(一种新的有待检验的知识)无法被逻辑演绎所证明。为了解决这一问题,逻辑经验主义承认了经验主义哲学本体论和认识论的偏狭之处,但又通过要素论和约定主义,试图调和归纳与逻辑演绎间的矛盾,使得科学对事实的研究转换成概念、语词之间的语法关系研究,这无异于走入经验主义哲学曾经反对过的无法用经验来论证的断言,即"形而上学"的悖论中。[1]

逻辑经验主义同法国实证主义社会理论以功能主义分析为纽带,形成一部分社会科学和公共行政研究管理主义路径的主要哲学基础,这一哲学基础通过科学的正统解释模型来确立产生知识的唯一有效途径。但是,这一科学的正统解释模型不仅仅存在着非对称性的缺陷,还将理论视为"普遍的、与语境无关的规律所固定下来的陈述体系(普遍—规律概念)"[2],研究者被视为超越情境和历史的超人一般的存在,研究者的研究是"悬浮"在社会事实之上的,是在寻找证据与既往理论的相符,而不是发现异常,创新理论,更是走入了"形而上学"的困境中。归根到底,人性恶假设,这样一种道德的判断,是基于经验主义哲学机械地将自然科学照搬到人文社会研究领域中,进而将人的全部丰富的体验人为地缩小为直接感官经验,同时将人视为生理本能的刺激—反应的产物而非人能动创造的意义—行动的体现的结果。研究者将复杂的事实简略为能够通过感官经验或者符合还原论视为模式的修建过后的"事实",仅仅是因为感官经验或者基本的要素概念是具有确定性的,对人的研究就陷入"唯我论"的死胡同中,"不理解一个人对于事物的看法以及她正在做的事情的意义,就试图去决定这个人是为了保全面子还是她真的在表达愤怒"[3]。自然,生物自我持存的本能就成为人的唯一动机,苦—乐动机的解释路径、功利主义自然成为人性恶假设的本体论和认识论注脚。因

---

[1] 杨耕等:《马克思主义哲学基础理论研究》,北京师范大学出版社 2017 年版,第 55 页。
[2] 〔美〕罗伯特·毕夏普著,王亚男译:《社会科学哲学:导论》,科学出版社 2018 年版,第 14 页。
[3] 〔美〕罗伯特·毕夏普著,王亚男译:《社会科学哲学:导论》,科学出版社 2018 年版,第 23 页。

此，人性恶假设及其哲学理据对于公共行政研究而言，不是一种好的选择。

（三）人性善假设的哲学基础

对于人性善假设为基础的公共行政研究宪制主义路径而言，人性善假设将行动者视为利他的、积极的、能够自主行动的，其行为逻辑并不是利益最大化的逻辑，而有可能是遵循组织规范价值观的适当性逻辑。[①] 因此，在组织设计和制度建设的时候，人性善假设为基础的公共行政研究宪制主义路径倾向于将组织和制度设计为平等的、强调自由裁量权、强调作为美德的责任而非作为问责的机制，认为通过足够的放权，激发公共官员的责任心，社会整体福利和公平正义都能够得到保障。相较于人性恶假设而言，人性善假设与日常生活经验和直觉并不是如此的符合，那么为什么一些社会科学理论和公共行政研究宪制主义路径会认为人性善假设更为全面和妥当？换句话来说，人性善假设的内涵是什么，其哲学基础是什么？人性善假设与人性恶假设的根本区别又是什么？

1. 人性善假设的复归

作为伦理规则和道德理念，人性善假设相较于人性恶假设而言，历史更为悠久。但是，随着古希腊城邦政治的衰落，人性善假设作为伦理规则、道德理念和政治理想逐步被理性自利的原子化个体为内涵的人性恶假设取代。无论是中世纪的"原罪论"，还是进入文艺复兴和启蒙运动为代表的现代化进程以后，人性恶假设是人的理性自利的原子化个体存在的个体主义本体论在伦理规则和道德上的表述，而人性恶这一假设在制度安排、政策设计和社

[①] 新制度主义重要代表人物詹姆斯·马奇和约翰·奥尔森认为，组织中的个人并不完全如同理性选择理论和新古典经济学所规定的理性人的自利行为假设，结果计算逻辑并不是组织中的个人唯一会遵从的行为逻辑。组织中的个人同样非常看重组织的制度中的规范性的原则、道德和伦理要求，组织的制度确定了个人应当扮演的对应的角色，个人之所以做出如此行动并不是出于结果计算，而是出于遵守规则和扮演角色的适当性逻辑。参见〔美〕詹姆斯·马奇、〔美〕约翰·奥尔森、允和：《新制度主义详述》，《国外理论动态》2010年第7期。

会变迁过程中，逐步去道德污名化，而被视为人类进步的内生动力。人性恶假设获得了不言自明的神话地位，这一地位的获得仰仗于自然科学，尤其是物理学和生物学取得的突出成就，这一成就使得机械唯物主义自然哲学和还原论思维进路成为社会科学的主要哲学基础，构成了人性恶假设的本体论和认识论理据，而生物学取得的突出成就则让社会系统有效运行和历史进步乐观主义心态成为实证主义社会理论的主要哲学基础。机械唯物主义自然哲学和还原论思维进路发展出了逻辑经验主义这一更为精致的理论形态，同宏大的实证主义社会理论结合，共同催生了依然是当今社会科学和公共管理、公共行政主流哲学范式的实证主义社会科学哲学。实证主义社会科学哲学一方面支持人作为理性自利的原子化个体存在，另一方面也支持作为抽象的整体的社会存在，意图通过社会规范对个体自利调整，来塑造整体社会团结；从研究进路上来看，实证主义社会科学哲学支持以微观的苦—乐动机论到行为再到宏观社会结果的心理学解释进路，认为宏观社会进程本质上是微观的动机—行为的结果。同时，实证主义社会科学亦然支持以抽象的整体性的社会为本位，来解释个体行为的宏观社会系统解释进路。两种进路在两个关键方面实现了结合：一是它们都将社会均衡视为一个可欲的，也是正常社会运行状态，前者强调个体自利引发竞争能够形成均衡，而后者为竞争实现均衡提供一系列规则和制度支撑；二是这两种进路都主张通过刺激—反应方式来对作为治理对象的个体进行控制，并坚信这一控制能够实现社会普遍福利和进步。

实证主义社会科学哲学仍然有着巨大的缺陷，这一缺陷表现在三个方面：

一是忽视人的认识和实践的主体地位，对绝对正确无误知识追求的形而上冲动，使得人无法确认自身感知经验基础上的事物及其因果联系的正确性和稳定性，导致了不可知论，彻底消解了知识的公开性和确定性。

二是通过逻辑经验主义和实证主义社会理论的结合，赋予研究者事实上的认识和实践主体性地位，将对绝对正确无误的知识追求改为对既往知识的辩护而不是发现的立场，来调和休谟的不可知论，即无法正确认识人的认识、实践主体地位而导致的知识如何与经验对象相符合的真理难题。逻辑经验主义的辩护立场和宏大实证主义社会理论产生的科学正统解释模型也阻碍了理论创新和知识有效生产，服膺于这一模型任何知识生产都在不断地验证作为前设的宏大实证主义社会理论的普遍正确性，这一模型也被认为是生产并检验知识有效性的普遍程序。因此，始于反对形而上学的实证主义社会科学哲学自身最终走向了形而上学。

三是将人物化，视为改造和控制的对象。实证主义社会科学哲学将人分为两个部分，一个部分是事实上拥有认知和实践主动性的研究者、管理者、资本所有者；而另一个部分则是处于被改造地位的研究对象、被管理者、劳动者，以抽象的原子化个体存在作为本体论理论而构筑的形式权利平等来为事实上的、具体个人生活境遇的普遍不平等进行合法性的辩护。实证主义社会科学哲学将本质上是人的能动性体现的、具有丰富意义的行动简化为"刺激—反应"的生理行为，将人的丰富体验简化为直观的感知经验，在最基本的"身—心"关系上将人的精神相对自主性取消。实证主义社会科学哲学使得在此之上构筑的社会科学基础理论不可避免地在伦理规则上强调人性自利的优先性，将个体主义视为本体论，将人这一完整的认识和行动主体分割为认识的主体和改造的客体，人在哲学上便变得不平等了。人在哲学上的不平等和客体化使得以此为基础的社会科学理论无视认识对象的丰富体验和行动，仅仅是将其作为验证理论正确性的物化的客体，对人的权利的呼吁也仅仅落在了形式权利的平等上，公共利益更多强调的是作为抽象的人的利益而非具象的、情境化的真实的人的形式权利和实质性权利的保障。

（1）人性善假设的内涵

正如以人性善为基础人性假设的公共行政研究宪制主义路径源自于对公共行政研究管理主义路径的反动一样，人性善假设的哲学基础也源自于对机械唯物主义自然哲学和还原论的反动。这一反动较早的是由卢梭从伦理学和政治学领域开始的。在启蒙运动中，卢梭被称为是反理性主义的先锋和浪漫主义的滥觞，卢梭强调道德、激情在人类政治和社会生活中的重要性，反对启蒙主义对原子化个体主义的强调，反对后来被称为功利主义的伦理规则，开始反思启蒙主义本身具有的将人物化的问题。卢梭的理论主张和道德张扬直接影响到了伟大哲学家康德。康德实现了认识论上的"哥白尼革命"，将既往的知识符合对象反转过来，以对象按照知识而建立,[①] 由此确立人的认识和实践在哲学上的主体地位,并通过区分感知经验现象和物自体,以康德自身方式解决了怀疑论和独断论各自问题,融通了经验论哲学和唯理论哲学,为人的自由和道德开辟了一个独立于必然且无目的的现象界的理论空间。

　　康德哲学的产生与发展,有两个方面的贡献:一方面是确立了人的认识和实践的主体地位,破除了经验论对人的认识和实践能力的忽视,而这就为人性善假设奠定了初步的本体论基础,即人是自觉运用理性的主体而非无目的的生理功能的体现,那么,人就有了价值和意义,有了积极向上的可能,有了自由的基础;另一方面,康德将自然和人类的历史、社会和行动区分开来,前者是无目的的必然,而后者则是有目的的自由,这就在理论上斩断了自然哲学不加区分地应用在人类社会和历史领域,使得人类的自由、行动、价值和意义有了一个广阔的空间,而这就使得人性善的假设有着哲学上的独立基础可能。在此之后,施莱尔马赫、狄尔泰、海德格尔和伽达默尔继承了维柯、卢梭、康德和马克思等人的历史哲学系谱,试图从人文社会学科的自主性入手、从认识论入手,为人类的自由提供坚实的哲学基础。在海德格尔和伽达默尔那里,他们通过对人文社会科学主要认识论与方法论——诠释学的改造,使得诠释学从一种人文社会学科独立于自然科学的认识论和方法论上升为人存在的本体论,使得主体向主体间性转变、自我确证向承认他人转变,人性善假设至此有了一个充分的哲学基础,即建立在主体间以诠释、交往为途径的实践上,人性善是一个规范的可欲的目标,它是主体间性的、承认他人的,又是实践的、历史的、不断向善的,是积极的自律和理解他人为核心的自由。人性善假设哲学基础的探索也是人性善假设的艰难复归,是建立在对人性恶假设的反动之上,历经了对人的认识和实践主体地位的确立、主体到主体间的转变才得以开辟出这样一条充满着挑战和希望的道路。

　　正如人性恶假设是机械唯物主义自然哲学和还原论理据在人类社会领域应用的伦理规则和道德哲学上的表述一样,人性善假设也是其相应哲学基础在伦理规则上的表述。人性善假设需要从两个方面进行理解:

---

① 邓晓芒:《纯粹理性批判讲演录》,商务印书馆2013年版,第22页。

第一个方面强调的是人与社会的关系，而这又要分为两个根本上是对立的面向来理解，第一个面向主张社会决定人，社会是个体的本位，社会决定了作为个体的人的资格，社会不仅仅是逻辑和价值，更是时间先在于人。第二个面向的理解则主张人对社会和他人具有积极的道德义务，强调人的主体性和能动性。第一个面向的理解否定了个体的存在的意义，否定了人的能动性，显然不是人性善假设的内涵。第二个面向，一方面强调了人对社会和他人具有的积极道德义务；另外一方面也展现了人并不是完全的原子化个体的存在，而是社会性个体的存在，而这才构成了人性善的内涵。人性善在伦理规则和道德价值上至少表达了人对社会和他人的道德义务，而这种义务是建立在主体间性之上的，这就说明了人性善假设的内涵之一，主体间性、承认他人。

第二个方面的理解则要从人性善假设是一种对人的现实存在的形而上特征的规定，还是将人性善视为一种应然的、可欲的规范性目标来选择。将人性善假设视为具有形而上特征的规定，在逻辑进路上与人性恶假设是一致的，即都是从抽象的角度来考察人性，试图将现实中的人性规定为一个普遍的特征。在这种逻辑进路上，人性善假设具有超越语境的普遍性，对现实中的人的理解应当从人仅仅只是利他的角度出发，这一理解显然并不能够作为人性善假设的内涵，因为它本质上与其反对的人性恶假设的哲学气质——形而上学是一致的。第二种对人性善的理解才能够成为人性善假设的内涵，人性善假设是一个可欲的、应然的规范性目标，是一种自律为核心的积极自由，是强调自我实现的，是历史的，也是当下的，更是未来的，它不设定某种具体的原则，而代表着一种人的自我完善和发展的精神气质。

因此，人性善假设的完整内涵应当被如此表述：人是历史性、现实性和社会性（主体间性）的存在，人具有认识和实践的主体性、能动性，人具有积极的、向善的可能性。人性善假设则是人的历史性、现实性、社会性（主体间性）存在的可欲的、规范性的伦理规则的表现。那么，探索并确立人性善假设的哲学基础，就需要解决两个问题：第一是将人从自然之境的地位上解放出来，确认人的认识和实践的主体性地位；第二是将人从原子化的个体性存在向社会性存在转变，也就是从自我确证向承认他人转变，从主体性向主体间性转变。从哲学的演进和发展来看，第一个问题的解决是第二个问题的基础，只有确立了人的认识和实践的主体性和能动性之后，才能将人从自然的宰制中解放出来，赋予人自由空间的合法性。由此，才能让人脱离哲学上的生理本能延伸的牢笼，言明人与人之间高度竞争在理论上并没有牢靠的合法性根据，展现人生理本能完全决定人的社会交往和自然界丛林状态完全是社会发展的写照的理论的荒谬之处，进而为人与人之间的平等和合作关系的形成清理地基，为人性善价值奠定一个坚实的哲学基础。

（2）人性善假设与康德认识论的"哥白尼革命"

在古希腊哲学体系中，性善论假设更为普遍。在雅典城邦，性善论的假设更多地体现在公民与城邦的关系上、公民享有的权利与对共同体的义务上。修昔底德记载的伯里克利关于雅典同斯巴达战争牺牲将士纪念的演说词，即《阵亡将士国葬典礼上的演说词》，体现出雅典城邦这样一种普遍性的信念："城邦本身是他们最有价值的财富，因而是值得他们为之献身的最高利益。"[①] 将城邦这样的共同体和集体的利益置于个人利益之上，无疑与人性恶的假设南辕北辙，而这种要求只可能建基在人性善的假设之上。古希腊，尤其是雅典城邦以人性善为基础的共和主义思想，对后世西方性善论假设为基础的政治与伦理学理论、公共行政理论具有深远的影响。这一共和主义和社群主义理想突出地表现为城邦是个人之为人的根本、人只有被城邦赋予公民的资格才可能被尊重和保护。城邦界定了一切的价值和利益，而参与城邦生活本身就是达到至善的路径，个人的生活与财富只可能在保全城邦和得到城邦承认之后，才具有意义。

伊壁鸠鲁学派之后的西方哲学将人性恶作为理论构建的基本起点，对人的欲望的满足和制约成为伦理规则、道德规范乃至国家制度考虑的根本性问题。在文艺复兴，尤其是自然科学取得巨大成就之后，西方哲学愈发将人的自我欲望满足视为根本意义上具有正当性的原则，在这种原则下，国家和社会的目标是作为人自我保存和满足欲望的工具。因此，国家制度安排上呈现出的对权力的限制和制衡也就可以理解了。正因为人是自利的，国家制度需

---

① 〔美〕乔治·萨拜因著，〔美〕托马斯·索尔森修订，邓正来译：《政治学说史：城邦与世界社会》，上海人民出版社 2015 年版，第 51 页。

要制约人的自利,而目的在于更好地满足个人欲望和自我持存的天性。国家中的人扮演统治者角色,会限制其他人的天性,因而需要制约;而后者中的人,则是国家之外的人,其天性是需要张扬的。由此,任何能够释放人自我保存和自利的行为,除非侵害到其他人的自我保存和自利之外,都应该得到支持,对科学与技术、生产与贸易方面的知识、技巧和组织能力的颂扬也就不足为怪了。在这种情境之下,人性善与道德意志更多被视为无法观测、无法以机械唯物主义进行研究的形而上学,是没有任何意义的。卢梭的人性善的假设就是在这种自利和工具理性逐步成为支配性的规范原则和心智模式的背景下提出的。

萨拜因对卢梭有着这样的评价:"卢梭把哲学带到了这样一条与其传统相反的道路上去了。康德承认,卢梭最早向他揭示了这样一个道理,即道德意志与科学探究相比更具有优越的价值;而康德的哲学如果不说是一个新信仰时代的开端,那也至少开启了在以科学为一方同宗教和道德为另一方之间的新界分。"[1] 卢梭的人性善假设体现在其以道德情感为根基,而不是以理性为出发点的政治哲学之上,并在一定程度上回归到了柏拉图的理论。卢梭从柏拉图那里学到了至关重要的两点:"一是政治隶属基本上是伦理性质的,只是在次要的意义上才是法律和权力的问题;第二,整个城邦哲学的内在原则,即社会本身乃是一种首要的道德化力量,因而也就代表了最高的道德价值。"[2] 柏拉图强调社会和共同体的至高无上性,强调公大于私的立场,使得卢梭从根本上否定启蒙主义哲学将人视为理性自利的人性恶假设,而卢梭的人性善的假设则是基于共同体和社会塑造和规定人的角度入手的。

卢梭批判了启蒙运动人的理性自利的原子化个体存在的基本观点,并反对启蒙运动过于强调科学、技术的决定性力量,警惕人的异化,这一点对康德的伦理学的发展有着关键性的影响。卢梭对人性善假设的张扬和对人性恶假设的反思,更多是从伦理学角度入手,而非从哲学角度入手,很难真正有力地批判人性恶假设。因为这一假设建基在取得巨大成就的自然科学哲学

---

[1] 〔美〕乔治·萨拜因著,〔美〕托马斯·索尔森修订,邓正来译:《政治学说史:民族国家》(上),上海人民出版社 2015 年版,第 339 页。
[2] 〔美〕乔治·萨拜因著,〔美〕托马斯·索尔森修订,邓正来译:《政治学说史:民族国家》(上),上海人民出版社 2015 年版,第 343 页。

范式之上，而人性善假设缺乏足够牢靠的哲学基础，卢梭也未能对当时机械唯物主义自然哲学、还原论理据、知识感官经验论观点进行系统性批判。因此，人性善假设的艰难复归由卢梭开启，但人性善假设复归真正迈上正轨，则是从康德对既往哲学批判和反思开始的。

日本学者安倍能成认为，"康德……在近代哲学上恰似一个处于贮水池地位的人。可以这样说，康德以前的哲学概皆流向康德，而康德以后的哲学又是从康德这里流出的。因此，论述现代哲学的人，无论如何都不能对康德置之不理。"[1] 在康德的认识论"哥白尼革命"之前，西方哲学在认识论上分为唯理论和经验论。唯理论通过笛卡尔和莱布尼茨的发展，成为"独断论"，即将理性视为认识世界的唯一路径，通过理性能力运用以及形式逻辑的演绎可以获得所有知识，而这些知识与经验、语境无关。经验论发展到休谟，则成为"怀疑论"，休谟坚持感官经验论，追求知识的绝对正确无误，无视人在发展经验知识上的理性认知能力，面临着以预测性为目的的综合性知识难以确证的困境，即事物间的因果关系是无法确证的。这种无法确证体现为两个方面：一是感觉经验无法得知这一归纳得出的事物间因果关系是否在未来就必然会得出预测性的结果，抑或是这一预测性的结果与我们所认为的引发这一结果发生的事件是具有必然的联系；二是抽象的逻辑演绎虽然具有必然性，但它无法产生新的知识，因而也无法为综合性知识进行确证。休谟的"怀疑论"就将知识彻底变成个人的心理感知，知识丧失了任何的确定性和公开性，科学和知识被彻底地摧毁，经验论从极端的自然唯物主义走向了极端的主观唯心主义。笛卡尔和莱布尼茨的独断论、休谟的怀疑论，概因没能正视人的认识能力，都试图以观点来适应现象，而非以现象来构建观点，具体的能动的人在唯理论和经验论中消失了，因此才需要努力用观点去客观反映现象，而没有看到现象是因观点，进一步来说是因为人才具有意义和价值。

康德为人性善假设哲学基础构建做出的贡献集中在两个逻辑上连贯的环节，第一个环节是人的认识主体性地位的确立，第二个环节是建基在第一个环节之上的；人只有拥有了认识和实践的主体性地位，才能论证认识和实

---

[1] 〔日〕安倍能成著，于凤楼等译：《康德实践哲学》，福建人民出版社1984年版，第3页。

践主体性地位的平等问题，才能从自我确证走向承认他人，才能拥有道德和自由。在这里，将主要讨论康德哲学是如何确证人的认识和实践的主体性地位的。

康德在《纯粹理性批判》这部巨著中主要讨论了认识论问题，核心就是融通唯理论和经验论，解决笛卡尔的独断论问题和休谟的怀疑论问题，重建形而上学，并确证知识的确定性和普遍必然性。康德认为，之所以笛卡尔和休谟犯了独断论和怀疑论的错误，首先是他们都没有正确地对现象界进行区分。笛卡尔的问题在于，他完全忽视了作为表象的感知经验的重要性，反而将无法感知的、无法确证的实在作为知识的来源，这就使得笛卡尔走上了通过理性来构建一个事实上不存在或者无法确证的知识的独断论道路。休谟虽然正确地认识到了感知经验作为知识来源的重要性，但是他同样试图去认识无法感知到的实在，但这一实在的认识又无法得到作为知识来源的表象确证，这就使得休谟怀疑了包括感知经验的表象在内的整个现象界获得知识的可行性问题。换言之，笛卡尔是将现象界都视为变动不居的先验于人的，理性可以推断获得的实在，而休谟则试图将整个现象界都视为能够感知到的表象，表象与实在的不加区分是二者认识论出现问题的根本性原因。由此，康德将整个现象界区分为无法认识的被称为物自体的实在和能够认识的表象。那么，康德对形而上学的重建就是从能够认识的表象这一领域开始的，由于区分了物自体和表象，那么康德的主要论争的对手就是休谟的不可知论了。

在区分了表象和物自体之后，休谟的不可知论问题除了试图认识物自体而引发的对表象的怀疑之外，也在于休谟无视人的认识的主体性，将人视为自然之境。休谟导向不可知论，其逻辑在于：忽视人认识的主体性，将人视为自然之境，使得人无法用理性去确证和预测事物间的关系，这就已经产生了怀疑论的雏形。而在混淆表象和无法经验的物自体之后，人无法用理性也无法用感知经验去确证和预测事物之间的关系的时候，这一怀疑论就凸显了出来。因此，为了言明表象也是可以获得具有普遍必然性和确定性的知识，康德就不能仅仅依靠休谟的感觉经验论和笛卡尔的理性先验论了，而需要将二者进行结合。他是从重新确证先验这一认识形式的合法性入手的。康德认为，人的认识过程分为感性、知性和理性三个阶段，其中感性是现象界直接的感知经验，而知性则是对感知经验的抽象，是纯粹的概念，而理性则是指导知性加工感性的。在这三个阶段中，感知、知性、理性都不是完全后天的，而是具有先验成分的，这一先验的成分应当被理解为认识的逻辑先在。人在认识任何对象的时候，都是在既定的认知框架内进行认识的，这就是康德的认识论哲学取得的最重要的成就。那么，这种既定的认识框架包括感性、知性和理性三个部分，感性其实说明的是事物发生运动或者变化的形式，这一形式就是时间与空间，而知性则来自于人类不断遗传的文化经验，这些文化经验是对现象的不断认识、抽象和总结的结果，这些结果被康德总结为一个系统的范畴表，这一范畴表就是知性，也就是经验对象能够被分类的归类表。理性则是人类天然具有的能力，理性指导人如何用时空形式和范畴（范畴的边界）来加工感性的经验材料以获得知识。那么，知识的普遍必然性也就得以保证了，它不来自于知识的具体感性内容，而来自于感性材料被加工成知识的形式，这一形式具有普遍必然性。康德由此解决了休谟的不可知论问题，也解决了笛卡尔的独断论问题，因为康德并没有将经验知识的具体内容视为先天确定的。

对人性善假设而言，康德哲学理论的意义不在于为人性善假设提供一个如同人性恶假设一样的自然主义的本体论基础和认识论路径，而在于康德哲学复活了古希腊哲学的一些传统，并接续了卢梭的启蒙政治脉络，高扬道德政治，反对过于狭隘的原子化个体主义和功利主义伦理观；另一个重要意义在于，康德哲学从认识论的"哥白尼革命"入手，正视经验和生活世界中人的认识的主体地位，这一认识论革命一转经验论哲学的"反映论""怀疑论"和唯理论的"独断论"，使得人能够成为哲学研究的中心。康德哲学在认识论上的巨大贡献，使得人认识的主体性能够得到充分的确证，人认识的主体性得到确认在认识论上显现出了人的价值和意义，不亚于普罗塔格拉宣称的"人是万物的尺度"。但是，人在认识论上的主体性的确认并不能够为人性善假设提供一个稳定的本体论基础，因为人在认识论上的主体性地位是从抽象的人和整体的人来言的，而非从具象的人和个别的人来说的。换言之，在哲学上，一部分人可以被视为人，拥有认识论上的主体地位，而另一部分人则被剥夺了为人的资格，被认为是消极的认识对象，这一点在实证主义社会科学哲学理论体系中展现得尤为突出。康德哲学的另一个巨大贡献是提出了"自在之物"这一概念，它将整个现象界（人也在其中）分为了可以认识的必然的感知经验现象和不可认识的，只能理性思量的实在领域。在《实践理性批判》中，康德将人视为二重性的，一方面是作为经验和现象主体，脱离不了自然因果的必然性；另一方面则是作为实践的主体，这一主体是受到理性规制的自由因果的影响，这就提出了独立的实践领域。康德构建"自在之物"概念的目标在于为人类道德和实践领域划定一个自然科学和知识无法入侵的边界。"自在之物"只能理性思量而无法经验确证的本质特征，堵死了自然科学向人类实践和道德领域入侵的道路，为人的信仰留下了空间，而这一空间就是与无目的的必然相区别的有目的的自由得以张扬的地方。总而言之，康德哲学一方面确立了人在认识论上的主体性地位，另一方面则为人的道德、实践和自由划定了空间。作为抽象的人拥有了认识论上主体性地位，使得人摆脱了生理功能自然延伸的机械唯物主义自然哲学的宰制，"身"决定"心"的扭曲身心关系也转变为"身""心"各安其位的有序关系。自由的道德和实践领域的划定，使得人在道德和实践领域具有了不断发展的可能。两者结合在一起就为主体间性的、承认他人而非完全的自我确证为主要内涵的人性善假设开辟了道路。

康德虽然开辟了由认识论入手来确证人相对于客观现象界的认识和实践主体性的人性善假设哲学基础建构路径，但人性善假设及其哲学基础构建仍然没有完成。康德的认识论哲学和道德实践哲学至多说明了人是认识的主体，也初步说明了人具有向善的可能性，但是并没有说明具体的人与人之间的关系是怎样的，而这一关系的说明和规定是人性善假设重要内涵之一，也是人性善假设能够区别于人性恶假设理性自利原子化个体存在表述的根基。换言之，人为什么是社会性的，为什么是人与人之间的关系应是主体间性的，康德没有给予非常明晰的论述。一步步完成这一任务的是施莱尔马赫、狄尔泰、海德格尔、伽达默尔，他们的接力使现代诠释学逐渐发展成熟。

2. 人性善假设的诠释学理据

自从康德认识论"哥白尼革命"之后，人文学科在哲学和逻辑上逐步地形成自己特有的本体论、认识论和方法论基础，而这一哲学体系突出地展现为诠释学传统，而这一传统也是人性善假设得以实现哲学基础构建主要的思想和理论资源。所谓的诠释学,最早发源于古希腊,意为"一门关于传达、翻译、解释和阐明的学问或技艺"[①]。在欧洲中世纪时期,诠释学通常应用于解释《圣经》的神学诠释学和解释《罗马法》的法学诠释学。早期诠释学强调理解、解释、应用的三者合一,是一种"独断论"的诠释学,以教会为权威做出独断的解释。诠释学能够发展成为人文学科的主要方法论,甚至被部分学者视为本体论,赖于施莱尔马赫、狄尔泰、海德格尔和伽达默尔的持续努力。

(1) 人性善假设的哲学基础构建

施莱尔马赫作为浪漫主义诠释学的代表人物,他对诠释学的贡献在于将诠释学从"独断论"解放出来,使得诠释学能够个体性地、自由地解释。无论是对文本、对人、对事、对一切人内在精神的客观外在物的解释,"都可以根据自身而不是根据教义被理解,理解不需要教条,而只需要解释规则的系统应用"[②],施莱尔马赫将诠释学从片段的、独断的诠释转向了普遍的、客观的诠释。施莱尔马赫对诠释学的理解源自于这样一个问题:对不同时代、不同脉络和不同境遇下的文本或者人的理解是否是可能的?如果可能,那么可能的条件是什么?又如何来判断解释的有效性?解释的过程是怎么样的?施莱尔马赫并没有回应解释是否可能这个问题,而是直接回应了解释的可能性的条件。施莱尔马赫认为解释的必要来自于误解,而解释的可能性条件则来自于人的移情的能力。所谓的解释的必要来自于误解,是因为施莱尔马赫发现,任何解释都存在着偏误,这种偏误是不可避免的,偏误源自于主体间交往的中断,而中断的原因在于"作者与解释者在时间、语言、历史背景和环境上的差异"[③]。既然解释存在着偏误,那么避免偏误就成为解释学发展的重点,因此施莱尔马赫才将诠释学定义为"避免误解的技艺学"[④]。

施莱尔马赫解决偏误这一问题,是将解释对象分割为两个独立部分开始

---

① 洪汉鼎:《当代西方哲学两大思潮》(下),商务印书馆 2010 年版,第 431 页。
② 洪汉鼎:《当代西方哲学两大思潮》(下),商务印书馆 2010 年版,第 455 页。
③ 洪汉鼎:《当代西方哲学两大思潮》(下),商务印书馆 2010 年版,第 469 页。
④ 洪汉鼎:《理解与解释:诠释学经典文选》,东方出版社 2001 年版,第 58—60 页。

的：一个是对作者的个体生命的理解；另一个则是对作品内容的理解。施莱尔马赫认为，解释的重点并不是作品的内容，而是作者的个体生命，只要能够重新复制作者的个体生命、重新体验作者的个体生命，那么对作品内容的理解也就不存在问题了。施莱尔马赫将作者的个体生命和作者的作品视为逻辑上的一致性，并且作者的个体生命在逻辑上具有优先的地位，作者的作品是其个体生命的客观化的体现。对作者作品的理解更容易出现偏误，因为解释者在不了解作者个体生命所处的脉络的情境下，容易将作者的作品放到解释者生活的脉络中去理解，进而造成误解。因此，施莱尔马赫强调对作者生活脉络的掌握和移情，以此来全面和准确地理解作者。施莱尔马赫的普遍主义的诠释学尤其强调"主观的重构"，即对作者个体生命体验的全部知识的重构，而且这样一种"重构"能够让解释者比作者还要了解作者本身。

施莱尔马赫的普遍主义诠释学的价值不仅仅在于初步提供了可操作的诠释学程序，提出了诠释学的目标，强调了诠释学的个体性，在其诠释学中潜藏着一股批判和反思的力量，体现在施莱尔马赫所认为的"主观的重构"能够让解释者比作者更要了解作者的观点上。施莱尔马赫的诠释学虽然起源于消除误解，但是，施莱尔马赫的诠释学在强调脉络的重要性的同时，也强调解释者解释以达至更深层次的可能性。施莱尔马赫也意识到了作者也许并不了解自己笔下的文字到底有着怎样的意义，换言之，作者在写作的时候出现了两个层次的自我：一个是深层次的自我，这个自我扎根在脉络当中；而另外一个则是表象的自我。这可以说是海德格尔此在诠释学的基础，即认识到两个层次的自我的存在。施莱尔马赫对诠释学的界定，充分展现出了作为认识主体的人的能动性，人能够认识并移情到不同脉络和境遇中，掌握认识对象的内外知识，重新体验认识对象的心理体验。施莱尔马赫的普遍主义诠释学将被解释者和解释者都放在同一个层次上来看待，要求解释者通过"主观的重构"来全面地展现被解释者如此行动的意义，解释者与被解释者的平等地位，解释者对被解释者价值、意义、历史与文化环境尊重和融入，意味着诠释学并不主张一部分人对另一部分人的单向度的研究和自上而下的解释，而是强调主体间的平等和融通，承认他人而非仅仅关照自我、从主体的自我确证走向主体间性的交往由此奠定了理论上的基础，确立了逻辑上的起点，这就意味着人性善假设确切的哲学基础——主体间性的产生。但是，施莱尔马赫的诠释学也遭到了质疑，主要的质疑来自于两个方面：一个方面是对作者个体生命体验的理解为先，割裂了作品的内容和作者个体生命体验的互动关系，使得诠释学可能会发展到相对主义；另一个方面的质疑则来自于施莱尔马赫试图避免误解的努力，避免误解的目标无疑要求解释者忽视自己理解对象的凭借的认知和评价体系，完全的移情不仅仅是不可能的，而且同样陷入到了反映论的窠臼中，只不过反映的是作为被解释者的人而非自然，误解反而才是正常的。

狄尔泰深刻受到施莱尔马赫的影响，相较于施莱尔马赫而言，狄尔泰的突破在于确定了诠释学的基础——生命体验的相似性和普遍性。对诠释学的质疑通常以解释者为什么就一定能够准确理解作者的设问方式进行，这一设问方式本质上是在质疑解释者解释的客观性。解释的客观性来自于什么地方？狄尔泰认为，所谓的理解和解释其实是同一的，而理解本身是通过外部的符号，例如文本、影像等进入内在精神的过程，也就是说理解和解释的对象本身是客观的而非虚构的。那么，为什么能够通过这一外部符号进入内在精神，或者说对内在精神的理解应当如何判断其有效性？狄尔泰认为，内在精神之所以能够通过移情的方式来重新体验其意义，原因在于"生命的共同性和普遍性"，由此心理转换和再度体验就有了可能。这样一种移情和体验表面上看是复制他人的心理体验，实际上是重新浸入到解释对象的脉络之中，在这一脉络中去了解解释对象和感受解释对象。正如狄尔泰所言："对陌生的生命表现和他人的理解建立在对自己的体验和理解之上，建立在此两者的相互作用之中。"[1]

狄尔泰的诠释学在认识论上提出了内知觉或者内体验的概念，而内知觉同外部的感官体验才能够完全构成经验，以此狄尔泰综合了实证主义的感官经验论和人文诠释学的体验概念，为人文学科在认识论上奠定了一个具有生理和精神意味的概念作为其客观性的基础。狄尔泰强调诠释的可能性在于不同脉络或者脉络的不同时期或者同一时期的不同脉络，是具有某些普遍性的原则的，这些原则的存在使得诠释成为可能，使得我们能够认识到、体验到某些行动对于陌生的人的意义所在。

---

[1] 洪汉鼎：《理解与解释：诠释学经典文选》，东方出版社2001年版，第93页。

卢梭高高扬起了道德政治的旗帜，强调道德与伦理的重要性，将人性善假设从启蒙主义的压制下解放出来。受到卢梭启发的康德，将自由视为人运用理性来控制自由因果性关系，摆脱事实而达至应然状态，强调实践理性，人性善便不再是一个现实的假设，而是一个理想的应当达至的目标或者遵守的规则。在康德之后，施莱尔马赫和狄尔泰更进一步地探讨了人文学科独有的认识论，并将价值作为人文学科研究的关键，发展了康德将人视为认识主体的革命和区分自然与实践的努力。在他们的努力下，人文社会科学拥有了独有的经验基础和诠释学的方法论，对人的意义和价值的承认和尊重摆脱了实证主义哲学和功利主义伦理观将人对象化的弊端，在社会科学和人文科学的层面上高扬了人的主体性。这一主体性不仅仅是抽象的，更是具象的，换言之，人的主体性不仅仅表现在作为整体的人类的主体性上，更表现在人与人的关系的平等、承认和理解上。也就是说主体性的真谛是主体间性，唯有主体间性才能在逻辑上确保抽象的人和具象的人、整体的人类和个别的人的主体性的存在。当人文学科能够尊重并试图体验陌生的人的行动及其意义的时候，这就意味着社会科学将摆脱主—客体的不平等的本体论，而向主体间交往的本体论方向迈进；而将人视为被动的、消极的、自利的行为者也将会被能动的、积极的、他利的行动者所代替。那么，人性善假设的哲学基础构建就有了清晰的指向，即确证抽象的人类的认识和实践的主体性，同时也要确证作为具体的、情境的单个的人在认识、实践和价值上的主体性，换言之，人性善假设的完整的哲学基础应当建基在主体间性上。

施莱尔马赫、狄尔泰或多或少仍然存在着一种主体和客体对立的本体论建构路径残余。在施莱尔马赫和狄尔泰的普遍主义诠释学中，追求无误解乃至更好的理解成为诠释学的主要任务。这一任务假定了解释者是一张白纸，可以完全摹写出被解释者全部体验。相较于实证主义哲学的覆盖率解释模型——研究者试图将自己先在的结论强加给对象而言，普遍主义诠释学则又试图让研究者完全没有立场和先在的自我的认知和评价体系，在反对反映论的同时，诠释学又陷入到了反映论的窠臼之中。因此，诠释学为基础的人文和社会科学仍然会发生转向，这一转向使得诠释学从方法论成为本体论的载体，也就是诠释学不再是一个冷静的观察者在客观地观察另一个主体，提出自己所认为的能够正确反映被观察者的行动及其意义，而是主张观察者与被观察者在理解上的一致性、主张观察者在观察和理解过程中的反思和自我批判。观察者与被观察者这样的非对称性的关系已经被主体间交往的平等性的关系取代，并且主体间交往通过诠释的方式，不仅仅是达成理解的一致，更是要达成对美好生活的期望的共同看法，诠释学也就不仅仅是解释的还原了，而是认识的深入和发展，是批判和反思的。诠释学也就由本体论向着实践哲学的方向发展。实现诠释学的本体论转向和实践哲学转向的，则是海德格尔和伽达默尔，他们对诠释学转向的贡献，与马克思主义哲学对实践的本体论的强调，共同构成了人文学科能够向更为革命的方向发展的观念基础。

海德格尔和伽达默尔使得诠释学从狄尔泰社会科学的普遍的方法论向本体论的方向发展，诠释学重新恢复了"理解、解释、应用"的三个层面，并且在一定程度上继承和发展了施莱尔马赫和狄尔泰关于"解释者能够更好地重新构造作者生命体验"的观点。他们将解释的重点从作者生命体验转向了作品的真理内容，强调理解的相互一致、正视解释者理解作者生命体验的先在的认识架构，不仅仅是理解作者及其作品，更重要的是在理解的过程中，解释者需要对自己进行更为深入的理解，诠释学就成为"对人的存在本身的现象学解释"[1]。

海德格尔提出的诠释学被称为"存在诠释学"，区别于狄尔泰强调个体对个体生命体验的能够导出多样化结果的诠释学，海德格尔的诠释学则试图指出一种普遍性的诠释结构，这种诠释结构需要"揭示此在本身的存在方式，而且也进一步对非此在的存在者进行存在论研究提供境遇"[2]。狄尔泰强调理解脉络的重要性，脉络的不同、解释者的不同，诠释的结果也就千差万别，但是海德格尔在强调脉络的同时，却试图发展出一种能够跨越语境的普遍性的诠释结构和过程，这种过程不仅仅能让作为此在的人（这一时期状态的人）知晓和明白自己的生存方式，而且能够让其他的人理解作者的存在方式，并在这一过程中，理解自己的存在方式。海德格尔的"此在诠释学"首

---

[1] 洪汉鼎：《当代西方哲学两大思潮》（下），商务印书馆 2010 年版，第 449 页。
[2] 洪汉鼎：《当代西方哲学两大思潮》（下），商务印书馆 2010 年版，第 493 页。

先强调的是"按世界理解自己"①，这一观点强调的是任何人、任何解释者首先就存在于一个绵延的脉络之中，认识世界是在语境中认识的，"我"对周围环境、他人、社会、世界的认识并不是完全出自"我"的个人意志，而是受到了"我"生活的历史脉络的影响和塑造。"我"是用一种时间先在的概念框架和认知体系来认识周围的环境，这种观点在康德、施莱尔马赫、狄尔泰上都有所呈现。但是海德格尔认为，"我"认识世界是"按世界理解自己"，也就是"我"需要认识到我"理解"世界并不是我自己对"世界"的理解，而是"世界"引导着"我"认识世界。另一种情况，当"我"被抛入到一个陌生的情境之中，为了了解"我"与周围环境和他人的关系，"我"也需要"按世界理解自己"。只不过此时的"世界"有着"双重"的世界，第一重"世界"是"我"原本处于的"世界"，而另一重"世界"则是这一个陌生境遇下的"世界"，"我"对这个境遇的认识本质上就是"我"对"我"自己在这个境遇的认识，而这一认识过程是双重"世界"的互动过程。由此，海德格尔认为所谓的此在的第一个生存论特征——"境缘性"，不仅仅是消极的，同时也蕴含着能动和反思的可能。海德格尔将此称为"理解"，这种"理解"是对自身的筹划，是"能在"的体现，而"能在"本身是"此在"的否定面。

海德格尔同样认为人认识事物和理解事物、与事物打交道，本身就是在一定的先在的框架之下的，海德格尔将其称为"前有""前见"和"前把握"。所谓的"前有"，也就是人在理解世界和与世界周旋的时候，已经存在的先行的某种因缘关系，而"前见"则是在"前有"中产生的，可以理解为人的预先的立场和认知体系，"前把握"就是这一立场和认知体系给予理解者理解事物的概念形式。在晦涩的哲学语言背后，海德格尔想要表达的是我们对作者、环境或者内在精神的客观外化物的理解并不是对他们的本真的理解，而是在对他们有模糊理解前提下的进一步的延伸和讨论，也就是"一切理解都不是对对象的无前提的理解，对象已经在某种模糊的方式里被理解，理解是基于解释者的前结构的先行的前理解，前结构将构成解释者的不

---

① 洪汉鼎：《当代西方哲学两大思潮》（下），商务印书馆2010年版，第495页。

言而喻的无可争论的先入之见"[①]。这一观点是对施莱尔马赫和狄尔泰所主张的对"作者精神世界的重构"和消除误解的反动,施莱尔马赫和狄尔泰期望通过了解作者的脉络、摆脱自身所处的脉络来实现对解释对象全部经验生活的把握,但是并没有意识到解释者自身无法完全摆脱自身所处的脉络,还是将解释者视为对作者的完整的被动和消极的反映,解释者自身仍然跳出了脉络,仍然没有摆脱主客体分离,主体反映客体的反映论窠臼。海德格尔在提出理解的前结构这一观点之后,认为好的理解应当是"在事物自身的运作中让自身被揭示出来,即在世界这种'因缘整体性'中来把握在者"。理解既然是理解者与对象的周旋,这种周旋过程体现出的是理解者试图将自身的理解的前结构嵌入到对象的世界中,并在对象的世界的因缘整体性的场域下理解对象。这一理解是理解者自身的世界同对象的世界的互动,这种互动将可能使得理解者清晰地揭示出对象,而这种揭示并不是理解者单向度的独白,而是理解者与对象在互动过程中产生的,就是理解者帮助对象揭示自己,同时也帮助理解者理解在对象因缘整体性场域下的自身的存在。

相较于施莱尔马赫和狄尔泰的普遍诠释学而言,海德格尔的此在诠释学更呈现出了辩证、反思和发展的特点,同时也在尝试超越主体与客体分离的本体论路径,试图在解释和理解上能够尽可能地避免理解者与被理解者的异化,使得理解者与被理解者能够实现主体间交往。因此,诠释学就不再是一种静态的沉思,而是动态的周旋和参与,是解释者主动的介入,意图与被理解者达至理解的一致。由此,诠释学就有进入实践的可能性。海德格尔的此在诠释学构建出了一套能够超越语境的诠释方法,主体间交往的中断造成的误解并不是需要消除的,反而给解释者带来了一个机会。这一机会在解释者正视自己的理解的前结构的同时,与对象的此在的前结构的互动,反而可能会产生更为深入的理解。这一理解的过程超越语境的同时,尽可能地尊重语境和脉络本身,使得理解就不是理解者的独角戏,而是理解者与对象的互动。这一观念就使得建基在此上的诠释学方法为核心的质性研究,能够更加真切地贴近全部经验对象,并且将研究者自身也纳入到经验之中进行反思。这种反思在学术上和现实的社会行动中,就带来了批判和前进而非辩护和静

[①] 洪汉鼎:《当代西方哲学两大思潮》(下),商务印书馆 2010 年版,第 499 页。

止的可能。海德格尔的此在诠释学不仅仅是将诠释学推向了本体论的高度，更是以此推动了人性善假设哲学基础的构建——借由主体间交往实现人与人之间关系的平等化，确证人的历史性、现实性和社会性，并在主体间交往的过程中，实现主体自身的否定之否定，充分展现出了作为历史的创造者的人的主体性和能动性。

（2）人性善假设的实践导向

伽达默尔继续发展海德格尔的此在诠释学，并将这一诠释学发展为实践的诠释学，实现了诠释学从人文学科的普遍方法论向哲学本体论再向实践哲学的转变。由此，诠释学至少在理论上就不是被某一群体所垄断的特权了，即脱离建基在主体—客体分离本体论路径之上的研究者对研究对象单向度建构，而研究对象处于失语的状态，是一种以恢复主体间交往、强调人的此在的不同"世界"的理解的一致性，并试图让主体间交往的本来面目显现出来的消除异化的实践智慧。伽达默尔的诠释学反对施莱尔马赫和狄尔泰所言的诠释是对作者生命体验的重现，而认为诠释仍然是对内容的理解，理解的目标是作品的内容同解释者达成一致。理解的对象以及关于这一对象的不同主体理解的一致是海德格尔和伽达默尔诠释学讨论的核心内容，而这一核心内容即是诠释学传统中的真理。真理是海德格尔和伽达默尔诠释学关注的核心概念，真理是西方哲学的一个根基性的概念，这一根基性的概念源自于古希腊，本意是"去蔽、展现、揭示"[1]。而"真理"这一古老的概念随着时间的变迁不断地发生改变，中世纪以后，所谓的"真理"是"事物与理智相应"，也就是认识应当反映客体，知识或者命题的真值即是知识在多大程度上与对象是相符合的。在中世纪末期，围绕"真理"概念，爆发了贯穿哲学和科学发展的存在与思维之间的主次关系争论，这一争论的核心内容就是，到底是思维认识存在，还是存在通过思维得以反映。因此，"真理"这一概念就不再是动词的动态的"揭示"，而是名词的、以形而上为特征的"结论"，成为一种独断论。这种独断论无论在经验论哲学发展出来的实证主义哲学体系，还是在既往的唯理论哲学体系中，都具有根基性的地位。也

---

[1] 洪汉鼎：《当代西方哲学两大思潮》（下），商务印书馆 2010 年版，第 564 页。

就是说这一独断论认为存在一种可以生产知识并确认其有效性的去语境的程序、方法和标准的存在，同时这一独断论无关唯理论还是经验论哲学（实证主义哲学体系）都是建立在主体—客体分离之上的，而客体属于从属的位置。这种独断论在康德哲学那里并没有得到根本性的解决，然而康德哲学的重要意义在于将人放到了存在和思维之间，使得人的实践和行动可以联系存在和思维，人的认识的主体性地位得到确立；但是存在与思维之间仍然是对立的，只不过这种对立成为一个认识论的问题，即作为认识主体的人，应当怎样去认识客体。通过海德格尔和伽达默尔的努力，"真理"这一概念得以恢复其原本的涵义，"真理"不是一种自然科学和实证主义哲学式的符合论，即理论同经验对象的符合，而是"开显论"，即"真理不在于存在和思维这对立两极的符应，而是存在本身的表现或存在自身的揭示"[①]。也就是说，真理应当是在此在认识的过程中，自然地显现出来的，是在内部通过视阈融合，也就是理解者和被理解者的两个世界的相互融合，进而形成一个更为贴近被理解者的世界本原；或者说同样贴近理解者在被理解者世界的真实的存在状态和理解者原本世界的状态的认识，而不是站在外部用既有的认识构造来判断的。

由此，自然科学和精神科学或者说人文社会科学把握对象的方式就完整地区分开来了：

自然科学：认识——主客二分——静观（中立）——知识——客观性——真理符合论

精神科学：理解——主客统一——周旋（参与）——事件——参与性——真理开显论[②]

对人类行动和社会互动展开研究的独特性就在于研究者是参与到人的行动当中，不仅仅是冷静地观察，更是达至对对象行动及其意义的真切的理解，而这种理解只有通过研究者和行动者的"共同理解的世界去理解，透

---

① 洪汉鼎：《当代西方哲学两大思潮》（下），商务印书馆2010年版，第566页。
② 洪汉鼎：《当代西方哲学两大思潮》（下），商务印书馆2010年版，第583页。

过他的理解所处其中的历史处境去理解,并且透过他们共同理解的语言去理解"①。人文学科具有自主性的基础在于,人文学科的对象本身就是人创造的产物,是人的内在精神的外化的客观对象,这一客观对象潜藏着实然和应然的两种性质。这一产物构成了人得以认识世界和社会的理解的前结构,而人在认识和理解的过程中,又会不断地修正这一前结构。这一前结构便呈现出了随着时间变化而变迁的特点,变迁的过程充满着意义的冲突、继承和替代。这一前结构在不同历史阶段有着不同的展现,但是又有着延续性和继承性,若非如此,海德格尔和伽达默尔也不可能去重新复归"真理"概念在古希腊世界中的本意。通过对这一概念的复归,"真理"背后的古希腊文化世界便与今人的文化世界产生了联系和融合,进而生成了下一阶段的理解的前结构。在海德格尔和伽达默尔的诠释学里,主体和客体间的区别不再存在,也就言明人文学科中不存在将行动者物化为行为者的可能了,研究者和行动者在理论上实现了平等,研究的目的也就不再仅仅是把握行动者的全部经验及其嵌入的意义,更重要的是实现研究者和行动者的共同反思。这一反思的要求,在逻辑上便使得诠释学有着向实践方向发展的可能,从一种认识和理解的载体向改变现实的行动上发展,正如马克思所言:"哲学家们只是用不同的方式解释世界,而问题在于改变世界。"

诠释学在海德格尔那里,成为作为此在人的本体论的载体,那么伽达默尔所语的作为实践的诠释学又当如何理解?

本体论的诠释学强调的是此在在理解过程中实现的主体间交往,换言之诠释学意义上的本体论是主体间本体论,而非"主客二分"意义上的本体论路径。当主体间本体论和作为其参与、理解的载体和过程的诠释学作为人文社会科学的根基的时候,就不再要求获得完全客观和外在于主体的知识了,也不再有确定的主体—客体的区别,研究者也就不再是外在的中立的观察者,而是在交往中的行动者,也就不再拥有以所谓的普遍性律则覆盖情境下的行动者意义的特权。那么,这就意味着研究者和行动者在参与和周旋的理解过程中,具有了视阈融合并共同理解了自己更为真实的样貌的可能性,这就使得诠释学本身拥有了向实践哲学发展的要求。

---

① 洪汉鼎:《当代西方哲学两大思潮》(下),商务印书馆 2010 年版,第 587 页。

要理解实践的诠释学，首先要理解实践的意义。与"真理"概念一样，"实践"概念同样是古希腊哲学的产物，"真理"概念意味着"开显"和"祛除遮蔽"，是一个动态的呈螺旋式发展的无止境的过程，而这一过程恰好是实践的体现。对"实践"的理解，可以从与"实践"相关的其他概念入手进行分析。亚里士多德将人类知识分为了三种主要的形式："一种是纯粹科学，一种是技术或应用科学，第三种则是实践智慧。"① 所谓的纯粹科学，与休谟所提出的分析的知识有着一致性，也就是说，纯粹的科学是一种形式逻辑意义上的具有必然性的知识，这一知识是确定的、已知的，它的对象是不变的、必然的和永恒的事物。而纯粹的科学某种程度上正是追求去语境和普遍性的形而上学的体现。第二种则是技术或应用科学，技术和应用科学处理的是可以改变和制作的东西，其本质在于生产和制作，并且技术和应用科学仅仅是手段和工具而非目的。实践智慧处理的也是可改变的事物，但是实践智慧与技术或应用科学的不同在于，实践本身就是一种目的，实践的目的考虑的是对作为人的整个生活有意义的事情。"实践智慧是一种与正确计划相联系并坚持正当行为的践行能力，而这种践行的对象是那些对人善或不善的事物，因为制作在自身之外尚有别的目的，但践行却不是这样，因为良好的践行本身就是目的……所谓具有实践智慧的人，就是能正确考虑对自身的善或有益的事，但这不是就部分意义而言，如对于健康、对于强壮有益，而是就整个意义而言，指对于整个善良而幸福的生活有益。"② 实践智慧关照的不仅仅是普遍的知识，更是个别的、情境的知识，因此，经验就显得尤为重要，正如亚里士多德所言："实践智慧不只是对普遍事物的知识，而更重要的是对特殊事物的知识，它更应当通晓个别事物，因为它的本质是践行，而践行必须与个别事物打交道，从而许多人虽然对其能力没有科学知识，但干起来比起那些有科学知识的人更出色，其他领域也这样。都是具有实践经验的人占先。"③ 实践智慧强调普遍性和情境性的融合，这一融合呈现出明确

---

① 洪汉鼎：《当代西方哲学两大思潮》（下），商务印书馆2010年版，第628页。
② 〔古希腊〕亚里士多德著，廖申白译：《尼各马可伦理学》，商务印书馆2003年版，114b3-a6, 1140a25-27,1141b14-21。
③ 〔古希腊〕亚里士多德著，廖申白译：《尼各马可伦理学》，商务印书馆2003年版，1141b14-21。

的问题导向，是以解决现实的问题和不断推动社会互动的再生产为首要目标的。因此实践智慧呈现出了鲜明的个人经验和技巧的特点，而这就使得实践智慧很难得到形式化和结构化。形式化和结构化是近代哲学、科学、社会科学与人文学科共同追求的知识生产和应用的目标，它们都力图通过形式化和结构化，实现不同领域知识的统一。那么，处于情境性、个体性的实践智慧与形式化和结构化的普遍知识本身就存在着张力，而这一张力被近代哲学主体—客体分离构建哲学体系基本逻辑强化，实践智慧愈发地被视为无足轻重的存在，也就是说实践智慧本身就没有被近代哲学予以过充分的重视。现代性的哲学基础在于近代哲学，现代性崇尚普遍性、抽象性，忽视甚至压抑情境性和个别性，使得现代化在弘扬人的主体性的时候，却在不断地远离人的主体性乃至将人客体化，原因在于现代性强调的是抽象的和普遍的人，忽视的是个别和具体的人。换言之，现代性将人分为了抽象和具体的两个相对对立的部分，抽象人拥有着主体性，而具体的人则不断地丧失着主体性，不断被客体化，这一趋势充分地展现出了宏大的现代化进程，是一个形式权利平等兴盛，而实质权利不断丧失的过程。

正因如此，实践智慧在启蒙运动中没有得到重视，因为实践强调的是践行，是在特殊事务、在个别的情境中，将普遍知识和原则创造性地进行解释和重构，以应用到具体的问题中，实现主体间的交往和理解的一致性，经验和技巧对于实践而言，就如同坚持善一样重要。实践的个别性和特殊性，以及某种程度上的人格化特质与现代性所坚持的普遍性、抽象性，通过制度化来减少随意性的要求是格格不入的。现代性意图通过制度化减少随意性和人格化的意图并不能够说是完全错误的，但是，现代性的这一要求被推到了极端的地位。须知启蒙主义以来的现代性的根基在于人的理性自利的原子化的存在，人的这一存在方式构成了现代性的基石，那么现代性的普遍性和抽象性被推到极致，必然导致的是对情境的忽视和对具体的人的压制。

实践智慧并不反对普遍化和抽象化的知识，其目标也力图达至一种具有普遍性特征的善。只不过这种善是作为真理而存在。换言之，善在人类历史和个体行动的过程中，需要得到"开显"，通过不断建构和重构，实现善的具体内容的不断发展。"善"在实践智慧中并不是实然性的假设，而是应然性的要求，它不认为每个人的出发点都是善的，也有可能是恶的，但它要求人类的行动是追求善。但是，实践智慧深刻的一点在于，普遍性和抽象性的知识、正义规则和价值，其合法性正来自于应用在情境和个体中的有效性，普遍性和抽象化的知识、正义规则或者价值也只有具有历史性（不断地发展而非时间叙事意义）才可能具有强大的生命力。在情境中，个体遇到的问题都可能有所不同，在处理这些问题的过程中，实践智慧要求个体将遥远的、抽象的普遍性的知识、规则、价值下降到尘世中来，应用到解决问题上，并且获得其他个体的认同、理解，至少是承认，而非不假思索地就得出行动者无法理解的结论，或者认为行动者的行动是荒谬而非有意义的。实践智慧面临的个别情境在现代社会生活和治理实践中无所不在：政府公务员和一线的街头官僚无时无刻不通过手中的自由裁量权来思考应当如何用普遍的、抽象的行政规则和行政伦理来解决情境性的治理问题，才能够让各个行动者都能够认同；法官亦然，将普遍和抽象的法律条文及其背后的法治精神，应用到不同的裁判情境中，试图达到情、理、法的和谐统一；从普通民众的角度来看，也是如此，在英国和美国的陪审员制度中，作为政治和法律义务的参与陪审的普通民众，也将综合自己的理性、逻辑、经验和朴素的道德情操，在与其他陪审的民众的激烈讨论和争辩中，投下神圣的一票。正因为如此，在现代社会生活和治理实践中，每个行动者都是法官，都是善的信奉者和裁判者，运用实践智慧，来达成对他人的承认和尊重，并在可能的情况下，实现理解的一致，进而实现自身的成长，这正是实践的诠释学想要达到的目标。

现代化的目标是实现现代性，而启蒙主义以来的现代性至多是一半的现代性，而非是完整的现代性。之所以言明其是一半的现代性，是因为这种现代性强调并构建了普遍性的、抽象化的、形式化的正义规则、价值理念以及以其为基础的制度框架和治理体系。因此，在这一根本的人类社会制度和组织模式下，实证主义哲学为基础的社会科学理论，全面模仿自然科学理论的认知方式，强调中立、价值无涉，强调普遍性、形式化，用先在的和既往的理论以及价值规范来规定真实的人类行动，并且这一过程是独断论的。作为客体的人仅仅是对象，其丰富意蕴的行动也仅仅是单向度的行为，作为主体的研究者和治理者独断的规定客体的状态，并声称是一种可接受的真理，为了使得这一真理能够被认同，开发出了一系列高度技术化的确认过程，为这一确定的、独断的真理提供合法性的辩护。强调普遍性的、抽象性的、形式性正义规则的现代性，源起于反抗教会和专制君主独断论的政治行动，但在反抗的过程中，为了确保人的主体性的同时，言明自己的知识论和价值论是客观的，而选择了向自然科学的全面模仿，进而在发展的过程中，一方面实现了形式上的权利，实现了形式上的人的主体性；另一方面，则以人格化和随意性来忽视和压制实质上的权利的诉求，压制实质上的、具体的人的主体性。

对"半个现代性"[1]的批判，卢梭、康德、马克思、狄尔泰、海德格尔和伽达默尔继往开来的现代性批判哲学脉络上有着完整的呈现。他们在形而上的抽象的本体论和认识论基础上确认作为认识的人的主体性地位，进而将作为认识的人的主体性中潜藏的独断论倾向揭示出来，并将这一主体论批判性地发展为主体间交往的主体论，在这种主体间交往的过程中，恢复了实践智慧的根本性地位。在这种哲学理路上，人的主体性在普遍和抽象以及情境和具象中达到了统一，作为具体的人，其生命体验中不仅仅有其生存的脉络的整体性的体现，也有着他人的脉络的体现，更有着自己在追求善的过程中，实现对自我本原的揭示和复归。正因为如此，伽达默尔才如此强调诠释学应当是："规定所有人的知识和活动的问题，是对人之为人以及'善'的选择最为至关紧要的'最伟大'的问题。"[2]

至此，人性善假设的哲学基础就被完整地构建出来了。首先，人性善不是一个对现实人性的形而上规定，而是一个规范性目标的提出；其次，人性

---

[1] 所谓的半个现代性，即是以人的理性自利的原子化个体存在为逻辑起点，以主客二分作为本体论和认识论，以工具理性和形式理性预测、控制继而支配和改造客体作为方法论，以功利主义伦理作为价值论的具有支配性地位的普遍意识形态及其制度安排、政策设计、社会文化。之所以说这一意识形态和社会建制是半个现代性，是因为现代性的目标是实现并确立人的主体性，但是半个现代性仅仅实现并确立的是理性自利的原子化个体的人的主体性，而没有确立现实的、社会的、历史的个体的人的主体性。当现代化发展到普遍的抽象的人的权利得以保障、形式理性为理据的宪制和政制安排作为社会基本框架、工具理性和个体自利作为社会前进的基本动力的时候，现代化便戛然而止了，现代性被认为已经是完整地实现了。但是，这一现代性既没有确立具体的人的主体性，更没有能力为人提供目的和意义，因此，这一现代性并没有实现平等和主体性，反而在不同领域都巩固了一部分人对另一部分人的制度性的支配地位。

[2] 〔德〕汉斯－格奥尔格·伽达默尔著，洪汉鼎译：《真理与方法》（第 2 卷），商务印书馆 2010 年版，第 318 页。

善是主体间性的，人性善只有通过平等主体间的交往—诠释才能实现；最后，人性善的具体内容是历史的、发展的，因此，人性善还意味着人的自我实现，是以自律为主要内涵的积极自由的体现。人性善假设的哲学基础就在于抽象的人在认识和实践领域上的主体性，而这一抽象的主体性通过实践中的平等的主体间交往—诠释实现了抽象的人的主体性向具体的人的主体性的转换。

人性善的公共行政研究路径，在实践诠释学的层面上，应该具有两方面的意蕴：第一是善意味着利他，而利他则意味着对自己行动的外部性的正视和承认，同时也意味着自己获得的价值也是社会合作的产物，这就要求人应当对他人和社会负有理解、尊重、关怀的义务，这是人性善在经验上的意蕴；第二强调善是发展的，是有待揭示的普遍与个别结合的真理，善只有在实践的主体间交往的过程中才有可能得到"开显"，强调"善"应当是个体的人的主体性得到尊重的前提下运用实践智慧的结果。人性善的公共行政研究路径，其本体论基础就在于主体间的交往，是实践的本体论而非是主客对立的本体论；其认识论理据是整体和脉络中的人的全部经验，也就是人的生命体验，这一生命体验可以通过理解来感受，而其有效性不在于复制，而在于主体间的理解的一致性；其方法论的理据在于诠释学的循环，在参与和周旋中，实现对他人的生命体验的感受，实现对自我和他人的存在和应然状态的揭示；其价值论则在于普遍的、总体的善在情境和个别的实践智慧中不断地揭示和发展，在于继续推动现代性，将"半个现代性"，也就是普遍的、抽象的、形式化的现代性向完整的、情境的、个别的现代性上转换，以实践智慧来实现真正意义上的个体的主体性的实现。

（四）公共行政理论的未来：迈向实践智慧

公共行政理论，抑或是目前所言的公共管理和公共治理理论，本质上都是一个问题导向的、高度实践化的、面向真实的行政世界、治理世界和生活世界的寻求善和正义的理论。但是，在现代学科意义上的公共行政学科和现代社会科学意义上的公共行政理论却走在一条相当程度上背离了公共行政学科目标和公共行政理论应有样貌的路径上。不断地强调理论的自然科学化和精致化，使得公共行政理论远离了真实的行政世界、治理世界和生活世界，有着丰富意蕴的、追求普遍的善、正义的公共生活世界被物化为可以预测和操控的研究对象。研究者和实践中的行动者关系形成了一个话语和理论上的中心—边缘结构，研究者位于中心的位置，根据普遍性理论需要，界定实践中的行动者应有的状态，形成了一种以研究者理论正确性检验为中心的研究路径，理论的再生产成为这一研究路径的目标。在这种研究路径之上，价值和意义被抽象化为远离治理情境的宏大的民主、自由、法治和现代化的历史叙事，享有自由和民主权利的仅仅是形式和抽象意义上的人，而真实的人并没有切实地感受到自由、民主和平等，没有感受到主体性，反而丧失了对生活的掌控感，缺乏意义，陷入到了巨大的不确定性的焦虑中。以技术化、科学化、工具理性和形式理性为主导的公共行政理论发展、公共行政和公共治理改革实践，无疑是在不断加剧作为治理主体的现实的人的异化过程。

平等、自由、民主、正义与法治是公共行政理论与实践必须要遵循的价值原则，但是这些价值在形式理性化和工具理性化的公共行政理论和实践过程中，不同程度上出现了虚置和背离的情况。

平等价值和规范性原则面临着实践上的不平等困境，而平等价值和规范性原则的不平等，意味着自由也无从谈起。实践中的不平等体现在两个方面：第一是研究者与实践中的行动者关系的不平等。研究者与实践中的行动者的关系并不是一个平等的主体间交往的关系，而是形成了一个以研究者为中心、实践中行动者为研究者所规定的边缘的中心—边缘结构。在这个中心—边缘结构中，实践中的行动者被研究者决定是否被界定为研究对象，只有被研究者界定为研究对象，才能获得研究者和理论的承认，否则实践中的行动者将被排斥在研究者视阈和理论讨论之外，被排斥在外的实践中的行动者或者某一现象则被认为是不正常的、无关紧要的、疯癫的。即便实践中的行动者被研究者界定为研究对象，有了一个被承认的正常身份，实践中的行动者仍然处于一个被研究者根据自身兴趣、理论需要或者功利性目的而任意解释的地位。在现实的公共行政和治理实践中，治理者和其他参与者同样形成了一个中心—边缘的关系结构，治理者以自身为中心，规定治理和参与者的应然状态，并要求参与者接受。在这种不平等的治理和参与结构上，参与者被视为被治理者，而治理也仅仅是统治或者管理的新的名称，是一个空洞的为统治和管理进行合法性辩护的符号。

如果将民主视为对主体性的尊重，那么在公共行政理论和实践中，研究者拥有主体性，而实践中的行动者没有主体性，是等待界定和操作的研究对象。治理者拥有主体性，被治理者是被控制和改造的对象。

在公共行政理论中，正义是高度抽象和形式化的，法治则被狭隘地理解为形式性，减少人格化影响。公共行政理论中呼吁的抽象正义无法落地，法治则被理解为用制度和规范来尽可能地避免不确定性，不确定性被视为坏的、不正常的，需要改造的对象。在公共行政实践中，基层治理者的自由裁量权常常被远离治理情境的领导者和控制者调整，远离治理情境的领导者和控制者总是希望通过他们所理解的狭隘的法治，以提高行政和治理行为的确定性、可预见性，抵制任何人格化治理方式，来实现对基层治理者的彻底控制。基层治理者被视为无法有效贯彻高层领导、管理者意见，变通处理规则，进而为自己谋利的"小偷"。

平等、自由、民主、正义与法治这些珍贵的价值和规范性原则在强调形式理性和工具理性的公共行政理论、治理实践中，不断被虚置和替代。这种尴尬的困境在根源上是近代以来的现代化进程的历史结果。近代以来的现代化进程，本质上就是工具理性和形式理性全面替代价值理性和实质理性的过程，公共行政理论和实践也呈现出工具理性和形式理性的胜利，价值理性和实质理性的失落的现代化趋势。工具理性在逻辑上的起点是人被视为理性自利的原子化个体存在而产生的苦—乐动机论的行为理论，形式理性则体现着抽象的社会整体规则对抽象的理性自利原子化个体竞争行为的调整，形式理性被视为实现理性自利原子化个体竞争可以达至抽象社会整体性的均衡和秩序的必由之路。形式理性将社会视为一个可以预测和控制的机器系统，可以通过形式逻辑结构—功能优化实现社会系统的良好运行。

近代化以来的现代化及其历史结果——现代性，本质上是以形式性、抽象性的平等、自由、民主、正义、法治这些价值和规范性原则来为实践中的不平等、不自由、不民主、不正义、僵化的法治进行合法性论证和辩护的。换言之，是作为理性自利的原子化个体的人享有这些形式平等的权利，享有这些光芒万丈的价值和规范性原则，而不是现实的、真实的人享有这些价值和原则。这种名实不符的困境充分展现出了近代以来的现代化进程和现代性结果仍然缺乏着对平等的完整理解和对具体的人的人道主义和现实主义关照。

当我们将视野转向艰难复归的人文传统，能够发现当代哲学兴起了一股"发现他者"和"承认他者"的浪潮，这一浪潮源自于对启蒙时期以来的过度自我的话语体系和价值观的反动。[1] 主体间性、主体间交往、实践成为一时流行的政治和公共话语。但是在主流的社会科学理论中，依然是以实证主义哲学为基础构建的理论体系，主体间性、主体间交往和实践等概念为代表的对启蒙主义兴起的形式现代性进行反思的哲学和社会科学理论，要么被视为对现有体系修修补补的材料，要么被视为不知所云的后现代思潮而得不到严肃和认真的对待。在公共行政研究路径中，也有强调参与、实践，高扬伦理和价值规范的公共行政研究宪制主义路径，但是这一研究路径及其政策主张依然处于边缘性地位，其中不可避免地存在着公共行政研究宪制主义路径自身的缺陷，这一缺陷集中地表现为试图通过技术化、形式化的方式来推动伦理、价值规范的重新复归，这一推动方式本身蕴含着伦理和价值规范再次形而上学化的问题。[2]

公共行政理论需要迈向实践智慧，才能摆脱既往理论与实践脱节、理论对实践殖民的困境，那么就需要对实践智慧展开讨论和分析：对公共行政理论而言，实践智慧是什么？它的本体论是什么？认识论是什么？方法论是什么？价值论又是什么？它到底是一种思想，还是一种工程学意义上的管理控制的技术治理模式？对公共行政实践智慧的探讨，仍然需要从既往的脉络中进行分析和反思，这就需要对启蒙主义以来的现代性进行更为深刻的批判，才能够为阐释公共行政理论的实践智慧奠定坚实的基础。

---

[1] 张康之、张乾友：《从自我到他人：政治哲学主题的转变》，《马克思主义与现实》2011年第3期。
[2] 刘晶：《公共行政实践的基本叙事及其碎片化状况》，《社会科学》2014年第6期。

1. 治理思想的贫困：公共行政的四种叙事模式

公共行政理论和实践发展至今，有四种基本的叙事模式，每种叙事模式都有其本体论、认识论、方法论预设、价值论规范，而人性假设则是叙事模式基本结构的集中呈现。以人性假设作为基本的逻辑起点，通过形式逻辑而构建出一整套周密和形成闭环的理论体系，从根本上规约着研究者和实践中的行动者的认识框架和评价体系，是其治理行动和制度安排、政策设计的根本逻辑所在。四种叙事模式虽然在表面上有着相当的差异，却在基本思维模式上有着一致性，即主体—客体对立的本体论构建路径和对知识生产和检验程序、标准，对价值和正义规则的具体内容的形而上追求，试图建构一种能够免于历史和情境检视的普遍主义的知识体系和价值规则。四种叙事模式各自出现的问题及其应对方式虽然有着差异，但是在产生问题原因和解决问题的方法上，都呈现出了二律背反的情况。在前一部分，通过相对抽象的方式探讨了人性恶假设和人性善假设的哲学基础及其理论后果，在这一部分，将回到真实的行政世界和治理世界中，对公共行政主要的四种叙事模式进行批判性分析，分析公共治理的困境。

英国学者胡德在《国家的艺术：文化、修辞与公共管理》一书中以文化理论作为视角，运用网格—团体分析框架，将公共管理分为了四种主要的叙事模式，并将每种叙事模式面对公共治理的失败的核心观点、归因分析、应对方式、主要符号和基本困境都进行了系统性地阐释。所谓的网格，指的是"我们的生活被习俗和规则所限制的程度，其功能是缩小以个人协商为基础的生活范围"①。而团体，则指的是"个人选择受团体选择限制的程度，其结果是将个人整合到集体中"②。网格强调的是制度化和形式理性化，意图通过强化制度和规则建设，推动形式理性化进程，来削弱任何意义上的人格化的可能性，降低不确定性，提高确定性。强调网格对个人自由裁量权及其范围的限制在一定程度上能够降低个人决策的不确定性可能带来

---

① 〔英〕克里斯托弗·胡德著，彭勃等译：《国家的艺术：文化、修辞与公共管理》，上海人民出版社 2009 年版，第 7 页。
② 〔英〕克里斯托弗·胡德著，彭勃等译：《国家的艺术：文化、修辞与公共管理》，上海人民出版社 2009 年版，第 7 页。

的问题，同时也能够制约个人的随意专断，保障组织正常运行。网格对个人自由裁量权及其范围的限制同样也会削弱组织的灵活性，尤其是在应对常规程序、知识和组织技能无法解决的，需要依靠个人经验和技巧应对的问题的时候。同时，网格所代表的制度化、规则化的形式理性化进程，将组织成员视为机械的物体或者仅仅服从于生理本能的、无目的的动物，无视和压制组织成员的个体的自主性和创造性。网格所代表的对制度化、规则化为核心的形式理性化进程的笃信也带来了对"制度永动机"的迷信，即坚信一个完善的制度和程序能够解决所有的问题，并且制度会自我更新和净化。网格所坚持的形式理性化在知识和技术上也倾向于坚信具有规则性、确定性和预测功能的科学和技术的广泛有效性，因此，专家权威也是网格所赞同和支持的。那么，不具有确定性、不能被规则化、不具有预测功能的知识和信息在网格的文化理念中便不具有合法性，难以进入组织视野中。团体则强调的是个人与组织之间的关系，强团体将个人视为团体的附属品，强调个人的权利和利益应当无条件地服从团体。强调团体在一定程度上可以整合组织，形成具有内聚性的组织文化。但是，强团体则会产生一系列的问题：一是将个体视为团体的附属品，使得个体的权利和利益无法得到保障；二是团体一致性的压力也会使得信息的正常流动难以进行、创新受到压制；三是强团体会产生一个道德上的相对主义问题，即强团体将团体自身的传统、文化和价值观视为绝对正确的，这就使得团体所信奉的伦理规则和道德观念无法得到检视。

　　胡德教授以团体—网格理论作为基本分析框架，目的是研究公共治理困境及造成这种困难的可能的条件组合，关注组织的控制和激励问题。强网格和强团体在本质上是一致的，即不信任具体和真实的个体的判断能力（包括做出正确选择的可能性和应对能力）。强网格是将个体视为自利的"小偷"，而需要运用制度和规则进行约束，并且以制度化程序和规则来实现组织目标，尽可能地削弱人格化影响，降低不确定性。而强团体则将个体视为团体的从属，强网格在功能上是通过负激励来约束个体，而强团体为这一约束提供了道德和伦理上的合法性辩护。在现实的治理中，通常来说，团体—网格理论框架下可以将公共治理模式划分为四种主要模式。

五、人性假设的哲学基础与公共行政理论的发展 | 315

表 5-1　公共管理的四种叙事模式[①]

	内容	团体特征	
		弱团体	强团体
强网格	类型	宿命论方式	等级主义方式
	核心观点	不可预测性，不可预期影响	专家知识，预见和管理
	特点	低合作方式；以规则制约的组织方式	社会一致，以规则制约的组织方式
	遇到问题归因	"命运无常"；解释如何进行组织工作的"混沌理论"	不遵守既定规则，缺少职业专家
	补救策略	最低介入，至多在事后作为临时性的反应	更多的专家，更严格的程序以及更严格的管理控制
	缺陷	不愿事先计划，在危机情况下不采取果断措施；失败源于过分消极和惰性	幻想式的计划和项目遭遇惨败 失败源于无法解决分割问题，同事共存关系恶化

	内容	团体特征	
		弱团体	强团体
弱网格	类型	个人主义方式	平等主义方式
	核心观点	作为自利的理性选择者的个人	团体和权力结构
	特点	组织处理协商和交易的原子化方式	高度参与结构下，控制每一项决策
	遇到问题归因	过分集体化；缺乏价格信号的错误激烈结构	政府最上层或公司领导的滥用权力，系统腐败
	补救策略	像市场一样的机制，竞争和团体；支持选择的信息	参与，社群主义和置之不理
	缺陷	失败源于缺乏合作和个人腐败	失败源于无法解决分割问题，同事共存关系恶化

　　从现象上来看，宿命论、个体主义、等级主义和平等主义叙事模式在观点、逻辑、伦理规则和具体的制度安排和政策设计上都有着相当程度的差异。但是，在人性假设和思维方式上，宿命论、个体主义、等级主义和平等主义四个类型都有着密切的联系。从人性假设上来看，宿命论、个体主义、等级主义都是一致的，即人性恶假设，而人性恶假设即是理性自利假设，其哲学理据在于机械唯物主义、还原论思维模式和"身"决定"心"的身心关

[①]　〔英〕克里斯托弗·胡德著，彭勃等译：《国家的艺术：文化、修辞与公共管理》，上海人民出版社 2009 年版，第 8 页、第 22 页、第 24 页。

系，其伦理依据在于功利主义，其方法论依据则是工具理性和形式理性。机械唯物主义主张单子的机械运动是解释任何现象（自然和人类社会现象）的根本依据，单子间的位移造成的压力使得人产生了自我保护和欲望两种机制。这两种机制使得人做出相应的行为，进而解释了宏观性的集体行动和社会结果。因此，还原论思维模式主张对社会和集体行动的解释应当还原到人的心理活动上，也就是苦—乐动机论，而苦—乐动机论本质上是不存在任何意义的，它对应于人的自我保护和欲望两种机制，这两种机制是生物的本能。也就是说，机械唯物主义和还原论思维模式共同造成了实证主义哲学所主张的"身"决定"心"的身心关系。既然是"身"决定"心"的身心关系，那么人的行为的本质就是生物本能的应激性反应，自然而然不存在更为丰富的意蕴的可能性，对人的假设便只能从理性自利入手，对人的激励和控制无不是在利用人的理性自利来实现组织的目标。

如果仅仅是从苦—乐动机论，以及以此构建出的功利主义伦理规则和工具理性思维模式，尚且无法完整地解释等级主义的公共管理模式，尤其是那种拥有强团体和强网格的等级主义公共管理模式。因此，还需要考察等级主义的公共管理模式中强团体伦理规定的观念史脉络。从实证主义发展历史来看，实证主义较早由英国经验论哲学发展而来，在法国得以发展成熟，分为个体主义的实证主义哲学和整体主义的实证主义哲学，而二者在美国宏大社会系统论（帕森斯、默顿和伊斯顿）理论中得以结合起来。英国经验论哲学认为对社会理论和集体行动的解释应当从个体的心理学进路入手，也就是以苦—乐动机论为逻辑起点，建构出一整套的解释个体选择及其集体后果的经济社会理论，并且以个人间高度竞争将会导致社会福利扩大的功利主义和工具理性思维模式作为伦理规则和方法论原则。但是，英国经验论哲学忽视的一个问题是，个人间高度竞争发挥作用的，以人性自利为逻辑起点的政治经济和社会理论没有办法有效解释为什么组织会长期存在这样的问题，尤其是科层制组织这样的与利用个人理性自利和高度竞争实现集体福利扩大的观点直接相违背的社会现象。

对这一问题的解释，是由法国实证主义完成的。法国实证主义，尤其是涂尔干坚持的是社会整体主义，认为社会整体才是社会科学研究的起点，也才是政治经济和社会理论的伦理基础。但是，法国实证主义所讨论的社会整体，并不是价值和伦理意义上的，而是将社会整体视为一个有机平衡的生态系统。因此，社会中存在着中心—边缘结构和等级制度，并给个体规定了扮演的角色，各个部分发挥出应有的功能，维护社会系统动态平衡。同时，法国实证主义坚持通过对人行为的预测和控制能够实现经济社会的健康发展，认为人文社会科学是自然科学的逻辑结果。因此，法国的整体实证主义和英国的个体实证主义在根本上是一致的，即都不正视人的主观能动性，忽视人的意义和价值，只不过一个是由个体向整体，一个是由整体向个体。那么，英国实证主义支持个人自由竞争会引致社会福利整体增长，而法国实证主义则以社会系统的自我平衡和调节，来约束和限制个人的自主行动和自由选择。因此，等级主义公共管理模式才会展现出强团体性和强网格性的结合。而在个体主义公共管理模式中，则回归到了英国实证主义哲学脉络里，放弃了法国实证主义的社会约束和社会自动平衡的主张，力图通过个人间高度竞争来实现社会的普遍进步。对于等级主义公共管理体系和个人主义公共管理体系而言，如何促进经济发展和政府财政持续增长为核心的社会福利扩展是其主要考虑的实践问题，以人的理性自利的应激性行为替代人的复杂、多样的意义世界和行动，以确定性的知识、规则来代替不确定的、复杂的治理世界，是等级主义公共管理体系和个人主义公共管理体系的共同特点，也是其根本的逻辑进路，只不过一个认为通过等级、专家等自上而下的权威性控制能够实现社会福利的增长，另一个认为通过市场、竞争等自下而上的相互竞争能够实现社会福利的扩大。

从公共行政实践和理论发展史来看，20世纪80年代以来，等级主义公共管理叙事模式被强调个体主义公共管理叙事模式替代。这一重大的历史事件在不少学者看来具有公共行政的"范式"更替意义，但是结合等级主义公共管理和个体主义公共管理叙事模式的本体论、认识论、方法论理据和价值论来观察，二者在根本上仍然是保持着一致性的，只不过发展的轴心在现象上从政府转到了市场而已。在等级主义公共管理叙事模式中，如果遭遇公共管理的失败，等级主义公共管理模式第一反应并不会思考本身的叙事模式（强调形式理性和制度化治理倾向）的问题，而是将矛头彻底对准执行的基层执行者，认为是没有遵守制度和规则、没有尊重专家权威的结果，其策略是不断强化制度和规则。在凯恩斯主义和行政国家时代，国家强化了等级主义公共管理，社会经济调节的轴心放在了政府之上，而政府在应对公共管理的问题的时候，不断地试图强化制度和规则来实现有效控制，但是最终却使得政府本身成为经济衰败的重要原因，市场机制本身的固有缺陷被转移到了政府之上，为个体主义公共管理叙事模式的复归提供了空间。而个体主义公共管理模式面临公共管理的问题的时候，同样不会将反思的矛头对准自己的个体竞争能够实现社会福利普遍增长这样的根本逻辑上。个体主义公共管理模式认为等级主义公共管理模式的失败来自于官僚理性自利和等级制度产生的委托—代理问题，而个体主义公共管理模式解决这一问题又利用了官僚理性自利，同时认为市场机制能够解决信息不对称的问题。个体主义公共管理模式以问题的原因本身作为解决问题的途径，本身在逻辑上就是站不住脚的，而认为市场机制能够解决信息不对称问题，就如同等级主义公共管理模式一样，认为强化制度和规则就能解决问题一样的荒谬。

宿命论公共管理模式可以追溯到休谟的不可知论上。休谟认为感知经验获得的以事物间因果联系为代表，并提供预测功能的知识是无法得到确证的，本质上是人的主观的心理联想的产物。休谟的不可知论一方面言明了经验论哲学产生知识程序所生产的知识的局限性；另外一方面，则摧毁了科学的确定性和公开性，因为知识取决于人的主观心理联想，这就使得任何知识都不具备比较和判断的可能性。宿命论公共管理强化了人的自我持存的动机，在认识到公共管理和制度世界带来的不确定性的同时，将这一不确定性推到极致，否认任何可以有效改变和行动的可能性。

宿命论公共管理叙事模式、等级主义公共管理叙事模式、个体主义公共管理叙事模式都有着共同的哲学起源和相似的思维模式。等级主义公共管理叙事模式来自于经验论哲学的心理学进路同法国实证主义的社会整体论解释进路的融合，以等级、规制、制度为载体的形式理性能够产生社会福利是其根本的观点，削弱不确定性、强化确定性是其主要的治理逻辑。个体主义公共管理叙事模式则来自于经验论哲学的心理学进路和新古典经济学理论，以市场逻辑和竞争机制能够产生社会福利是其根本的观点，通过市场逻辑和竞争机制利用人性自利来实现社会福利的普遍增长是其根本的制度安排、政策设计、治理模式的出发点。宿命论公共管理叙事模式则来自于休谟激进的感官反映论，缺乏对人认识的主体性地位的认识，在强烈的追求知识绝对正确的形而上冲动下，激进的感官反映论使得任何确定性知识的产生都归于不可能。因此，宿命论公共管理叙事模式在看到治理中的不确定性、反对过于理性独断论的观点的同时，陷入到了相对主义中。这三种公共管理叙事模式的治理困境在于两点：一是忽视人的主观能动性和作为认识主体的人的主体性地位，以抽象的人的主体性代替具体的人的主体性地位；二是缺乏辩证思维模式，在反对形而上的同时落入到了形而上的困境中。三种公共管理叙事模式的哲学基础都在于感官经验论哲学体系，这一哲学体系试图确立一种超越语境的一劳永逸的知识生产的程序和模式，认为通过这一程序和模式，知识便是有效的。因此，它们在反对形而上的同时也在追求形而上，只不过是在认识论和方法论上追求形而上。这就使得三种公共管理叙事模式难以对自身的问题进行反思和发展，这三种公共管理叙事模式是缺乏历史视野和发展的可能的，它无法产生内部否定和发展的力量。因此，三种公共管理叙事模式在遇到问题的时候，都无法反思自己的根本的逻辑，而是不断强化这一逻辑。

那么平等主义公共管理叙事模式的问题又是什么？平等主义公共管理叙事模式在学术上来源于公共行政宪制主义研究路径，而公共行政研究宪制主义路径在政治哲学上则与现代自由主义、社群主义、共和主义等理论相关，而这一理论传统更早可以追溯到卢梭和康德开启的道德哲学的传统。卢梭、康德之后，哲学开始向走出自我、发现并承认他人的方向上发展，哲学诠释学是这一脉络的重要成就。平等主义公共管理叙事模式的根基在于人性善假设，意图通过主体间交往来打破主客体对立的本体论路径，实现在理论上和治理模式上的人与人之间的相互承认。平等主义公共管理叙事模式更为重要的突破在于，通过将诠释学和批判理论引入公共治理中，使得公共治理的理论具有自我批判的能力，公共行政的理论便具有了历史性和发展的可能性。平等主义公共管理叙事模式力图在主体间交往过程中实现真理的开显，实现理解的一致，进而形成更有力的集体行动，而不是固守某一抽象的原则。但是，平等主义公共管理叙事模式的问题不在于其观点，而在于其仍然用形式理性和技术理性化的行政工程学模式来推动平等主义公共管理叙事模式的实现，这就使得平等主义公共管理叙事模式将人性善假设视为经验的反映而非应然规定，平等主义公共管理叙事模式自然忽视了人的复杂性，忽视了在实践中一定程度的中心—边缘结构的必要性。

公共行政理论四种叙事模式在实践中都面临着困境，这一治理困境并不是具体观点意义上的，而是根本的认知和思维模式上的。治理的真正困境在于主体—客体本体论所造成的研究者和实践中的行动者，治理者和参与者的脱节和异化；在于缺乏辩证逻辑和实践智慧所造成的反思和批判能力的不足，使得公共行政四种叙事模式都无法批判和反思自己的目标，以及达至这一目标使用的工具的本身的合理性，而仅仅考虑的是实现目标的工具或手段同目标的匹配程度，自然会面临理论和治理实践上的悖论。

2. 公共行政的实践智慧：是什么，不是什么

公共行政理论四种叙事模式不仅仅是四种基本的理论体系以及其代表的广泛的公共行政哲学，更是现实的治理模式的制度逻辑的基础。公共行政理论四种叙事模式所面对的失败体现出的治理困境，呼唤着一种新的关于公共行政和公共治理的哲学和思维模式出现，这一思维模式需要建基在牢固的哲学基础之上。这一哲学基础面对两个方面的挑战：一是重新回到主体—客体对立的本体论建构的老路上，不能陷入以工具理性和形式理性代替价值理性和实质理性的窠臼中；二是不能陷入形而上学困境中，不能以抽象的人性假设作为对现实的人的规定，代替对现实的人的经验考察。那么，这一新的公共行政理论，它有着什么样的新的表述，它的哲学基础又是什么？

启蒙主义时代以来的哲学，以反对教会和君权独断、弘扬人的主体性和理性为目标，开展了一场发现自我、确证自我的哲学历程，这一哲学历程由霍布斯开端，在法国启蒙哲学和英国功利主义哲学中达到巅峰。这一哲学历程的结果就是英国经验主义哲学和法国实证主义哲学，是现代社会科学意义上的公共行政学的学科根基。这一哲学体系反对形而上学的理论体系，认为这一理论体系无法得到经验的检验，因此是没有意义的。为了确立其发现自我、确证自我的哲学目标，这一哲学体系将目光投向自然科学，通过对物理科学、生物学、医学观点和体系的吸收，将自然领域与人类社会领域、生物本能与人的能动性进行简单类比，试图以人的理性自利的原子化个体存在作为人的主体性的基本理据。这一哲学体系高扬了人的主体性，将社会和国家

视为服务并保障人的权利的工具,这一政治哲学和伦理观点产生了契约论政治理论,在理论上宣布了为教权和君权至上进行辩护的形而上学理论体系的破产。人的理性自利得到了哲学的辩护和意识形态的支持,整个资本主义经济体系迅速发展,并构建出了相应的民主宪制政治体系。这一政治体系和经济体系相较于封建社会和庄园经济而言,无疑更加尊重人的权利,是西方国家得以发展和兴盛的根本原因。

但是,这一哲学体系在逻辑上却导向了形而上学的困境,人的主体性面临着抽象主体性和具象主体性间的矛盾。这一哲学体系为了确保人理性自利的原子化个体存在这一根本逻辑起点能够得到维护,取消了人的能动性,取消了人丰富的意义世界,将人的具有多重面向的社会行动和实践化约为理性自利的生物本能行为。因此,这一哲学体系支持极端的感官反映论,认为人的本质就是一面反映自然的镜子,人的理性自利行为本身就是自然法的体现,是自然规律的延伸。人理性自利的原子化个体存在就成为这一哲学体系所支撑的社会科学理论的基本人性假设,以此为逻辑起点建构了一整套以个体的苦—乐动机论作为解释人的行动社会结果的解释路径。在功利主义哲学和新古典经济学的边际革命后,这一套解释路径逐步地发展成为研究公共选择和集体选择的新政治经济学的核心解释逻辑,成为新自由主义意识形态的重要组成部分,也是新公共管理运动的理论根基。这一套解释路径认为,可以通过施加正向或负向刺激来作用个体的苦—乐动机,干预个体的行为,进而实现社会整体福利的增长。正向激励在新公共管理运动中呈现出了市场逻辑、竞争机制、政府解制等政策设计,而负向激励则体现在通过官僚制来实行严格的控制上。但是,当这一套哲学理论体系认为可以通过正向或负向刺激来作用个体的苦—乐动机的时候,对行为进行干预和控制的时候,无疑是物化了作为治理对象的人。这一哲学理论体系和社会科学理论在主张人的主体性的时候,又不断地将人客体化,也就是说当这一哲学和社会科学理论谈论人的主体性的时候,谈论的是人的抽象意义上的主体性,而非具体的人的主体性,这就使得作为完整的和复数的人被分割为两个部分:一个部分是拥有主体性的研究者和治理者;另一个部分则是被客体化的研究对象和被治理者。当这一哲学体系在单数意义上来界定人的性质,将人视为理性自利的原子化的个体存在的时候,却造成了现实的、具体情境中的个体意义上的人的客体化。人被分为抽象和具体的两个对立的部分，抽象的部分具有主体性。而具象的部分丧失主体性是现代化的必然结果。当人在单数意义上是原子化的个体，才可能建立普遍意义上的、抽象意义上的人的主体性。在这一过程中，任何会阻碍人的原子化的纽带都会被视为杂质被抽离出去。但是，普遍和抽象意义上的人的主体性却导致了个体的人只剩下了能够被计算化的价值。人的主体性的确立不可忽视的一点是，人的抽象意义上的主体性的确立是必要的，因为这一主体性的确立是现代社会形式权利的根基。但是，人的抽象意义上的主体性的确立却并不只有"自我"哲学的路径，还应有"承认他者"哲学的启发和引领，只有"承认他者"才能发现具象的"自我"，才能实现抽象意义上的主体性和具象意义上的主体性的融通。

作为具象的个体的人的主体性确立，本质上是尊重个体的自我选择，而这一自我选择并不是孤立做出的，而是在主体间交往的场域中实现的。人的自我选择并不是孤立意义上的随心所欲的选择和行动，而是在与他人的交往，发现自己和他人的存在，并以此达成理解的一致，进而实现共同的行动的过程中实现的。因此，具象的个体的人的主体性指的并不是单数意义上的人，而是复数意义上的人，是现实的、社会关系中的人，而非抽象和真空中的人。那么，当作为个体的人不是抽象的个体，而是社会关系中的人这一总的人性论的观点得到明确之后，"承认他者"就不是一个经验事实的抽象，而是一个真理的开显的过程，是一个规范的道德和伦理要求，也是政治权利从形式走向实质的必由之路。"承认自我"是将人从社会关系中割裂出来，获得孤立的自我的确证，但是孤立的自我无法给人提供意义，这一意义只有在社会关系中才存在，也就是在"承认他者"的前提才可能存在意义。"承认他者"意味着对社会关系存在的正视，对社会关系的正视将会给"自我"的主体性奠定约束的框架，提供意义的引导；"承认他者"也意味着以对待自身的方式对待他人，不以他人为客体和工具。而是以他人为主体，这就使得主体间交往和理解的一致成为可能。以"承认他者"为开始，正视社会关系，确立主体间交往和理解的一致，使得抽象的人的主体性的确立不再以形而上的方式实现，而是在人与人的交往、合作的过程中不断地开显出来，使得抽象能在具象的历史发展过程中逐步显现出来。

因此，转变治理思想的贫困的关键在于：在经验上将人视为社会性的存在，确立社会关系规定了人，同时人可以重新规定社会关系这一基本辩证关系。这一基本辩证关系存在两个要点：

第一，人是社会性的，同时具有能动性，因此人被社会规定的同时，也具有重新塑造社会和规定社会的可能性。因此，新的公共行政理论本身是开放的，具有自我反思和自我批判的能力。既往的公共行政理论有着强烈的追求去语境和超越历史的知识论、价值论的形而上学冲动。形而上学的冲动是以静态性的视野，以及一个历史片段的经验事实抽象出来的规范性原则来规定处于运动的、无止境发展的经验事实，这自然会面临着逻辑上的自我否定，而这一自我否定又会彻底地动摇公共行政理论。具体来说，形而上学的公共行政理论存在着两种错位：一是将部分经验抽离出的假设，视为应然性的规范原则，以人性恶假设为代表；二是将应然性的规范原则视为对经验事实的反映，以平等主义公共管理叙事模式的人性善假设为代表。

第二，人重新规定社会关系。人重新规定社会关系不是以某种形而上的抽象原则来规定的，而是在主体间交往的过程中，达成理解的一致，进而构建规范的社会关系，这一社会关系的构建也不是超越历史情境的，而是不断发展的。人重新规定社会关系的提法在不加界定的情况下，容易重新陷入主体—客体对立的本体论建构窠臼中，使得一部分人重新被客体化，制造理论上的新的不平等。那么，人重新规定社会关系就需要以一种必要的主体间交往和理解的一致性来实现，这种主体间交往需要不同主体对作为规范性原则的"善"或"正义"的理解一致，同时需要对实现这一规范性原则的手段本身达成理解的一致。理解的一致，正是主体间交往的目的，理解的一致是参与交往和互动的各个主体所处的不同的世界在这一过程中融合而形成的新的世界，这一新的世界本身就具有反思的意义，这一新的世界构成了参与互动的主体的共同的意义框架。

那么，新的公共行政理论应当用什么样的理论资源来寻求对既往治理思想所处的困境予以突破呢？治理思想面临困境的根源在于主体—客体对立二分的本体论建构路径和形而上的思维模式，这两大原因都源于没有能够正确地认识人在认识和实践上的主体地位。因此，突破治理思想的困境的关键在于将人视为认识和实践的主体地位，将主体和客体对立二分的本体论建构路径转变为主体间的本体论建构路径，改变形而上的思维模式，以辩证思维模式看待人在认识和实践上的主体地位。具体到人性论这一新的公共行政理论的逻辑起点来看，就是要确立人是现实的、社会的、历史的存在，确立社会关系规定人，而人又可以重新规定社会这一基本辩证关系，那么主体间交往和理解的一致成为人重新规定社会关系的必由之路。新的公共行政理论的未来就在于实践智慧，就是在主体间交往的过程中，以理解的一致为条件而实现的对社会关系的重塑需要的德行与知识。

讨论公共行政的实践智慧，还需要对持人性善的平等主义公共管理叙事模式进行反思。平等主义公共管理叙事模式与公共行政的实践智慧有着理论上的亲缘性，但问题在于平等主义公共管理叙事模式仍然走上了与其他模式一样的道路，即主客体二分的本体论建构路径和形而上思维模式。它将人性善假设视为现实人性的反映，意图通过形式理性和技术治理的方式贯彻人性善的假设。平等主义公共管理叙事模式的问题在于，人性善并不是抽象意义上的人性论，不是一个形而上的用以建构经验社会科学的规范原则，而是一个被遮蔽的、有待开显的、具体内容并不确定的伦理上的规范原则。当平等主义公共管理叙事模式将人性善视为对经验人性客观描述，并以此对复杂人性进行单向度规定的时候，平等主义公共管理叙事模式本身就在基本思维模式上与持人性恶的等级主义、个人主义或宿命论的公共管理叙事模式是一致的了。那么平等主义公共管理叙事模式必然要求通过一整套促进参与的形式理性化和技术理性的方式来要求行动者按照他利的方式进行行动。作为规范原则的人性善并不规定某个历史片段的道德规约和伦理规则就是人性善的体现，更不会以此来替代对经验人性的讨论，它是引领人们批判反思现实的导航。因此，当我们在讨论公共行政的实践智慧的时候，至少能够清晰地知晓公共行政的实践智慧不是主客体对立本体论建构路径和形而上思维模式，也不是一套"精致和普适的科学体系、理性模式或技术工具"[1]，它面对的不是确定的物化的对象，而是高度不确定的、拥有多重意义的作为主体的行动者，因此，它也不是一套能够复制和操作的能够立刻解决治理问题的说明书。

---

[1] 刘晶：《开启公共行政实践智慧：谋求主体、情境与规范交互建构的新探索》，《江海学刊》2014年第2期。

那么，公共行政的实践智慧到底是什么？

实践这一概念最早源自于古希腊，亚里士多德将人类知识分为了五个类型，其中，亚里士多德赋予了实践知识或者实践智慧极大的意义，这一意义展现在人通过践行善而达至公共善和个人完满的过程中。亚里士多德的实践以自身为目的，构成了善的展开的场域，实践即是德行和知识的统一，不仅仅考察目的本身是不是能够构成公共善，更考虑达至这一公共善的手段本身是否是正当的。所谓公共善就是在某一情境和脉络中能够得到普遍认同规范性的原则，只有善本身符合公共善的要求，达成这一善的手段本身也是正当的，公共善才得以实现。某一手段能否达至公共善的判断总是具体的、情境的而非抽象和普遍的，因此对手段能否达成公共善，就需要从技术上去考虑，从不同行动者的立场和认知、判断上考虑，二者的结合将形成一种能够尊重自然世界的必然因果性前提之上的主体间的一致理解，形成视界的融合，进而形成有效的集体行动。也就是说，实践智慧并不诉诸一种普遍有效的、超越语境和历史脉络的道德和伦理约束，也不诉诸一种能够与此匹配的普遍性的手段规范性要求。实践智慧不追求永恒的理性，而追求处于发展中的、不断变化的情境中的合理性。实践智慧是一种个别的、情境的、寻找公共善同情境中的个体境遇相结合并发展的经验智慧，这一经验智慧要求行动的主体具有符合情境和治理问题的必要的技术知识，对情境和其他主体境遇的感知、共情、阐释能力，反思和检视既往的得到认同的普遍道德规范的勇气和能力。因此，实践智慧如同苏格拉底所言的"美德即知识"一般：德行意味着敏锐的个人良知和道德情操，知识则意味着普遍与情境的融通能力和批判能力。"美德即知识"就是在主体间交往过程中实现普遍的善和个体境遇的理解的一致，并以此来不断地规定普遍的善，促进普遍的善的不断发展。

公共行政的实践智慧就不仅仅是简单的照章办事，也不是技术决定论，而是主张在主体间交往过程里，实现视界的融合和达至一致理解。在这一过程中，公共行政的实践智慧仍然寻求需要反思、批判和超越既有的情境和脉络中普遍适用的道德规范的可能性。对于公共行政的实践智慧而言，公共本身就不是普遍和抽象的，而是具体的，是情境和关系中的人所遇到的真实的问题。解决问题需要得到这一情境和关系中不同的主体的一致认同。治理就是实现主体间交往和理解的一致，并以此来实现既往的道德规范、正义原则的否定和发展。让普遍的规范和原则实现新的发展无法通过抽象的讨论来实现，只能在具体场域里不断地追求理解的一致才能够实现。因此，公共行政的实践就是一个尊重行动主体、推动行动主体自身来解决治理问题，并以此来开显新的普遍规范和原则的过程，公共行政的实践智慧就是完成这一过程所需要的有德性的知识。

公共行政的实践智慧并不全盘否定人的理性自利原子化存在为逻辑起点而构建出来的具有形式性特征的政治价值、正义原则、形式权利，这些原则至少构建了抽象意义上的人的主体性；公共行政的实践智慧也不会完全否定公共行政的技术治理和规则治理，它们至少相当程度上避免了权力运行的扩张性、随意性，制约了公权私用。公共行政的实践智慧将接受这些普遍的规范、原则和制度，作为追求美好公共生活的逻辑起点。公共行政的实践智慧会将关注点放到具体的情境，转向情境治理，妥善地运用自由裁量权，追求规则、制度在情境中的恰当适用。这一恰当适用以主体间交往为实现的场域，以理解的一致为判断的标准。公共行政的实践智慧本质上是将抽象意义上的人的主体性赋予情境和个别的丰富意蕴，推动尚未完成的现代性的继续发展，实现生活世界中的现实的个体的人的主体性。

因此，公共行政的实践智慧的哲学基础就呼之欲出了。公共行政实践智慧建构在主体间交往为核心的实践的本体论上，实践本身就是公共行政实践智慧的存在方式。公共行政的实践智慧不追求形而上的知识论和价值论，而是立足以主体间交往为主要内容的实践过程，将知识论和价值论视为历史的、发展的。

公共行政实践智慧的认识论不是主客二分，而是不同主体的视界融合和理解的一致，以此寻求主体的反思和重新构建。

公共行政实践智慧的方法论则是混合的，目标是实现普遍的道德观念、政治观念、正义规则、制度体系在实践情境中的不断发展。在具体的治理过程中，治理的目标和治理的手段不仅仅要考察其匹配程度，更要考察各自的正当性。公共行政实践智慧的方法论就需要三种基本知识和能力：一是技术知识和能力（从自然科学和应用科学到达成集体行动的组织与领导能力）；

二是对具体情境中个别主体敏锐的理解、共情和阐释能力；三是将普遍的价值和规范原则同特殊情境匹配适用的批判反思能力。

　　公共行政实践智慧的价值论则是实现人的抽象主体性和具象主体性的融通，是人的解放和自由。

主要参考文献

中文参考文献

论著

陈培永：《福柯的生命政治学图绘》，中国社会科学出版社 2017 年版。

陈新民：《公法学札记》，中国政法大学出版社 2001 年版。

陈修斋：《欧洲哲学史上的经验主义和理性主义》，人民出版社 2007 年版。

邓晓芒：《纯粹理性批判讲演录》，商务印书馆 2013 年版。

丁煌：《西方行政学说史》（第三版），武汉大学出版社 2017 年版。

何俊志：《结构、历史与行为——历史制度主义对政治科学的重构》，复旦大学出版社 2004 年版。

何艳玲：《公共行政学史》，中国人民大学出版社 2018 年版。

洪汉鼎：《当代西方哲学两大思潮》（下），商务印书馆 2010 年版。

洪汉鼎：《理解与解释：诠释学经典文选》，东方出版社 2001 年版。

江天骥：《逻辑经验主义的认识论 当代西方科学哲学》，武汉大学出版社 2009 年版。

马啸原：《西方政治制度史》，高等教育出版社 2000 年版。

徐大同：《现代西方政治思潮》，高等教育出版社 2006 年版。

颜昌武、马骏编译：《公共行政学百年争论》，中国人民大学出版社 2010 年版。

颜昌武：《公共行政学简明史：以西蒙—沃尔多争论为主线》，社会科学文献出版社 2019 年版。

颜良恭：《公共行政中的典范问题》，台北五南图书出版公司 1994 年版。

杨耕等：《马克思主义哲学基础理论研究》，北京师范大学出版社 2017 年版。

俞可平编译：《治理与善治》，社会科学文献出版社 2000 年版。

张康之、张乾友：《公共行政的概念》，中国社会科学出版社 2013 年版。

张康之：《行政伦理的观念与视野》，江苏人民出版社 2018 年版。

张庆熊：《社会科学的哲学：实证主义、诠释学和维特根斯坦的转型》，复旦大学出版社 2010 年版。

赵鼎新：《国家、战争与历史发展：前现代中西模式的比较》，浙江大学出版社 2015 年版。

中共中央编译局：《马克思恩格斯选集》（第 2 卷），人民出版社 1995 年版。

译著

〔波兰〕莱泽克·科拉科夫斯基著，张彤译：《理性的异化：实证主义思想史》，黑龙江大学出版社 2011 年版。

〔丹麦〕哥斯塔·埃斯平·安德森著，苗正民译：《福利资本主义的三个世界》，商务印书馆 2010 年版。

〔德〕哈贝马斯著，曹卫东等译：《公共领域的结构转型》，学林出版社 1999 年版。

〔德〕汉斯-格奥尔格·伽达默尔著，洪汉鼎译：《真理与方法》（第 2 卷），商务印书馆 2010 年版。

〔德〕克劳斯·奥菲著，郭忠华译：《福利国家的矛盾》，吉林人民出版社 2011 年版。

〔德〕马克斯·韦伯著，康乐等译：《经济与历史 支配的类型》，广西师范大学出版社 2016 年版。

〔德〕施密特著，冯克利等译：《合法性与正当性》，上海人民出版社

2015年版。

〔德〕沃尔夫冈·施特雷克著，常晅译：《购买时间：资本主义民主国家如何拖延危机》，社会科学文献出版社2015年版。

〔德〕尤尔根·哈贝马斯著，刘北成等译：《合法化危机》，上海人民出版社2014年版。

〔法〕孟德斯鸠著，许明龙译：《论法的精神》（上），商务印书馆2015年版。

〔法〕皮埃尔·卡默蓝著，高凌瀚译：《破碎的民主：试论治理的革命》，生活·读书·新知三联书店2005年版。

〔法〕托克维尔著，董果良译：《论美国的民主》（上卷），商务印书馆1989年版。

〔古希腊〕亚里士多德著，廖申白译：《尼各马可伦理学》，商务印书馆2003年版。

〔古希腊〕亚里士多德著，吴寿彭译：《政治学》，商务印书馆1965年版。

〔加拿大〕C. B. 麦克弗森著，张传玺译：《占有性个人主义的政治理论：从霍布斯到洛克》，浙江大学出版社2018年版。

〔美〕H. 乔治·弗雷德里克森著，张成福等译：《公共行政的精神》（中文修订本），中国人民大学出版社2013年版。

〔美〕艾尔·巴比著，邱泽奇译：《社会研究方法》，华夏出版社2000年版。

〔美〕安德鲁·海伍德著，张立鹏译：《政治学》（第三版），中国人民大学出版社2013年版。

〔美〕保罗·法伊尔阿本德著，周昌忠译：《反对方法：无政府知识论纲要》，上海译文出版社2007年版。

〔美〕查尔斯·J. 福克斯、休·T. 米勒著，楚艳红等译：《后现代公共行政——话语指向》，中国人民大学出版社2002年版。

〔美〕大卫·哈维著，王钦译：《新自由主义简史》，上海译文出版社2010年版。

〔美〕戴维·奥斯本、特德·盖布勒著，周敦仁等译：《改革政府——企业精神如何改革着公共部门》，上海译文出版社1996年版。

〔美〕丹尼尔·A.雷恩著，赵睿等译：《管理思想的演变》，中国社会科学出版社 2000 年版。

〔美〕德怀特·沃尔多著，颜昌武译：《行政国家：美国公共行政的政治理论研究》，中央编译出版社 2017 年版。

〔美〕德沃金著，冯克利译：《至上的美德——平等的理论与实践》，江苏人民出版社 2003 年版。

〔美〕弗朗西斯科·福山著，毛俊杰译：《政治秩序与政治衰败：从工业革命到民主全球化》，广西师范大学出版社 2015 年版。

〔美〕古德诺著，王元译：《政治与行政》，华夏出版社 1987 年版。

〔美〕哈罗德·孔茨、海因茨·韦里克著，黄洁纲、范煦译：《管理学》，上海人民出版社 1990 年版。

〔美〕杰·D.怀特著，胡辉华译：《公共行政研究的叙事基础》，中央编译出版社 2011 年版。

〔美〕李普塞特著，张华青译：《共识与冲突》（增订版），上海人民出版社 2011 年版。

〔美〕理查德·拉克曼著，郦菁译：《国家与权力》，上海人民出版社 2013 年版。

〔美〕罗伯特·毕夏普著，王亚男译：《社会科学哲学：导论》，科学出版社 2018 年版。

〔美〕马茨·阿尔维森、休·维尔莫特著，戴黍译：《理解管理：一种批判性的导论》，中央编译出版社 2012 年版。

〔美〕乔尔·S.米格代尔、阿图尔·柯里、维维恩·苏著，郭为桂译：《国家权力与社会势力：第三世界的统治与变革》，江苏人民出版社 2017 年版。

〔美〕乔尔·S.米格代尔著，李杨等译：《社会中的国家：国家与社会如何相互改变与相互构成》，江苏人民出版社 2017 年版。

〔美〕乔治·萨拜因著，〔美〕托马斯·索尔森修订，邓正来译：《政治学说史：城邦与世界社会》，上海人民出版社 2015 年版。

〔美〕乔治·萨拜因著，〔美〕托马斯·索尔森修订，邓正来译：《政治学说史：民族国家》，上海人民出版社 2015 年版。

〔美〕塞缪尔·P. 亨廷顿著，先萌奇译：《美国政治：激动于理想与现实之间》，新华出版社 2017 年版。

〔美〕塞缪尔·P. 亨廷顿著，王冠华等译：《变化社会中的政治秩序》，上海人民出版社 2008 年版。

〔美〕托马斯·库恩著，金吾伦、胡新和译：《科学革命的结构》（第四版），北京大学出版社 2012 年版。

〔美〕文森特·奥斯特罗姆著，毛寿龙译：《美国公共行政的思想危机》，上海三联书店 1999 年版。

〔美〕约翰·洛西著，张卜天译：《科学哲学的历史导论》，商务印书馆 2017 年版。

〔美〕詹姆斯·M. 布坎南著，吴良健译：《自由、市场和国家：20 世纪 80 年代的政治经济学》，北京经济学院出版社 1988 年版。

〔美〕珍妮特·V. 登哈特、罗伯特·B. 登哈特著，丁煌译：《新公共服务——服务，而不是掌舵》，中国人民大学出版社 2013 年版。

〔挪〕奎纳尔·希尔贝克、尼尔斯·吉列尔著，童世骏等译：《西方哲学史：从古希腊到当下》，上海译文出版社 2016 年版。

〔日〕安倍能成著，于凤楼等译：《康德实践哲学》，福建人民出版社 1984 年版。

〔日〕佐藤庆幸著，朴玉等译：《官僚制社会学》，生活·读书·新知三联书店 2009 年版。

〔匈〕卢卡奇著，杜章智等译：《历史与阶级意识》，商务印书馆 1992 年版。

〔匈〕玛利亚·乔纳蒂著，李陈华译：《自我耗竭式演进：政党——国家体制的模型与验证》，中央编译出版社 2007 年版。

〔意〕尼科洛·马基雅维利著，潘汉典译：《君主论》，商务印书馆 1997 年版。

〔英〕M. J. C. 维尔著，苏力译：《宪政与分权》，生活·读书·新知三联书店 1997 年版。

〔英〕阿克顿著，侯健等译：《自由与权力》，商务印书馆 2001 年版。

〔英〕安德鲁·海伍德著，吴勇译：《政治学核心概念》，中国人民大学出版社 2014 年版。

〔英〕安东尼·吉登斯著，何雪松等译：《政治学、社会学与社会理论：经典理论与当代思潮的碰撞》，格致出版社 2015 年版。

〔英〕安东尼·吉登斯著，郑戈译：《第三条道路：社会民主主义的复兴》，北京大学出版社 2000 年版。

〔英〕大卫·休谟著，关文运译：《人性论》，商务印书馆 1980 年版。

〔英〕大卫·休谟著，张若衡译：《休谟政治论文选》，商务印书馆 1993 年版。

〔英〕亚当·斯密著，郭大力等译：《国民财富的性质和原因的研究》（上卷），商务印书馆 1972 年版。

全球治理委员会：《我们的全球伙伴关系》，牛津大学出版社 1995 年版。

王浦劬、臧雷振编译：《治理理论与实践：经典议题研究新解》，中央编译出版社 2017 年版。

论文

包国宪、郎玫：《治理、政府治理概念的演变与发展》，《兰州大学学报》（社会科学版）2009 年第 2 期。

〔英〕鲍勃·杰索普、漆燕：《治理的兴起及其失败的风险：以经济发展为例》，《国际社会科学杂志》（中文版）2019 年第 3 期。

曾维和：《当代西方政府治理的理论化系谱——整体政府改革时代政府治理模式创新解析及启示》，《湖北经济学院学报》2010 年第 1 期。

陈炳辉：《奥菲对现代福利国家矛盾和危机的分析》，《马克思主义与现实》2006 年第 6 期。

陈振明：《评西方的"新公共管理"范式》，《中国社会科学》2000 年第 6 期。

池忠军：《西方治理理论的公共哲学批判性诠释》，《南京师大学报》（社会科学版）2017 年第 1 期。

丁煌、肖涵：《行政与社会：变革中的公共行政建构逻辑》，《公共行政评论》2017 年第 10 期。

高清海、孙利天：《马克思的哲学观变革及其当代意义》，《天津社会科学》2001年第5期。

〔英〕格里·斯托克、华夏风：《作为理论的治理：五个论点》，《国际社会科学杂志》（中文版）2019年第3期。

顾昕、王旭：《从国家主义到法团主义——中国市场转型过程中国家与专业团体关系的演变》，《社会学研究》2005年第2期。

何艳玲、张雪帆：《公共行政学思想危机的回应与超越》，《实证社会科学》2017年第1期。

何哲：《构建平衡的国家治理观：破解国家治理的单一理论神话》，《探索》2019年第2期。

胡象明、唐波勇：《整体性治理：公共管理的新范式》，《华中师范大学学报》（人文社会科学版）2010年第1期。

黄晓慧、黄甫全：《从决定论到建构论——知识社会学理论发展轨迹考略》，《学术研究》2008年第1期。

〔美〕加里·万斯莱、段钢：《公共行政与治理过程：转变美国的政治对话（节选）（黑堡宣言）》，《中国行政管理》2002年第2期。

康晓光、韩恒：《分类控制：当前中国大陆国家与社会关系研究》，《社会学研究》2005年第6期。

〔美〕里查德·J. 斯蒂尔曼（Richard J. Stiuman, II）、闻道：《美国公共行政重建运动：从"狂热"的反国家主义到90年代"适度"的反国家主义（上）》，《北京行政学院学报》1999年第4期。

刘晶：《公共行政实践的基本叙事及其碎片化状况》，《社会科学》2014年第6期。

刘晶：《开启公共行政实践智慧：谋求主体、情境与规范交互建构的新探索》，《江海学刊》2014年第2期。

刘鹏、刘嘉：《非均衡治理模式：治理理论的西方流变及中国语境的本土化》，《中国行政管理》2019年第1期。

马骏、颜昌武：《西方公共行政学中的争论：行政科学还是政治哲学？》，《中山大学学报》（社会科学版）2009年第2期。

〔美〕麦尔文·达布利克、颜昌武：《魔鬼、精神与大象——对公共行政学理论失败的反思》,《甘肃行政学院学报》2014 年第 4 期。

乔耀章:《行政学美国化:理论支点及其引发的批评与启示 —— 为纪念伍德罗·威尔逊〈行政学研究〉发表 120 周年而作》,《湘潭大学学报》(哲学社会科学版) 2007 年第 5 期。

任晓林:《1887 年前:公共行政学及欧美国家不同范畴的研究》,《甘肃行政学院学报》2012 年第 5 期。

汪仕凯:《政治社会:一个中层理论》,《学术月刊》2017 年第 7 期。

王海洲:《政治共识的话语藩篱:从霸权独白到无责漫谈》,《江海学刊》2009 年第 2 期。

王绍光:《大转型:1980 年代以来中国的双向运动》,《中国社会科学》2008 年第 1 期。

王诗宗:《治理理论的内在矛盾及其出路》,《哲学研究》2008 年第 2 期。

吴晓林、侯雨佳:《新自由主义城市治理理论的批判性反思》,《中国行政管理》2017 年第 9 期。

夏志强、谭毅:《公共性:中国公共行政学的建构基础》,《中国社会科学》2018 年第 8 期。

夏志强:《人性假设与公共行政思想演变》,《四川大学学报》(哲学社会科学版) 2015 年第 1 期。

肖涵:《威尔逊政治与行政二分原则的内涵矫正 —— 基于美国历史情境的分析》,《广东行政学院学报》2018 年第 3 期。

肖俊:《渐进的制度文明:英国文官制度的历史与贡献》,《中国行政管理》2005 年第 1 期。

郇雷:《新自由主义民主的实质与危害》,《马克思主义研究》2017 年第 9 期。

颜昌武、张晓燕:《美国公共行政学的宪法学派:一个理论述评》,《甘肃行政学院学报》2017 年第 6 期。

颜昌武:《行政学的本土化:基于中美路径的比较分析》,《政治学研究》2019 年第 1 期。

杨光斌:《作为建制性学科的中国政治学 —— 兼论如何让治理理论起到治理的作用》,《政治学研究》2018 年第 1 期。

杨雪冬：《西方马克思主义的国家理论简评》，《马克思主义与现实》2004年第2期。

殷叙彝：《"民主社会主义"和"社会民主主义"概念的渊源和演变》，《中国特色社会主义研究》2007年第5期。

俞可平：《治理和善治：一种新的政治分析框架》，《南京社会科学》2001年第9期。

郁建兴、刘大志：《治理理论的现代性与后现代性》，《浙江大学学报》（人文社会科学版）2003年第2期。

郁建兴：《治理与国家建构的张力》，《马克思主义与现实》2008年第1期。

〔美〕詹姆斯·马奇、〔美〕约翰·奥尔森、允和：《新制度主义详述》，《国外理论动态》2010年第7期。

张康之、张乾友：《从自我到他人：政治哲学主题的转变》，《马克思主义与现实》2011年第3期。

张康之、张乾友：《在共同体的视角中看民主》，《学习与探索》2011年第2期。

张康之、张桐：《对"行政"概念的历史考察》，《社会科学研究》2010年第1期。

张康之：《西方学者对社会治理过程中民主的反思》，《马克思主义研究》2007年第2期。

张宁、〔美〕马丁·季伦思：《美国人痛恨福利制度》，《社会科学报》2014年10月9日。

赵鼎新：《国家合法性和国家社会关系》，《学术月刊》2016年第8期。

周弘：《福利国家向何处去》，《中国社会科学》2001年第3期。

外文参考文献

Fritz Morstein Marx (Ed.), *Elements of Public Administration*, Prentice-Hall-Inc: New York, 1946.

George H. Sabine, T. L. Thorson, *A History of Political Theory*, Thomson

Learning: United States, 1980.

Ralph Clark Chandler(Ed.), *A Centennial History of the American Administrative State*, The Free Press: New York, 1987.

Shue, Vivienne, *The Reach of the State: Sketches of the Chinese Body Politic*, Stanford, Calif.: Stanford University Press, 1988.

Stillman, Richard Joseph, *Public Administration: Concepts and Cases*, Houghton Mifflin Company Press, 2000.

Adnan Naseemullah, Paul Staniland, "Indirect Rule and Varieties of Governance", *Governance*, 2016, 29(1).

De Graaf, G., Paanakker, H., "Good Governance, Performance Values and Procedural Values in Conflict", *American Review of Public Administration*, 2015.

Dwight Waldo, "Development of Theory of Democratic Administration", *American Political Science Review*, 1952, 46(1).

Harry C. Boyte, "Civic Populism", *Perspectives on Politics*, 2003, 1(4).

Herman Finer, "Administrative Responsibility in Democratic Government", *Public Administration Review*, 1941, 1(4).

Larry D. Terry, "Administrative Leadership, Neo-Managerialism and the Public Management Movement", *Public Administration Review*, 1998, 58(3).

Lowi, Theodore J. "Legitimizing, Public Administration: A Disturbed Dissent", *Public Administration Review*, 1993, 53(3).

Luther Gulick, "Politics, Administration, and the 'New Deal'", *The Annals of the American Academy of Political and Social Science*, 1933, 169(1).

Mathews, David, "The Public in Practice and Theory", *Public Administration Review*, 1984, 44(S1).

Melvin J. Dubnick, "Demons, Spirits, and Elephants: Reflections on the Failure of Public Administration Theory", *Journal of Public and Nonprofit Affairs*, 2018, 4(1).

Merilee S. Grindle, "Good Enough Governance Revisited", *Development Policy Review*, 2011, 29.

Michael M. Harmon, "The Simon-Waldo Debate: A Review and Update",

Public Administration Quarterly, 1989, 12(4).

Nanda, Ved, "The 'Good Governance' Concept Revisited", *Annals of the American Academy of Political and Social Science*, 2006, 603(1).

Overman E. S., "Public Management: What's New and Different", *Public Administration Review*, 1984, 44(3).

Spicer, Michael W., Terry, Larry D, "Legitimacy, History, and Logic: Public Administration and the Constitution", *Public Administration Review*, 1993, 53(3).

Van Riper, Paul P., "The American Administrative State: Wilson and the Founders-An Unorthodox View", *Public Administration Review*, 1983, 43(6).

Vinzant, Janet, Thomas Roback, "Dilemmas of Legitimacy: The Supreme Court, Patronage, and the Public Interest", *Administration and Society*, 1994, 25(4).

Waldo D., Adams R.N., Preiss J. J., et al, "Organization Theory: An Elephantine Problem", *Public Administration Review*, 1961, 21(4).

后　记

　　自鸦片战争以来，中国人常听到"西风东渐"的话语。特别是在"二战"以后，世界许多传统国家先后摆脱殖民统治、实现民族独立、建设现代国家以来，"西风东渐"就不仅仅是一个观念传播的话语符号，更是发源于西方的现代性席卷全球并成为当下世界基本结构的深刻隐喻。从本质上来说，当代世界都处于现代性的历史框架里，区别在于各个国家所处的坐标不同。不同国家的历史脉络、文化情境同现代性洪流互动，描摹了现代性的不同细节。实事求是地看，西方现代性的主流即资本主义与自由主义，在同其对立面社会主义与马克思主义的周旋过程中真实地构造了现代世界，成为每个现代人认知框架和价值评价体系的根基。无论对"西方"这个概念有着多么正面或者负面的评价，都不能改变的事实是：现代性是当下世界面临的现实，对现代性的审视也是当下世界面临的时代命题。换言之，承认现代性作为一个客观的但又需要反思的现实，是一个基本的认识论问题，而不是价值论问题。

　　当我们承认现代性是事实，扬弃现代性就只能站在现代性的历史起点而非王道复古或者空想乌托邦之上的逻辑前提时，才能全面地去看待美国公共行政乃至西方公共行政的理论与实践，能够给肩负着扬弃现代性的中国提供怎样的镜鉴的政治和理论问题。作为现代学科建制的公共行政学，是现代性的产物，是在传统的农业社会向现代的工业社会转型的母体中孕育而生的。无论是从治理实践还是从理论阐释来说，现代公共行政讨论的焦点议题（即政治—行政二分法）从本质上来说都是一致的，否则也不会有欧洲的法兰克福学派和美国的公共行政理论家都用不同的话语符号来讨论同一个问题——政治与行政的关系。但是，现代公共行政学科却有着一个非常鲜明的特点，那就是全球范围内公共行政学科讨论的具体内容都有着深刻的美国特色。概因为在"二战"后美国国际地位持续提升，其哲学和社会科学全球化扩展，美国公共行政学科执着于身份危机的叙事特点也深刻地影响了现代公共行政学科建构。学者们在认识美国公共行政学科的过程中不知不觉地将美国的地方性知识转变成了普遍性的知识，甚至忽视了美国公共行政学科里的地方性知识掩藏的普遍性问题。

时人对公共行政学科符号、话语、叙事乃至其理论、哲学基础与意识形态的认识总是会陷入两个极端：要么将美国公共行政学科的全部内容无意识地作为认识并规定自身发展道路的观念座架，要么将美国公共行政学科仅仅视为一个地方性的知识，而无视其现代性底色的根本事实。对于美国而言，其现代化转型面临着独特的都铎政体传统和欧陆集中统一的官僚制政体的互动；相较于欧洲而言，美国有着对个体自由、社群自治更多的迷恋，有着更为强烈的反国家主义传统。因此，当欧陆集中统一、功能分化的理性行政和官僚制政体被美国部分社会与政治精英视为解决美国转型问题的灵丹妙药的时候，就需要去解决作为政体设计和治理安排的欧陆传统同美国传统在意识形态上的激烈冲突。公共行政学作为现代学科在美国的诞生，本身就极具政治目的，是为了欧陆政治传统的美国化。因此，美国的公共行政学科之所以对其身份危机叙事十分执着，不仅仅有着现代官僚制政体和其倡导的技术治理方式本身的问题，还有着美国生命力旺盛的都铎政治传统对欧陆政治传统的持续批判，这就使得美国公共行政学科存续同美国自主的公共行政实践合法性构建深刻地关联在一起。但是，对于欧陆国家和类似中国这样有着漫长家产制官僚制政体传统的国家而言，理性官僚制的建立是一个自然而然的过程。因此，这可以说是美国公共行政学科的地方性知识的一面，而随着美国战后国家地位的提升，尤其是"冷战"后，共产主义运动的低潮使得美国公共行政学科地方性知识的一面俨然成为规范的普遍性知识。在相当长一段时间，中国公共行政学和政治学界也无意识地延续着美国公共行政学科身份危机的叙事方式，而没有意识到这是美国自身的问题，而非中国要解决的问题。更进一步说，执着于在当代中国进行所谓公共行政学科身份危机的讨论，不仅仅是找错了问题，反而还遮蔽了问题，遮蔽了潜藏在美国公共行政学科地方性知识的深处的现代性问题，而现代性的扬弃，才是中国公共行政学科乃至整个人文社会科学所需要解决的真问题。

对美国公共行政学科的另一极端的认识，就是全然将其视为地方性知识，将其视为霸权国家的意识形态和知识的殖民，而无视美国公共行政的观点和内容反映了现代性的普遍现实和问题。自然，美国公共行政学科的知识和理论入侵有着霸权的一面，但是这不能否定美国公共行政的观点及其指出的问题就不是一个真实的问题。盲目地从本国久远的历史和文化传统里去寻找当下治理和改革的注脚是无用的，这种做法完全无视了现代性才是构造当下世界的根本事实，反而遮蔽了现代性的问题。对发源于西方但又影响整个世界的现代性的扬弃，需要建立在承认现代性的客观事实的历史起点之上。而所谓的现代性，从根本上来说，就是作为经济基础的资本主义与上层建筑的法权制度、意识形态间的复杂互动。资本主义与法权制度、意识形态间复杂互动在各个国家国情里，展现出了具体的不同样貌，描摹出了现代性的不同细节。现象的斑驳复杂并不能阻碍对现象本质的认识，归根到底，人类社会是人类自由创造的产物，而不是服从于必然的盲目。对公共行政学科的研究同样如此，只有将美国公共行政学科乃至整个西方公共行政学科的形而上学化的意识形态翻转过来，揭示资本主义为公共行政研究框定的自证预言的问题式，才能够区分公共行政研究里的地方性知识和普遍性知识关系，才能够正确地将美国和西方自身的独特问题和现代性的根本困境区分出来，避免出现要么全盘接受西方理论，要么以地方性知识为名来表面拒斥西方理论，实际上仍然在无意识地贯彻西方道路的现象。二者根本上都落入了现代性困境，只不过前者是以社会和资本更为强势的自由主义面貌展现，后者则是以利维坦国家更为突出的亲近保守主义或者复古主义面貌展现。

要真正地扬弃现代性，超越现代性的困境，需要建立在社会主义与马克思主义的起点上。本书的宗旨正是如此，在马克思主义的指导下，认识西方公共行政学科的现象与本质间的关系，就需要从其典型叙事——美国公共行政学科理论脉络出发（公共行政学科身份危机的回应），指认这一理论脉络是美国政治传统同现代政治互动的产物，它既有美国地方性知识的一面，也有反映现代性本质困境的一面。揭示美国公共行政学科的观点和内容如何从地方性知识上升为普遍性知识固然重要，这可以帮助中国在构建自主的治理理论和实践时扫清障碍，但扫清障碍并不意味着中国构建的自主治理理论和实践就是正确的，同样有可能落入西方现代性的窠臼。因此，还需要揭示公共行政现代性本质困境，而这一揭示就是通过对公共行政讨论的焦点议题，也是现代性在政治发展上的主要体现——政治—行政二分的历史评议，对公共行政不同理论脉络的人性假设和哲学基础的检视才能完成。

马克思曾说，哲学家只是解释世界，问题是改变世界。这一深刻的判断到现在为止都警醒着人们，解释或者批判总是容易的，关键和难点总在于建构和实践。缺乏建构和实践又总是批判的理论和姿态，同样是"小骂帮大忙"保守的军师，而非寻求解放的盟友。从资本主义诞生以来，不少人都从各个层次和各个维度对这一总体的社会制度和发展模式进行了批判，但是一旦资本主义和其辩护者——自由主义发出"这是最不坏的制度或者有什么替代道路"的时候，批判者们总是哑口无言，这种尴尬的困境提示着当代中国公共行政学和人文社会科学研究者以及治理实践者们，认识和批判仅仅只是第一步，关键在于建构和实践的第二步。当本书深入到公共行政的现代性本质，认为西方现代公共行政学科观点和内容本质上是在反映和辩护资本主义及其意识形态的时候，恼人的问题就出现了——我们如何去寻找出路？西方现代性用不完整的自由遮蔽深刻的不平等，用个体主义作为"公共"的内涵，用提高知识积累效率的学科分工和学科壁垒来遮蔽对现实问题的完整认识，形成了现代公共行政学科的基本认识框架，这一基本认识框架规定了合法的问题设定和答案，在这一框架里，人们能够轻松地提出问题并给出答案，以此来模糊自己对现实世界的真实感受。但是，一旦我们跳出这个框架，问题和答案都变得不确定和不清晰了。本书提出要用实践智慧为内核的公共治理来替代公共行政，用理论建构而非学科范式作为公共行政的新的方向，将实践智慧和理论构建定位在主体间性而非主体性上，定位在开放、融通而非封闭上，却仍有隔靴搔痒之感。所谓主体间性、开放和融通的提法更像是一种口号，而非系统的论证，更多是出于对西方公共行政诊断出的问题和原因的反义词式的价值悬设的断言。

换言之，本书的未竟内容也是本书的最大缺陷，即以价值悬设的立场来反思和批判西方公共行政理论和实践，而这也正是当下批判理论传统的问题所在。正因为是价值悬设的立场而非完全站在科学的角度，才有长于价值和意识形态批判而非建构和实践的窠臼。"不积跬步无以至千里，不积小流无以成江海",准确、全面地批判与建构和实践并行不悖,对西方公共行政理论和实践的镜鉴不能仅仅从理论和意识形态着手,还要深入到其经济基础层面——资本主义的宏观调节和微观治理上,将经济领域的资本批判、政治和治理领域的权力批判、文化和观念领域的意识形态批判结合起来,并拆除所谓政治、经济、文化和日常生活区隔,在宏观、中观和微观中反复穿梭,才能够形成对西方公共行政的全面认识,以此为基础来寻找出路和建构理论。

诚然,一本书无法也无力去解决如此多的宏大问题,本书的价值与其说提供了确定、清晰的知识,不如说是跳出公共行政研究的自由主义自问自答框架,让公共行政学科本身存在的问题得以被揭示出来,是抛出问题,向学界真诚地发问:当代中国自主的治理实践、理论和公共话语到底要如何才能够扬弃现代性?自主的治理实践、理论和公共话语的知识根基、观念价值和逻辑起点是要建立在古老的周秦之变上,或者是建立在僭称为灯塔的自由主义道路上,还是要建立在巴黎公社开启的共产主义理想和社会主义运动上?福山曾做出"历史的终结"断言,无异于在下"政治"的话语已经过时而"治理"的话语才是当下的时代诊断书,但是政治从未离我们而去,只不过政治是以"行政"、"治理"甚至是日常生活中的交往的面貌而出现,"不谈政治"恰好就是在谈"最大的政治"。本书的发问就是要将"不谈政治,只谈治理"背后的"政治"展现出来,指明"政治"的讨论是谈论"治理"的基础。

由于作者学识有限和写作技巧不足,导致文本冗长、文字有些晦涩,可能给读者、编辑和评审专家带来了麻烦。在此,感谢商务印书馆郭晓娟编辑,正是她不断帮助、耐心的督促和精心斧正才玉成此书。同时,本次研究得以成书,也建立在研究团队持续数年潜心研究公共行政理论所取得的成果上,在此也向研究团队的老师和同学们表示感谢。囿于我们的水平有限,本书还存在着许多缺陷、错误和未竟之处,我们乐意接受一切形式的批评,因为这不仅仅是我们能够学习的机会,更意味着我们的发问得到了回应,我们写作这本书的目的也就达到了。